Großbritannien

1769 Weiterentwicklung der Dampfmaschine durch James Watt
seit 1770 Industrielle Revolution
1824 Bildung von Gewerkschaften
1825 Eröffnung der 1. Eisenbahnlinie
1833 Erste gesetzliche Einschränkung der Kinderarbeit
1884 Parlamentsreform mit Erweiterung des Wahlrechts
1914–1918 Erster Weltkrieg

Frankreich

seit 1750 Staatskritik der Aufklärung am Absolutismus
1774–1792 Regierungszeit Ludwigs XVI.
1789 Beginn der Französischen Revolution
1791 Erste Verfassung (Konstitutionelle Monarchie)
1792 Beginn der Revolutionskriege gegen Österreich und Preußen
1793/94 Diktatur der Jakobiner unter Robespierre
1799 Regierungssantritt Napoleons
1804 Erstes bürgerliches Gesetzbuch (Code Napoleon)
1813 Niederlage Napoleons („Völkerschlacht bei Leipzig")
1914–1918 Erster Weltkrieg

Osteuropa

1772 1. Teilung Polens
1793 2. Teilung Polens
1795 3. Teilung Polens
1791 Polen bekommt eine moderne Verfassung
1812 Russlandfeldzug Napoleons
1830 Revolution in Polen
1904/05 Russisch-Japanischer Krieg
1914–1918 Erster Weltkrieg
März 1917 „Februarrevolution" in Russland
November 1917 „Oktoberrevolution" in Russland

Deutschland

1803 Neuordnung Deutschlands unter napol. Einfluss
1806 Auflösung des „Heiligen Römischen Reiches", Gründung des Rheinbundes
Seit 1807 Preußische Reformen zur Bauernbefreiung
1813/14 Befreiungskriege gegen Napoleon
1815 Wiener Kongress, Gründung der Heiligen Allianz und des Deutschen Bundes
1817 Wartburgfest
1819 Karlsbader Beschlüsse
1832 Hambacher Fest
1834 Gründung des Deutschen Zollvereins
1835 Eröffnung der 1. Eisenbahnlinie
seit 1840 Beginn der Industriellen Revolution
1848 Märzrevolution
1849 Paulskirchenverfassung
1862 Bismarck wird preußischer Ministerpräsident
1863 Gründung des Allgemeinen Deutschen Arbeitervereins (Lassalle)
1866 Preußisch-Österreichischer Krieg
1867 Gründung des Norddeutschen Bundes
1869 Gründung der sozialdemokratischen Arbeiterpartei (Bebel, Liebknecht)
1870/71 Deutsch-Französischer Krieg
1871 Gründung des Deutschen Reiches
1878–1890 Sozialistengesetz
seit 1883 Sozialgesetzgebung
1890 Entlassung Bismarcks durch Wilhelm II.
1914–1918 Erster Weltkrieg
1919 Unterzeichnung des Versailler Vertrages
1919–1933 Weimarer Republik in Deutschland
1922 Deutsch-sowjetischer Vertrag von Rapallo
1923 Krisenjahr der Weimarer Republik mit Ruhrbesetzung, Inflation und Hitler-Putsch
1925 Vertrag von Locarno: Ausgleich Deutschlands mit ehemaligen Kriegsgegnern

Afrika

1869 Eröffnung des Sueskanals
1884/85 Beginn der Errichtung deutscher Kolonien in Afrika
1885 Berliner Kongo-Konferenz legt Prinzipien der kolonialen Aufteilung fest
1885 Ruanda wird dem deutschen Kaiserreich zugesprochen
1898 Faschoda-Krise zwischen Großbritannien und Frankreich
1904–1907 Aufstand und Vernichtung der Herero in Deutsch-Südwest Afrika
1905/06 Erste Marokko-Krise
1911 Zweite Marokko-Krise
1916 Einmarsch belgischer Truppen in Ruanda
1962 Ruanda wird unabhängig

✗ = Vertiefung laut Lehrplan

2. Einigkeit und Freiheit – Deutschland 1815 bis 1849 52–85

3. Leben in Deutschland 1850–1914 88–139

4. Imperialismus und Erster Weltkrieg 142–191

5. Die Weimarer Republik 192–233

So kannst du dein Wissen überprüfen

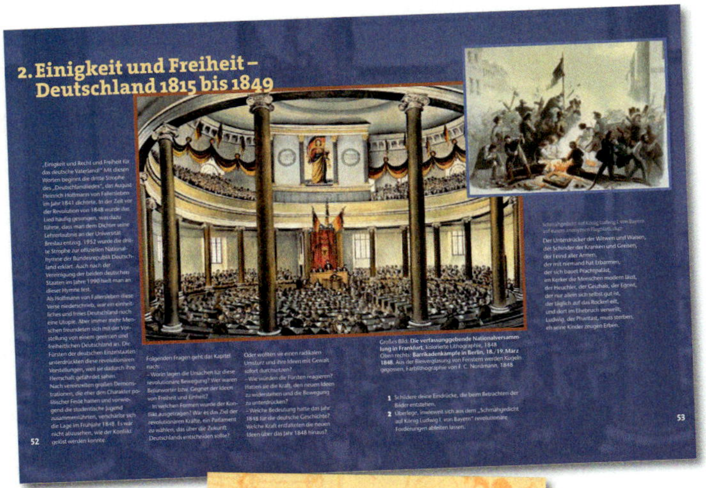

Liebe Schülerin, lieber Schüler!

Vor dir liegt der dritte Band von **Forum Geschichte**, mit dem du in diesem Schuljahr arbeiten wirst. Die Verfasserinnen und Verfasser des Buches haben für dich viele Quellen und Informationen zusammengestellt. Sie geben Auskunft darüber, was Menschen vor langer Zeit bewegt hat und womit sie sich heute noch beschäftigen.

Auftaktseiten

Jedes Kapitel beginnt mit einer Auftaktdoppelseite. Bilder und ein kurzer Text geben dir eine erste Vorstellung von den Themen und Fragen, um die es in den folgenden Geschichtsstunden gehen wird.

Themenseiten

Nach den Auftaktseiten folgen in jedem Kapitel die Themenseiten. Sie bilden den Kern des Kapitels. Zwei bis sechs Seiten sind jeweils zu einer Themeneinheit zusammengefasst. In den Themeneinheiten kannst du immer ein wichtiges Problem aus der Geschichte erarbeiten. Dazu findest du **Materialien** wie schriftliche Quellen, Bilder, Karten, Schaubilder und Tabellen, die du mithilfe von Arbeitsaufträgen befragst und auswertest. Der **Darstellungstext** am Beginn der Themeneinheit vermittelt dir einen Überblick über das Thema. Er gibt dir einen roten Faden in die Hand, der dich durch die Arbeit mit den Materialien leitet.

M1 Alle **Materialien** haben einen blauen Punkt. **Textquellen** und Texte aus der Geschichtsforschung sind in blauer Schrift gedruckt und gelb unterlegt.

1
2
Die **Arbeitsaufträge** erkennst du an einer blauen Zahl. Wie die Materialien sind sie innerhalb einer Themeneinheit durchnummeriert.

Grundwissen
1918: Novemberrevolution
Umsturz der politischen Machtverhältnisse in Deutschland am 9. November 1918 und in den folgenden Wochen: Sturz der Monarchie, Ausrufung der Republik, Zurückdrängen des Rätesystems zugunsten einer parlamentarischen Demokratie.

In Kästen mit der Überschrift **Grundwissen** werden wichtige Begriffe erklärt. Eine Übersicht über die Begriffe findest du jeweils auf der Zusammenfassungsseite eines Kapitels.

Die **Kästen**, die mit einem aufgeschlagenen Buch gekennzeichnet sind, informieren dich über wichtige Personen, Begriffe oder Ereignisse.

In **Aktivitätskästen** schlagen dir die Verfasserinnen und Verfasser vor, wie du dich einmal auf ganz andere, abwechslungsreiche Weise mit einem geschichtlichen Thema beschäftigen kannst. Einen Aktivitätskasten erkennst du an dem roten Punkt mit der kleinen Figur.

Zu vielen Themen findest du einen **Internet-Tipp** oder einen Hinweis auf ein Buch. Achte auf den blauen Punkt mit dem Bücherstapel.

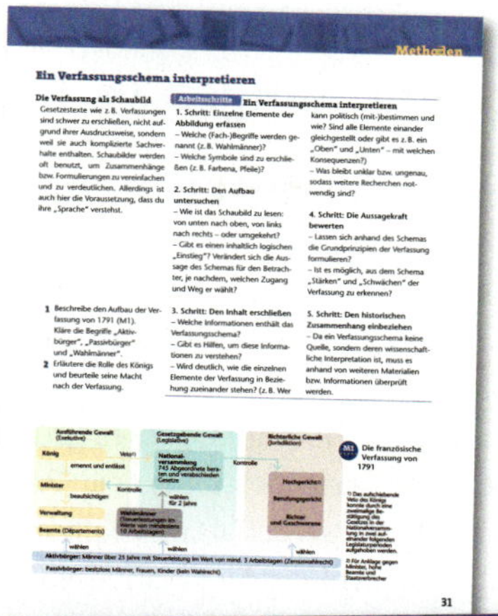

Werkstatt- und Methodenseiten

In jedem Kapitel findest du Werkstattseiten und Methodenseiten. Auf den **Methodenseiten** kannst du lernen, mit welchem „Handwerkszeug" du aus den Materialien Erkenntnisse und Urteile gewinnst. Du findest hier Arbeitsschritte, mit deren Hilfe du zum Beispiel ein Bild, eine Karte oder eine schriftliche Quelle auswertest.
Auf den **Werkstattseiten** kannst du immer etwas selbst machen.

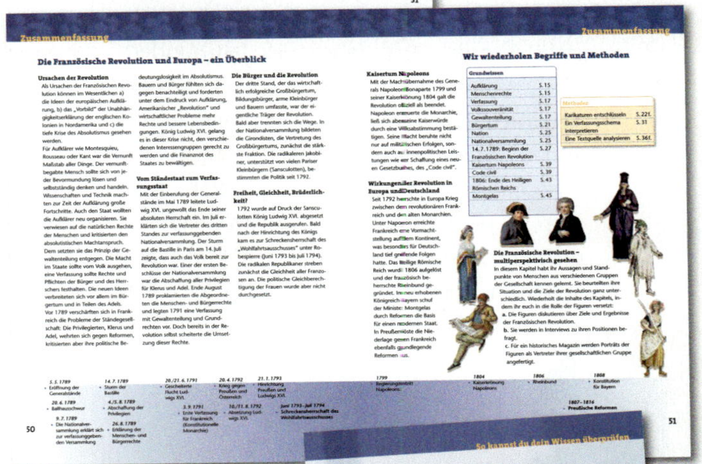

Zusammenfassungen

Jedes Kapitel hat am Schluss eine Zusammenfassung. Ein kurzer **Text** fasst noch einmal das Wichtigste aus dem Kapitel zusammen. Auf den Karteikarten stehen die Begriffe und Methoden, die du dir unbedingt merken solltest. Vielleicht hast du dir bereits eine **Geschichtskartei** angelegt. Diese kannst du nun fortführen.
Immer findest du eine Aufgabe, mit der du testen kannst, wie viel dir aus dem Kapitel in Erinnerung geblieben ist. Außerdem kannst du dich mithilfe von **Zeitleisten** über den zeitlichen Ablauf der wichtigsten Entwicklungen und Ereignisse orientieren.

„Im Blickpunkt"-Seiten

Die Blickpunktseiten sollen dir ermöglichen, Zusammenhänge zwischen Entwicklungen in der Vergangenheit und heutigen Fragen zu untersuchen.

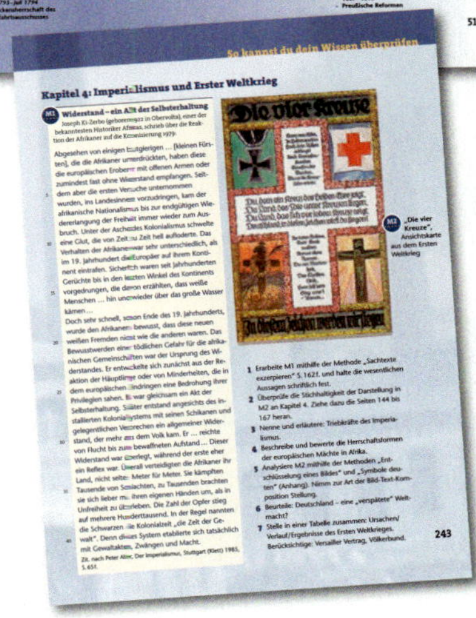

So kannst du dein Wissen überprüfen

Auf den ersten Seiten des Anhangs kannst du dein Wissen überprüfen: Zu jedem Kapitel findest du eine Seite, auf der du deine Kenntnisse wiederholen kannst.

Anhang

Grundwissen
Das Grundwissen der Bände 1 bis 3 ist im Anhang noch einmal zusammengefasst.

Methodenübersicht
In der Methodenübersicht kannst du die Arbeitsschritte noch einmal nachschlagen, die du auf den Methodenseiten in Band 1 bis 3 von Forum Geschichte kennen gelernt hast.

Lexikon
Auf den Themenseiten sind manche Wörter mit einem* gekennzeichnet. Diese Begriffe werden im Lexikon erklärt.

Register
Das alphabetische Register am Ende des Buches hilft dir, Informationen über Personen, Ereignisse und wichtige

An der Schwelle zum „langen 19. Jahrhundert“

Jahrhundertwenden – Blicke in die Zukunft?

Die Wende vom 20. zum 21. Jahrhundert regte einige Geschichtswissenschaftler an, über die vergangenen Jahrhundertwenden zu forschen. Als besonders spannend erwies sich dabei die Jahrhundertwende um 1800. Vor und nach diesem Zeitpunkt gab es grundlegende Veränderungen, die viele Bereiche, wie Politik, Wirtschaft, Gesellschaft, Wissenschaft und Kultur, erfassten. Weil dieser teilweise revolutionäre Wandel vom Ende des 18. bis in das 20. Jahrhundert hineinwirkte, sprechen viele Historiker vom „langen 19. Jahrhundert“, das nach dieser Auffassung mit der Französischen Revolution 1789 begann und erst mit dem Ersten Weltkrieg (1914–1918) endete. Philosophen, Politiker, Schriftsteller, Naturwissenschaftler und Techniker entwarfen an der Schwelle zum 19. Jahrhundert Pläne und Modelle für eine „bessere Welt“. So genannte „Aufklärer“ brachten das Denken in Bewegung. Ob und in welcher Weise diese Vorstellungen Wirklichkeit wurden, kannst du bei der Arbeit mit diesem Buch untersuchen und bewerten.

M1 **Der Mensch hebt ab,** Ausschnitt aus einem Guckkastenbild von J. Chereau, 1784. Die Papierfabrikanten Etienne Jacques und Joseph Michel de Montgolfier starteten am 21. November 1783 in Versailles einen Heißluftballon mit zwei Passagieren. Damit begann die Geschichte der bemannten Luftfahrt.

M2 Vision einer humanen Gesellschaft

Der französische Mathematiker, Staatstheoretiker und Politiker Condorcet (1743–1794) schrieb 1794:

Was wir uns für den künftigen Zustand des Menschengeschlechts erhoffen, lässt sich auf folgende drei wichtige Punkte zurückführen: Die Beseitigung der Ungleichheit zwischen den Nationen; die Fortschritte in der Gleichheit bei einem und demselben Volke; endlich die wirkliche Vervollkommnung des Menschen … Beim Durchgehen der Geschichte der Gesellschaften werden wir Gelegenheit haben, aufzuzeigen, dass oft eine große Kluft besteht zwischen den Rechten, die das Gesetz den Bürgern zuerkennt, und den Rechten, deren die Bürger sich tatsächlich erfreuen … Jener Unterschied hat hauptsächlich drei Gründe: Die Ungleichheit des Reichtums; die Ungleichheit der Lage, in welcher derjenige lebt, dessen eigene gesicherte Unterhaltsmittel sich auf seine Familie vererben, gegenüber der Lage dessen, bei dem diese Mittel von der Dauer seines Lebens oder vielmehr von dem Teil seines Lebens abhängen, in dem er arbeitsfähig ist; schließlich die Ungleichheit des Unterrichts … Wir werden einsichtig machen, dass, wenn man nur den Wissensstoff selbst und die Unterrichtsmethode glücklich auswählt, man die ganze Masse des Volkes über all das belehren kann, was jedermann zur Verwaltung seiner Angelegenheiten, seiner häuslichen Wirtschaft und zur freien Entfaltung seines Fleißes und seiner Anlagen wissen muss …

Zu den Fortschritten des menschlichen Geistes, die für das allgemeine Glück am wichtigsten sind, müssen wir die völlige Beseitigung der Vorurteile zählen, die zwischen den beiden Geschlechtern eine Ungleichheit der Rechte gestiftet haben, welche selbst für jenes Geschlecht verhängnisvoll ist, das sie begünstigt. Vergebens würde man dafür nach Gründen der Rechtfertigung in den Unterschieden ihrer körperlichen Beschaffenheit oder in jener Verschiedenheit suchen, die man etwa in der Kraft ihres Verstandes … finden möchte. Diese Ungleichheit hat keinen anderen Ursprung als den des Missbrauchs der Gewalt.

Zit. nach Christiane Tichy/Lutz Tornow, Französische Revolution, Frankfurt a. M. (Diesterweg) 1989, S. 80 f.

M3 **Das Nürnberger Observatorium,** Kupferstich, um 1780. Es war eines der größten im deutschen Sprachraum und ausgerüstet u. a. mit Sextanten, Quadranten und einer Armillarsphäre.

M4 **Automat in Gestalt eines Hahns,** um 1780.
Uhrwerk und Blasebalg mit zwei Metallpfeifen. Der Hahn konnte Flügel, Kopf und Schnabel bewegen und „Kikeriki" krähen. Höhe 49 cm.
Das Denken im 18. Jahrhundert war auch geprägt von Diskussionen, wieweit künstliche, lebensähnliche Wesen in Form von Maschinen oder Automaten geschaffen werden könnten. Ausgehend von der Annahme, der Mensch sei selber eine Maschine, war es das Ziel, mithilfe des Fortschritts der Wissenschaften bewegliche Menschenautomaten herzustellen.

Warum aktuell?

M5 **Bücher- und Zeitschriftenproduktion in Deutschland 1700–1800**

	1700	*1750*	*1775*	*1800*
Theologie	421	374	376	234
Philosophie	197	346	645	1557
Geschichte	156	208	307	613
Jura	84	104	117	137
Medizin	59	104	123	191
Poesie	27	113	271	1066

Zusammengestellt nach Grundlagen, Stile und Gestalten der deutschen Literatur, hg. von Herbert Rösch u. a., Berlin (Cornelsen) 1996, S. 125.

1 Analysiere M1 mithilfe der Methode „Entschlüsselung eines Bildes" im Anhang.

2 Erarbeite anhand von M2, welche Vorstellung der Autor von der künftigen Gesellschaft hat.

3 Kläre die Verwendung der in der Bildunterschrift zu M3 genannten technischen Geräte und beurteile die Bedeutung des Observatoriums für die Bevölkerung.

4 Erörtere die mit dem „Automaten" in M4 verbundene Absicht vor dem Hintergrund der Bedeutung von Robotern in unserer Gegenwart.

5 Formuliere Aussagen zu M5. Welche Tendenzen werden erkennbar?

6 Kläre die Bezeichnung „Das lange 19. Jahrhundert" (Darstellungstext).

M6 **„Denckmal bei dem Wechsel des Jahrhunderts MDCCCI"**, Kupferstich von Johann Peter Becher und K. Mahler, 1800. Kronos/Saturn, die Personifikation der Zeit, wuchtet den achtzehnten Stein, das zu Ende gehende Jahrhundert, auf die siebzehn pyramidenartig geordneten Steinblöcke. Im Vordergrund überdenkt ein geflügelter Genius wichtige Erfindungen: Blitzableiter, Telegraph und Ballon. Rechts schaffen vier, die Erdteile Europa, Asien, Afrika und Amerika darstellende Kinder den Stein für das 19. Jahrhundert herbei. In der himmlischen Region scheint sich ein Konflikt zwischen den Göttern des Friedens und des Krieges zu Gunsten des Letzteren entschieden zu haben. Im Hintergrund wächst eine zweite, nach jüdischer Zeitrechnung seit der Erschaffung der Welt (im Jahr 3761 v. Chr.) aus bisher 57 Jahrhundertblöcken errichtete Pyramide empor.

M7 Klüger durch Nachdenken?

Das „Noth- und Hülfsbüchlein" des Gelehrten Rudolph Zacharias Becker aus Erfurt, aus dem der folgende Text stammt, war ein Bestseller des ausgehenden 18. Jahrhunderts. Es gibt einen anschaulichen Einblick in bäuerliche Lebensverhältnisse, für ein kaum lesekundiges Publikum, das innerhalb einer Rahmenhandlung mit lebenspraktischen Ratschlägen und Weisheiten „aufgeklärt" werden sollte. Aus der Predigt des alten Pfarrers Wohlgemuth von Mildheim an einem Ostermontagnachmittag:

Meine lieben Freunde und Zuhörer! Wir haben heute gelernt, was unser gütiger Schöpfer damit gemeint hat, als er uns Menschen dazu erschuf, dass wir ihm als seine Bilder gleich werden sollten: nämlich dieses, dass wir unser Leben lang in allen Stücken immer besser werden und alles, was wir tun, immer besser machen lernen sollen. Lasst uns nun auch sehen, wie dieses auf der Erde, wo wir leben, von jedem in seinem Stande geschehen kann ... Man pfropft den Kindern die Pocken oder Kindesblattern ein, damit sie leichter durchkommen; und so werden durch das Nachdenken immer kräftigere Mittel wider gar viele Krankheiten, Beschwerden und Notfälle erfunden. Diese Dinge, die wir Übel des Lebens nennen, geben uns also auch Gelegenheit, unsern Verstand durch Nachdenken zu üben; denn die Not lehrt es wohl, dass man nachsinnen muss, wie man sich helfen könne. Und durch dieses Nachdenken werden wir dann klüger und lernen alles besser [zu] machen. Hilft nun ein Mensch dem andern und der andere dankt ihm herzlich und hilft wieder, wo er kann: So wächst in beider Herzen auch die Liebe und Güte und beide werden besser.

Zit. nach Bernhard Askani, Ein „Noth- und Hülfsbüchlein für Bauersleute", in: Praxis Geschichte, H. 5, 1999, S. 29.

M8 **Toleranz***, Radierung von Daniel Chodowiecki, 1792

M9 **Menschenrechte**, Karikatur von Brigitte Schneider, 1986

7 Erarbeite anhand von M7, wozu der Pfarrer die Bauern auffordert und welche Funktion die Religion für ihn dabei hat.

8 Analysiere M8 mithilfe der Methode „Entschlüsselung eines Bildes" im Anhang und stelle einen Bezug zu M9 her.

9 Die Forschungen über die Jahrhundertwenden ergaben, dass die Menschen erst die Wenden 1600 und 1700, besonders aber die Wende 1800 bewusst wahrnahmen. Untersuche an M6, welches Bewusstsein, an einer Jahrhundertwende zu stehen, sich 1800 zeigt.

1. Die Französische Revolution und Europa

„Der Mensch wird frei geboren und überall ist er in Ketten." Dieser Satz stammt aus dem Buch „Gesellschaftsvertrag" des Philosophen Jean-Jacques Rousseau. Wie viele andere Aufklärer des 18. Jahrhunderts stellte Rousseau damit das absolutistische Herrschaftssystem, das sich seit Ludwig XIV. nicht nur in Frankreich durchgesetzt hatte, infrage. Bis zu seinem Tod (1778) hatte Rousseau noch erlebt, wie der Absolutismus immer tiefer in eine Krise geriet. Bürger und Bauern waren mit der absolutistischen Herrschaft unzufrieden. Aber auch Adlige und Geistliche kritisierten die Herrschaft des absolutistischen Königs, obwohl sie gegenüber Bürgern und Bauern Vorrechte genossen.

1789 wurden in Frankreich die Ketten gesprengt, wie es die nebenstehende Abbildung zeigt. In einer für viele Zeitgenossen atemberaubenden Geschwindigkeit wurde die alte staatliche und gesellschaftliche Ordnung beseitigt, in der die Menschen jahrhundertelang „gefangen" waren. Alles schien sich plötzlich zu wandeln – nicht nur in Frankreich. Die revolutionären Ideale wurden auch in anderen Ländern aufgenommen. Ohne die geistige Bewegung der Aufklärung und die Französische Revolution wäre die Welt heute anders: Es gäbe wohl keine Menschenrechte, keine Verfassungen und keine Demokratie.

– Welche Neuerungen brachte das aufklärerische Denken?
– Welche Gründe führten zur Französischen Revolution?
– Wie wirkte sich die Revolution auf die Menschen in Frankreich und Europa aus?
– Welche Ideen und Ergebnisse der Französischen Revolution sind bis heute lebendig?

„Bilder von Denkwürdigkeiten, die sich in der Revolution zugetragen haben, welche Frankreich in den Jahren 1789, 90 und 91 erlebt hat." Kolorierter Holzschnitt (548 × 742 mm), 1790/91. Nachrichten wurden seit dem 16. Jahrhundert in Bilderbogen, eine Art „Bilderzeitung", verbreitet.

1 Erschließe aus dem Bilderbogen, welche Vorgänge und Personen zwischen 1789 und 1791 dargestellt sind. Nimm den Darstellungstext zu Hilfe.

2 Freiheit, Gleichheit und Brüderlichkeit forderten die französischen Revolutionäre. Schreibt die Begriffe in der Klasse auf ein großes Plakat. Notiert dazu eure Gedanken, Vorstellungen, Fragen. Am Ende des Kapitels könnt ihr im Klassengespräch diskutieren, welche Begriffe euch klarer geworden sind und welche Fragen ihr noch habt.

Grundgedanken der Aufklärung

Fortschritt der Wissenschaften

Wissenschaftler strebten im Sinne der Aufklärung nach nützlichen Erfindungen und einem vertieften, „vernünftigen" Verständnis von Naturerscheinungen. So erforschte zum Beispiel der englische Physiker Newton die Gesetzmäßigkeit der Schwerkraft, der deutsche Mathematiker Leibniz erfand eine Multipliziermaschine und der schwedische Biologe Linné entwarf ein System der Lebewesen.

Seit 1669 konnte man mit einem Spiegelteleskop den Weltraum betrachten, um 1700 wurden die ersten Uhren mit Sekundenzeiger gebaut und ab 1718 war das Quecksilberthermometer in Gebrauch. Auch die Erfindung des Blitzableiters (1752) durch den Amerikaner Franklin erleichterte das Leben vieler Menschen.

Aufklärung in Politik und Gesellschaft

Frankreich, Sommer 1789: Gewählte Vertreter des Volkes stellen sich selbstbewusst dem König gegenüber, Pariser Bürger greifen zu den Waffen, Bauern wollen nicht mehr länger Leibeigene sein. Dieser Umsturz geschah nicht plötzlich, sondern hatte vielfältige und teilweise sehr langfristige Ursachen.

Ganz wesentlich war dabei ein neues Denken, das sich im 17. und 18. Jahrhundert herausgebildet hatte. Schriftsteller und Philosophen begannen, überlieferte Vorstellungen infrage zu stellen. So lehnten sie es ab, die unumschränkte Herrschaft von Monarchen mithilfe der Religion zu rechtfertigen und die Ständegesellschaft als „naturgegeben" anzuerkennen. Auch in allen anderen Bereichen wollten die Gelehrten Vorurteile abbauen. Diese Geisteshaltung nannten sie „Aufklärung". Die Aufklärer traten für die Freiheit und Gleichheit aller Menschen (Menschenrechte) ein und forderten Toleranz gegenüber anderen Meinungen. Damit verband sich die Kritik an den traditionellen Lehren der Kirche und die Vorstellung, dass andere Religionen neben dem Christentum gleichberechtigt sein sollten. Aufklärung bedeutete auch den optimistischen Glauben an den Fortschritt und die Kraft der Vernunft (Rationalismus), gemäß der Gesellschaft und Staat funktionieren sollten.

Neue Gedanken über den Menschen

In der Zeit der Aufklärung setzte sich endgültig das neuzeitliche Menschenbild durch. Während im Mittelalter jeder Mensch fest zu einem Stand gehörte und stark von seinem Glauben und den Regeln der Kirche bestimmt war, wurde jetzt das Individuum, der selbstständige Einzelmensch das Leitbild. Nach Ansicht der Aufklärer ist der Mensch von Natur aus gut, frei und gleich an Rechten (Idee des Naturrechts). Er soll sich von religiöser und politischer Bevormundung lösen und sein Schicksal selbst in die Hand nehmen. Jeder Mensch besitzt Vernunft und hat daher von Natur aus die Fähigkeit, selbstständig zu denken und zu handeln. Damit er aber seine Persönlichkeit auf diese Weise entfalten kann, muss der Mensch zum Gebrauch seiner Vernunft erzogen werden.

Noch bis weit ins 18. Jahrhundert hinein konnten kaum 15 Prozent der Bevölkerung lesen und schreiben. Die Aufklärer sahen deshalb eine wichtige Aufgabe für Staat und Gesellschaft darin, den Menschen eine gute Ausbildung zu ermöglichen. Es gab erste Stimmen, die eine Schulpflicht für alle Kinder und damit eine Erziehung des ganzen Volkes forderten. Berühmt wurden die pädagogischen Ansichten des Philosophen Rousseau, der davor warnte, Kinder wie bisher als kleine Erwachsene zu behandeln. Kinder sollten nach ihren Fähigkeiten und Neigungen individuell gefördert werden und nicht durch Strafen, sondern aus Einsicht lernen.

M1 **„Lesende Frau an einem Kamin"**, Gemälde von Pierre Parrocel, 1735

Die Amerikanische Revolution

Die politischen und gesellschaftlichen Ideen der Aufklärung wurden zuerst in Nordamerika umgesetzt. Dort hatten sich seit 1607 Kolonien entwickelt, die sich am 4. Juli 1776 gegenüber ihrem Mutterland England für unabhängig erklärten. Diese „Revolution" war keine spontane Reaktion, sondern Ergebnis der Kolonialgeschichte: Die Kolonisten entwickelten ein starkes Gemeinschaftsgefühl als „Amerikaner", und die große Entfernung vom Mutterland erforderte eine eigene Verwaltung. Aus einem grundsätzlichen Streit um Steuerzahlungen an das Mutterland und das Recht, darüber mitzubestimmen, folgte schließlich die Loslösung von England. Die Verfassung der USA von 1787 gewährte ihren Bürgern umfassende politische Rechte. Frauen, Sklaven und Indianer waren jedoch ausgenommen.

M2 „Was ist Aufklärung?"

Unter diesem Titel veröffentlichte der Philosoph Immanuel Kant (1724–1804) 1784 einen berühmt gewordenen Aufsatz. Darin heißt es:

Aufklärung ist der Ausgang des Menschen aus seiner selbstverschuldeten Unmündigkeit. Unmündigkeit ist das Unvermögen, sich seines Verstandes ohne Leitung eines anderen zu bedienen. Selbstverschuldet ist diese Unmündigkeit, wenn die Ursache derselben nicht am Mangel des Verstandes, sondern der Entschließung und des Mutes liegt, sich seiner ohne Leitung eines andern zu bedienen ... Habe Mut, dich deines eigenen Verstandes zu bedienen! ist also der Wahlspruch der Aufklärung.

Immanuel Kant, Beantwortung der Frage: Was ist Aufklärung?, in: Berlinische Monatsschrift 4 (Haude & Spener) 1784, S. 481 f.

M3 Grundsätze der Aufklärer

In den Jahren 1770/71 zirkulierte eine im Ausland gedruckte und nach Paris hineingeschmuggelte Flugschrift:

Wir glauben an die neuen Ziele der Menschheit:
Erstens kann die Welt nur aus den Gesetzen der Natur verstanden werden ...
Zweitens dürfen nur Autoritäten und Regierungen anerkannt werden, die der Vernunft entsprechen ...
Drittens kann keine Gesellschaft Bestand haben, die nicht die Toleranz zulässt und fördert ...
Viertens ist jeder Mensch in der Lage, seinen Glauben und sein Leben frei zu gestalten.

Zit. nach Geschichte lernen, H. 90, 2002, S. 36.

Grundwissen

Aufklärung
Bezeichnung für eine Denkrichtung in Europa im 17. und 18. Jahrhundert. Die Aufklärer wollten „das Licht der Vernunft" gegen kirchliche, feudale und absolutistische Traditionen verbreiten. Zentrale Gedanken waren die Auffassung von der Freiheit und Gleichheit aller Menschen und von der Toleranz gegenüber anderen Meinungen. Mittel zur Durchsetzung der Aufklärung waren vor allem Wissenschaft und Erziehung. Mit der Aufklärung verbindet sich ein optimistischer Glaube an den Fortschritt und die Kraft der Vernunft. Die Aufklärung war kein geschlossenes Denksystem, hatte jedoch enorme Auswirkungen: Die Ideen der Aufklärer haben entscheidend zum Umsturz der politischen und gesellschaftlichen Verhältnisse in Frankreich und anderen Ländern um 1800 beigetragen.

Menschenrechte
Kernstück der Naturrechtslehre sind die Menschenrechte, also Rechte, die jeder Mensch unabhängig von seiner Stellung in Staat, Gesellschaft, Familie, Beruf, Religion und Kultur allein schon durch seine Geburt besitzt. Menschenrechte gelten ohne Rücksicht auf Hautfarbe, Geschlecht, Sprache, politische oder weltanschauliche Vorstellungen, nationale oder soziale Herkunft. Zu den Menschenrechten zählen das Recht auf Leben, die Gleichheit aller Menschen, die Freiheit des Glaubens und das Recht auf freie Meinungsäußerung.

1 Fasse zusammen, inwiefern die Aufklärung ein neues Denken brachte (Darstellungstext, M2). Was bedeutete dies für die bestehenden Verhältnisse in Staat, Gesellschaft und Religion?

2 Wo siehst du einen Zusammenhang zwischen Kants Forderung nach „Aufklärung" (M2) und der technischen Entwicklung?

3 Recherchiere im Internet oder im Lexikon nach weiteren Entdeckungen und Erfindungen aus der Zeit der Aufklärung.

4 Erläutere M3 und stelle einen Bezug zum Absolutismus her.

5 Erörtere, ob die Gedanken der Aufklärung auch für unser heutiges Leben wichtig sind. Beziehe M1 ein.

Die Aufklärer wollen einen neuen Staat

Kritik am Absolutismus

Die Aufklärer wandten sich gegen überlieferte Vorstellungen vom Staat. So akzeptierten sie als Begründung für die Königsherrschaft nicht mehr, dass der Monarch von Gott eingesetzt sei (Gottesgnadentum), sondern suchten nach einer „vernünftigeren" Grundlage der staatlichen Gewalt.
Der Philosoph John Locke (1632–1704) hatte in England miterlebt, wie in der „Glorreichen Revolution" (1688/89) das Parlament einen neuen König berief. In seiner Lehre vom Gesellschaftsvertrag ging er davon aus, dass die frei geborenen Menschen sich den Regierenden freiwillig untergeordnet hätten. Daher sollten die Bürger auch das Recht haben, die Träger der Staatsgewalt abzuberufen und neu einzusetzen. Falls der Herrscher die Menschenrechte und den Willen des Volkes missachtet, darf das Volk Widerstand leisten und den Herrscher absetzen.

Es soll nicht einer allein herrschen

Der Franzose Charles de Montesquieu (1689–1755) entwickelte ausgehend von den Gedanken Lockes die Lehre von der Gewaltenteilung. Montesquieu forderte, dass das Parlament, die Regierung und die Gerichte streng voneinander getrennt sein sollten, um unabhängig ihre Aufgaben im Staat erfüllen zu können. In diesem Modell verlor der König seine absolute Macht, denn er war nur noch ein Teil der Exekutive, kontrolliert von der Legislative – dem gesetzgebenden Parlament – und den Gerichten. Diese Gewaltenteilung sollte in einer geschriebenen Verfassung festgehalten werden.

Direkte Mitbestimmung der Bürger

Locke, Montesquieu und andere bekamen für ihre aufklärerische Kritik am Absolutismus viel Beifall. Die Ideen von Rousseau gingen den Zeitgenossen aber zu weit. Er forderte eine direkte Demokratie, d.h. nicht Abgeordnete, sondern die Bürger selbst sollten die Gesetze schaffen. Alle Staatsgewalt sollte vom Volk ausgehen (Volkssouveränität). Die Nachteile der Monarchie waren für Rousseau so gewichtig, dass er für deren Abschaffung und die Errichtung einer Republik eintrat.

M1 Staatstheorie vor der Aufklärung

Der Hofprediger Ludwigs XIV., Jacques-Bénigne Bossuet, war einer der wichtigsten Theoretiker des absolutistischen Staates. Er schrieb 1709:

Die königliche Gewalt ist erstens heilig, zweitens väterlich, drittens unumschränkt. Die Fürsten handeln als Diener Gottes und als dessen Stellvertreter auf Erden. Durch sie übt er seine Herrschaft aus …
Der Fürst braucht niemandem Rechenschaft ablegen über das, was er verfügt … Wenn der Fürst gerichtet hat, gibt es kein anderes Urteil. Gott nur kann über die Entscheidungen der Herrscher und über ihre Person richten. Die Untertanen sind dem Fürsten unbedingten Gehorsam schuldig. Es gibt nur eine Ausnahme hinsichtlich des Gehorsams, den man dem Fürsten schuldig ist, nämlich wenn er etwas gebietet, was gegen Gott ist.

Zit. nach Quellen zur Geschichte der neueren Zeit, hg. v. Gottfried Guggenbühl u. a., 2. Aufl., Zürich (Schulthess) 1956, S. 205 f.

Grundwissen

Verfassung
Eine Verfassung beschreibt die grundlegende Ordnung eines Staates und legt die Rechte und Pflichten der Bürger sowie die Aufgaben der verschiedenen Staatsorgane, z. B. des Parlaments und der Regierung, fest. Eine demokratische Verfassung wird meist schriftlich festgehalten, garantiert die Menschenrechte und regelt die Aufteilung der staatlichen Gewalt.

Volkssouveränität
Ein Grundprinzip der Demokratie: Alle Staatsgewalt geht vom Volk aus, das seinen Willen direkt oder indirekt über gewählte Abgeordnete zur Geltung bringt. Die Volkssouveränität wird nur durch die in der Verfasssung festgelegten Menschenrechte beschränkt.

Gewaltenteilung
Aufteilung der staatlichen Gewalt in
– gesetzgebende Gewalt (Legislative)
– gesetzesvollziehende, ausführende Gewalt (Exekutive)
– rechtsprechende Gewalt (Judikative)
Die Gewaltenteilung soll die Machtkonzentration in einer Person oder einer Institution verhindern.

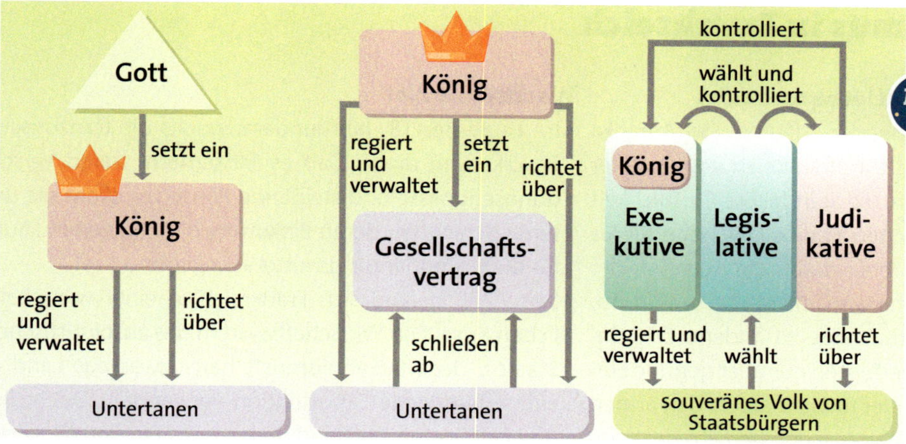

M2 Vom absoluten zum aufgeklärten Staatsgedanken

M3 Die drei Gewalten im Staat

Der französische Jurist und Aufklärer Charles de Montesquieu (1689–1755) schrieb 1748 über die Verteilung der Macht in einem Staat:

Es gibt in jedem Staat drei Arten von Gewalt … Aufgrund der ersten erlässt der Herrscher … Gesetze auf Zeit oder für die Dauer, ändert geltende Gesetze oder schafft sie ab. Aufgrund der zweiten stiftet er Frieden oder Krieg, sendet oder empfängt Botschaften, stellt die Sicherheit her, sorgt gegen Angriffe vor. Aufgrund der dritten bestraft er Verbrechen oder sitzt zu Gericht über die Streitfälle der Einzelpersonen … Alles wäre verloren, wenn ein und derselbe Mann folgende drei Machtvollkommenheiten ausübte: Gesetze erlassen, öffentliche Beschlüsse in die Tat umsetzen, Verbrechen und private Streitfälle aburteilen.

Charles de Montesquieu, Vom Geist der Gesetze (1748), hg. und übers. von Kurt Weigand, Stuttgart (Reclam) 1994, S. 216 f., bearb. d. Verf.

M4 Was ist Staatsgewalt?

Ein 1981 erschienenes Jugendlexikon enthält die folgende Definition des Begriffs „Staatsgewalt":

Staatsgewalt setzt sich zusammen aus: Gesetzgebung, Regierung und Rechtsprechung. Gesetzgebung bedeutet, dass Gesetze gegeben werden, nach denen sich das Zusammenleben der Menschen richten muss. Regierung heißt die Leitung eines Staates. Dazu gehört die Verwaltung. Rechtsprechung bedeutet, dass es Gerichte gibt und Richter, die dafür sorgen, dass die Gesetze eingehalten werden.

Hilde Kammer/Elisabet Bartsch, Jugendlexikon Politik, 2. Aufl., Reinbek (Rowohlt) 1981, S. 165.

M5 Über die Monarchie

Der aus Genf stammende Philosoph Jean-Jacques Rousseau (1712–1778) schrieb über die Regierung eines Staates:

Wenn es aber schon schwierig ist, einen großen Staat gut zu regieren, so ist es noch weit schwieriger, dass er von einem einzigen Mann gut regiert wird … Ein wesentlicher und unvermeidlicher Fehler, der die monarchische Regierung immer der republikanischen unterlegen machen wird, liegt darin, dass in der letzteren die Stimme des Volkes fast immer einsichtige und fähige Männer in die höchsten Ämter einsetzt, welche diese ehrenvoll verwalten, während im Gegensatz dazu diejenigen, die in den Monarchien aufsteigen, in den meisten Fällen nur kleine Windbeutel, kleine Spitzbuben, kleine Ränkeschmiede sind.

Jean-Jacques Rousseau, Vom Gesellschaftsvertrag (1762), in: ders., Sozialphilosophische und Politische Schriften, übers. von Garlieb Merkel, München (Winkler) 1981, S. 330.

1 Erkläre mithilfe des Darstellungstextes und M2 die Entwicklung vom absoluten zum aufgeklärten Staatsgedanken.

2 Vergleiche die in M3 genannten Gewalten im Staat mit den Erklärungen zur Staatsgewalt in M5. Achte auf die Datierungen.

3 Lies den Text des Hofpredigers Bossuet (M1). Entwirf eine Gegenschrift, wie sie ein Aufklärer verfasst haben könnte. Berücksichtige auch M5.

Die Krise des Absolutismus in Frankreich

Privilegien für wenige: Klerus und Adel

Anders als in den entstehenden Staaten von Amerika gab es im 18. Jahrhundert in Frankreich voneinander getrennte soziale Gruppen: die Stände. Die Geistlichkeit (Klerus) bildete den obersten Stand. Der hohe Klerus (z. B. Bischöfe und Äbte) lebte durch die Abgaben der Bauern und Bürger im Wohlstand und sah keinen Grund, die gesellschaftlichen Verhältnisse zu ändern. Die einfachen Pfarrer hingegen verfügten nur über geringe Einkünfte, und so fühlte sich der niedere Klerus den armen Leuten oft näher als den Standesgenossen aus dem hohen Klerus. Auch im zweiten Stand, dem Adel, hatten sich zwei Gruppen herausgebildet: die meist am Königshof lebenden Hochadligen, die leitende Positionen in Heer und Verwaltung besetzten, und der oft verarmte niedere Landadel. Die Mitglieder des ersten und zweiten Standes hatten gegenüber der großen Bevölkerungsmehrheit Privilegien*: So zahlten sie fast keine Steuern. Sie lebten von der Erträgen ihres Grundbesitzes. Deshalb wehrten sich die Adligen ebenso wie der hohe Klerus gegen Reformen in der Gesellschaft, die für sie nur eine Einschränkung ihrer Vorrechte bringen konnten.

Der dritte Stand: Bauern und Bürger

Benachteiligt fühlten sich die Angehörigen des dritten Standes, die Bauern und Bürger. Die oberste Schicht des Bürgertums, Unternehmer, Bankiers, Ärzte und Juristen, zahlten die höchsten Steuern und forderten deshalb Gleichberechtigung mit dem Adel.

Besonders hart belasteten die Steuern kleine Kaufleute und Handwerker sowie die Bauern, die noch zusätzlich Frondienste und Abgaben für ihre adligen oder geistlichen Grundherren leisten mussten.

Allen drei Ständen gemeinsam war die politische Rechtlosigkeit. Zwar gab es seit dem Spätmittelalter die Generalstände*, eine Versammlung von Vertretern des Klerus, Adels und dritten Standes, die den König beriet und Steuern bewilligte, doch seit 1614 war sie von den absolut regierenden Königen nicht mehr einberufen worden.

Wachsende Not

Im Laufe des 18. Jahrhunderts wuchs die französische Bevölkerung rasch. Gab es Missernten, trafen Versorgungsengpässe und steigende Preise vor allem die unteren Schichten, deren Einkommen in Notzeiten kaum für die Grundnahrungsmittel ausreichte.

Seit 1770 befand sich Frankreich in einer wirtschaftlichen Krise: Das Wirtschaftssystem des absolutistischen Staates, der Merkantilismus*, hatte zwar das Land in eine erfolgreiche Exportnation verwandelt. Doch dies ging auf Kosten der Handwerker und Händler, die angesichts der Konkurrenz staatlicher Manufakturen mit Dumpingpreisen arbeiten mussten. Gleichzeitig stiegen die Lebenshaltungskosten in den Städten. Auch die meisten der etwa 70 Prozent Franzosen, die von der Landwirtschaft lebten, hatten kaum genug zum Überleben. Von ihren Einkünften gingen Steuern an den König, der Zehnt an die Kirche und Abgaben an die Grundherren ab. Während Großgrundbesitzer gewinnbringende „Agrarunternehmen" aufbauten, verschuldeten sich viele Kleinbauern. Sowohl auf dem Land als auch in den Städten kam es immer wieder zu Hungerunruhen.

M1 **„Die Lage der Bauern"**, kolorierter Kupferstich, 1789. Die Inschrift auf dem Stein lautet: die Kopfsteuer, das Steuerwesen und die Fronarbeit(en).

Gefahr für den Absolutismus?

Die wirtschaftliche Krise wirkte sich auch auf den Staatshaushalt aus, konnten doch die Steuereinnahmen die Ausgaben des Staates nicht mehr decken. Ein besonderes Problem war die ständig steigende Schuldenlast. Jedes Jahr musste der Staat unter König Ludwig XVI. hohe Zinsen bezahlen für Schulden, die noch aus den Kriegen seiner Vorgänger, aber auch aus dem verschwenderischen Hofleben in Versailles stammten. Aus Rivalität mit England hatte Ludwig XVI. die amerikanischen Kolonien im Unabhängigkeitskrieg unterstützt, was ebenfalls Unsummen verschlang. Als 1788 bekannt wurde, wie viel Geld der König und seine Familie ausgaben, war die französische Öffentlichkeit empört. Um den drohenden Zusammenbruch der Staatsfinanzen zu verhindern, wollte Ludwig XVI. die Steuerfreiheit für den ersten und zweiten Stand aufheben, doch diese Pläne scheiterten am Widerstand der Privilegierten, die dem König immer selbstbewusster gegenübertraten.

Formen der Kritik

Zunehmendes Selbstbewusstsein zeichnete auch den dritten Stand aus. Vor allem das gebildete Bürgertum machte seinem Unmut über die gesellschaftlichen, wirtschaftlichen und politischen Probleme in vielfältigen Formen Luft, z. B. in Diskussionen in Kaffeehäusern oder in Karikaturen und Flugblättern mit kritischem Inhalt. Besonders die Schrift „Was ist der dritte Stand?" (Januar 1789) des aufgeklärten Geistlichen Sieyès sorgte für Aufsehen. Seine Forderung nach Aufhebung aller Privilegien, Gleichheit vor dem Gesetz und Wahl einer Volksvertretung begeisterte das bürgerliche Publikum. Allein im Frühjahr 1789 zirkulierten etwa 3000 Flugschriften, Holzschnitte oder Kupferstiche in Frankreich. Eine weitere Form, Missstände anzuprangern, waren die „cahiers de doléances". Das waren schon früher übliche Beschwerdehefte, in denen ganze Dörfer ihre Klagen aufschrieben, um sie an die Abgeordneten der Generalstände – und damit an den König – weiterzugeben.

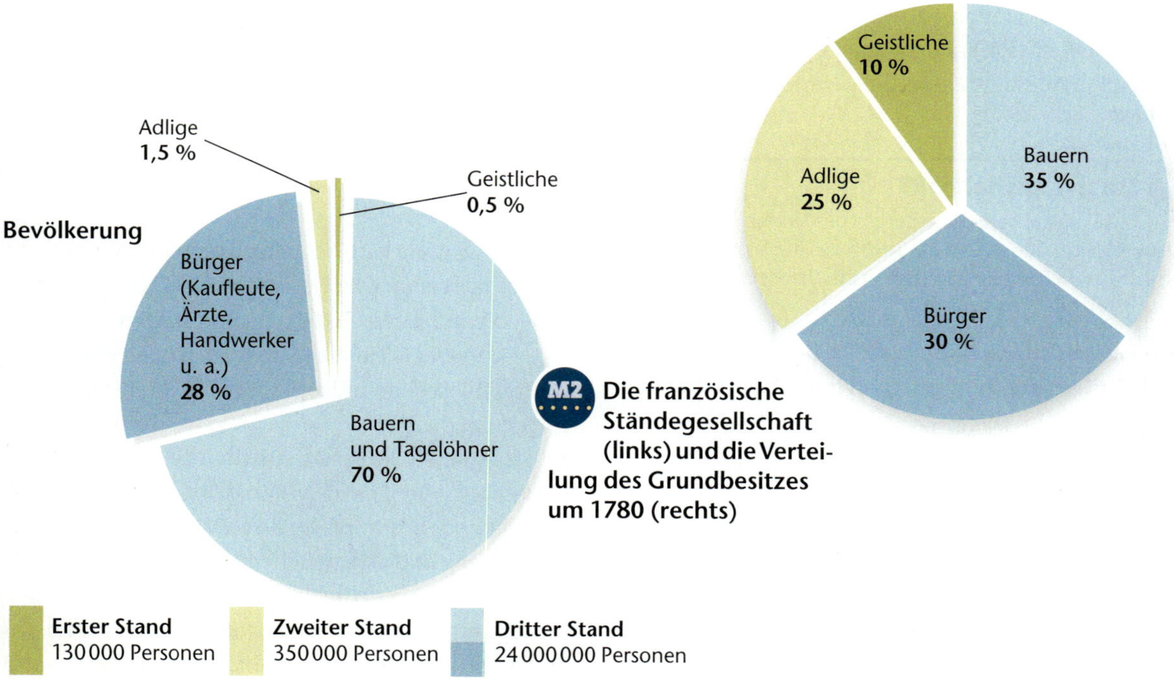

M2 **Die französische Ständegesellschaft (links) und die Verteilung des Grundbesitzes um 1780 (rechts)**

1 Erarbeite anhand der Darstellungstexte die Lage Frankreichs gegen Ende des 18. Jahrhunderts. Halte deine Ergebnisse in einer Tabelle fest. Unterscheide: Stand, soziale Lage, Interessen.

2 Analysiere M2 und stelle einen Bezug zu der Tabelle (Aufgabe 1) her.

3 Vergleiche die Interessen der Stände und überlege, wo sich Konflikte ergeben konnten. Ziehe M1 heran.

M3 Finanzen wiederherstellen – aber wie?

Der französische Finanzminister Charles de Calonne in einem aufrüttelnden Appell zur Rettung des Staates am 22.2.1787 vor der Versammlung der königlichen Berater („Notabeln") in Versailles:

Was bleibt, um das ersehnte Gleichgewicht im Staatshaushalt herzustellen? ... Was [brauchen] wir zur Wiederherstellung der Finanzen? ...
In den Missbräuchen findet sich ein Schatz von Reichtümern, die der Staat zurückfordern muss, um die Ordnung wiederherzustellen. Die Missbräuche werden verteidigt durch persönliche Interessen, Einfluss, Vermögen und alte Vorurteile. Die Missbräuche sind die, die auf der arbeitenden und erwerbenden Klasse lasten: Die Missbräuche der Geldprivilegien und all die ungerechten Bevorzugungen, die Ungleichheit in der Erhebung der Abgaben, das ungeheure Missverhältnis in den Leistungen und den Lasten der Untertanen. Wenn so viele Missbräuchen widerstanden haben, so rührt das daher, dass man durch einen teilweisen Eingriff erreichen wollte, was nur durch eine allgemeine Operation gelingen konnte, [die] allein den Körper des Königreiches neu beleben kann.

Zit. nach Irmgard und Paul Hartig, Die Französische Revolution, Stuttgart (Klett) 1966, S. 27 f.

M4 Staatshaushalt 1788

Aus dem Rechenschaftsbericht des Finanzministers über die Einnahmen und Ausgaben des französischen Staates im Jahre 1788 (Angaben in Mio. Livres):

Einnahmen aus direkten (z. B. Kopfsteuer für nicht privilegierte Personen) **und indirekten Steuern** (z. B. auf Wein oder Tabak)	503	
Ausgaben	**629**	
Zivile Ausgaben:	145	(23 %)
– Bildung und Fürsorge	12	
– Hofhaltung des Königs und der Prinzen	36	
– Pensionen für Adlige	28	
Militärische Ausgaben:	165	(26 %)
– für 12 000 Offiziere Gehälter	46	
Schuldendienst für Zins und Tilgung der Staatsschulden	318	(51 %)

Zahlen nach Albert Soboul, Die Große Französische Revolution, 4. Aufl., Frankfurt a. M. (Athenäum) 1983, S. 75.

M5 ... um von unserem Unglück zu erfahren

Das Beschwerdeheft der Gemeinde Letteguives vom 29.3.1789, ein Beispiel für die „cahiers de doléances" der Bauern:

2. Diese Großbauern werden auch Herren der Lebensmittelpreise und des Schicksals der Allgemeinheit und verkaufen ihr Getreide erst, wenn sie es mehrere Jahre aufbewahrt haben, und sie halten es sogar zurück, wenn sie können ... Der hohe Preis ist die Ursache der Zerstörung des ganzen Handels, weil man keine andere Ware mehr kaufen kann, nachdem man Brot gekauft hat ... Andere ... sterben an Hunger ...
8. Möge der König vor dem Bankrott bewahren, der den Handel noch ruiniert ...
14. Dass die Salzsteuer abgeschafft werde und der Verkauf von Salz frei sei ...
16. Die drei Stände mögen dem König im Verhältnis zu ihren Einkünften zahlen ...
18. Der König wird demütig gebeten, die Generalstände alle fünf Jahre einzuberufen, um von unserem Unglück zu erfahren.

Zit. nach Wolf Dietrich Behschnitt, Die Französische Revolution, Stuttgart (Klett) 1983, S. 30.

M6 Nur eine neue Regierung?

Die französischen Historiker François Furet und Denis Richet schrieben 1968:

Es geht nicht um eine neue Regierung des Staates, sondern um eine neue Gesellschaft. Da können die Privilegierten dieser zusätzlichen umwälzenden Neuerung, der Gleichheit, nicht auch noch ihre Zustimmung geben: Die allermeisten ihrer Hefte zeigen das deutlich.
So beschreiben die Beschwerdehefte eine politische Dreieckssituation, die dem König von Frankreich durchaus noch Trümpfe belässt. Zwar ist er isoliert ..., aber er bleibt zwischen Adel und drittem Stand der Schiedsrichter in der Frage der Gleichberechtigung – hier sucht jeder in ihm die wichtigste Stütze. Er hat nicht in die ... Abfassung der Beschwerdehefte eingegriffen, sondern dem Land die Möglichkeit gelassen, sich frei auszudrücken. Jetzt hat er die Elemente des Problems vor sich und könnte daraus die Grundelemente eines Programms machen.

François Furet/Denis Richet, Die Französische Revolution, übers. v. Ulrich F. Müller, Frankfurt a. M. (S. Fischer) 1981, S. 88.

M7 Ein Rat für die Pariser

Flugschrift aus dem Jahre 1788:

Leichtfertige Pariser! Ihr lauft ins Theater, in die Cafés, während eure Feinde arbeiten. Steht auf gegen den Klerus und den Adel, die miteinander verschworen sind. Duldet nicht, dass ungefähr 600 000 Menschen vierundzwanzig Millionen das Gesetz auferlegen! … Denkt an die Lasten, die ihr tragt! Schaut euch um nach den Palästen, den Schlössern, die gebaut sind mit eurem Schweiß und euren Tränen. Vergleicht eure Lage mit der dieser Prälaten[1] und Großen. Was empfangt ihr von ihnen für alle Hochachtung, die ihr ihnen bezeigt? Verachtung! Sie nennen euch Gesindel! Lasst sie erkennen, dass Gesindel diejenigen sind, die auf eure Kosten leben!

Zit. nach Irmgard und Paul Hartig, Die Französische Revolution, Stuttgart (Klett) 1966, S. 10f.

1 geistlicher Würdenträger

M8 Ein Reisebericht

Ein Engländer, der in der ersten Jahreshälfte 1789 Frankreich besuchte, schilderte die Stimmung im Volk:

So viel Aufruhr und Zorn wird sich nicht leicht legen: Es wird … äußerst schwierig sein, diese Menschen in ihr früheres Joch der Unterwerfung zurückzuführen. In der Tat, das ganze Königreich scheint reif für eine Revolution. Die große Masse ist unzufrieden, sie verachtet ihren König. Aufwiegler bevölkern Straßen und Plätze.

Zit. nach Jackdan Publication, „The Fall of the Bastille", London, 1968, Nr. 57.

4 Erläutere die Forderungen der Bauern (M5) und fasse ihre politische Zielsetzung zusammen.
5 Prüfe, ob sich die Aussagen von M6 in dem Beschwerdeheft (M5) belegen lassen. Begründe.
6 Erarbeite aus M4 die Lage der französischen Staatsfinanzen. Beurteile den Lösungsvorschlag in M3.
7 Prüfe, ob die in der Quelle M7 erkennbare Sichtweise gerechtfertigt ist. Vergleiche mit der Schilderung des ausländischen Beobachters in M8.
8 Entwerft in Partnerarbeit ein Gespräch, das im Café der Patrioten geführt worden sein könnte (M9).

M9 **Café der Patrioten,** Federzeichnung, um 1780. Das Café war ein beliebter Treffpunkt für Pariser Bürger.

Grundwissen

Bürgertum

In Mittelalter und Früher Neuzeit die freien, vollberechtigten Stadtbewohner, meist Kaufleute und Handwerker; ab dem 18. Jahrhundert Angehörige einer durch Besitz, Bildung und Einstellungen gekennzeichneten Schicht, die sich von Adel, Klerus, Bauern und Arbeitern abhebt. Im 19. und 20. Jahrhundert gelten Unternehmer und Geschäftsleute als Besitzbürger, zu den Bildungsbürgern zählen Freiberufler, höhere Beamte oder Angestellte mit akademischer Bildung; Kleinbürger sind Handwerker oder Kleinhändler. Der Begriff „Staatsbürger" meint dagegen alle Einwohner eines Staates mit gleichen „bürgerlichen" Rechten, z. B. vor Gericht oder bei Wahlen.

9 Beurteile die Aussage: „Die gesellschaftliche und wirtschaftliche Krise war auch eine Gefahr für den Absolutismus in Frankreich." Unterscheide aktuelle und langfristige Krisenerscheinungen.

Karikaturen entschlüsseln

Karikaturen – nur zum Lachen?

Karikaturen kennst du aus Tageszeitungen oder Zeitschriften. Meist reizen sie spontan zum Lachen, obwohl beim Nachdenken über den Inhalt vielleicht gar kein Grund zum Lachen besteht. Karikaturen sind Bilder, die zu einem aktuellen Ereignis oder Problem Stellung beziehen. Sie arbeiten mit den Mitteln der Verzerrung, Übertreibung oder Verfremdung.

Karikaturen sind ein beliebtes Instrument zur Bloßstellung politischer Gegner oder der Kritik an gesellschaftlich fragwürdigen Zuständen. Karikaturen wollen den Betrachter unterhalten, belehren oder auch zu etwas auffordern.

Karikaturen in der Französischen Revolution

Bereits in der Antike gab es Kritik, z. B. an römischen Kaisern, in Form von bildlichen Darstellungen. Im Verlauf der Französischen Revolution erhielten die Karikaturen besondere Bedeutung: Die Bilder, die sich preiswert herstellen und leicht verbreiten ließen, vereinfachten Zusammenhänge und erreichten so auch die unteren Bevölkerungsschichten, die kaum lesen konnten (siehe M3). Karikaturen wurden damit zu Mitteln der Aufklärung und der politischen Einflussnahme.

M1 **„Hoffentlich ist bald Schluss"**, kolorierte Radierung, 1789. Diese Karikatur war 1789 in Frankreich weit verbreitet.

Arbeitsschritte **Karikaturen entschlüsseln**

1. Schritt: Den ersten Eindruck festhalten
Notiere, was dir bei der Betrachtung der Karikatur zuerst auffällt. Wie ist deine erste Reaktion?

2. Schritt: Ideen sammeln („Brainstorming")
Sammle alle Ideen und Gedanken, die dir beim Betrachten der Karikatur einfallen.

3. Schritt: Die Einzelheiten beschreiben
Welche Personen und Sachverhalte sind erkennbar? Achte auf Gesichtsausdruck, Körperhaltung, Kleidung und kennzeichnende Gegenstände. Welche Symbole werden verwendet? Achte auf einzelne Wörter und/oder die Bildunterschrift.

4. Schritt: Die Bedeutung klären
Welche Bedeutung haben die Personen und Gegenstände? Auf welche Bildteile bezieht sich der Text? (Evtl. in einer Tabelle notieren.)

5. Schritt: Die Aussage der Karikatur formulieren
Fasse in wenigen Sätzen zusammen: Auf welche Situation, auf welches Ereignis bezieht sich die Karikatur? Was sagt die Karikatur über das Thema aus? Wie beurteilt der Zeichner das Thema? Welche Wirkung könnte die Karikatur haben?

M2 **„Ich wusste doch, dass wir auch einmal dran sein würden“**, kolorierte Radierung, August 1789

M4 **„Ich wusste doch, dass wir an die Reihe kommen“**, kolorierte Radierung, August 1789

M3 Spottbilder und Karikaturen

Pariser Zeitungsmeldung vom 28. August 1789:

Bei all unseren Bildermachern, sowohl bei denen des Palais Royal wie in den Läden der Bilderhändler, sieht man Kupferstiche, an denen der Pöbel[1] das allergrößte Vergnügen hat und die ihn in seinem Hass gegen die Aristokratie bestärken; es sind Spottbilder oder symbolische Karikaturen, aber voller Ausdruckskraft. Ein Stich zeigt, wie ein alter Bauer gebückt auf allen vieren läuft und auf seinem Rücken einen Edelmann und einen Bischof trägt, was am unteren Rand der Karikatur mit den Worten kommentiert wird: „Soll das immer so weitergehn?“

Zit. nach Historisches Lernen mit Bildern und Karikaturen. Handreichung des ISB, Donauwörth (Auer) 2001, S. 119.

1 abwertende Bezeichnung für das „einfache Volk“

1 Entschlüssele die Karikatur M1 mithilfe der Arbeitsschritte. Beziehe dabei auch M3 ein.

2 Informiere dich auf den Seiten 18 f. über die französische Gesellschaft vor 1789 und prüfe, ob die Aussage der Karikatur berechtigt ist.

3 Übe die Arbeit mit Karikaturen an M2 und M4.

4 Partnerarbeit: Sammelt aktuelle Karikaturen in Zeitungen oder Zeitschriften und entschlüsselt ihre Aussagen entsprechend den Arbeitsschritten. Stellt eure Beispiele in der Klasse vor.

Die drei Revolutionen des Sommers 1789

Der dritte Stand erhebt sich (1. Revolution)

Die Berater König Ludwigs XVI. hatten zur Lösung der Finanzkrise empfohlen, die Generalstände nach Versailles einzuberufen. Im Februar und März 1789 wählten deshalb alle drei Stände ihre Abgeordneten, die sich am 5. Mai 1789 zur feierlichen Eröffnungssitzung in Versailles einfanden. Obwohl Ludwig von den umfassenden Beschwerden der französischen Bevölkerung wusste, ging er in seiner Eröffnungsrede mit keinem Wort darauf ein. Nachdem die Generalstände einige Wochen erfolglos verhandelt hatten, stellten sich einige Priester und niedere Adlige auf die Seite des dritten Standes. Schließlich verloren die Abgeordneten des dritten Standes die Geduld und erklärten sich gemeinsam mit Gleichgesinnten aus dem ersten und zweiten Stand zur „Nationalversammlung“. Als der König deswegen wenige Tage später ihren Versammlungsraum schließen ließ, wichen die Abgeordneten in das Ballhaus des Hofes aus und schworen sich, solange nicht auseinanderzugehen, bis Frankreich eine Verfassung (siehe S. 31) besäße. Durch diese Verfassungsrevolution war der Ständestaat beseitigt. Dem Zeremonienmeister des Königs, der diese „verfassunggebende Versammlung“ auflösen sollte, wurde von den Abgeordneten mitgeteilt: „Die versammelte Nation empfängt keine Befehle und weicht nur vor der Gewalt der Bajonette.“ Kurze Zeit später empfahl Ludwig XVI. den Delegierten von Adel und Geistlichkeit, sich auch der Nationalversammlung anzuschließen. Gleichzeitig aber ließ er etwa 20 000 Soldaten der Nationalgarde um Versailles und Paris zusammenziehen. Wie gingen die Vertreter des dritten Standes weiter vor?

Die städtische Revolution (2. Revolution)

Während der Vorgänge in Versailles litt die Pariser Bevölkerung Hunger, denn Brot war knapp und teuer wie nie zuvor. Als die Menschen von den Truppenbewegungen rund um Paris hörten, gerieten sie in höchste Aufregung. Geschäfte und Adelshäuser wurden geplündert, viele Einwohner bewaffneten sich, um dem vermeintlich drohenden Angriff der Armee zu begegnen. Auch in der Bastille, einem königlichen Gefängnis, glaubten sie, Waffen zu finden. Überdies galt die Festung mitten in der Stadt als Symbol der absolutistischen Herrschaft, das am 14. 7. 1789 erstürmt wurde. Zum Schutz von Paris bildeten die Einwohner eine revolutionäre Bürgerwehr, die „Nationalgarde“. Auch in vielen anderen Städten verjagten die Bürger königliche Beamte und bestanden auf Selbstverwaltung. Die Revolution hatte sich von der Nationalversammlung auf die Straßen verlagert.

M1 **Die Eröffnung der Ständeversammlung am 5. Mai 1789,** Ölgemälde von Auguste Couder (1790–1873), Paris um 1840

Schwur im Ballhaus M2 am 20. Juni 1789, Gemälde von Jacques-Louis David, um 1790

Die Revolution der Bauern (3. Revolution)

Die Nachrichten von den Ereignissen in Paris lösten bei der Landbevölkerung Panik aus, denn sie hatte Angst vor einer Verschwörung des Adels. Dazu kursierten Gerüchte von plündernden Räuberbanden. Vergeblich hatten die Bauern seit Monaten auf die Beantwortung ihrer Beschwerdehefte gewartet. Jetzt erstürmten sie gewaltsam an vielen Orten die Schlösser oder Klöster ihrer Grundherren, um deren befürchteten Angriffen zuvorzukommen und die Urkunden über die verhassten Frondienste und Abgaben zu vernichten.

Die Reaktion der Nationalversammlung

Die meist bürgerlichen Abgeordneten der Nationalversammlung wollten nicht, dass das Eigentum nichts mehr zählte und die Revolution zum Chaos führte. Sie mussten rasch handeln, um die Bauern zu beruhigen. Am 4./5. August 1789 beschlossen sie daher u. a. die Abschaffung der Leibeigenschaft, das Ende der Steuerbefreiung für Adel und Klerus sowie die Zulassung aller Bürger zu Ämtern in Staat und Heer. Abgaben und Frondienste konnten durch Geldzahlungen abgelöst werden. Am 26. August 1789 verabschiedete die Nationalversammlung die „Erklärung der Menschen- und Bürgerrechte" (siehe S. 28/29).

1 Beschreibe M1 und M2 und vergleiche. Achte auf die Personengruppen, Sitzordnung und Umgebung. Erschließe die Absicht des jeweiligen Malers.

Die Revolution geht weiter

Die Beseitigung der Privilegien veränderte die alte Ständegesellschaft, doch die Unruhen gingen weiter. Denn die meisten Bauern hatten kein Geld, um sich aus den überlieferten Verpflichtungen freizukaufen. Und in Paris herrschte noch immer Hunger. Die Schuld dafür schob man dem König zu, der tatsächlich ungeachtet der Revolutionsereignisse sein luxuriöses Hofleben fortsetzte. Im Oktober 1789 war die Geduld vieler Pariser erschöpft: Tausende marschierten spontan nach Versailles und erzwangen die Übersiedlung der königlichen Familie und der Nationalversammlung nach Paris. Noch forderte niemand die Absetzung des Königs. Vielmehr erwartete man von ihm, dass er zusammen mit den Volksvertretern die Probleme des Landes lösen würde: die Hungersnot, die Finanzkrise, die Opposition der Adligen, die mit militärischen Mitteln und ausländischer Unterstützung die Revolution niederschlagen wollte.

Grundwissen

Nation
Eine große Gruppe von Menschen, die sich durch ihre Sprache, Kultur, Geschichte oder durch eine Verfassung verbunden fühlt. Nationen haben oder wollen eine gemeinsame staatliche Organisation und grenzen sich von anderen Nationen ab.

Nationalversammlung
Bezeichnung für eine gewählte Volksvertretung, die eine Verfassung für den Staat erarbeiten soll.

Fasse wichtige Schritte der Rev. in Stichpunkte

M3 Auf zur Bastille

Ein Augenzeuge berichtete im Sommer 1789:

Die Wut flammt auf. Nun gibt es in Paris nur noch einen Schrei: Zu den Waffen! … Die Menge und die Verwegensten begeben sich zum Invalidenhaus; man verlangt Waffen vom Gouverneur … Kaum hat man Waffen, so geht's zur Bastille. Der Kommandant, Graf de Launay, der gewiss überrascht war, hunderttausend Flinten mit Bajonetten zu sehen, muss sehr in Verwirrung gewesen sein. Man knallt ein oder zwei Stunden drauflos, man schießt von den Türmen herunter, was sich dort sehen lässt; Graf Launay ergibt sich; er lässt die Zugbrücke herunter, aber er zieht sie sofort wieder hoch und schießt mit Kartätschen drein … binnen einer halben Stunde ist der Platz im Sturm genommen. Es grenzt ans Wunderbare, um halb drei Uhr war die Bastille schon genommen. Die Bastille hätte sich sechs Monate halten können, aber sie wurde von Bürgersleuten und führerlosen Soldaten genommen, ohne einen einzigen Offizier! … Herrn de Launay macht man zum Gefangenen, führt ihn zum Stadthaus und schlägt ihn unterwegs halbtot. Man gibt ihm den Rest auf dem Grèveplatz und ein Schlächter schneidet ihm den Kopf ab.

Zit. nach Wolf Dietrich Behschnitt, Die Französische Revolution, Stuttgart (Klett) 1979, S. 44.

M4 Der Sturm auf die Bastille am 14. Juli 1789, zeitgenössischer kolorierter Kupferstich von J. P. Laminit

M5 Wir sind die Vertreter des Volkes

Der Geistliche Emmanuel Sieyès forderte am 15. 6. 1789 vor den Abgeordneten des dritten Standes:

Wir sind die Vertreter von 24 Millionen Franzosen. Wir sind die einzigen und wahren Vertreter des ganzen französischen Volkes. Deshalb geben wir unserer Versammlung den Namen „Nationalversammlung". Wir werden Frankreich eine Verfassung geben, die allen Franzosen die gleichen Rechte garantiert.

Zit. nach Walter Markov, Revolution im Zeugenstand, Bd. 2, Leipzig (Reclam) 1985, S. 71.

Die Ereignisse im Sommer und Herbst 1789

5. Mai Eröffnung der Generalstände in Versailles.

17. Juni Die Abgeordneten des dritten Standes erklären sich zur Nationalversammlung.

20. Juni Die Mitglieder der Nationalversammlung schwören, nicht eher auseinanderzugehen, bis Frankreich eine Verfassung besitzt (Ballhausschwur).

14. Juli Eine wütende Menschenmenge stürmt die Bastille und trägt den Kopf des ermordeten Kommandanten jubelnd durch die Stadt.

16./17. Juli Der König zieht die Truppen um Paris wieder ab und heftet sich die Kokarde an den Hut.

4./5. August Nachtsitzung der Nationalversammlung: Alle Privilegien fallen.

26. August Die Nationalversammlung verabschiedet die Erklärung der Menschen- und Bürgerrechte und bestimmt sie als Grundlage der neuen Verfassung.

5./6. Oktober Zug der Frauen nach Versailles. Die Königsfamilie zieht nach Paris um; die Nationalversammlung folgt einige Tage später.

M6 Der Marsch der Frauen nach Versailles

Über die Ereignisse am 5./6. Oktober 1789 berichtete die Historikerin Susanne Petersen 1987:

Insgesamt wurde der Zug auf 8000 bis 10 000 Frauen geschätzt, die sich mit Piken, Stielen, Waffen und sogar mit einigen Kanonen auf den langen Marsch begaben … Gegen 17 Uhr kam der Frauenzug völlig durchnässt in Versailles an. Derweil war es in Paris zu neuen Initiativen der Nationalgarde gekommen, die Frauen zu unterstützen. Während die Nationalgardisten im Anmarsch waren, wurde in der Nationalversammlung schon eine Abordnung von zwölf Frauen vorgelassen.

Die Angehörigen der Nationalversammlung signalisierten Wohlwollen und schickten dieselbe Abordnung mit ihrem Sitzungspräsidenten Mounier direkt zum König. Als die Frauenabordnung wieder zum Vorschein kam, gab sie bekannt, dass der König ausreichende Mehllieferungen und Festpreise zugesagt habe. Ein Teil der Frauen kehrte höchst zufrieden nach Paris zurück, diesmal im Wagen des Königs …

Als letzte Forderung hatten die Vertreter der 60 Pariser Bezirke auf ihrem Zettel: Der König solle mit nach Paris kommen …

So kam es am frühen Morgen des 6. Oktober 1789 zu gewaltsamen Ausschreitungen im Schloss. Immer wieder erschallte der Ruf: „Nach Paris". In dieser Zwangslage willigten Ludwig XVI. [und die Nationalversammlung] ein. Gegen 13 Uhr marschierte ein bunt gemischter, mit vielen Zweigen und Broten geschmückter Zug im Triumph nach Paris zurück, zusammen mit „dem Bäcker, der Bäckerin und dem Bäckerburschen" [Ludwig XVI., Marie Antoinette und der Thronfolger] als Garanten der Pariser Brotversorgung.

Zit. nach Susanne Petersen, Marktweiber und Amazonen, Köln (Pahl-Rugenstein) 1987, S. 65 ff.

M7 Die Pariser Marktfrauen kehren zurück, kolorierte Radierung, 1789

Grundwissen

14. 7. 1789: Beginn der Französischen Revolution

Die Erstürmung der Bastille am 14. Juli 1789 sahen Zeitgenossen und Nachwelt als Auftakt und Symbol der Französischen Revolution.

Eine Revolution (lat. revolutio = Umwälzung) ist ein absichtlicher, meist gewaltsamer und rascher Umsturz einer bestehenden politischen und gesellschaftlichen Ordnung.

Ein solch tiefgreifender Wandel beschränkt sich nicht nur auf ein Ereignis. So kamen in Frankreich verschiedene Entwicklungen zusammen: 1. Die Revolution der Nationalversammlung, die eine Verfassung ausarbeitet und die Privilegien von Adel und Klerus aufhebt. 2. Die Revolution in Paris mit dem Sturm auf die Bastille. 3. Die Revolution der Bauern, die zum Ende der Leibeigenschaft führt.

GW

2 Die Entwicklung in den Generalständen gilt als wichtiger erster Schritt der Französischen Revolution (S. 24 f.). Begründe diese Aussage mithilfe des Darstellungstextes und M5.

3 Erläutere anhand von M3, M4 und des Darstellungstextes die Vorgänge um die Bastille und bewerte, welche Bedeutung die Eroberung für die Pariser hatte.

4 Beschreibe mithilfe des Darstellungstextes die Situation der Bauern und beurteile, welche Bedeutung die Beschlüsse der Nationalversammlung für die Bauern hatten.

5 Untersuche die Motive und Forderungen der Frauen sowie ihre Aktion (M6, M7).

6 Bis heute begehen die Franzosen am 14. Juli ihren Nationalfeiertag. Prüfe auf der Grundlage deiner Kenntnisse über das Jahr 1789, ob die Erstürmung der Bastille tatsächlich das zentrale Ereignis des Revolutionsjahres war.

Menschen sollen frei und gleich sein

Ein Beschluss nicht nur für Frankreich

Zusammen mit der Beseitigung aller Privilegien für einzelne Stände durch die französische Nationalversammlung galt die „Erklärung der Menschen- und Bürgerrechte" vom 26. August 1789 als „Totenschein" des Absolutismus und als Ausdruck des neuen Selbstbewusstseins der Bürger. Bereits lange vor der Revolution, in der Zeit der Aufklärung (siehe S. 14 ff.) hatten die Debatten über die Menschenrechte begonnen. Sie hatten für die Amerikaner eine wichtige Rolle gespielt, als sie ihre Unabhängigkeit von England erklärten. Die Grundsätze der Menschenrechte sollten nach dem Willen der französischen Abgeordneten nicht auf ein bestimmtes Land begrenzt werden, sondern sie sollten weltweit gelten.

Die Erklärung der Menschen- und Bürgerrechte,
Ölgemälde von Jean Jacques Le Barbier d. Ä., 1789/90

M1

Menschenrechte in der Gegenwart

Die Nationalversammlung versuchte, mit der „Erklärung der Menschen- und Bürgerrechte" folgende Frage zu beantworten: In welcher gesellschaftlichen Ordnung kann der Einzelne so frei und gleichberechtigt leben wie möglich, ohne seine Mitmenschen in ihrer Freiheit zu beeinträchtigen? Die Antwort der Abgeordneten auf diese Frage hat alle modernen Verfassungen beeinflusst.

Im 19. Jahrhundert lieferten die Menschenrechte Argumente zur Durchsetzung von Reformen in europäischen Monarchien, aber insgesamt fanden sie eher wenig Beachtung. Erst nachdem sich in vielen Staaten Diktaturen gebildet hatten und es im Zweiten Weltkrieg (1939–1945) zu einem Völkermord ungeahnten Ausmaßes gekommen war, setzten sich die Vereinten Nationen (UNO) für eine Stärkung der Menschenrechte ein. In der „Allgemeinen Erklärung der Menschen- und Bürgerrechte" verpflichteten sich die Mitgliedsstaaten der UNO 1948, die Grundrechte weltweit zu verteidigen. Als die Politiker 1949 in Deutschland eine neue Verfassung, das bis heute gültige „Grundgesetz", ausarbeiteten, beschlossen sie nach den Erfahrungen mit dem Nationalsozialismus, die Menschen- und Bürgerrechte besonders hervorzuheben.

Allerdings finden in der Welt täglich schwere Verstöße gegen die Menschenrechte statt, vor allem gegenüber Frauen, Kindern und Minderheiten. Begangen werden sie nicht nur von Soldaten, beispielsweise in einem Bürgerkrieg, sondern auch von Regierungen, Behörden und Polizisten in Staaten, die sich nach außen hin friedlich präsentieren. Die Verstöße richten sich meistens gegen Menschen, die gegen die Zustände in ihrem Staat protestieren. Auf diese Weise versuchen autoritäre Regime, ihre Macht zu sichern. Für den Schutz der Menschenrechte setzen sich international arbeitende Organisationen ein, wie z. B. die Menschenrechtsorganisation „amnesty international".

1 Überprüfe, in welchen Punkten die Menschen- und Bürgerrechte (M2) im Gegensatz zur absolutistischen Herrschaft standen.

2 Beschreibe M1 und formuliere die mögliche Aussage des Künstlers.

M2 Die Menschen- und Bürgerrechte

Die Menschen- und Bürgerrechte (17 Artikel) wurden am 26. August 1789 von der Nationalversammlung beschlossen und später der Verfassung von 1791 vorangestellt:

Präambel In der Überzeugung, dass die Unkenntnis, das Vergessen oder Verachten der Menschenrechte die alleinigen Ursachen der öffentlichen Missstände und der Verderbtheit der Regierungen sind, haben die in der Nationalversammlung vereinigten Vertreter des französischen Volkes beschlossen, in einer feierlichen Erklärung die natürlichen, unveräußerlichen und geheiligten Menschenrechte darzulegen …

Art. 2 Das Ziel einer jeden politischen Vereinigung besteht in der Erhaltung der natürlichen und unantastbaren Menschenrechte. Diese Rechte sind Freiheit, Eigentum, Sicherheit und Widerstand gegen Unterdrückung.

Art. 3 Die Nation bildet den hauptsächlichen Ursprung jeder Souveränität. Keine Körperschaft und kein Individuum können eine Gewalt ausüben, die nicht ausdrücklich von der Nation ausgeht.

Art. 4 Die Freiheit besteht darin, alles tun zu können, was dem anderen nicht schadet … Diese Grenzen können nur gesetzlich festgelegt werden …

Art. 8 … Niemand kann wegen eines Gesetzes bestraft werden, das nicht vor dem Tatmoment erlassen, verkündet und angewendet worden ist.

Art. 10 Niemand darf wegen seiner Meinung, selbst religiöser Art, belangt werden, solange die Äußerungen nicht die gesetzlich festgelegte Ordnung stören.

Art. 11 Die freie Mitteilung der Gedanken und Ansichten ist eines der kostbarsten Menschenrechte; jeder Bürger kann daher frei schreiben, reden und drucken, unter Vorbehalt des Missbrauchs dieser Freiheit in den gesetzlich festgelegten Fällen.

Art. 16 Eine Gesellschaft, in der die Garantie der Rechte nicht erfolgt und die Gewaltenteilung nicht festgeschrieben ist, hat keine Verfassung.

Art. 17 Da das Eigentum ein unverletzliches und heiliges Recht ist, kann es niemandem genommen werden, außer im Falle öffentlicher Notwendigkeit unter der Bedingung einer gerechten . . Entschädigung.

Zit. nach Geschichte in Quellen, Bd. 4, hg. v. Wolfgang Lautemann u. a., München (bsv) 1981, S. 199 ff., bearb. d. Verf.

M3

Der massenhafte Thronsturz, französische Karikatur, um 1800. Inschrift links oben: „Republikanische Elektrizität gibt den Despoten einen Stromstoß, der ihre Throne umstürzt". Inschrift auf der Scheibe: „Erklärung der Menschenrechte". Inschrift auf dem Kabel: „Freiheit, Gleichheit, Brüderlichkeit, unteilbare Einheit der Republik". Beschriftungen rechts: „Der Schelm Joseph, der holländische Statthalter, der feiste George, der kleine Papst, der spanische Despot, der Tyrann von Preußen, der Herumtreiber von Sardinien, die fette Katharina".

3 Bearbeite die Karikatur M3 nach den Arbeitsschritten „Karikaturen entschlüsseln" (S. 22).

4 Überprüfe, an welcher Stelle des Grundgesetzes Gedanken aus der französischen Menschenrechtserklärung aufgegriffen werden (siehe Anhang).

5 Nehmt Kontakt zu einer Menschenrechtsorganisation auf.

6 Informiert euch im Internet über die Arbeit von „amnesty international".

Von der konstitutionellen Monarchie zur Republik

Frankreich wird konstitutionelle Monarchie

Am 3. September 1791 trat die Verfassung in Kraft, an der die Nationalversammlung seit 1789 gearbeitet hatte. Sie begrenzte die absolute Macht des Königs. Nach dem lateinischen Wort für Verfassung „constitutio" hieß die neue Staatsform konstitutionelle Monarchie. Allen Bürgern garantierte die Verfassung Freiheit und Gleichheit vor dem Gesetz. Alle Richter mussten sich künftig an die neue Verfassung halten und durften nur im Rahmen der Gesetze urteilen, die das Parlament, die französische Nationalversammlung, verabschiedet hatte.

Allerdings ließ die neue Verfassung nicht alle Franzosen zur Wahl der Nationalversammlung zu. Nur etwa ein Fünftel von 25 Millionen Franzosen war wahlberechtigt, da das Wahlrecht an Steuerleistungen gebunden war. Zensuswahlrecht* wird ein solches Wahlverfahren genannt. Alle Frauen waren von der Wahl ausgeschlossen.

Fluchtversuch des Königs

Ludwig XVI. war König geblieben, aber niemand in Frankreich konnte genau sagen, welche Macht er in Zukunft haben würde. Ludwig hatte die Verfassung zwar anerkannt, dennoch zweifelten die französischen Bürgerinnen und Bürger daran, dass er wirklich hinter der neuen Staatsform stand. Gerüchten zufolge hielt er weiterhin Kontakt zu königstreuen Emigranten im Ausland. Im Juni 1791 hatte er sogar versucht, mit seiner Familie nach Belgien zu fliehen, war dabei aber erkannt und nach Paris zurückgebracht worden.

Ausrufung der Republik und Ende des Königs

Zur selben Zeit drohten die Herrscher Preußens und Österreichs offen damit, das absolute Königtum in Frankreich mit militärischer Gewalt wiederherzustellen. In dieser Situation erklärte die französische Nationalversammlung am 20. April 1792 Österreich und Preußen den Krieg. Die Pariser Bevölkerung hatte jedoch den Verdacht, dass Ludwig mit Frankreichs Feinden sympathisierte. Als am 10. August 1792 eine aufgebrachte Menschenmenge das königliche Schloss stürmte, verlor der König auch die Unterstützung der Nationalversammlung. Die Abgeordneten erklärten ihn für abgesetzt und klagten ihn wegen Hochverrats an.

Gleichzeitig beschloss die Nationalversammlung ihre eigene Auflösung. Ein „Nationalkonvent" sollte gewählt werden, der eine neue, republikanische Verfassung ausarbeiten und über das Schicksal Ludwigs XVI. beschließen sollte. Zu den Wahlen waren nun alle männlichen Franzosen zugelassen. Am 21. September 1792 rief der Nationalkonvent die Republik aus.

Die Abstimmung über die Behandlung Ludwigs XVI. fiel knapp aus: 387 Abgeordnete des Nationalkonvents sprachen sich für die Todesstrafe aus, 334 dagegen. Am 21. 1. 1793 wurde Ludwig auf dem Schafott hingerichtet. Im Oktober 1793 folgte ihm die Königin Marie Antoinette.

M1 **Ludwig XVI. bei seiner Verhaftung** in Varennes am 20. Juni 1791, Kupferstich, 1791

1 Schildere anhand von M1 deinen Eindruck von der Gefangennahme Ludwigs XVI. in Varennes (siehe Arbeitsschritte „Entschlüsselung eines Bildes" im Anhang). Welchen Standpunkt bezieht der Zeichner?

2 Untersuche anhand des Darstellungstextes, wie innen- und außenpolitische Entwicklungen miteinander zusammenhingen.

Ein Verfassungsschema interpretieren

Die Verfassung als Schaubild

Gesetzestexte wie z. B. Verfassungen sind schwer zu erschließen, nicht nur aufgrund ihrer Ausdrucksweise, sondern weil sie auch komplizierte Sachverhalte enthalten. Schaubilder werden oft benutzt, um Zusammenhänge bzw. Formulierungen zu vereinfachen und zu verdeutlichen. Allerdings ist auch hier die Voraussetzung, dass du ihre „Sprache" verstehst.

1 Beschreibe den Aufbau der Verfassung von 1791 (M1). Kläre die Begriffe „Aktivbürger", „Passivbürger" und „Wahlmänner".

2 Erläutere die Rolle des Königs und beurteile seine Macht nach der Verfassung.

Arbeitsschritte

Ein Verfassungsschema interpretieren

1. Schritt: Einzelne Elemente der Abbildung erfassen
– Welche (Fach-)Begriffe werden genannt (z. B. Wahlmänner)?
– Welche Symbole sind zu erschließen (z. B. Farben, Pfeile)?

2. Schritt: Den Aufbau untersuchen
– Wie ist das Schaubild zu lesen: von unten nach oben, von links nach rechts – oder umgekehrt?
– Gibt es einen inhaltlich logischen „Einstieg"? Verändert sich die Aussage des Schemas für den Betrachter, je nachdem, welchen Zugang und Weg er wählt?

3. Schritt: Den Inhalt erschließen
– Welche Informationen enthält das Verfassungsschema?
– Gibt es Hilfen, um diese Informationen zu verstehen?
– Wird deutlich, wie die einzelnen Elemente der Verfassung in Beziehung zueinander stehen? (z. B. Wer kann politisch (mit-)bestimmen und wie? Sind alle Elemente einander gleichgestellt oder gibt es z. B. ein „Oben" und „Unten" – mit welchen Konsequenzen?)
– Was bleibt unklar bzw. ungenau, sodass weitere Recherchen notwendig sind?

4. Schritt: Die Aussagekraft bewerten
– Lassen sich anhand des Schemas die Grundprinzipien der Verfassung formulieren?
– Ist es möglich, aus dem Schema „Stärken" und „Schwächen" der Verfassung zu erkennen?

5. Schritt: Den historischen Zusammenhang einbeziehen
– Da ein Verfassungsschema keine Quelle, sondern deren wissenschaftliche Interpretation ist, muss es anhand von weiteren Materialien bzw. Informationen überprüft werden.

M1 Die französische Verfassung von 1791

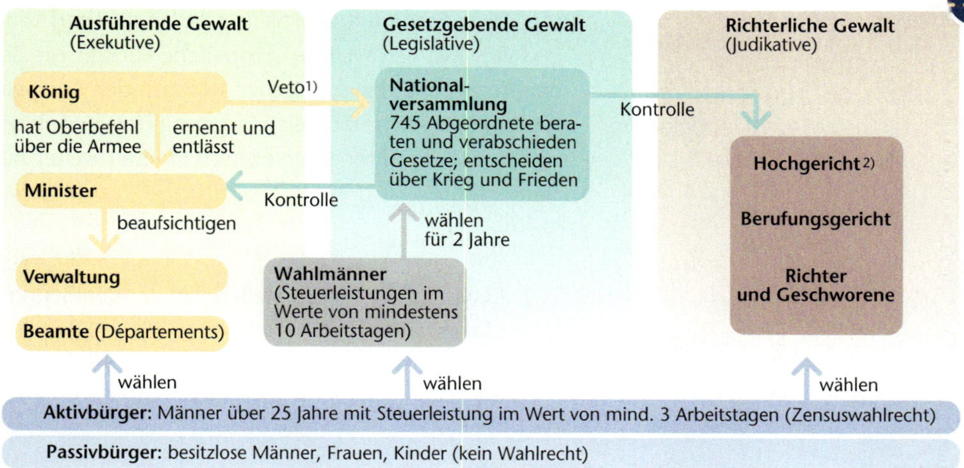

1) Durch ein aufschiebendes Veto, d. h. Einspruchsrecht, konnte der König bis zu sechs Jahre verhindern, dass ein von der Nationalversammlung verabschiedetes Gesetz in Kraft trat.

2) Für Anklage gegen Minister, hohe Beamte und Staatsverbrecher

Konflikte im Inneren und Krieg nach außen

Girondisten, Jakobiner und Sansculotten

Von Beginn an wurden die Debatten im Nationalkonvent von zwei politischen Gruppierungen beherrscht: Zunächst waren da die „Jakobiner", die nach ihrem Versammlungsort, dem Jakobskloster, benannt waren. Diese Vereinigung, die seit 1789 für die Ablösung der Monarchie durch eine soziale Republik und direkte Volksherrschaft eingetreten war, hatte zunehmend an Einfluss gewonnen.

Auf der anderen Seite standen die „Girondisten", so genannt, weil ihre bekanntesten Redner aus der Landschaft Gironde in Südwestfrankreich kamen. Auch sie waren für die Republik, aber gegen direkte Volksherrschaft und radikale soziale Reformen. Sie traten für die Einhaltung der Verfassung und den Schutz der Grundrechte ein. Die Jakobiner hatten mit dem Versprechen, eine Gesellschaft zu begründen, in der alle einen ungefähr gleichen Besitzstand hatten, viele Anhänger unter den Pariser Kleinbürgern gewonnen. Diejenigen unter ihnen, die aktiv für diese Ziele kämpften, nannten sich „Sansculotten", d. h. „Ohnehosen", weil sie nicht die Kniehose, das typische Kleidungsstück des Adels, trugen.

M1 Krieg und Gegenrevolution in Frankreich 1793

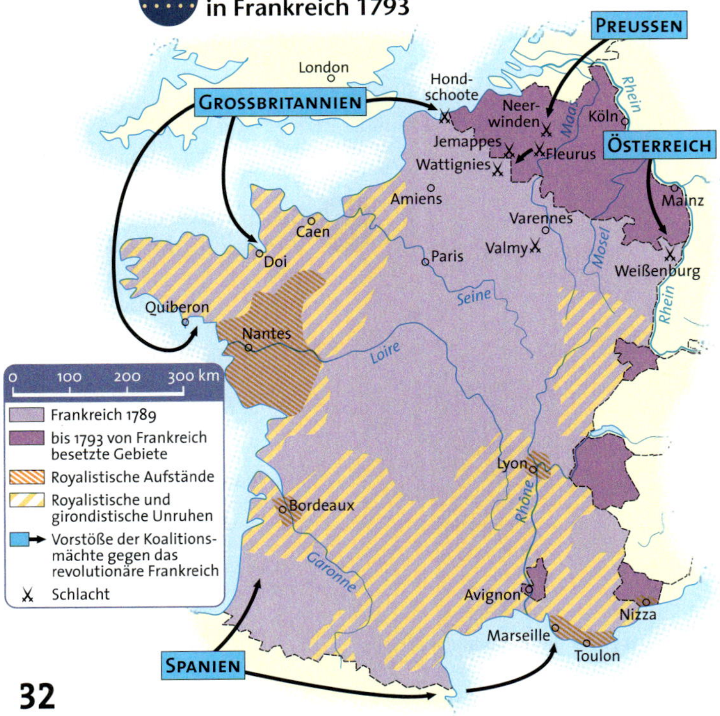

Das Land kommt nicht zur Ruhe

Auch nach der Ausrufung der Republik und der Hinrichtung des Königspaares gingen die Unruhen in Frankreich weiter. Nicht nur in Paris herrschte Hunger. Frankreichs Wirtschaft befand sich am Abgrund: Sowohl in der Landwirtschaft als auch im Gewerbe war die Produktion ins Stocken geraten; viele Menschen waren arbeitslos. Gerade sie trafen die hohen Lebensmittelpreise besonders hart. Gleichzeitig verlor das Geld immer mehr an Wert. Die staatliche Verwaltung war in vielen Landesteilen zusammengebrochen. Nicht nur in den unteren Bevölkerungsschichten herrschte angesichts dieser Zustände Unzufriedenheit. Vermögende Bürger, die um ihr Eigentum fürchteten, und Königstreue nutzten die chaotische Situation zu Aufständen.

Die Revolutionskriege

Verschärft wurde die Lage dadurch, dass sich Frankreich seit 1792 im Krieg mit Österreich und Preußen befand. Vor allem die Girondisten wollten mit der Kriegserklärung einem drohenden Angriff der verbündeten Monarchien gegen das revolutionäre Frankreich zuvorkommen und zugleich durch den gemeinsamen Kampf gegen den äußeren Feind die inneren Konflikte im Land überwinden. Tatsächlich stärkte der Krieg trotz anfänglicher Niederlagen das Nationalgefühl der Franzosen, die die Ideen der Revolution an andere, noch unterdrückte Völker weitergeben wollten. Nachdem die Revolutionsheere die feindlichen Truppen bei Valmy im September 1792 zurückgeschlagen hatten, errangen sie einen Erfolg nach dem anderen: Sie besetzten die österreichischen Niederlande (heute Belgien) und das linke Rheinufer. Diese Eroberungspolitik und die Hinrichtung König Ludwigs XVI. ließ weitere europäische Fürsten wie den englischen und den spanischen König in den Krieg eintreten, sodass sich Frankreich im Jahre 1793 von Feinden umringt sah, während zugleich im Inneren weiter Aufstände tobten.

1 Kläre mithilfe des Darstellungstextes den Begriff „Sansculotte".

2 Erläutere anhand des Darstellungstextes und M1 die Krisensituation Frankreichs.

Radikalisierung der Revolution

Die Pariser Massen und die Jakobiner machten für diese gefährliche Entwicklung die Girondisten verantwortlich und warfen ihnen falsche Kriegsführung, ja sogar Zusammenarbeit mit dem Feind vor. Als die von den Sansculotten beherrschten Versammlungen der Pariser Stadtteile forderten, mit aller Härte gegen die so genannten „Feinde der Revolution" vorzugehen, schalteten die Jakobiner die Girondisten im Nationalkonvent aus. Die meisten girondistischen Abgeordneten wurden verhaftet und hingerichtet. Auf die äußere Gefahr reagierten die jakobinischen Machthaber mit der „Levée en masse" (Erhebung der Massen). Alle Kräfte des Volkes sollten für den Krieg mobilisiert werden, und in der Tat gelang es dem französischen Volksheer, an den Fronten die Oberhand zu gewinnen. Im Inneren jedoch herrschten Chaos und Terror.

M2 Krieg den Schlössern, Friede den Hütten!

Der Abgeordnete Cambon sprach am 15. Dezember 1792 vor dem Nationalkonvent:

Was ist das Ziel des Krieges, den Ihr unternommen habt? Das ist ohne Zweifel die Ausrottung aller Privilegien. Krieg den Schlössern, Friede den Hütten. Das sind die Grundsätze, die Ihr bei der Erklärung des Krieges aufgestellt habt: Jeder, der privilegiert ist, jeder, der Tyrann ist, muss als Feind in den Ländern behandelt werden, in die wir eindringen ... Wir haben nicht nur gegen Könige allein Krieg zu führen; denn wenn sie für sich allein existierten, hätten wir nur dafür zu sorgen, dass zehn oder zwölf Köpfe fallen. Wir haben aber alle ihre Komplizen, die privilegierten Kasten, zu bekämpfen, die im Namen der Könige das Volk seit mehreren Jahrhunderten unterdrücken und zu Grunde richten ... In den Ländern, die von den Armeen der Republik besetzt sind oder besetzt werden, [sollen] die Generäle auf der Stelle ... die Volkssouveränität [proklamieren] ..., die Abschaffung der bestehenden Steuern und Abgaben ... und generell aller bestehenden Privilegien.

Zit. nach Eberhard Schmitt, Herbert Volkmann, Absolutismus und Französische Revolution. Zur Umgestaltung von Staat und Gesellschaft im 18. Jahrhundert, München (Oldenbourg) 1981, S. 69 f.

M3 Die „Marseillaise" (1. Strophe)

Dieses Lied französischer Freiwilliger in den Revolutionskriegen wurde zur Nationalhymne Frankreichs.

Auf, Kinder des Vaterlands!
Der Tag des Ruhms ist da.
Gegen uns wurde der Tyrannei
Blutiges Banner erhoben.
Hört ihr im Land
Das Brüllen der grausamen Krieger?
Sie rücken uns auf den Leib,
Eure Söhne, eure Frauen zu köpfen.
Zu den Waffen, Bürger!
Schließt die Reihen,
Vorwärts, marschieren wir!
Das unreine Blut
tränke unserer Äcker Furchen!

Hagen Schulze, Ina Ulrike Paul (Hg.), Europäische Geschichte, München (bsv) 1994, S. 1212.

M4 Gesetz über die „Lévee en masse"

Am 23. August 1793 beschloss der Nationalkonvent:

Artikel 1 Ab sofort ... unterliegen alle Franzosen der ständigen Einberufung zum Heeresdienst.
Artikel 2 Die jungen Männer gehen an die Front, die verheirateten schmieden Waffen und übernehmen den Verpflegungstransport; die Frauen nähen Zelte, Uniformen und tun in den Hospitälern Dienst; die Kinder zupfen aus altem Leinenzeug Scharpie (Verbandsstoff), die Greise lassen sich auf öffentliche Plätze tragen, um den Soldaten Mut und Hass gegen die Könige zu predigen und ihnen die Einheit der Republik einzuschärfen. Die nationalen Gebäude werden in Kasernen, die öffentlichen Plätze zu Rüstungswerkstätten umgewandelt.

Walter Grab (Hg.), Die Französische Revolution. Eine Dokumentation, München (Nymphenburger Verl.-Handlung) 1973, S. 171.

3 Erfasse den Inhalt der „Marseillaise" (M3) und ordne den Text in die Geschehnisse 1792/93 ein. Überlege, warum es heute Diskussionen über den Text der französischen Nationalhymne gibt.

4 Erarbeite die französischen Kriegsziele aus M2 und nimm Stellung.

5 Fasse die Maßnahmen zusammen, die in M4 genannt werden. Was ist neu an dieser Art der Kriegsführung?

Die Schreckensherrschaft der Jakobiner

Der „Wohlfahrtsausschuss": Symbol des Terrors

Im Juni 1793 verabschiedete der französische Nationalkonvent die republikanische Verfassung. Angesichts der kritischen Situation, in der sich Frankreich befand, trat sie allerdings nie in Kraft. Stattdessen bildeten die Jakobiner eine „Revolutionsregierung": Der Konvent legte alle Macht in die Hände von Ausschüssen, deren wichtigster der „Wohlfahrtsausschuss" war.

Zur einflussreichsten Persönlichkeit im Wohlfahrtsausschuss wurde Maximilien de Robespierre gewählt. Als Atheist wollte er das Christentum abschaffen, an dessen Stelle die Vergötterung der Vernunft treten sollte. Ein neuer Kalender ohne christliche Feiertage wurde eingeführt, und mit dem Tag der Ausrufung der Republik (21.9.1792) begann das Jahr 1 der neuen Zeitrechnung. Diese Neuerungen überschattete der Schrecken, den das Revolutionsgericht verbreitete. Es sollte alle „gegenrevolutionären" Bestrebungen verfolgen. Seine Todesurteile standen oft schon vor der Verhandlung fest. Die Karren mit Verurteilten, die zur Guillotine rollten, gehörten in dieser Zeit zum gewohnten Stadtbild. Wie passte diese Terrorherrschaft des Wohlfahrtsausschusses zu den Revolutionsideen „Freiheit, Gleichheit und Brüderlichkeit"?

M1 Guillotine (Modell), 20. Jh.
Die Guillotine wurde 1792 auf Vorschlag des Arztes Josephe Guillotin als einfaches und schnelles Hinrichtungsinstrument in Frankreich eingeführt. Während der Terrorherrschaft fanden durch sie etwa 17 000 Franzosen den Tod.

Maximilien de Robespierre

Maximilien de Robespierre (1758–1794) war Rechtsanwalt aus der nordfranzösischen Stadt Arras. In der Nationalversammlung war er Abgeordneter des dritten Standes und vertrat in seinen Reden die Ideen des Aufklärers Jean-Jacques Rousseau. Als führender Kopf der Jakobiner trug er maßgeblich zum Sturz der Girondisten bei. Robespierres Name steht für die Zeit der Terrorherrschaft, die der regierende „Wohlfahrtsausschuss" unter seinem Vorsitz seit Juni 1793 ausübte.
Am 27. Juli 1794 wurde Robespierre von seinen engsten Freunden gestürzt und am folgenden Tag hingerichtet.

Das Ende des Schreckens

Angesichts des Schreckens protestierten gemäßigte Republikaner und sogar Sansculotten immer stärker gegen die Politik Robespierres. Denn sie diente in ihren Augen nicht der Demokratie. Robespierres Politik hatte viele Interessen verletzt, vor allem im Bürgertum, das ein Ende der staatlichen Eingriffe, den Schutz von Leben und Eigentum und die Einhaltung der Verfassung forderte. Auch der Nationalkonvent akzeptierte die Gewaltherrschaft nicht mehr und beschloss die Hinrichtung Robespierres. Mit seinem Tod war die Terrorherrschaft in Frankreich beendet.

Die Jahre nach dem Ende der Schreckensherrschaft Robespierres bewerteten die Zeitgenossen unterschiedlich: „Verrat an der Revolution", so urteilten die Jakobiner, „Rückkehr zu Recht und Gesetz", hieß es dagegen aus den Kreisen des Bürgertums. Die Girondisten kehrten in den Konvent zurück. Jakobinerklubs wurden geschlossen, Jakobiner und Sansculotten von Banden junger Bürgersöhne verfolgt und terrorisiert.

Eine neue Verfassung brachte wieder die Gewaltenteilung und überließ die Exekutive einem fünfköpfigen „Direktorium". Das Wahlrecht wurde wie 1791 an die Steuerleistung, den Zensus, gebunden. Wie am Anfang der Revolution standen sich Anhänger der Monarchie, die jetzt wieder eine Chance sahen, und kleinbürgerliche Massen der Hauptstadt, die nicht kampflos ihre Ziele aufgeben wollten, drohend gegenüber.

M2 Die Aufgabe der Volksregierung

Robespierre über die Grundsätze seiner Politik in einer Rede vor dem Konvent (7. Februar 1794):

Welches Ziel also streben wir an? Den friedlichen Genuss der Freiheit und Gleichheit ... Wir wollen eine Ordnung der Dinge, in der alle niederen und grausamen Leidenschaften unbekannt sind ... Wenn die Aufgabe der Volksregierung im Frieden die Tugend ist, so ist die Triebkraft der Volksregierung in der Revolution die Tugend und der Terror ... Der Terror ist nichts anderes als ein schnelles, strenges und unerbittliches Gericht ... Er ist ... eine Folge des allgemeinen Prinzips der Demokratie, angewendet auf die dringendsten Bedürfnisse des Vaterlandes.

Zit. nach Geschichte in Quellen, Bd. 4, hg. v. Wolfgang Lautemann u. a., München (bsv) 1981, S. 392 f.

M3 Das Gesetz über die Verdächtigen

Am 17. September 1793 erließ der Wohlfahrtsausschuss folgendes Gesetz:

Art. 1 Sofort nach Verkündung des vorliegenden Dekrets werden alle verdächtigen Personen, die sich auf dem Territorium der Republik aufhalten und noch in Freiheit befinden, in Haft genommen.

Art. 2 Als verdächtige Personen gelten:

1. Alle, die sich durch ihr Verhalten ... oder durch ihre mündlich oder schriftlich geäußerten Ansichten als Parteigänger der Tyrannen, des Föderalismus[1] und Feinde der Freiheit zu erkennen gegeben haben;
2. Alle, die sich nicht auf die ... vorgeschriebene Weise über ihre Existenzmittel und die Erfüllung ihrer Bürgerpflichten ausweisen können; ...
5. Alle diejenigen vormaligen Adligen ..., die nicht dauernd ihre Verbundenheit mit der Revolution unter Beweis gestellt haben.

Zit. nach Geschichte in Quellen, Bd. 4, hg. v. Wolfgang Lautemann u. a., München (bsv) 1981, S. 377 f.

1 Gliederung eines Staates in mehrere gleichberechtigte Einheiten (z. B. Bundesländer) im Gegensatz zum zentralistischen Staat. Die Bundesländer in Deutschland haben u. a. das Recht, über das Bildungswesen unabhängig zu entscheiden.

M4 Ein einziger Wille

Aus einer Notiz Maximilien de Robespierres (Mai 1793):

Es darf nur ein einziger Wille bestehen ... Damit er republikanisch ist, braucht man republikanische Minister, republikanische Zeitungen, republikanische Abgeordnete, eine republikanische Regierung ... Das Volk muss sich mit dem Konvent verbünden, und der Konvent muss sich des Volkes bedienen ... Man muss den Sansculotten Waffen verschaffen ... und mit allen Mitteln ihre republikanische Begeisterung steigern.

Zit. nach Albert Mathiez, La Révolution française, Bd. 3, Paris, 1927, S. 4., übers. d. Verf.

M5 **Verhör vor einem Revolutionsgericht,** kolorierte Radierung, 1794

1 Erarbeite die politischen Ziele und Methoden Robespierres (Darstellungstext, Personenkasten, M1, M2 und M5) und beurteile seine Auffassung.

2 Interpretiere M5 mithilfe der Arbeitsschritte „Entschlüsselung eines Bildes“ im Anhang.

3 Vergleiche M3 mit Artikel 10 und 11 der Menschenrechtserklärung S. 29. Diskutiert, ob in Notzeiten das Recht auf freie Meinungsäußerung und ein ordentliches Gerichtsverfahren aufgehoben werden dürfen.

4 Versetze dich in das Revolutionsjahr 1794. Du lebst in Paris und schilderst in einem Brief an einen Freund im Ausland die Verhältnisse in deiner Heimatstadt.

5 „Die Revolution frisst ihre Kinder.“ Erkläre diesen Satz mithilfe deiner Kenntnisse über den Verlauf der Französischen Revolution.

Eine Textquelle analysieren

Den Text von verschiedenen Seiten betrachten

Anstelle der Arbeitsschritte findest du auf dieser Methodenseite ein Modell zur Analyse schriftlicher Quellen (M3). Eine bestimmte Schrittfolge bei der Bearbeitung ist nicht vorgegeben. Sinnvoll ist es aber, zunächst mit dem Autor und den Informationen zur Textquelle zu beginnen. Zu der Textquelle M1 sind einige Angaben als Lösungshilfe angegeben. Bedenke, dass nicht zu jedem Quellentext alle Fragen beantwortet werden können. Und selbst wenn du die Quelle zum „Sprechen" gebracht hast: Mit ihr kannst du nur einen kleinen Ausschnitt der Vergangenheit rekonstruieren.

Informationen über den Autor: 43 Jahre alt (1789), Pädagoge, Sprachforscher; Reise nach Paris mit der Absicht, über die Französische Revolution zu berichten (?)

Lagebeschreibung: trotz Anarchie und Brotknappheit noch ruhig

Schlüsselbegriffe:
Volk
Anarchie (Gesetzlosigkeit)
Brotmangel
Zerrüttung der bürgerlichen Verhältnisse

neue Konstitution; am 14. September 1791 beschlossen, konstitutionelle Monarchie, Eid des Königs auf die neue Verfassung

Schlüsselaussage
Position des Autors: Konstitution (Verfassung) größtes Denkmal unseres Jahrhunderts; positive Bewertung (Z. 20–22)
Schlüsselbegriffe: Vernunft und Menschenrecht als Grundlage der Verfassung

M1 Ein Brief aus Paris

Johann Heinrich Campe (1746–1818), deutscher Pädagoge und Sprachforscher, verfasste „Briefe aus Paris", die zuerst im „Braunschweiger Journal" veröffentlicht wurden. In einem Brief vom 14. August 1789 schrieb er:

In Paris ist unterdes nichts Neues vorgefallen. Das Volk hält sich, trotz der fortdauernden Anarchie und trotz des knappen Brotvorrats, kleine unbedeutende Auftritte abgerechnet, noch immer ruhig – zum Erstaunen aller, welche wissen, was die Worte Volk, Anarchie und Brotmangel in Verbindung miteinander zu bedeuten haben. ... Ob indes dieser unerhörte Zustand von Mäßigung und Ruhe, bei fortwährender Gesetzlosigkeit und Zerrüttung der bürgerlichen Verhältnisse, noch lange andauern wird? ... Es kann daher und wird wahrscheinlich noch zu blutigen Auftritten kommen, weil es unmöglich scheint, dass die neue Konstitution so geschwind vollendet und an allen ihren Teilen an die Stelle der alten gesetzt werden könnte, als nötig wäre, wenn man jener Verwilderung zuvorkommen wollte. Unterdes werden die geheimen Bemühungen der Aristokraten, die neue Freiheit, wo möglich, in ihren Keimen zu zerknicken, fortdauern; unterdes werden der Adel und die Geistlichkeit, sowohl in der Nationalversammlung als auch im Lande, ihre letzten Kräfte aufbieten, um der Vollendung des größten Denkmals unseres Jahrhunderts, einer auf Vernunft und Menschenrecht gegründeten Konstitution, tausend Hindernisse und Schwierigkeiten in den Weg zu legen; unterdes wird das Volk immer argwöhnischer, immer eifersüchtiger auf seine neue Freiheit, an die es noch nicht gewöhnt ist, immer rascher in seinem Verfahren, immer unbändiger und zügelloser werden; und – der Menschenfreund wendet mitleidig seine Augen von den Gräueln weg, welche die Folge davon sein können! ...

Zit. nach Irmgard und Paul Hartig, Die Französische Revolution im Urteil der Zeitgenossen und der Nachwelt, Stuttgart (Klett) 1980, S. 6 f.

Quellenart: Zur Veröffentlichung bestimmter Brief
Adressat: Leser in Deutschland; Einflussnahme auf die Einstellung der Öffentlichkeit zur Französischen Revolution?
Geschichtlicher Hintergrund:
Was geschah vor und nach dem 14. August 1789?
Mai: Generalstände,
Juni: Nationalversammlung,
14. Juli: Sturm auf die Bastille,
4. August: Abschaffung der Privilegien,
26. August: Erklärung der Menschen- und Bürgerrechte
Frage: Wie geht die Revolution weiter?
Prognose: wahrscheinlich „blutige Auftritte" (Z. 7–11)

Gegner (Feinde) der Revolution: Aristokraten (Adel und Geistlichkeit)

Stimmung im Volk (Z. 25–28)

Sicht des Autors

Vorahnung?

M2 Aus dem Tagebuch eines Kleinbauern

Der Kleinbauer und Garnhausierer Ulrich Bräker (1735–1798) entfloh 1756 einem preußischen Werbeoffizier und lebte später in seiner Schweizer Heimat. In Kenntnis der Briefe Campes schrieb er im März 1791 in sein Tagebuch über die französischen Zustände:

Und noch jetzt nicht könnt ich glauben, dass es mit Frankreichs Freiheit so ganz im Reinen wäre: in einem so weitläufigen Reich – wo so viele Millionen Menschen wohnen – mag es wohl auch heißen, viel Köpf viel Sinnen – zudem so starke Parteien von den Angesehensten im Reich – die immer offensichtlich und im Verborgenen gegen die Freiheit arbeiten. Der Adel und die Geistlichkeit sind allzu stark heruntergesetzt – als dass sie nicht sollten alles anwenden, ihre Vorrechte geltend zu machen … Wie sehr fällt diese Nation von einem Extrem aufs andere. Vorher war der gemeine Haufen allzu sehr Sklav, der Adel und die Großen dieser Nation beherrschten den sonst souveränen König und übertrieben ihre despotische Macht bis zur Tyrannei. Man denke nur, wie eine solche Herabsetzung in die gemeine Bürgerklasse schmerzen müsse. Auch die Geistlichen werden es nimmermehr zugeben, da ihr Einkommen geschmälert und von den Ständen bestimmt werden soll. Diese Klasse ist der Nation die allergefährlichste, doch wenn nur die auswärtigen Mächte so menschlich gesinnt wären, keine Partei zu nehmen, sondern zu einem gütigen Vergleich die Hand bieten würden, dann möchts angehen. Aber wenn der Tanz angehen sollte, … dann würdest du sehen – Franzmann, welche Schlangen du in deinem Busen genährt – mir schaudert von den Ahnungen, wie es alsdann in deinen Eingeweiden hergehen möchte … Es wird also erlaubt sein, dato noch an der Dauerhaftigkeit der französischen Freiheit zu zweifeln.

Zit. nach Praxis Geschichte, H. 1/1989, S. 42.

Geschichtlicher Hintergrund
- In welche geschichtliche Situation lässt sich die Quelle einordnen?
- Ist ein Vergleich mit anderen Quellen und Darstellungen möglich?
- Welche weiteren Informationen sind zum besseren Verständnis notwendig?

Autor
- Wer hat den Text verfasst?
- In welchem Verhältnis steht er zum Ereignis?
- Was konnte er wissen (nicht wissen)?
- Lässt sich ein bestimmter Standpunkt des Autors feststellen?

Textquelle
- Welche Quellenart liegt vor?
- Wie lautet die Datierung?
- Gibt es eine Überschrift (ein Thema)?
- Wie lässt sie sich gliedern?
- Was ist aus der Quelle zu erfahren?
- Wie lautet die Kernaussage?
- Lassen sich Schlüsselbegriffe finden?
- Werden die Aussagen begründet?
- Sind die Aussagen schlüssig/widersprüchlich?
- Ist die Quelle glaubwürdig?
- Für wen, in welcher Absicht wurde der Text verfasst?

Adressat
- An wen ist der Text gerichtet (Privatperson, Machthaber, Amt, Öffentlichkeit, Nachwelt)?
- In welchem Verhältnis steht der Adressat zum Autor?
- Könnte die Art des Adressaten Einfluss auf den Inhalt des Textes haben?

Gegenwärtige Situation
- Auf welche Frage(n) suchen wir eine Antwort?
- Welches Wissen bringen wir in die Analyse und Beurteilung ein?
- Beeinflussen Faktoren unserer Zeit unser Urteil?

M3 Modell zur Analyse von Textquellen

1 Erarbeite M1 mithilfe der Lösungsvorschläge und ergänze offene Punkte, wie zum Beispiel zur „gegenwärtigen Situation" und zur „Textquelle".

2 Wende das Modell (M3) auf M2 an. Lege vorher fest, wie du vorgehen willst (z. B Autor – Textquelle – Adressat usw.).

Ein General wird „Kaiser der Franzosen“

Napoleon kommt an die Macht

Nach den jahrelangen Revolutionswirren und der Gewaltherrschaft der Jakobiner sehnten sich viele Franzosen nach Ruhe, Frieden und Ordnung. Doch das Direktorium, das seit 1795 an der Macht war, erfüllte diese Wünsche nur bedingt. Immer lauter wurde deshalb der Ruf nach einem starken Mann als Retter Frankreichs: die Chance für den jungen General Napoleon Bonaparte. Mit einem Militärputsch stürzte er 1799 das Direktorium und jagte das Parlament auseinander. Sich selbst ernannte er zum „Ersten Konsul", der fortan die meiste Macht im Staat haben sollte. Die Revolution erklärte Napoleon für beendet, da er ihre Ideen verwirklicht habe.

M1 **Napoleon überquert die Alpen,** Gemälde von Jacques-Louis David, 1799

Der Aufstieg Napoleons

Napoelon Bonaparte (1769–1821) stammte aus Korsika. In Frankreich wurde er zum Offizier ausgebildet, während der Revolutionskriege stieg er in der Armee auf. Einer bestimmten politischen Richtung schloss er sich jedoch nicht an. Die Niederschlagung eines royalistischen Aufstandes im Auftrag des Direktoriums bedeutete einen wichtigen Karriereschritt. Napoleon wurde zum Befehlshaber der Italienarmee ernannt und errang große Erfolge gegen die Österreicher. Der nächste Kriegsgegner war England, das man aber wegen seiner Flottenüberlegenheit nicht direkt angreifen konnte. So wandte sich Napoleon gegen das unter englischem Einfluss stehende Ägypten. Allerdings verlief der Feldzug nicht wie geplant und Napoleon kehrte 1799 überstürzt nach Frankreich zurück. Dort wurde er trotz seiner Niederlage als Held gefeiert. Seinen Staatsstreich gegen das Direktorium begrüßten viele Franzosen begeistert als Beginn einer neuen Zeit.

Ausbau der Alleinherrschaft

Als „Erster Konsul" regierte Napoleon faktisch allein. Bestandteil der neuen Verfassung war aber das Plebiszit, die direkte Entscheidung des Volkes über Fragen, die von Napoleon vorgelegt wurden. Auf diese Weise festigte Napoleon seine Herrschaft, indem er die Zustimmung des Volkes einholte. 1802 ließ er durch ein Plebiszit sein Konsulat auf Lebenszeit verlängern. 1804 bestimmten ihn die Franzosen fast einstimmig zum Kaiser.
Warum gab es nur 15 Jahre nach dem Sturm auf die Bastille keine Volkserhebung gegen die Alleinherrschaft Napoleons? Warum akzeptierte das Volk nur elf Jahre nach der Hinrichtung König Ludwigs XVI., dass durch eine prunkvolle Kaiserkrönung die Monarchie wiedererrichtet wurde?

Die innere Neuordnung Frankreichs

Napoleons Macht beruhte zum einen auf seinen militärischen Erfolgen. Er hatte die seit den Revolutionskriegen drohende Gefahr für Frankreich beseitigt, von den verbündeten europäischen Mächten besiegt zu werden. Dazu gelang Napoleon in der Innenpolitik ein Ausgleich zwischen den gesellschaftlichen Gruppen. Adlige Emigranten forderte er zur Rückkehr nach Frankreich auf, beließ aber Bürgern und Bauern den ehemaligen Adels- oder Kirchenbesitz, den diese während der Revolution erworben hatten. Außerdem erreichte er eine Versöhnung mit der katholischen Kirche, die jedoch nicht mehr ihre alte Macht erhielt. Die Anwesenheit des Papstes bei der Kaiserkrönung war dafür ein deutliches Zeichen.

Im wirtschaftlichen Bereich gelang es Napoleon, die Geldentwertung zu beenden. Auch die Verwaltung wurde neu organisiert. Eine straffe Befehlskette führte hinunter bis zum kleinsten Bürgermeister und sicherte Napoleons Herrschaft. Bei der Auswahl von Beamten kam es auf Sachkenntnis und Befähigung an, auch in der Armee konnte man durch Leistung aufsteigen. Zu den großen Erfolgen Napoleons zählt auch der „Code civil", ein neues Gesetzbuch.

Daneben müssen aber auch die Schattenseiten der napoleonischen Herrschaft gesehen werden, die im Grunde eine auf das Militär gestützte Diktatur war: Pressezensur und Bespitzelung sorgten dafür, dass in der Öffentlichkeit keine Kritik zu hören war. Die kleinen Leute wurden z. B. durch die Abschaffung des Streikrechts benachteiligt. Und die wirtschaftliche Stabilisierung hing eng zusammen mit der Ausbeutung eroberter Gebiete.

M2 **Die Verwaltungsgliederung Frankreichs**

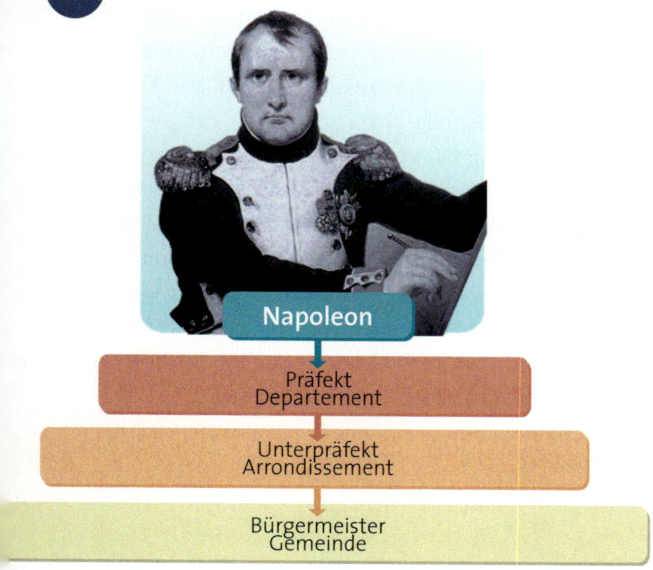

M3 **Napoleon überquert die Alpen**, Kupferstich von Alphonse Francois, 1800 (Ausschnitt)

Grundwissen

Kaisertum Napoleons

Nach einer Volksabstimmung krönte sich Napoleon Bonaparte 1804 zum „Kaiser der Franzosen". Frankreich wurde damit nach den Revolutionsjahren wieder Monarchie. Napoleon sah sich als Nachfolger Kaiser Karls des Großen und wollte mit dem Kaisertitel auch seine Macht nach außen demonstrieren. Nach militärischen Niederlagen wurde Napoleon 1814 als Kaiser abgesetzt und nach Elba, später nach St. Helena verbannt, wo er auch starb.

Code civil

Französisches Gesetzbuch von 1804, nach dem Auftraggeber auch „Code Napoléon" genannt. Der Code civil garantierte wichtige Errungenschaften der Französischen Revolution wie die persönliche Freiheit und die Gleichheit vor dem Gesetz und beeinflusste viele bis heute gültige Gesetzbücher, z. B. das Bürgerliche Gesetzbuch der Bundesrepublik Deutschland.

1 Erarbeite den Aufstieg Napoleons anhand des Darstellungstextes in Stichworten.

2 Vergleiche M1 mit M3 (siehe Arbeitsschritte S. 114).

3 Napoleon regierte „zentralistisch". Prüfe den Begriff mithilfe von M2.

M4 Napoleon und die Republik

Aussagen Napoleons zu politischen Fragen:

4 A *Tagesbefehl Napoleons (Italien, 14. Juli 1797):* Soldaten, heute ist die Jahresfeier des 14. Juli ... ich weiß, ihr seid tief betrübt über die Leiden, die dem Vaterland drohen; aber das Vaterland kann nicht ernstlich gefährdet werden. Hier stehen die Männer, die es zum Triumph über das verbündete Europa geführt haben. Berge trennen uns von Frankreich; ihr würdet sie mit Adlerflügeln überqueren, wenn es nötig sein sollte, um die Verfassung aufrechtzuerhalten, die Freiheit zu verteidigen, die Regierung und die Republik zu schützen.

4 B *Napoleon zu dem französischen Gesandten in der Toskana (1. Juli 1797):* Glauben Sie vielleicht, dass ich eine Republik begründen will? ... Das ist eine Wahnvorstellung, in die die Franzosen vernarrt sind, die aber auch wie so manches andere vergehen wird. Was sie brauchen, ist Ruhm, die Befriedigung ihrer Eitelkeit, aber von der Freiheit verstehen sie nichts. Blicken Sie auf die Armee! Die Triumphe ... haben den wahren Charakter des französischen Soldaten wieder hervortreten lassen. Für ihn bin ich alles ... Die Nation braucht einen Führer und keine Reden von Ideologien, die die Franzosen ohnehin nicht verstehen.

Beide Quellen zit. nach Irmgard und Paul Hartig, Die Französische Revolution, Stuttgart (Klett) 1984, S. 112f.

M5 Die Krönungsfeier am 2. Dezember 1804

Napoleon berichtete über die Kaiserkrönung:

Die Kirche Notre-Dame war mit einer Pracht ohnegleichen geschmückt... Napoleon legte ... den kaiserlichen Mantel an und nahm Zepter und Krone. Die große Krone, der die Krone Karls des Großen als Muster gedient hatte, wurde neben ihm hergetragen. Er selbst trug vorläufig nur die Krone der Cäsaren, einen einfachen goldenen Lorbeerkranz ... Der Papst nahm die gewöhnliche Salbung ... vor, weihte dann den Degen ... das Zepter ... und ergriff hierauf die Krone. Napoleon beobachtete seine Bewegungen mit aufmerksamem Auge, nahm die Krone ohne Hast, aber mit sicherer Entschiedenheit dem Papst aus den Händen und setzte sie selbst auf sein Haupt. Die von allen Anwesenden verstandene Handlung machte einen unnennbaren Eindruck.

Heinrich Conrad (Hg.), Napoleons Leben von ihm selbst, Bd. 1, Stuttgart (Lutz) o. J., S. 46.

M6 Napoleon soll Kaiser werden

Rede des Bürgers Jaubert, mit der dieser am 2. Mai 1804 Napoleon das Kaisertum antrug. Jaubert war ein begeisterter Anhänger der Revolution.

Napoleon Bonaparte hat durch seine Erfolge ein Italien in Erstaunen versetzt, das seit Jahrhunderten nur von den Herren Roms zu sprechen gewohnt war. Er gibt dem Kontinent den Frieden, Afrika ist Zeuge neuer Taten, sein Name schallt durch Asien, erfüllt die Welt! Ah! Und wie könnte man all die Wunder aufzählen, die er seit der Übernahme des Konsulats vollbracht hat!

Die Grundlagen der Verwaltung festlegen, die Finanzen in Ordnung bringen; die Armee organisieren und die Schlacht von Marengo gewinnen, die über das Schicksal des Kontinents entschied; ganz Europa den Frieden bringen; dem Handel aufhelfen und Fabriken, Künste, Wissenschaften ermutigen; die Altäre neu errichten und dem Gewissen Ruhe schenken; die Pflegestätten der leidenden Menschheit würdig versehen, das Schulwesen neu erschaffen; gewaltige öffentliche Arbeiten anregen und vollenden; Frankreich ein einheitliches Zivilgesetzbuch geben, dem er das Siegel seines Genius aufgedrückt hat; allen Parteigeist zum Erlöschen bringen, alle Vorbehalte ausräumen, alle Interessen versöhnen, alle Opfer der unglücklichen Zeitumstände wieder in das Land rufen; ... das hat er in vier Jahren vollbracht, das wird kommenden Jahrhunderten die tiefe Ergebenheit aller Franzosen für Napoleon Bonaparte erklären: Diese Zeugnisse der Liebe, welche die Nation ihm begeistert darbringt, diesen so deutlich geäußerten Wunsch, dass er, dem die Republik einen solchen Ruhm und solche Wohltaten verdankte, seine Zustimmung geben möge, zum Kaiser ernannt zu werden, und dass er die exekutive Gewalt den Mitgliedern seiner Familie anvertraue. Ja, ja, möge Napoleon Bonaparte dem Wunsche der Franzosen nachkommen, möge er sie den Weg ihres großen Schicksals führen. Alle Zeichen des Ruhms sind ihm geweiht. Das kaiserliche Zepter wird von seiner Hand neuen Glanz erhalten; der Schild ist bereit, auf den ihn alle Franzosen heben wollen, indem sie begeistert ausrufen: „Die Revolution ist jetzt auf die Prinzipien ihres Anfanges zurückgeführt."

Zit. nach M. Chaulanges, Textes Historiques. L'époque de Napoléon, S. 56., übers. d. Verf.

M7 Aus dem „Code civil“

Die neue Gesetzgebung, die unter Napoleon 1804 in Kraft trat und auch in den von Frankreich besetzten Staaten galt, legte unter anderem fest:

8. Jeder Franzose soll Civil-Rechte[1] genießen.
9. Wer in Frankreich von einem Fremden geboren ist, ist berechtigt, … die rechtliche Eigenschaft eines Franzosen in Anspruch zu nehmen; nur muss er … [in Frankreich] sein Domicil [aufschlagen] …
144. Mannspersonen können nicht heirathen, ehe sie das achtzehnte Jahr, Frauenzimmer nicht, ehe sie das fünfzehnte Jahr zurückgelegt haben.
146. Ohne Einwilligung gibt es keine Ehe.
147. Man kann keine zweite Ehe schließen, ohne dass die erste aufgelöst ist.
165. Die Ehe soll öffentlich vor dem Civil-Beamten des Ortes … geschlossen werden.
213. Der Mann ist seiner Frau Schutz und die Frau ihrem Manne Gehorsam schuldig.
215. Die Frau kann ohne die Autorisation[2] ihres Mannes nicht vor Gericht stehen, selbst dann nicht, wenn sie öffentlich in ihrem eigenen Namen Handels-Geschäfte treibt, mit ihrem Manne in keiner Güter-Gemeinschaft lebt oder ihr Vermögen ausschließlich für sich allein genießt.

Zit. nach Bernd Sösemann, Revolution und Reform, Stuttgart (Klett) 1997, S. 54 f.

1 Bürgerrechte
2 Erlaubnis

M8 Recht auf freie Meinungsäußerung?

Folgende Bestimmungen zur Presse wurden unter Napoleons Herrschaft erlassen:

Es werden alle Zeitungen und Zeitschriften verboten, die gegen die Volkssouveränität, gegen den Ruhm der Armee, gegen den sozialen Frieden gerichtet sind oder die Angriffe gegen befreundete oder verbündete Regierungen und Völker veröffentlichen. (17. Januar 1800)
Um die Pressefreiheit zu sichern, darf kein Buchhändler ein Werk verkaufen, bevor er es nicht einer Prüfungskommission vorgelegt hat. Dieselbe wird es zurückgeben, wenn sie keine Ursache für eine Zensur findet. (27. September 1803)

Zit. nach J. Godechot, Les Institutions de la France sous la Révolution et l'Empire, Paris, 1968, S. 752 f., übers. d. Verf.

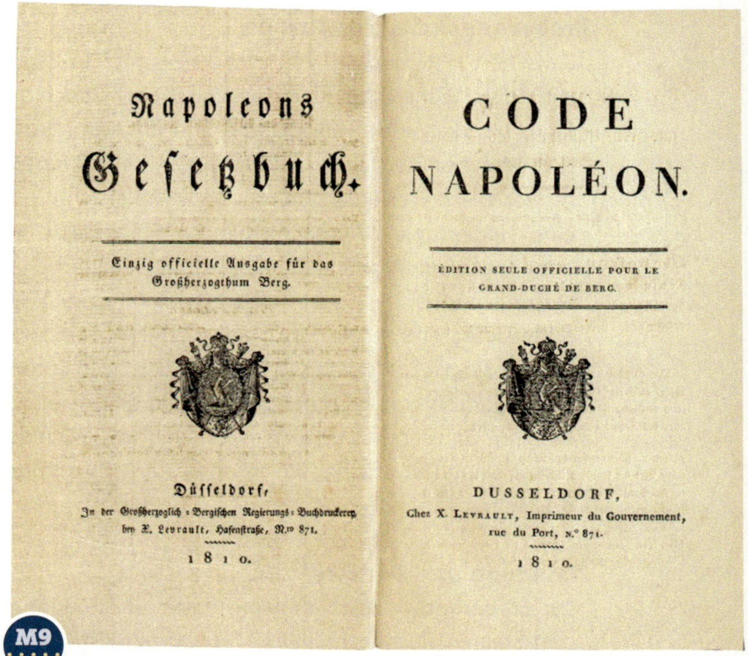

M9 Titelblatt einer deutschen Ausgabe des Code civil, Düsseldorf, 1810

4 Erarbeite Gründe für den Erfolg Napoleons (Darstellungstext).
5 Erkläre, warum Napoleon die Kaiserkrone nicht vom Papst annahm, sondern sich selbst aufsetzte (M5).
6 Vergleiche die politischen Aussagen Napoleons in M4A und M4B und erarbeite seine Einstellung zu den Idealen der Revolution.
7 Setze dich kritisch mit dem letzten Satz in M6 auseinander.
8 Untersuche, inwieweit sich Ideen der Französischen Revolution im Code civil widerspiegeln (M7, M9).
9 Bewerte Napoleons Einstellung zur Pressefreiheit (M8).

Die französische Vorherrschaft auf dem Kontinent

Eroberungskriege in Europa

Zwischen 1792 und 1815 herrschte in Europa fast ständig Krieg. Während es den französischen Truppen anfangs um die Landesverteidigung und die Ausbreitung der revolutionären Ideen gegangen war, führte Napoleon vor allem Eroberungskriege. Bis 1812 errichtete er eine Hegemonie (Vormachtstellung) Frankreichs auf dem Kontinent. Nur England konnte dem militärischen Druck standhalten, sodass sich Napoleon zum Wirtschaftskrieg entschloss. Doch auch seine Kontinentalsperre, die die Einfuhr englischer Produkte nach Europa verhindern sollte, brachte nicht den Sieg über Großbritannien. Ganz anders verhielt es sich mit der Beziehung zum Heiligen Römischen Reich unter der Führung des deutschen Kaisers.

Napoleon und Deutschland

Die Eroberungspolitik Napoleons hatte die Situation in den Staaten des Reichs tiefgreifend verändert. Bereits 1801 waren alle zum Reich gehörigen Gebiete westlich des Rheins von Frankreich besetzt worden. Allerdings sollten die deutschen Fürsten, die dadurch Land verloren hatten, durch rechtsrheinische Gebiete entschädigt werden. Auf wessen Kosten aber sollten diese Entschädigungen erfolgen?

Säkularisierung und Mediatisierung

1803 wurde unter dem Einfluss Napoleons entschieden, die Fürsten mit geistlichen und reichsunmittelbaren* Gebieten zu entschädigen. Geistliche Gebiete waren solche, die bisher Bischöfe oder Äbte regierten. Die Eingliederung dieser Territorien in größere Staaten und die Enteignung von Kirchenbesitz wird Säkularisierung genannt. Neben den geistlichen gab es reichsunmittelbare, also direkt dem Kaiser unterstellte Gebiete, z. B. Reichsstädte, traditionell eine Stütze der Kaisermacht. Auch diese Territorien wurden durch die so genannte Mediatisierung in größere Staaten eingegliedert. Diese „territoriale Revolution" brachte einzelnen deutschen Staaten wie Bayern enorme Vorteile. Napoleon hatte so Mittelstaaten geschaffen, die zwar stark genug waren, sich dem Kaiser in Wien zu widersetzen, aber keine Gefährdung für Frankreich darstellten.

Unter der Vorherrschaft Napoleons schlossen sich 16 deutsche Fürsten mit ihren neuen Gebieten zum so genannten Rheinbund zusammen (1806). Bayern und Württemberg wurden damals Königreiche – gleichzeitig standen sie weiterhin unter Napoleons direktem Einfluss und kämpften im Krieg an seiner Seite.

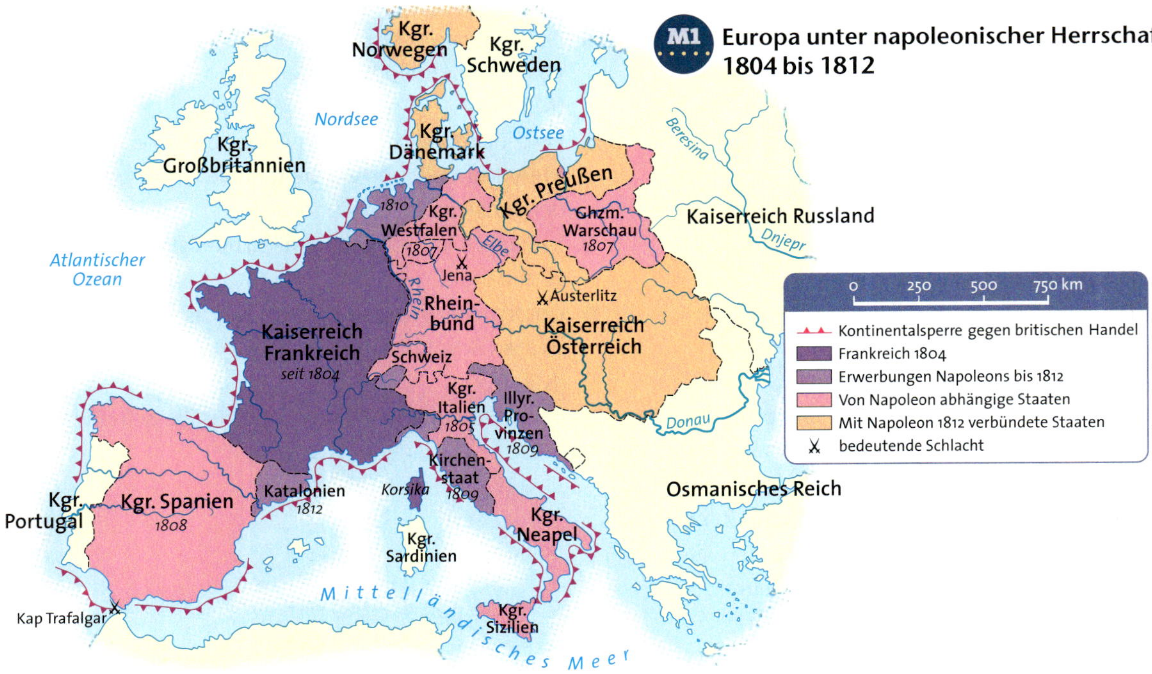

M1 Europa unter napoleonischer Herrschaft 1804 bis 1812

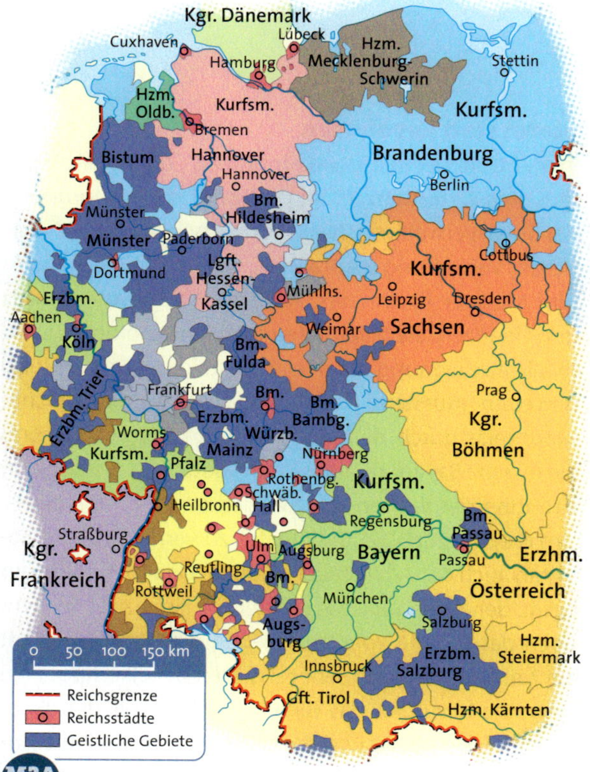

M2A Deutschland vor 1789

M2B Deutschland zwischen 1806 und 1815

M3 Ein vereintes Europa?

Napoleon über seine außenpolitischen Ziele:

Europa wird nicht zur Ruhe kommen, bevor es nicht unter einem einzigen Oberhaupte steht, unter einem Kaiser, der Könige als seine Beamte hat und der seinen Generälen Königreiche gibt. Wir brauchen ein europäisches Gesetz, einen euopäischen Gerichtshof, eine einheitliche Münze, die gleichen Gewichte und Maße. Wir brauchen dieselben Gesetze für ganz Europa … Aus allen Völkern Europas muss ich ein Volk machen und aus Paris die Hauptstadt der Welt.

Friedrich M. Kircheisen, Gespräche Napoleons des Ersten, Stuttgart (Lutz) 1912.

Grundwissen

1806: Ende des Heiligen Römischen Reichs

1806 verbündeten sich 16 deutsche Staaten politisch und militärisch mit Napoleon im „Rheinbund“ und erklärten ihren Austritt aus dem Heiligen Römischen Reich Deutscher Nation. Der deutsche Kaiser Franz I. legte deshalb die Kaiserkrone nieder und nannte sich nur noch „Kaiser von Österreich“. Damit endete das Reich, das seit der Kaiserkrönung Ottos des Großen (962) bestanden hatte.

1 Beschreibe die Machterweiterung des französischen Kaiserreichs (M1 und Darstellungstext).

2 Erarbeite aus M3 die außenpolitischen Ziele Napoleons.

3 Diskutiert: Worin unterscheidet sich Napoelons Idee von einem „Vereinten Europa“ von den heutigen Vorstellungen?

4 Vergleiche die Karten M2A und M2B und beschreibe die Veränderungen. Erkläre aus dem Darstellungstext, wie es zu diesen Veränderungen kam.

5 Stelle die Vor- und Nachteile der Neuordnung Deutschlands aus verschiedenen Perspektiven gegenüber (z. B. Frankreich, kleinere und größere weltliche und geistliche Territorien).

Die Entstehung des modernen Bayern

Bayern wird Königreich

Die Umgestaltung Deutschlands als Folge der Eroberungen Napoleons hatte auch auf Bayern enorme Auswirkungen. Das Kurfürstentum Bayern gehörte zu den Staaten, die vom Verlust linksrheinischer Gebiete an Frankreich besonders profitierten. Denn durch Säkularisierung und Mediatisierung erhielt es zahlreiche Kirchengüter und ursprünglich reichsunmittelbare Territorien. 1806 wurde Bayern zum Königreich erhoben.

Probleme des jungen Königreichs

Das neue Königreich hatte jedoch Startschwierigkeiten: Zu den alten Stammlanden Ober- und Niederbayern und der Oberpfalz (= Altbayern) waren die neubayerischen Gebiete Frankens und Schwabens gekommen. Von einer Einheit der sehr unterschiedlichen Landesteile und ihrer Bewohner konnte aber keine Rede sein. Außerdem musste der Staat die Schulden der neuen Gebiete übernehmen und tilgen sowie überdies die enteigneten Geistlichen entschädigen – und das zusätzlich zu den ständigen Kosten für die militärische Unterstützung Napoleons. Hinzu kam die Sorge des bayerischen Königs Max I. Josef, dass die revolutionären Ideen aus Frankreich auf Bayern übergreifen und seine Herrschaft gefährden könnten. Wer sollte all diese Probleme lösen? Der wichtigste Berater des Königs, Graf Maximilian von Montgelas, wurde zum Motor der Reformen in Bayern.

Reform statt Revolution

Im Zentrum der Reformen Montgelas', der dabei aufklärerischen Grundsätzen folgte, stand die Neuordnung der Staatsverwaltung. Nach französischem Vorbild wurde die Verwaltung zentralisiert. An der Spitze standen fünf Minister für Inneres, Äußeres, Kriegswesen, Justiz und Finanzen. Sie befehligten staatlich besoldete Beamte, die ihre Eignung durch eine Ausbildung und Prüfung beweisen mussten. Das Rechtswesen vereinheitlichte Montgelas durch neu eingerichtete Landgerichte und ein in ganz Bayern gültiges Strafgesetzbuch. Die adligen Grundherren durften keine Gerichtsurteile mehr fällen. Um die Schuldenlast des Staates zu verringern, musste fortan auch der Adel Steuern zahlen. Daneben sollte der Besitz der aufgehobenen Klöster die Finanznot lindern, doch das scharfe Vorgehen gegen die Orden stieß oft auf Kritik in der meist sehr religiösen Bevölkerung. Neu organisiert wurden das Bildungssystem mit der allgemeinen Schulpflicht und das Militärwesen durch die Einführung der Wehrpflicht. Zur Förderung der Wirtschaft wurden die Zünfte abgeschafft, die Zölle innerhalb Bayerns aufgehoben und die Maße und Gewichte vereinheitlicht. Protestanten und Katholiken waren von nun an gleichberechtigt, was ebenfalls zu einem neuen Einheitsgefühl beitrug. Juden waren allerdings noch von dieser Gleichstellung der Bekenntnisse ausgeschlossen.

Vorschlag für eine Gruppenarbeit

Innerhalb weniger Jahre hatte Napoleon in Europa seine Herrschaft errichtet. Die Fürsten der unterlegenen Staaten begriffen, dass sie der Vormacht Frankreichs nur mit Veränderungen im eigenen Land begegnen können. Den Herausforderungen der Französischen Revolution wurde in vielen deutschen Staaten mit Reformen begegnet. Auf den folgenden Seiten könnt ihr mehr über die Reformmaßnahmen in Bayern und Preußen erarbeiten.

Bildet zwei Großgruppen und erarbeitet darin in Partnerarbeit die Auswirkungen der Französischen Revolution 1. für Bayern: S. 44 f. und 2. für Preußen: S. 46 f.

Gliedert eure Aufzeichnungen nach den Punkten:
a) äußere Situation/territoriale Veränderungen;
b) Reformkräfte; c) Ziele der Reformen; d) Ergebnisse.
Tauscht eure Ergebnisse aus.

M1 **Der bayerische Minister Maximilian Joseph Graf von Montgelas in der Tracht des Hubertus-Ordens,** Gemälde von Joseph Hauber, 1804

Die Konstitution von 1808

1808 wurden die Reformen in einer „Konstitution" zusammengefasst, die Freiheits- und Gleichheitsrechte gewährte und den Schutz des Eigentums festschrieb, aber noch kaum politische Mitbestimmungsrechte enthielt. Erst gemäß der Verfassung von 1818 durfte ein Landtag gewählt werden, der zwar Steuern bewilligen konnte und bei der Gesetzgebung mitwirkte, aber noch keine demokratische Volksvertretung war, da der Adel ein Übergewicht hatte und nur sechs Prozent der Männer überhaupt wahlberechtigt waren.

M2 Konstitution für das Königreich Bayern

Am 25. Mai 1808 erließ König Max I. Josef folgende Bestimmungen:

§ I. Das Königreich Bayern bildet einen Theil der rheinischen Konföderation.

§ II. Alle besonderen Verfassungen, Privilegien ... der einzelnen Provinzen sind aufgehoben. Das ganze Königreich wird durch eine Nationalrepräsentation vertreten, nach gleichen Gesetzen gerichtet und nach gleichen Grundsätzen verwaltet; dem zu Folge soll ein und dasselbe Steuersistem für das ganze Königreich seyn ...

§ III. Die Leibeigenschaft wird da, wo sie noch besteht, aufgehoben.

§ IV. Ohne Rücksicht auf die bis daher bestandene Eintheilung in Provinzen wird das ganze Königreich in möglichst gleiche Kreise ... getheilt.

§ V. Der Adel behält seine Titel ... übrigens aber wird er in Rücksicht auf die Staatslasten ... den übrigen Staatsbürgern ganz gleich behandelt ...

§ VI. Dieselben Bestimmungen treten auch bei der Geistlichkeit ein. ...

§ VII. Der Staat gewährt allen Staatsbürgern Sicherheit der Personen und des Eigenthums – vollkommene Gewissensfreiheit – Preßfreiheit nach dem Zensur-Edikt vom 13. Junius 1803 ...

§ VIII. Ein jeder Staatsbürger, der das ein und zwanzigste Jahr zurückgelegt hat, ist schuldig, vor der Verwaltung seines Kreises einen Eid abzulegen, daß er der Konstitution und den Gesetzen gehorchen – dem Könige treu seyn wolle. Niemand kann ohne ausdrückliche Erlaubniß des Monarchen auswandern, in das Ausland reisen oder in fremde Dienste übergehen.

Reinhold L. Bocklet (Hg.), Das Regierungssystem des Freistaates Bayern, Band 3, München (Vögel) 1982, S. 19/20.

M3 Bilanz der Reformen Montgelas

Der Historiker C. P. Hartmann urteilte 1989 über die Reformpolitik Montgelas':

Einerseits wies das von Montgelas geschaffene Verwaltungssystem Schwächen auf, denn es berücksichtigte u. a. nicht genügend die historischen Gegebenheiten und stieß deshalb z. T. auf unüberwindliche Schwierigkeiten. Überstürzte Reformtätigkeit und mit fanatischer Ideologie durchgeführte Maßnahmen – z. B. bei der Säkularisation, der Abschaffung religiöser Bräuche – verärgerten die Bevölkerung. Andererseits entstand innerhalb kürzester Zeit aus den verschiedensten Landesteilen ein moderner neuer bayerischer Gesamtstaat, der im Wesentlichen bis 1918, in seiner Verwaltungsstruktur sogar weitgehend bis heute auf den Fundamenten ruht, die Montgelas und seine Mitarbeiter gelegt haben.

Claus Peter Hartmann, Bayerns Weg in die Gegenwart, Regensburg (Pustet) 1989, S. 373.

Grundwissen

Montgelas

Maximilian Joseph Graf von Montgelas (1759–1838) stammte aus einer bayerisch-savoyischen Adelsfamilie. Während seines Studiums in Frankreich kam er mit den Ideen der Aufklärung in Berührung. Als wichtigster Berater und Staatsminister des Kurfürsten und späteren Königs Max Josef war er verantwortlich für die inneren Reformen in Bayern am Anfang des 19. Jahrhunderts. Montgelas gilt als Schöpfer des modernen bayerischen Staates.

1. Erarbeite aus den Karten M2A und M2B auf S. 43, welche Gebietszuwächse Bayern Anfang des 19. Jahrhunderts erhielt. Was waren die Gründe dafür?
2. Stelle die Motive für die Reformen in Bayern unter Montgelas zusammen (Darstellungstext).
3. Gestaltet in Gruppen- oder Partnerarbeit ein Plakat, das die Reformen Montgelas' übersichtlich präsentiert (Darstellungstext, M2).
4. Fasse das Urteil des Historikers in M3 über die Reformen zusammen und belege seine Aussagen mithilfe deiner Kenntnisse.
5. Nimm Stellung zu der Aussage, die Reformen in Bayern seien eine „Revolution von oben" gewesen.

Reformen in Preußen

Eine Niederlage löst Reformen aus

1806 erlitt das preußische Heer in der Doppelschlacht von Jena und Auerstedt eine vernichtende Niederlage gegen Napoleon, der triumphal in Berlin einzog. Im Frieden von Tilsit (1807) entging Preußen zwar der Auflösung, musste aber fast die Hälfte seines Gebietes abtreten sowie hohe Kriegsentschädigungen zahlen und blieb von französischen Truppen besetzt. In dieser Lage kam auch der König von Preußen zu der Einsicht, dass der Staat auf Dauer ohne die Beteiligung der Bürger nicht überlebensfähig war. So beauftragte er führende Beamte, allen voran den Freiherrn vom und zum Stein und den Fürsten von Hardenberg, mit der Erneuerung Preußens durch Reformen.

Reformen in Preußen (1807–1816)

Reform der Staatsverwaltung: Der König regierte nicht mehr allein durch persönliche Berater, sondern es wurden verantwortliche Minister ernannt, die jeweils ein eigenes Ressort (Krieg, Inneres, Äußeres, Finanzen und Justiz) leiteten.

Bauernbefreiung: Ab 1804 konnten die bisher erbuntertänigen Bauern auf Staatsgütern, ab 1810 auch die Bauern auf Adelsbesitz Beruf und Wohnort frei wählen. Blieb er Bauer, musste er keine Abgaben und Dienste mehr leisten. Seit 1811 galt allerdings, dass dafür dem ehemaligen Herrn eine Entschädigung zu zahlen war. So zog sich die Ablösung der Dienstpflichtigen Jahrzehnte hin und stürzte viele Bauern in Schulden.

Freie Berufswahl und Aufhebung der Zünfte: Jeder – Adliger, Bürger oder Bauer – konnte nun Landgüter kaufen oder verkaufen. Jeder hatte die freie Berufswahl. Damit Gewerbefreiheit* herrschte, wurden die Zünfte aufgehoben.

Politische Mitspracherechte: Am Staat sollte der Einzelne mehr teilhaben als bisher. Jeder, der über das Bürgerrecht und ein bestimmtes Einkommen verfügte, konnte nun Stadtverordnete wählen und auf die Bürgermeisterwahl Einfluss nehmen. Allerdings besaß nur eine Minderheit der Stadtbewohner das Bürgerrecht.

Bildungsrefom: Das Volksschulwesen wurde ausgebaut, die Lehrerausbildung vom Staat vorangetrieben, sodass nach und nach die allgemeine Schulpflicht durchgesetzt werden konnte. An den Gymnasien führte man das Abitur ein, das zum Studium berechtigte. Die Universitäten sollten von staatlichen Eingriffen frei bleiben.

Heeresreform: Missstände im alten stehenden Heer, wie z. B. die Prügelstrafe, wurden abgeschafft. Wie in Frankreich sollten auch Bürger Offizier werden können. Außerdem wurde die allgemeine Wehrpflicht angestrebt.

Judenemanzipation: Juden wurden rechtlich allen anderen Bürgern gleichgestellt.

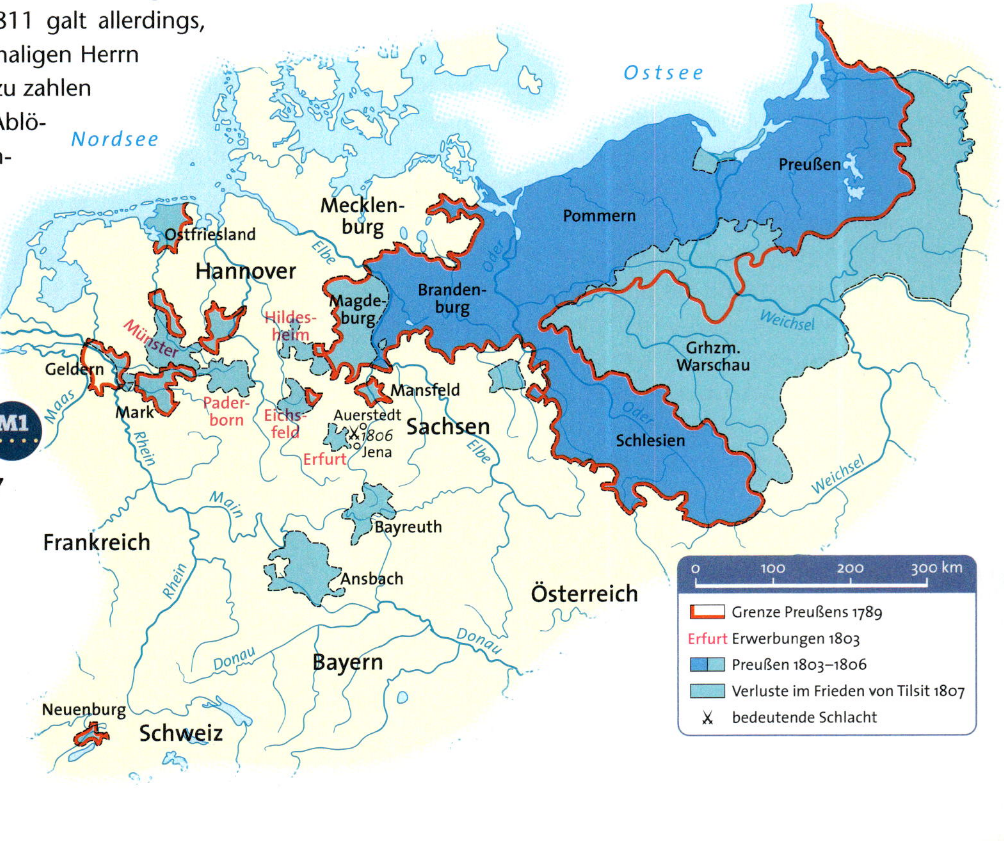

M1 Die territoriale Entwicklung Preußens 1789–1807

M2 Reorganisation des preußischen Staats

Karl August von Hardenberg war preußischer Minister und verfasste 1807 auf Befehl des preußischen Königs in Riga eine Denkschrift zur Reform des preußischen Staats:

Die Französische Revolution, wovon die gegenwärtigen Kriege die Fortsetzung sind, gab den Franzosen unter Blutvergießen und Stürmen einen ganz neuen Schwung. Alle schlafenden Kräfte wurden geweckt, das Elende und Schwache … – freilich zugleich mit manchem Guten – zerstört … Der Wahn, dass man der Revolution … durch Festhalten am Alten … entgegenstreben könne, hat besonders dazu beigetragen, die Revolution zu befördern … Also eine Revolution im guten Sinn …, durch Weisheit der Regierung und nicht durch gewaltsame Impulsion von innen oder außen – das ist unser Ziel … Demokratische Grundsätze in einer monarchischen Regierung: Dieses scheint mir die angemessene Form für den gegenwärtigen Zeitgeist … Ohne Macht ist keine Selbstständigkeit …, also muss Preußen streben, diese wiederzuerlangen … Ohne ein recht kräftig organisiertes, stets schlagfertiges Militär kann der preußische Staat nicht wieder emporkommen … Der zahlreichste und wichtigste, bisher allerdings am mehrsten vernachlässigte und gedrückte Stand im Staat, der Bauernstand, muss … ein vorzüglicher Gegenstand [der] Sorgfalt werden. Die Aufhebung der Erbuntertänigkeit* müsste durch ein Gesetz … sogleich verfügt werden.

Zit. nach Geschichte in Quellen, Bd. 4, hg. v. Wolfgang Lautemann u. a., München (bsv) 1981, S. 625 ff. und S. 632 f.

M3 Neue Möglichkeiten der persönlichen Entfaltung

Der Freiherr vom und zum Stein war die treibende Kraft für das preußische Edikt vom 9. Oktober 1807:

Wir, Friedrich Wilhelm, von Gottes Gnaden, König von Preußen … tun kund …: Nach eingetretenem Frieden hat Uns die Vorsorge für den gesunkenen Wohlstand Unserer getreuen Untertanen … vor allem beschäftigt. Wir haben hierbei erwogen, dass es … den Grundsätzen einer wohlgeordneten Staatswirtschaft gemäß sei, alles zu entfernen, was den Einzelnen bisher hinderte, den Wohlstand zu erlangen, den er nach dem Maß seiner Kräfte zu erreichen fähig war … Wir … verordnen daher Folgendes:

§ 1 Freiheit des Güterverkehrs: Jeder Einwohner Unserer Staaten ist … zum eigentümlichen und Pfandbesitz unbeweglicher Grundstücke aller Art berechtigt, … ohne dass der eine oder der andere zu irgendeinem Gütererwerb einer besonderen Erlaubnis bedarf …

§ 2 Freie Wahl des Gewerbes: Jeder Edelmann ist, ohne allen Nachteil seines Standes, befugt, bürgerliche Gewerbe zu treiben; und jeder Bürger oder Bauer ist berechtigt, aus dem Bauern in den Bürger- und aus dem Bürger- in den Bauernstand zu treten …

§ 10 Auflösung der Gutsuntertänigkeit: Nach dem Datum dieser Verordnung entsteht fernerhin kein Untertänigkeitsverhältnis, weder durch Geburt noch durch Heirat … noch durch Vertrag.

§ 12 Mit dem Martinitage 1810 hört alle Gutsuntertänigkeit in Unsern sämtlichen Staaten auf … Nach dem Martinitage 1810 gibt es nur freie Leute.

Zit. nach Geschichte in Quellen, Bd. 4, hg. v. Wolfgang Lautemann u. a., München (bsv) 1981, S. 650 ff.

1 Erkläre, was der Reformer Hardenberg unter einer „Revolution im guten Sinn“ (M2, Z. 11/12) verstand.

2 Erarbeite aus dem Darstellungstext, M2 und M3, inwiefern in den preußischen Reformen Ideen der Aufklärung verwirklicht wurden.

3 Im preußischen Adel ging in der Reformzeit der Ausspruch um: „Lieber drei Schlachten von Jena und Auerstedt als ein Oktoberedikt!“ (M1, M3) Erkläre diese Reaktion auf die Reformen und beurteile, ob sie gerechtfertigt ist.

4 Napoleon erklärte den Freiherrn vom und zum Stein zum Feind Frankreichs und setzte durch, dass er als leitender preußischer Minister entlassen wurde. Suche Gründe für Napoleons Vorgehen.

Aus einem französischen Schulbuch: La Grande Nation et l'Europe

Arbeit mit Geschichtsbüchern

In allen Staaten Europas ist die Französische Revolution ein wichtiges Thema im Geschichtsunterricht. In dieser Werkstatt findest du eine Doppelseite aus einem modernen französischen Schulbuch für die 8. Klasse an einer höheren Schule, vergleichbar mit unserem Gymnasium. Die Texte, die du für das Verständnis brauchst, sind übersetzt.

Übersetzung:
Die „Große Nation" und Europa
Wie wirkte sich die Französische Revolution in Europa aus?

1. Die Revolution zwischen Frieden und Krieg
– Die Revolution weckte die Hoffnung vieler Europäer (vgl. Dok. 4). Einige Patrioten im Ausland folgten ihrem Beispiel und organisierten Aufstände. Aber die französischen Revolutionäre weigerten sich, für deren Unterstützung in den Krieg zu ziehen. 1790 verkündete die Nationalversammlung sogar den Frieden für die Welt.
– Die ausländischen Herrscher hingegen wollten die Ausbreitung der revolutionären Ideen bei ihren Untertanen verhindern. Nach dem Fluchtversuch Ludwigs XVI. 1791 übten Österreich und Preußen zunehmend Druck auf die Nationalversammlung aus, die fürchten musste, dass die beiden Mächte gegen die Revolution losschlagen würden. Nach langen Debatten erklärte sie im April 1792 zuerst Österreich und danach Preußen den Krieg.

2. Ein Revolutionskrieg?
– Die starke österreichisch-preußische Armee eroberte weite Teile Frankreichs, wurde aber am 20. September 1792 von einem französischen Heer aus vorwiegend kriegsunerfahrenen Freiwilligen bei Valmy gestoppt (vgl. Dok. 1). Dieser erste Sieg bedeutete den Triumph der Französischen Revolution über das Europa des Ancien Régime. Von nun an führte Frankreich nach eigener Einschätzung einen Revolutionskrieg, um „die von ihren Despoten unterdrückten Völker zu befreien" (vgl. Dok. 3).
– Daraufhin bildeten Österreich und Preußen mit England und den Nachbarländern Frankreichs eine große Koalition. 1793 wurde Frankreich von allen Seiten angegriffen. Es widerstand aber und ging danach wieder in die Offensive. Die französischen Siege zwischen 1794 und 1797 lösten nicht nur die Koalition auf, sondern schufen auch „Schwesterrepubliken" (vgl. Dok. 2) nach dem Vorbild Frankreichs, das inzwischen zur „Großen Nation" geworden war.

1 La Grande Nation et l'Europe

Quelles sont les conséquences de la Révolution française en Europe?

1. La Révolution entre paix et guerre

■ La révolution de 1789 soulève l'espoir de nombreux Européens *(doc. 4)*. À son exemple, certains patriotes étrangers organisent des soulèvements. Toutefois, les révolutionnaires français se refusent à recourir à la guerre pour les soutenir. **En 1790, l'Assemblée nationale vote même une « Déclaration de paix au monde ».**

■ De leur côté, les souverains étrangers s'inquiètent de la diffusion des idées révolutionnaires parmi leurs sujets. Après la tentative de fuite de Louis XVI en 1791, l'Autriche et la Prusse se montrent de plus en plus menaçantes. La Convention craint leur intervention contre la Révolution; après de longs débats, **elle déclare la guerre à l'Autriche (avril 1792) puis à la Prusse.**

2. Une guerre révolutionnaire?

■ **La puissante armée austro-prussienne** envahit la France mais **elle est arrêtée à Valmy** par une armée formée de volontaires peu expérimentés le 20 septembre 1792 *(doc. 1)*. Cette première victoire symbolise le triomphe de la Révolution contre l'Europe d'Ancien Régime. La France prétend désormais livrer une guerre révolutionnaire pour « libérer les peuples opprimés par les despotes » *(doc. 3)*.

■ **L'Autriche et la Prusse forment alors avec l'Angleterre et les voisins de la France une grande coalition.** La France est attaquée de toutes parts en 1793 mais parvient à résister puis à reprendre l'offensive. Les victoires françaises de 1794-1797 permettent la dislocation de la coalition et la création de « républiques sœurs » *(doc. 2)* sur le modèle de la France, devenue la « Grande Nation ».

3. Vers la guerre de conquête

■ La France a profité des victoires pour **annexer de vastes territoires**, contre le vœu des populations. Les républiques sœurs sont traitées comme des pays conquis et non comme des alliés. Les armées françaises sont brutales et se livrent au pillage *(doc. 5)*. L'espoir fait place à la déception.

■ Cette politique de conquête fait craindre aux États européens une domination française: une seconde coalition se forme en 1798. Bonaparte sauve la France de la défaite et obtient enfin en 1801-1802 la conclusion d'une paix avantageuse.

94

1 *La Bataille de Valmy*
Peinture d'Horace Vernet (détail). National Gallery, Londres.

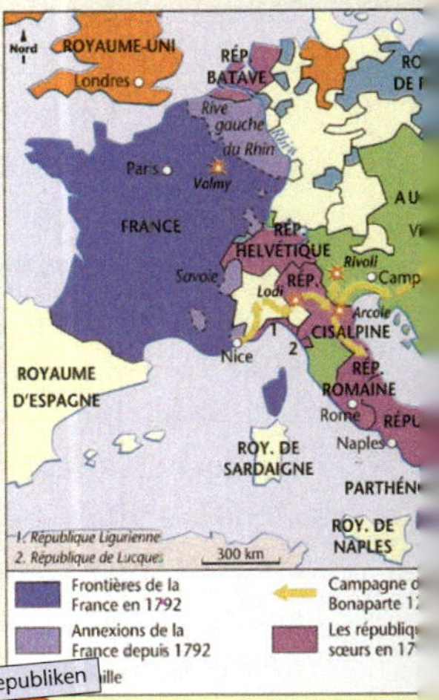

Die Schwesterrepubliken

2 Les républiques sœurs

Vocabulaire

un despote: nom, emprunté au grec, désignant un souverain régnant sans limites sur ses sujets.
une coalition: alliance de plusieurs États.
une république sœur: nom donné aux nouvelles républiques créées par la France, censées être très proches d'elle, comme le seraient des sœurs.
la Grande Nation: nom donné à la France révolutionnaire, la première des nations libres.

Große Nation: Bezeichnung für das revolutionäre Frankreich, der ersten der freien Nationen.

M1 **Aus dem französischen Schulbuch Histoire Géographie,** Paris, 1998. Der Begriff „Grande Nation" wurde zuerst 1797 von Napoleon für Frankreich verwendet.

Die folgenden Arbeitsaufträge lassen sich gut in Dreier-Gruppen bearbeiten.

1 Findet mithilfe der Übersetzung heraus, welches Thema auf den Schulbuchseiten M1 behandelt wird. Schlagt nach, ob ihr in eurem Geschichtsbuch entsprechende Themen findet.

③ Die Revolution und das Europa der Könige

3 La Révolution et l'Europe des rois

Gravure coloriée. BNF, Paris.

On lit à droite : « *l'espiègle Joseph, le Stathouder, Gras George, le Petit Papa, le Despote espagnol, le Tyran de Prusse, le Coureur de Sardaigne, la Grosse Catherine* ». On lit à gauche : « *Déclaration des droits de l'homme* (sur la roue), *Constitution républicaine* (sur le rouleau) ».

● ***Identifiez sur l'image les personnages représentés. Comment l'artiste a-t-il ridiculisé les rois ? Quel est le sens de cette image ?***

4 La Révolution française vue par un Anglais

Dans quelle période riche en événements vivons-nous ! [...] J'ai vécu pour voir trente millions d'hommes, indignés et résolus, repousser l'esclavage et demander la liberté avec une voix irrésistible, leur roi porté en triomphe et un monarque arbitraire se rendant lui-même à ses sujets. [...]

Et maintenant il me semble que je vois l'ardeur pour la liberté se développer et s'étendre, une réforme générale commencer dans les affaires humaines, le pouvoir des rois remplacé par celui des lois, et la puissance des prêtres céder la route à la puissance de la raison et de la conscience.

Soyez encouragés, vous tous amis de la liberté et vous qui écrivez pour sa défense ! Les temps sont propices ! [...] Voilà que la lumière que vous avez fait jaillir, après avoir rendu l'Amérique libre, se réfléchit en France et, là, s'embrase en une flamme qui réduit le despotisme en cendres et réchauffe et illumine l'Europe.

Richard PRICE, *Discours sur l'amour de notre pays*, novembre 1789.

Stellt die Personen im Bild fest. Wie macht der Künstler die Könige lächerlich? Welche Meinung vermittelt die Karikatur?

5 Les Français en guerre

Gravure coloriée de George CRUIKSHANK. BNF, Paris.

● ***Identifiez et localisez le fait illustré. Qui est représenté au centre ?***

Exercice

Comprendre un texte (doc. 4)

1. Lisez le texte et présentez-le. L'auteur est-il favorable à la Révolution ?

2. Situez le texte : à quels événements fait allusion le premier paragraphe ? Qui est ce roi ? Sommes-nous avant ou après la fuite de Varennes ?

3. Inscrivez sur deux colonnes côte à côte les termes du deuxième paragraphe qui évoquent l'Ancien Régime et ceux qui évoquent la Révolution.

4. Dans le troisième paragraphe, identifiez les deux remises en cause de l'absolutisme qui précèdent la Révolution française.

5. La France et l'Europe (1789-1815) 95

⑤ **Die Franzosen im Krieg**
Beschreibt das Bildgeschehen. Wo spielt es sich ab? Wer ist in der Bildmitte dargestellt?

3. Vom Revolutionskrieg zum Eroberungskrieg

– Frankreich nutzte seine Siege, um große Gebiete gegen den Willen der jeweiligen Bevölkerung an sich zu bringen. Es behandelte die Schwesterrepubliken aber wie eroberte Länder und nicht wie Verbündete, denn die französischen Armeen plünderten sie erbarmungslos aus (vgl. Dok. 5). Der Hoffnung folgte die Enttäuschung.

– Diese Eroberungspolitik schürte in den europäischen Staaten die Angst vor der französischen Herrschaft, sodass eine zweite Koalition entstand. Napoleon Bonaparte aber bewahrte sein Land vor der Niederlage und schloss 1801/02 einen vorteilhaften Frieden.

4. Die Französische Revolution in den Augen eines Engländers

In welch ereignisreicher Zeit leben wir! [...] Ich habe 30 Millionen zornige und entschlossene Menschen die Sklaverei in den Staub treten und ihre Freiheit unüberhörbar verlangen sehen. Ich habe erlebt, wie sie ihren König im Triumph trugen und ich sah, wie ein Willkür-Monarch sich persönlich an seine Untertanen wendete (gemeint ist das große Verbrüderungsfest am 14. Juli 1790, Anm. d. Übers.) [...]

Und nun habe ich den Eindruck, dass die Leidenschaft für die Freiheit wächst und um sich greift, dass eine grundsätzliche Reform alle Lebensbereiche durchdringt, dass die Macht der Gesetze die Herrschaft der Könige ersetzt und die Herrschaft der Priester vor der Kraft von Vernunft und Gewissen weicht. Fasst Mut, Ihr Freunde der Freiheit allesamt, die Ihr an ihrer Verteidigung schreibt! Die Zeiten sind günstig! [...]

Die Fackel, die Ihr entzündet habt, um Amerika die Freiheit zu bringen, leuchte auch in Frankreich und möge sich dort mit einer Flamme vereinen, die den Despotismus zu Asche verbrennt und Europa wärmt und erhellt.

(R. Price, Über die Liebe zu unserem Land, Nov. 1790)

Übung: Einen Text verstehen (Dok. 4)

1. Lest den Text Dok. 4 und gebt ihn in eigenen Worten wieder. Unterstützt der Verfasser die Französische Revolution?
2. Ordnet den Text ein: Auf welche Ereignisse spielt er im 1. Abschnitt an? Wer ist dieser König? Befinden wir uns in der Zeit vor der Flucht nach Varennes oder danach?
3. Notiert in zwei Spalten nebeneinander die Begriffe im 2. Abschnitt, die an das Ancien Régime oder an die Revolution erinnern.
4. Stellt im 3. Abschnitt die beiden Hinweise fest, wo der Autor die Kritik am Absolutismus vor der Französischen Revolution erwähnt.

(Übersetzung: J. Grube)

2 Untersucht, wie die Revolution in Frankreich und der Revolutions- bzw. Eroberungskrieg in den Texten 1. bis 3. dargestellt werden.

3 Beschreibt die Gestaltung von M1. Was gefällt euch gut, was weniger gut? Untersucht, wie die Seitengestaltung in eurem eigenen Geschichtsbuch gelöst ist.

4 Wie gefällt euch die Auswahl der Texte und Materialien in M1? Vergleicht mit eurem Schulbuch.

Die Französische Revolution und Europa – ein Überblick

Ursachen der Revolution

Als Ursachen der Französischen Revolution können im Wesentlichen a) die Ideen der europäischen Aufklärung, b) das „Vorbild" der Unabhängigkeitserklärung der englischen Kolonien in Nordamerika und c) die tiefe Krise des Absolutismus gesehen werden.

Für Aufklärer wie Montesquieu, Rousseau oder Kant war die Vernunft Maßstab aller Dinge. Der vernunftbegabte Mensch sollte sich von jeder Bevormundung lösen und selbstständig denken und handeln. Wissenschaften und Technik machten zur Zeit der Aufklärung große Fortschritte. Auch den Staat wollten die Aufklärer neu organisieren. Sie verwiesen auf die natürlichen Rechte der Menschen und kritisierten den absolutistischen Machtanspruch. Dem setzten sie das Prinzip der Gewaltenteilung entgegen. Die Macht im Staate sollte vom Volk ausgehen, eine Verfassung sollte Rechte und Pflichten der Bürger und des Herrschers festhalten. Die neuen Ideen verbreiteten sich vor allem im Bürgertum und in Teilen des Adels.

Vor 1789 verschärften sich in Frankreich die Probleme der Ständegesellschaft: Die Privilegierten, Klerus und Adel, wehrten sich gegen Reformen, kritisierten aber ihre eigene politische Bedeutungslosigkeit im Absolutismus. Bauern und Bürger fühlten sich ebenfalls benachteiligt und forderten unter dem Eindruck von Aufklärung, Amerikanischer Revolution und wirtschaftlicher Probleme mehr Rechte und bessere Lebensbedingungen. König Ludwig XVI. gelang es in dieser Krise nicht, den verschiedenen Interessengruppen gerecht zu werden und die Finanznot des Staates zu bewältigen.

Vom Ständestaat zum Verfassungsstaat

Mit der Einberufung der Generalstände im Mai 1789 leitete Ludwig XVI. ungewollt das Ende seiner absoluten Herrschaft ein. Im Juli erklärten sich die Vertreter des dritten Standes zur verfassunggebenden Nationalversammlung. Der Sturm auf die Bastille in Paris am 14. Juli zeigte, dass auch das Volk bereit zur Revolution war. Einer der ersten Beschlüsse der Nationalversammlung war die Abschaffung aller Privilegien für Klerus und Adel. Ende August 1789 proklamierten die Abgeordneten die Menschen- und Bürgerrechte und legten 1791 eine Verfassung mit Gewaltenteilung und Grundrechten vor. Doch bereits in der Revolution selbst scheiterte die Umsetzung dieser Rechte.

Die Bürger und die Revolution

Der dritte Stand, der das wirtschaftlich erfolgreiche Großbürgertum, Bildungsbürger, arme Kleinbürger und Bauern umfasste, war der eigentliche Träger der Revolution. Bald aber trennten sich die Wege. In der Nationalversammlung bildeten die Girondisten, die Vertretung des Großbürgertums, zunächst die stärkste Fraktion. Die radikaleren Jakobiner, unterstützt von vielen Pariser Kleinbürgern (Sansculotten), bestimmten die Politik seit 1792.

Freiheit, Gleichheit, Brüderlichkeit?

1792 wurde auf Druck der Sansculotten König Ludwig XVI. abgesetzt und die Republik ausgerufen. Bald nach der Hinrichtung des Königs kam es zur Schreckensherrschaft des „Wohlfahrtsausschusses" unter Robespierre (Juni 1793 bis Juli 1794). Die radikalen Republikaner streben zunächst die Gleichheit aller Franzosen an. Die politische Gleichberechtigung der Frauen wurde aber nicht durchgesetzt.

5.5.1789
- Eröffnung der Generalstände

20.6.1789
- Ballhausschwur

14.7.1789
- Sturm der Bastille

4./5.8.1789
- Abschaffung der Privilegien

26.8.1789
- Erklärung der Menschen- und Bürgerrechte

20./21.6.1791
- Gescheiterte Flucht Ludwigs XVI.

3.9.1791
- Erste Verfassung für Frankreich (Konstitutionelle Monarchie)

20.4.1792
- Krieg gegen Preußen und Österreich

10./11.8.1792
- Absetzung Ludwigs XVI.

21.1.1793
- Hinrichtung Ludwigs XVI.

Juni 1793–Juli 1794
- Schreckensherrschaft des Wohlfahrtsausschusses

Wir wiederholen Begriffe und Methoden

Kaisertum Napoleons

Mit der Machtübernahme des Generals Napoleon Bonaparte 1799 und seiner Kaiserkrönung 1804 galt die Revolution offiziell als beendet. Napoleon erneuerte die Monarchie, ließ sich aber seine Kaiserwürde durch eine Volksabstimmung bestätigen. Seine Macht beruhte nicht nur auf militärischen Erfolgen, sondern auch auf innenpolitischen Leistungen wie der Schaffung eines neuen Gesetzbuches, des „Code civil".

Wirkungen der Revolution in Europa und Deutschland

Seit 1792 herrschte in Europa Krieg zwischen dem revolutionären Frankreich und den alten Monarchien. Unter Napoleon erreichte Frankreich eine Vormachtstellung auf dem Kontinent, was besonders für Deutschland tiefgreifende Folgen hatte. Das Heilige Römische Reich wurde 1806 aufgelöst und der französisch beherrschte Rheinbund gegründet. Im neu erhobenen Königreich Bayern schuf der Minister Montgelas durch Reformen die Basis für einen modernen Staat. In Preußen löste die Niederlage gegen Frankreich ebenfalls grundlegende Reformen aus.

Grundwissen

Aufklärung	S. 15
Menschenrechte	S. 15
Verfassung	S. 16
Volkssouveränität	S. 16
Gewaltenteilung	S. 16
Bürgertum	S. 21
Nation	S. 25
Nationalversammlung	S. 25
14. 7. 1789: Beginn der Französischen Revolution	S. 27
Kaisertum Napoleons	S. 39
Code civil	S. 39
1806: Ende des Heiligen Römischen Reichs	S. 43
Montgelas	S. 45

Methoden

Karikaturen entschlüsseln	S. 22 f.
Ein Verfassungsschema interpretieren	S. 31
Eine Textquelle analysieren	S. 36 f.

Die Französische Revolution – multiperspektivisch gesehen

In diesem Kapitel habt ihr Aussagen und Standpunkte von Menschen aus verschiedenen Gruppen der Gesellschaft kennen gelernt. Sie beurteilten ihre Situation und die Ziele der Revolution ganz unterschiedlich. Wiederholt die Inhalte des Kapitels, indem ihr euch in die Rolle der Figuren versetzt:

a. Die Figuren diskutieren über Ziele und Ergebnisse der Französischen Revolution.

b. Sie werden in Interviews zu ihren Positionen befragt.

c. Für ein historisches Magazin werden Porträts der Figuren als Vertreter ihrer gesellschaftlichen Gruppe angefertigt.

1799
- Napoleon stürzt das Direktorium, übernimmt die Macht und löst das Parlament auf.

1804
- Napoleon krönt sich zum Kaiser.

1806
- Ende des Heiligen Römischen Reiches
- Rheinbund

1808
- Konstitution für Bayern

1807–1816
- Preußische Reformen

2. Einigkeit und Freiheit – Deutschland 1815 bis 1849

„Einigkeit und Recht und Freiheit für das deutsche Vaterland!" Mit diesen Worten beginnt die dritte Strophe des „Deutschlandliedes", das August Heinrich Hoffmann von Fallersleben im Jahr 1841 dichtete. In der Zeit vor der Revolution von 1848 wurde das Lied häufig gesungen, was dazu führte, dass man dem Dichter seine Lehrerlaubnis an der Universität Breslau entzog. 1952 wurde die dritte Strophe zur offiziellen Nationalhymne der Bundesrepublik Deutschland erklärt. Auch nach der Vereinigung der beiden deutschen Staaten im Jahre 1990 hielt man an dieser Hymne fest.
Als Hoffmann von Fallersleben diese Verse niederschrieb, war ein einheitliches und freies Deutschland noch eine Utopie. Aber immer mehr Menschen freundeten sich mit der Vorstellung von einem geeinten und freiheitlichen Deutschland an. Die Fürsten der deutschen Einzelstaaten unterdrückten diese revolutionären Vorstellungen, weil sie dadurch ihre Herrschaft gefährdet sahen.
Nach vereinzelten großen Demonstrationen, die eher den Charakter politischer Feste hatten und vorwiegend die studentische Jugend zusammenführten, verschärfte sich die Lage im Frühjahr 1848. Es war nicht abzusehen, wie der Konflikt gelöst werden konnte.

Folgenden Fragen geht das Kapitel nach:
– Worin lagen die Ursachen für diese revolutionäre Bewegung? Wer waren Befürworter bzw. Gegner der Ideen von Freiheit und Einheit?
– In welchen Formen wurde der Konflikt ausgetragen? War es das Ziel der revolutionären Kräfte, ein Parlament zu wählen, das über die Zukunft Deutschlands entscheiden sollte? Oder wollten sie einen radikalen Umsturz und ihre Ideen mit Gewalt sofort durchsetzen?
– Wie würden die Fürsten reagieren? Hatten sie die Kraft, den neuen Ideen zu widerstehen und die Bewegung zu unterdrücken?
– Welche Bedeutung hatte das Jahr 1848 für die deutsche Geschichte? Welche Kraft entfalteten die neuen Ideen über das Jahr 1848 hinaus?

Schmähgedicht auf König Ludwig I. von Bayern auf einem anonymen Flugblatt, 1847:

Der Unterdrücker der Witwen und Waisen,
der Schinder der Kranken und Greisen,
der Feind aller Armen,
der mit niemand hat Erbarmen,
der sich bauet Prachtpaläst,
im Kerker die Menschen modern lässt,
der Heuchler, der Geizhals. der Egoist,
der nur allein sich selbst gut ist,
der täglich auf das Rockerl eilt,
und dort im Ehebruch verweilt;
Ludwig, der Phantast, muss sterben,
eh seine Kinder zeugen Erben.

Großes Bild: **Die verfassunggebende Nationalversammlung in Frankfurt**, kolorierte Lithographie, 1848
Oben rechts: **Barrikadenkämpfe in Berlin, 18./19. März 1848**. Aus der Bleiverglasung von Fenstern werden Kugeln gegossen, Farblithographie von F. C. Nordmann, 1848

1 Schildere deine Eindrücke, die beim Betrachten der Bilder entstehen.

2 Überlege, inwieweit sich aus dem „Schmähgedicht auf König Ludwig I. von Bayern" revolutionäre Forderungen ableiten lassen.

Befreiungskriege und Nationalidee

Ende der Herrschaft Napoleons

Trotz großer Erfolge der napoleonischen Armee gegen die alten europäischen Monarchien war die Vorherrschaft über Europa nicht vollständig, solange England nicht besiegt war. Mit einer Kontinentalsperre versuchte Frankreich, die Seemacht zu zermürben: Englische Schiffe durften keine europäischen Häfen mehr anlaufen. Weil Russland aber Abnehmer für Holz und Getreide benötigte, nahm Zar Alexander Handelsbeziehungen mit England auf. Dies war einer der Gründe für den Russlandfeldzug Napoleons im Jahre 1812. Mit einer „Großen Armee", worunter sich 33000 Bayern befanden, versuchte er, Russland niederzuwerfen. Zwar erreichte die Armee nach großen Verlusten Moskau, doch konnte Napoleon dort keine wirksame Herrschaft aufbauen. Der Rückzug wurde zur Katastrophe: Von den 600000 Soldaten kehrten nur noch 5000 in die Heimat zurück.

Widerstand in Spanien und Tirol

Schon vor dem Russlandfeldzug hatte sich in Europa Widerstand gegen die napoleonische Fremdherrschaft geregt. In Spanien und Portugal bekämpften seit 1809 Volksgruppen die französischen Besatzer mit gezielten Einzelattacken, die man seither „Guerilla-Taktik" nennt. Anders reagierten die Tiroler Bauern, nachdem die Bayern als Verbündete Napoleons seit 1805 das Land unterjochten. Unter der Führung des legendären Andreas Hofer kam es 1809 zu einem offenen Aufstand, der erst nach einer Verstärkung der bayerischen Besatzung gebrochen werden konnte.

Staaten und Völker erheben sich

Die Ereignisse in Spanien und Tirol sowie die Niederlagen im Russlandfeldzug verstärkten in den deutschen Staaten die antifranzösische Stimmung. Auch regionale Erhebungen trugen dazu bei, dass sich ein neues Bewusstsein entwickelte, ein „Nationalgeist", wie das die Zeitgenossen nannten.

Vor allem an den Universitäten wurde die nationale Stimmung geschürt, mit der man den Abwehrkampf gegen Napoleon als „Heiligen Krieg" propagierte. Tausende junger Leute meldeten sich freiwillig, um in „Freikorps" gegen die französische Fremdherrschaft und für die Freiheit des eigenen Vaterlandes zu kämpfen.

Der preußische König konnte sich trotz Napoleons Misserfolg im Russlandfeldzug lange nicht zum Krieg gegen Frankreich entschließen, doch die nationale Begeisterung des Volkes forderte diese Entscheidung. Österreich, England und Schweden schlossen sich der antifranzösischen Koalition an. Im Oktober 1813 wechselte Bayern – in einem günstigen Augenblick – die Fronten und unterstellte seine militärischen Kräfte der antinapoleonischen Befreiungsbewegung. In der „Völkerschlacht" bei Leipzig trat Napoleon im Oktober 1813 mit einem neu aufgestellten Heer seinen Feinden entgegen. Dieses Heer wurde vernichtend geschlagen, womit das Ende der napoleonischen Herrschaft besiegelt war. Paris wurde 1814 von den Verbündeten eingenommen, Napoleon auf die Insel Elba verbannt.

M1 **„Lützows wilde verwegene Jagd"**, Gemälde von Richard Knötel, 1912/13. Die „Lützower Jäger" kämpften in den Befreiungskriegen gegen die napoleonische Fremdherrschaft. Ihr Erkennungszeichen waren die Farben Schwarz, Rot und Gold, die zum Symbol für „Einigkeit und Recht und Freiheit" wurden. Theodor Körner, der als Mitglied dieser Gruppe in jungen Jahren ums Leben kam, hat mit seinem Gedicht „Lützows wilde verwegene Jagd" eine Hymne der nationalen Bewegung geschaffen.

M2 **Andreas Hofer am Berg Isel bei Innsbruck,** Flugblatt, 1809. Dreimal konnte Andreas Hofer mit seinen schlecht ausgerüsteten Mitkämpfern die Stadt Innsbruck von den Bayern zurückerobern, bevor sich die Tiroler der Übermacht beugen mussten.

M3 „An mein Kriegsheer"

Am 17. März 1813 richtete der preußische König folgende Botschaft an seine Soldaten:

Vielfältig habt Ihr das Verlangen geäußert, die Freiheit und Selbstständigkeit des Vaterlandes zu erkämpfen. – Der Augenblick dazu ist gekommen! – Es ist kein Glied des Volkes, von dem es nicht gefühlt würde. Freiwillig eilen von allen Seiten Jünglinge und Männer zu den Waffen. Was bei diesen freier Wille, das ist Beruf für Euch, die Ihr zum stehenden Heere gehört. Von Euch – geweiht das Vaterland zu vertheidigen – ist es berechtigt zu fordern, wozu Jene sich erbieten.

Seht! Wie so Viele Alles verlassen, was Ihnen das Theuerste ist, um ihr Leben mit Euch für des Vaterlandes Sache zu geben. – Fühlt also doppelt Eure heilige Pflicht! Seyd alle ihrer eingedenk am Tage der Schlacht … Des Einzelnen Ehrgeiz – er sey der Höchste oder der Geringste im Heere – verschwinde in dem Ganzen: Wer für das Vaterland fühlt, denke nicht an sich. Den Selbstsüchtigen treffe Verachtung, wo nur dem allgemeinen Wohl es gilt. Diesem weiche jetzt Alles. Der Sieg geht aus von Gott! Zeigt Euch seines Schutzes würdig durch Gehorsam und Pflichterfüllung. Muth, Ausdauer, Treue und strenge Ordnung sey Euer Ruhm.

Geschichte der Neuzeit, Das politische Zeitalter 1650–1815, hg. von J. v. Plugk-Harttung, Berlin (Ullstein) 1905, S. 617.

M4 „Deutsche Größe"

Friedrich Schiller schrieb 1801 Gedanken über Deutschlands Zukunft nieder, die er später in seinem Gedicht „Deutsche Größe" wieder aufnahm:

Darf der Deutsche in diesem Augenblicke, … wo zwei übermütige Völker ihren Fuß auf seinen Nacken setzen … sich seines Namens rühmen und freuen? Darf er sein Haupt erheben und mit Selbstgefühl auftreten in der Völker Reihe?
Ja er darf's! Er geht unglücklich aus dem Kampfe, aber das, was seinen Wert ausmacht, hat er nicht verloren. Deutsches Reich und deutsche Nation sind zweierlei Dinge. Die Majestät des Deutschen ruhte nie auf dem Haupte seiner Fürsten. Abgesondert von dem politischen hat der Deutsche sich seinen eigenen Wert gegründet, und wenn auch das Imperium unterginge, so bliebe die deutsche Würde unangefochten. Sie ist eine sittliche Größe, sie wohnt in der Kultur und im Charakter der Nation.

Zit. nach F. Meyer, Weltbürgertum und Staatsgefühl, Leipzig und Berlin (Teubner) 1913, S. 13.

Grundwissen

Nationalismus
Politische Bewegung, die darauf beruht, dass sich die in einem bestimmten Gebiet zusammenlebenden Menschen ihrer Gemeinsamkeiten als Nation bewusst werden (z. B. Sprache, Kultur, Geschichte) und sich von anderen „Nationen" abgrenzen. In Deutschland erwachte das Nationalbewusstsein im Zusammenhang mit den Befreiungskriegen gegen die napoleonische Fremdherrschaft

1 Vergleiche die Bilder M1 und M2. Wie werden die Helden dargestellt und welche Emotionen werden dadurch geweckt? Ziehe den Darstellungstext heran.

2 Erarbeite, welche Absicht der preußische König mit seinem Aufruf verfolgte (M3). Belege deine Ergebnisse am Text.

3 Erkläre, welche Vorstellungen Schiller mit dem Begriff Nation verbindet (M4).

4 Geht in einer Diskussionrunde der Frage nach, ob Nationalstolz in unserer Gegenwart berechtigt ist.

Ein Bauwerk als Quelle – die Walhalla

Viele große Bauwerke sind Kunstdenkmäler und als solche Erinnerungszeichen, die Personen, Ereignisse und Ideen ihrer Zeit in die Zukunft „hineintragen“ wollen. Sie sollen die Erinnerung an die Vergangenheit wachhalten und ein Zeugnis ihrer Zeit ablegen. Sie geben gleichermaßen Aufschluss über die Denkungsart einer Epoche wie auch über künstlerische, handwerkliche und technische Möglichkeiten ihrer Entstehungszeit.

M2 **Walhalla bei Regenstauf,** aquarellierte Skizze von Leo von Klenze, 1842

M1 Entstehungsgeschichte

1807 Entschluss des bayerischen Kronprinzen Ludwig, eine nationale Weihestätte errichten zu lassen.

1808 Schreiben an seine Berater: „Größe muss in der Bauart sein, hohe Einfachheit, verbunden mit Pracht.“

1814 Entscheidung zu Gunsten des griechischen Stils; „in reinstem antiken Geschmacke“ sollte der Bau erstehen.

Seit 1815 Aufträge an Bildhauer, Porträtbüsten großer Deutscher zu schaffen.

1825 Thronbesteigung Ludwigs; es sind bereits über 60 Marmorbüsten fertiggestellt.

1830 Grundsteinlegung[1]

1842 Einweihung[1]

Zusammengestellt nach H. M. Körner und K. Weigand, Denkmäler in Bayern, Hefte zur Bayerischen Geschichte und Kultur, Bd. 19, Haus der Bayerischen Geschichte, Augsburg, 1997, S. 10.

1 Die Grundsteinlegung und die Einweihung fanden am 18. Oktober statt, dem Tag der Leipziger Völkerschlacht.

M3 Das Programm

Vorwort König Ludwigs I. zu „Walhallas Genossen“, 1829:

Es waren die Tage von Teutschlands tiefster Schmach …, da entstand im Beginn des 1807ten Jahres in dem Kronprinzen Ludwig von Bayern der Gedanke, der fünfzig rühmlichst ausgezeichneten Teutschen Bildnisse in Marmor verfertigen zu lassen … Später wurde die Zahl vermehrt, dann auf keine beschränkt. Teutscher Zunge zu sein wird erfordert, um Walhallas Genosse werden zu können, … sei er aus Livland, dem Elsaß, der Schweiz oder den Niederlanden. Mit dem ersten bekannten großen Teutschen, Hermann dem Römerbezwinger, beginnt die Reihe. Kein Stand, auch das weibliche Geschlecht nicht, ist ausgeschlossen. Gleichheit besteht in Walhalla; hebt doch der Tod jeden irdischen Unterschied auf.

Zit. nach Paul Joachimsen, Die nationale Bewegung von 1815–1849, Leipzig und Berlin (Teubner) o. J., S. 25 f.

M4 Walhallagenossen

Inzwischen befinden sich über 120 Porträtbüsten in der Walhalla. Eine Auswahl der Namen:

Genzfleisch, Henne
Gerhardinger, Karoline
Gideon, Ernst
Gluck, Christoph Willibald
Gneisenau, August
Görres, Johann Joseph v.
Goethe, Johann Wolfgang v.
Groot, Hugo de
Guericke, Otto v.
Haller, Albrecht v.
Händel, Georg Friedrich
Hallwyl, Hans v.
Haydn, Josef
Heinrich I., „der Finkler“
Heinrich der Löwe
Heinse, Johann Jakob Wilhelm
Henneberg, Berthold v.
Herder, Johann Gottfried
Herschel, Friedrich Wilhelm
Holbein, Hans, der Jüngere
Hutten, Ulrich v.

Abbildungen aller Büsten und kurze Beschreibungen finden sich in dem amtlichen Walhallaführer, hg. vom Staatlichen Hochbauamt Regensburg, 2001.

Arbeitsschritte **Ein Bauwerk als Quelle**

1. Schritt: Die Lage und das Erscheinungsbild erfassen
– An welchem Ort befindet sich das Bauwerk (im Zentrum einer Stadt, in der freien Landschaft, auf einer Anhöhe etc.)?
– Wie „verhält" sich das Bauwerk zu seiner Umgebung? (Passt es sich an? Dominiert es die Umgebung? Muss es erst „entdeckt" werden?)
– Aus welchen Materialien ist das Bauwerk gefertigt? (Unterscheidet es sich in diesem Punkt von den Bauwerken im Umfeld?)
– Welche architektonischen Merkmale und Besonderheiten sind festzustellen?

2. Schritt: Die Baugeschichte klären
– Wer ist der Initiator des Bauwerks? Woher stammen die finanziellen Mittel?
– In welchem Zeitraum wurde das Bauwerk errichtet? Welche Rückschlüsse lassen sich aus der Bauzeit ziehen?
– Welcher technische Aufwand war nötig? Welche Mittel standen den Menschen damals zur Verfügung?

3. Schritt: Das Geschichtsbild ergründen
– Aus welchem Grund ließ der Bauherr das Bauwerk errichten? Handelt es sich dabei um ein persönliches oder um ein öffentliches Anliegen?
– Welche geschichtlichen Ideen werden durch die Architektur bzw. die Ausgestaltung vermittelt?
– In welchem Verhältnis steht der Baustil zum Thema des Bauwerks?

4. Schritt: Die spezifische Absicht erörtern
– Welche Antworten gibt das Bauwerk auf die Fragen der Zeit?
– Welche Botschaften will es vermitteln? Sind diese gerechtfertigt?
– Welches Selbstverständnis des Erbauers wird dokumentiert?
– Welche Verbindungen zwischen dem Bauherrn und dem Denkmal werden hergestellt?

M5 **Blick vom Haupteingang in das Innere der Walhalla,** Foto, 2004. Gegenüber dem Eingang befindet sich eine Skulptur König Ludwigs I.

Wie wird man „Walhallagenosse"?
M4 gibt einen Einblick, welche Persönlichkeiten bisher in den erlesenen Kreis der Walhallagenossen aufgenommen wurden.
– Die Aufnahme einer Person setzt voraus, dass seit dem Tod des Betreffenden mindestens 20 Jahre vergangen sind.
– Die Vorschläge müssen von privaten Personen oder privaten Organisationen kommen, die nach erfolgter Zustimmung auch die Kosten für das Marmorporträt und die Aufstellung übernehmen (ca. 30 000 Euro).
– Nur alle fünf bis sieben Jahre lässt das Bayerische Staatsministerium für Wissenschaft und Kunst die Aufstellung einer neuen Büste zu.
– Eine Voraussetzung ist die Feststellung der Bayerischen Akademie der Wissenschaften, dass die betreffende Person eine Berücksichtigung verdient.
– Letztlich entscheidet der Bayerische Ministerrat aufgrund einer Vorlage der bayerischen Staatsregierung.
Zuletzt wurde im Februar 2003 eine Büste von Sophie Scholl aufgestellt, die als Widerstandskämpferin im Dritten Reich zum Tode verurteilt und hingerichtet wurde.

1 Analysiere die „Geschichtsquelle" Walhalla. Informiere dich dabei mithilfe der Materialien M1 bis M5 und wende die vorgegebenen Arbeitsschritte an.
2 Übe die Methode am Beispiel der Paulskirche. Bilder findest du auf S. 52/53 und S. 78. Weitere Informationen kannst du dir bei einer Internetrecherche beschaffen.

Die Neuordnung Europas – enttäuschte Hoffnungen

Der Wiener Kongress

In Wien tagte vom Herbst 1814 bis in das Jahr 1815 ein Kongress, bei dem europäische Fürsten und Staatsmänner über eine Neuordnung Europas berieten. Sie folgten dabei dem Prinzip der Restauration*, d. h. die vorrevolutionären Verhältnisse sollten wiederhergestellt werden. Gleichzeitig bestanden die alten Herrscherhäuser auf ihren Machtansprüchen, die sie als rechtmäßig ansahen (Prinzip der Legitimität). Um diese Politik abzusichern, entstand der Gedanke einer „Heiligen Allianz". Die Herrscher Russlands, Österreichs und Preußens schlossen sich zusammen (Prinzip der Solidarität), um sich „bei jeder Gelegenheit Hilfe und Beistand" zu leisten.

Besonders schwierig gestaltete sich die Entscheidung, was mit den deutschen Staaten geschehen sollte. Das alte Reich wurde nicht wiederhergestellt. Stattdessen unterzeichneten die Vertreter der deutschen Könige, Fürsten und Städte am 8. Juni 1815 die „Deutsche Bundesakte". Diese Vereinbarung schuf aber nicht die von vielen erhoffte deutsche Einheit, sondern nur ein lockeres Bündnis der deutschen Staaten ohne ein gemeinsames Oberhaupt und vor allem ohne eine Verfassung. Alle Mitglieder des Deutschen Bundes schickten Gesandte zum Bundestag in Frankfurt.

Das Wartburgfest: ein Aufbruch gegen die Fürstenmacht

1815 schlossen sich unter dem Motto „Ehre, Freiheit, Vaterland" in Halle und Jena Studenten zur „Allgemeinen Deutschen Burschenschaft" zusammen. Was die Studenten damit ausdrücken wollten, war allen, die politisch interessiert waren, klar: Eine freie nationale Gemeinschaft wollten die Studenten sein, und die Schranken zwischen den deutschen Einzelstaaten sollten fallen. „Freiheit", „Vaterland" – das hatten die Studenten sich schon im Kampf gegen Napoleon auf die Fahnen geschrieben, und für diese Ziele kämpften sie weiterhin.

Im Oktober 1817 lud diese „Burschenschaft" alle deutschen Studenten auf die Wartburg bei Eisenach ein: Den 300. Jahrestag der Reformation, aber auch den 4. Jahrestag der Völkerschlacht von Leipzig galt es zu feiern. Von den Universitäten folgten etwa 500 Studenten und Professoren der Einladung. Schließlich kamen aber noch viele andere Teilnehmer. Die Reden, in denen auch gegen Frankreich gerichtete Absichten deutlich wurden, ließen die Regierungen aufhorchen. Bei einer Anschlussveranstaltung von wenigen Radikalen wurden Bücher und Symbole der verhassten Fürstenherrschaft verbrannt – Zöpfe und Uniformen der Beamten und ein

M1 Mitteleuropa nach dem Wiener Kongress

Wartburgfest, anonymer Holzstich, um 1880 M2

Polizeistock wurden in die Flammen geworfen. Schon ein Jahr nach diesem Ereignis machten die Burschenschaften wieder von sich reden. Nun hatten sie ihre politischen Ziele in einem Programm niedergeschrieben. Eines dieser Ziele war, dass jeder deutsche Einzelstaat eine Verfassung erhalten sollte, so wie es in einigen wenigen bereits geschehen war, z. B. in Bayern und Baden.

Der Deutsche Bund reagiert: die Karlsbader Beschlüsse

Am 23. März 1819 erstach der Theologiestudent und Burschenschafter Karl Ludwig Sand in Mannheim den damals sehr bekannten Schriftsteller August von Kotzebue, der in der Presse die politischen Ziele der Burschenschaften öffentlich kritisiert hatte. Das Verbrechen bot dem österreichischen Staatskanzler Metternich die erhoffte Gelegenheit, gegen den „Universitätsunfug", wie er es nannte, mit aller Härte vorzugehen. Er lud die Vertreter der Landesregierungen in die böhmische Stadt Karlsbad ein. Das Ergebnis dieses Treffens waren die „Karlsbader Beschlüsse", die eine strenge Überwachung aller Studenten und Professoren an den Universitäten vorsahen. Außerdem wurde eine Zentraluntersuchungskommission eingerichtet, die revolutionäre Umtriebe in den deutschen Ländern unterbinden sollte. Kritiker wurden als so genannte „Demagogen" (= Volksverführer) verfolgt. Sie verloren ihre Arbeit, Professoren ihre Lehraufträge. Die Presse wurde ebenfalls kontrolliert: Ein neues Gesetz schrieb in allen Ländern strenge Zensur* vor.

Die Reaktionen auf den Druck „von oben" waren unterschiedlich: Flucht ins Ausland, Rückzug in das Privatleben oder in Kunst und Literatur als Ersatz für politische Aktivitäten. Aber nicht wenige Menschen setzten sich nun erst recht für ihre politischen Interessen ein.

Grundwissen

1815: Wiener Kongress

Nach dem Ende der napoleonischen Herrschaft wurde eine Neuordnung Europas erforderlich. Diese bewerkstelligten führende Staatsmänner Europas auf dem Wiener Kongress (1814/15). Drei Prinzipien bestimmten die Beschlüsse:

1. Restauration: Damit ist die Wiederherstellung der politischen Verhältnisse gemeint, wie sie vor der Französischen Revolution herrschten.
2. Legitimität: Damit wollten die aristokratischen Herrscherhäuser ihre Machtposition mit dem Hinweis auf absolutistische Vorstellungen als rechtmäßig darstellen.
3. Solidarität: Um gegen die neuen Ideen (Freiheitsstreben und Nationalismus) wirksam vorgehen zu können, schlossen sich die Fürsten zusammen (Heilige Allianz zwischen Österreich, Russland und Preußen).

Deutscher Bund

Lockerer Zusammenschluss der deutschen Staaten seit 1815; es fehlte eine einheitliche Regierung ebenso wie eine Verfassung. Zentrales Organ war die Bundesversammlung in Frankfurt, von der allerdings keine starke politische Wirksamkeit ausging.

1 Das lateinische Verb „restaurare" heißt „wiederherstellen". Erkläre, warum man die Zeit nach 1815 ein „Zeitalter der Restauration" nannte (Darstellungstext, Grundwissenkasten).

2 Die „Verfassungsfrage" wurde nach 1815 zu einem der wichtigsten Streitpunkte in der deutschen Öffentlichkeit. Erläutere anhand von M1, wie sie in den einzelnen europäischen Staaten „gelöst" war.

3 Beschreibe die Abbildung M2 und deute sie mithilfe des Darstellungstextes.

M3 Die Ursachen der Unzufriedenheit

Gerd Eilers war zwischen 1813 und 1817 Hauslehrer in der Familie eines Frankfurter Kaufmanns und schrieb später seine Lebenserinnerungen auf. Über die Stimmung in Deutschland nach dem Wiener Kongress notierte er:

Fast alle Staatsmänner und Offiziere höherer wissenschaftlicher und politischer Bildung, mit denen ich … verkehrte, erblickten die … Ursachen der stets zunehmenden Unzufriedenheit des Volks mit den Regierungen darin, dass man die Jugend erst für die Befreiung Deutschlands und seiner Fürsten aus schmachvoller Knechtschaft begeistert und ins Feld geführt, dann aber, nachdem das Werk in nie gesehener Einigkeit einer allgemeinen patriotischen Erhebung mit Strömen unschuldigen Bluts vollbracht worden und das ganze deutsche Volk mit geheiligtem Rechte eine neue einheitliche Einrichtung der staatsbürgerlichen Lebensverhältnisse erwarten durfte, der Wiener Fürstenkongress nur zu deutlich die Tendenz verriet, jene dynastischen und hierarchischen Zustände zurückzuführen, die ein halbes Jahrhundert hindurch vor den Freiheitskriegen von der großen Mehrheit des deutschen Volks verabscheut und verhöhnt worden waren.

Zit. nach Geschichte in Quellen, Bd. 5, hg. v. Wolfgang Lautemann u. a., München (bsv) 1980, S. 75.

M4 Was wollten die Burschenschaften?

Heinrich von Gagern, Heidelberger und Jenaer Burschenschafter, wurde 1848 Präsident der Frankfurter Nationalversammlung. 1818 schrieb er an seinen Vater:

Die Burschen also in diesem Geiste haben in ihrem Burschenleben eine ganz andere Tendenz[1]. Vaterlandsliebe ist bei ihnen das leitende Prinzip; das Vaterland … glücklich zu machen, mehr Nationalität, … bessere Verfassungen zu erstreben ihr Zweck … Nun wirst du, mein teurer Vater, als verständiger Beobachter sagen: Das ist alles gut und schön, aber auf was zielt das alles in der Wirklichkeit? Wie wollt ihr es in Deutschland? Was sind eure politischen Ansichten? … Wir wünschen unter den einzelnen Staaten Deutschlands größeren Gemeinsinn, größere Einheit in ihrer Politik …; keine eigne Politik der einzelnen Staaten, sondern das engste Bundesverhältnis; überhaupt, wir wünschen, dass Deutschland als ein Land und das deutsche Volk als ein Volk angesehen werden könne … Wir wünschen eine Verfassung für das Volk nach dem Zeitgeiste und nach der Aufklärung desselben, nicht, dass jeder Fürst seinem Volke gibt, was er Lust hat und wie es seinem Privatinteresse dienlich ist.

Heinrich von Gagern, Deutscher Liberalismus im Vormärz: Briefe und Reden 1815–1848, hg. v. Bundesarchiv und der Hessischen Historischen Kommission Darmstadt, Göttingen (Musterschmidt) 1959, S. 58 ff.

1 erkennbare Absicht

M5 Fahne der Jenaer Burschenschaft von 1816.

Schwarz-Rot-Gold waren die Uniformfarben des „Lützowschen Freikorps" in den Freiheitskriegen gegen Napoleon. Zahlreiche Gründer der Jenaer Burschenschaft waren zuvor Mitglied dieses Freikorps.

M6 Misstrauen regiert

Heinrich von Gagern kehrte 1823 nach einem langen Aufenthalt in den Niederlanden zurück und beschrieb seine ersten Eindrücke von der Heimat:

Die Ströme, die Berge, die alten Türme erkenne ich noch, aber die Menschen nicht mehr … Als ich hier anfangs, noch unbekannt mit den neuen Verhältnissen, nach alter Gewohnheit von der Politik des Tages reden wollte, erhielt ich kaum eine Antwort; der eine wich aus, der andere brach ab, viele stahlen sich weg. – Wo niemand über öffentliche Angelegenheiten öffentlich spricht, da ist gewiss keine Freiheit …

Die Zeitungen stehen alle unter strenger Zensur, sie sind so bleich, dass ein geübtes Auge dazugehört, um einen Unterschied der Farbe zu erkennen … Man hat die Universitäten ihrer Freiheit beraubt … Ausgezeichnete Lehrer sind entfernt – in den Hörsälen der Philosophie, der Geschichte, des Staatsrechts horcht der Verdacht … Überall ist die Polizei mit ihren Spionen tätig – selbst die Briefe werden geöffnet.

Heinrich von Gagern, Das Leben des Generals Friedrich von Gagern, Bd. 1, Leipzig (Winter) 1856, S. 270 ff.

M7 **„Der Denkerclub"**, Karikatur, um 1820

M8 Gedrucktes wird zur „heißen Sache"

Wie sich die Zensurbestimmungen nach den Karlsbader Beschlüssen auf den Alltag der Menschen auswirkten, zeigt die Kindheitserinnerung eines Wiener Bürgers:

Es war im ersten Frühjahr um die Mittagszeit, die Mutter stand in der Küche, ich neben ihr. In der Bratröhre schmorte ein mächtiger Kalbsbraten … Da stürmt jemand die Treppe hinauf; es ist der Vater, der kurz zuvor ausgegangen war. Einige Minuten darauf schießt er, sehr aufgeregt, den Arm mit Makulatur[1] beladen, in die Küche und stößt mit großer Hast das bedruckte Papier in den Küchenherd, dass die Flammen hoch auflodern. Gleichzeitig erscheint von der Hofseite her ein so genannter „Grenzjäger" mit Militärkappe und Gewehr und springt auf den Ofen los, um die hineingeworfenen Papierstöße hervorzuziehen. Das will ihm der Vater wehren und es gibt einen wilden Auftritt. Den Grenzjäger verleitet seine Aufregung zur größten Unvorsichtigkeit, er greift mitten hinein in die Flammen, zieht aber beide Hände schrecklich verbrannt zurück. Der wilde Angreifer windet sich jetzt vor Schmerz und jammert ganz erbärmlich. Den Vater hat auch der Zorn verlassen, er leert eine Flasche Olivenöl auf einen Teller und beginnt, dem Manne die verbrannten Hände zu salben, die Mutter ist hinausgelaufen und bringt aus dem Nähzimmer Watte herbei … Endlich läuft der Grenzjäger mit den verbrannten, eingewickelten Händen jammernd davon. Was bedeutete dies alles? Mein Vater war ein Abonnent des – natürlich verbotenen – „Nürnberger Correspondenten". Allwöchentlich brachte Cuhlmann die Nummern; von diesem holte sie mein Vater, um sie auf einsamem Spazierwege zu lesen. Aber längst war er schon dieser Gesetzesübertretung verdächtig.

Alfred Meißner, Geschichte meines Lebens, Bd. I, Wien und Teschen (Prochaska) 1884, S. 9 f.

1 fehlerhafte Druckbögen

4 Liste die Ursachen auf, die Gerd Eilers (M3) für die „Unzufriedenheit des Volkes" anführt. Ziehe dafür auch den Darstellungstext heran.

5 Vergleiche die Fahne der Jenaer Burschenschaft M5 mit unserer Nationalflagge. Überprüfe, an welchen Stellen in diesem Buch die gleichen Farben auftauchen.

6 Welche Ziele weist Gagern in M4 den Burschenschaften zu?

7 Untersucht in Partnerarbeit anhand von M6, M7 und M8 die Folgen der Karlsbader Beschlüsse und wie sie gewertet werden. Vergleicht eure Ergebnisse.

Der Vormärz: auf dem Weg zur Revolution

Liberale und Demokraten

So wie sich die nationalen Kräfte in Deutschland mit den Ergebnissen des Wiener Kongresses nicht zufriedengeben wollten, so konnte sich die neu entstandene politische Strömung des Liberalismus nicht mit den Unterdrückungsmaßnahmen abfinden, die insbesondere infolge der Karlsbader Beschlüssse (siehe S. 59) in den meisten Staaten rigoros umgesetzt wurden.

Die Liberalen gingen in ihrem politischen Denken im Sinne der Aufklärung vom Recht des Einzelnen auf freie Entfaltung aus. Der Staat sollte sich dabei zurückhalten und den Menschen möglichst viel Spielraum überlassen. Grundrechte zum Schutz der Freiheit der Person und des Eigentums galten für die Liberalen als die wichtigsten Voraussetzungen für die persönliche Entfaltung. Eine Volksvertretung sollte die Regierung kontrollieren. Einen gewaltsamen politischen Umsturz hatten die Liberalen aber nicht im Sinn.

Anders verhielten sich in dieser Frage die Demokraten, deren Ideen immer mehr Anhänger fanden. Sie riefen nach einer Republik und einem Sturz der Monarchie, forderten die Souveränität* des Volkes und die Herrschaft eines frei gewählten Parlaments*. Ihre politischen Absichten zielten auch stärker auf den Abbau von Not und sozialer Ungleichheit.

Nach der französischen Julirevolution (1830) nahm die Unruhe auch in den deutschen Staaten zu. Die unmittelbare Epoche vor der Revolution von 1848, die ihren ersten Höhepunkt im Monat März erreichte, wird in der Geschichtsschreibung auch mit dem Begriff „Vormärz" bezeichnet.

Grundwissen

Liberalismus

Mit dem Begriff Liberalismus wird eine politische Bewegung bezeichnet, die sich in Deutschland nach dem Wiener Kongress herausbildete. Das zentrale Anliegen war die Sicherung der Freiheitsrechte des Einzelnen. Insofern wandten sich die Liberalen gegen jede Bevormundung durch den Staat. Um die persönlichen Rechte gewährleisten zu können, drängten sie auf den Erlass einer Verfassung, in der die Grundrechte verbrieft sein sollten. Im Laufe des 19. Jahrhunderts spielten die Liberalen in den politischen Auseinandersetzungen eine wichtige Rolle, ohne jedoch ihre Ziele vollständig durchsetzen zu können.

M1 **Schlossbrand in Braunschweig 1830,** kolorierte Lithographie von Carl Weiß. Im Juli 1830 kam es in Frankreich zu revolutionären Unruhen, in deren Folge das bourbonische Königtum gestürzt wurde. Von Frankreich aus griffen die Unruhen auf andere europäische Staaten über. In Braunschweig richtete sich eine Revolte gegen Herzog Karl II., der sich weigerte, eine Verfassung zu erlassen. Der Schlossbrand von 1830 machte deutlich, dass die Bürger nicht mehr vorhatten, sich dem Herrscherwillen zu unterwerfen.

M2 Über den Liberalismus

Paul Achatius Pfizer (1801–1867) war Führer der liberalen Opposition in Württemberg. 1832 schrieb er:

Der Liberalismus ist es, der den erwachten Geist der Freiheit auf vernünftige Prinzipien zurück- und seinem höhern Ziel entgegenführt oder, wo er noch schlummert, … durch Aufklärung des Volks über seine Rechte und Interessen ihn zu wecken sucht. Er will den trüb gewordenen Strom der Menschensatzungen von seinem Schlamme säubern und das verdorbene Recht aus seinem ewig frischen, immer reinen Urquell, der Vernunft, erneuern. Wenn an die Stelle des Gemeinwohles das egoistische Sonderinteresse eines einzelnen Gewalthabers, einer herrschenden Partei oder einer bevorrechteten Kaste sich gesetzt hat, so leitet der Liberalismus den Staatszweck wieder auf das zurück, was die Gesamtheit in ihrem vernünftigen Interesse will oder wollen muss, und diesen Staatszweck sucht er mit möglichst geringer … Beschränkung der Freiheit aller zu erreichen.

Zit. nach Dokumente zur deutschen Politik 1803–1870, hg. v. Harry Pross, Frankfurt a. M. (Fischer-Bücherei) 1961, S. 215.

M3 **Der „Antizeitgeist"**, kolorierte Radierung von J. M. Voltz, 1819

M4 Wirkungen der französischen Julirevolution 1830

Aus den Lebenserinnerungen von Dr. med. Alexander Pagenstecher:

Wie spitzte die Welt die Ohren. Dass die bourbonische Emigranten- und Pfaffenwirtschaft in Frankreich verhasst war, das wusste jedes Kind; aber seit fünfzehn Jahren hatte dieselbe unangefochten bestanden, und sie stützte sich jetzt auf eine Armee … Und doch erhob sich das Volk … und sprang in echt französischer Verwegenheit den Unterdrückern an die Kehle und ließ, trotz verzweifelter Gegenwehr nicht los, als bis nach dreitägigem blutigem Kampfe der Sieg vollständig erfochten und das unselige aufgedrungene Herrschergeschlecht von dem Thron und dem Boden Frankreichs verdrängt war.
Es war dies ein furchtbarer Donnerschlag im weiten Gebiet des so friedselig geordneten dynastischen Europas. Die Heilige Allianz bebte an Haupt und Gliedern, und die Völker öffneten die schlummersüchtigen Augen, und es zuckte in Millionen Herzen und Händen. Es war der Ausgangspunkt einer neuen politischen Ära …
Wenn auch nicht mehr so schwärmerisch wie vor zwölf Jahren, besaß ich doch noch ein jugendliches Vertrauen zur Menschheit und einen entschiedenen Widerwillen gegen das despotische Zopftum, … worunter ganz Europa, besonders aber unser gutes Deutschland, erniedrigt wurde. Von dieser Zeit an nahm ich wieder lebhaften Anteil an der Politik. Mut und Hoffnung waren in meine Brust zurückgekehrt und hatten der dumpfen Resignation von 1820 Platz gemacht. Wie mir, so ging es vielen anderen. Der Funke hatte gezündet, und die Lunte, die zu den Explosionsherden führte, war überall im Glimmen.

Zit. nach Geschichte in Quellen, Bd. 5, hg. v. Wolfgang Lautemann u. a., München (bsv) 1980, S. 124 f.

1 Fasse unter Rückgriff auf den Darstellungstext, M2 und den Grundwissenkasten die Zielsetzungen der Liberalen zusammen.
2 Vergleiche die kritischen Ansätze, die in M3 und M4 enthalten sind. Beachte die Quellenart.
3 Erschließe M1 und M4 unter der Fragestellung, welche Auswirkungen die französische Julirevolution von 1830 auf Deutschland hatte.
4 Erkläre den Begriff „Vormärz".

Das Hambacher Fest – eine staatsfeindliche Demonstration?

Die Freiheit beschworen …

Am 29. Juli 1833 begann vor dem Geschworenengericht im pfälzischen Landau der Prozess gegen Johann Georg August Wirth, Philipp Jakob Siebenpfeiffer und andere Wortführer des Hambacher Festes. Die Anklage warf ihnen vor, zum Sturz der Regierung aufgerufen zu haben. Die Journalisten Wirth und Siebenpfeiffer hatten mit einigen gleichgesinnten Männer und Frauen zu einem „deutschen Nationalfest“ eingeladen, das am 27. Mai 1832 auf der Schlossruine im pfälzischen Hambach stattfinden sollte. Hier wurde alljährlich am 26. Mai das Fest zu Ehren der bayerischen Verfassung gefeiert, die einige Freiheiten brachte, die Macht des Königs aber nicht antastete.

Mehr als 25 000 Menschen waren dem Aufruf Siebenpfeiffers und Wirths gefolgt – Studenten, Bauern aus der Umgebung, Arbeiter, Bürger aus allen deutschen Staaten und aus dem Elsass. Die Teilnehmer der Veranstaltung schmiedeten Pläne für ein national geeintes Deutschland und forderten Freiheit und Gerechtigkeit – für Männer und Frauen. Sicher war das noch eine Rückwirkung der Ereignisse, die sich 1830 in Frankreich abgespielt hatten.

Der Funke der Revolution sprang schnell über: In Polen und Belgien brachen Unruhen aus und in den deutschen Staaten sahen sich besonders die Bürger darin bestärkt, mehr politische Rechte und Freiheiten einzufordern.

… die Freiheit verloren

Der bayerische König war entschlossen, mit dem Prozess gegen die Organisatoren des Hambacher Festes ein warnendes Beispiel zu geben: Die Geschworenen waren so ausgewählt worden, dass Wirth, Siebenpfeiffer und ihre Mitangeklagten mit ihrer Verurteilung rechnen mussten. Doch es kam anders: Das Gericht gestattete ihnen, sich so zu verteidigen, wie es das – in der Pfalz seit der Herrschaft Napoleons geltende französische – Recht vorsah. In mehrstündigen Reden trugen Siebenpfeiffer und Wirth den Geschworenen und applaudierenden Zuhörern im Gerichtssaal ihre politischen Ideen vor. Der Prozess endete mit einem Freispruch. Die Regierung in München gab sich damit aber nicht zufrieden. Siebenpfeiffer und Wirth wurden kurze Zeit später wegen Beamtenbeleidigung angeklagt und vor Polizeigerichte gestellt. Dort erhielten sie die Höchststrafe: zwei Jahre Haft. Siebenpfeiffer gelang die Flucht in die Schweiz, während Wirth seine Strafe verbüßte. Er zog anschließend nach Frankreich und in die Schweiz. 1847 kehrte er nach Deutschland zurück.

Grundwissen

1832: Hambacher Fest

Das Hambacher Fest erlangte als „deutsches Nationalfest“ und politische Demonstration einen beachtlichen Zulauf. Die Verbindung der Forderungen nach einem starken Nationalstaat und nach Zusicherung weitreichender Freiheitsrechte erwies sich als eine Klammer für alle oppositionellen Kräfte. Auch in der Ablehnung der Fürstenmacht waren sich die Teilnehmer einig, was die alten Herrschaftsträger in Unruhe versetzte.

1 Erarbeite anhand des Darstellungstextes die Machtverhältnisse zwischen den Organisatoren des „Nationalfestes“ und der bayerischen Regierung.

M1 Der Zug auf das Hambacher Schloss am 27. Mai 1832, Radierung, 1832

M2 Was die Zukunft bringen soll

Aus der Rede Philipp Jakob Siebenpfeiffers auf dem Hambacher Fest (1832):

2A Und es wird kommen der Tag, … wo der Deutsche vom Alpengebirg und der Nordseee, vom Rhein, der Donau und der Elbe den Bruder im Bruder umarmt, wo die Zollstöcke und die Schlagbäume, wo alle Hoheitszeichen der Trennung … und Bedrückung verschwinden samt den Konstitutiönchen … wo der Beamte … mit der Volksbinde sich schmückt … Wo das deutsche Weib, nicht mehr die dienstpflichtige Magd des herrschenden Mannes, sondern die freie Genossin des freien Bürgers, unsern Söhnen und Töchtern schon als stammelnden Säuglingen die Freiheit einflößt … Wo der Bürger … dem Gesetze gehorcht und auf den Tafeln des Gesetzes den eigenen Willen liest und im Richter den frei erwählten Mann seines Vertrauens erblickt.

Beide Quellen zit. nach Johann Georg August Wirth, Das Nationalfest der Deutschen zu Hambach, Neustadt a. d. H., 1832, Nachdruck der Orig.-Ausg., Neustadt a. d. W. (Meininger) 1981, S. 34 f. und 41 ff.

Aus der Rede Johann Georg August Wirths auf dem Hambacher Fest:

2B Wenn … die reinsten, fähigsten und muthigsten Patrioten über die zweckmäßigste Reform unsres Landes sich verständiget und zugleich sich verbunden haben, um durch eigene Journale die öffentliche Meinung des Gesammtvolkes … zu gewinnen, … wenn auch solche Männer den Nationalstolz, das Gefühl der Bürgerwürde und die Flamme der Freiheitsliebe durch die Gluth begeisternder Rede in allen deutschen Gauen erwecken, … wenn endlich die guten Bürger in den lichtern Gegenden unseres Landes das Wirken solcher Männer durch die Verbreitung deren Schriften öffentlich und im Stillen unterstützen; ja, fürwahr, dann wird, dann muss das große Werk gelingen, die verrätherische Gewalt wird vor der Weihe der Vaterlandsliebe und der Allmacht der öffentlichen Meinung in den Staub sinken, Deutschland wird die Freiheit und den Frieden sehen, es wird zur herrlichsten Macht und Größe emporblühen.

M3 **Halstuch,** Leinenbatist, 1832. Die Tücher wurden nach dem Hambacher Fest in der Schweiz produziert und erfreuten sich in Deutschland großer Beliebtheit. Unter den 16 abgebildeten Männern sind unter anderem Karl von Rotteck, Karl Theodor Welcker, Philipp Jakob Siebenpfeiffer, Silvester Jordan, Ludwig Uhland und Johann Georg August Wirth zu sehen. In den vier Ecken finden sich – in Frauengestalten – die Gerechtigkeit, die Weisheit, die Tapferkeit und die Besonnenheit.

2 Untersuche die Reden in M2A und M2B mithilfe des Modells zur Quellenanalyse S. 37.

3 Das Hambacher Fest wird von manchen Historikern als „Massendemonstration" bezeichnet. Überprüfe anhand von M1 und des Darstellungstextes, ob dieser Ausdruck passt. Vergleiche mit dem Wartburgfest (S. 58 f.).

4 Informiere dich über die auf M3 abgebildeten Personen in einem Lexikon. Berichte, welche Rolle sie zu ihrer Zeit spielten.

5 Untersuche M3 mithilfe der Arbeitsschritte „Entschlüsselung eines Bildes" im Anhang. Überlege, warum gerade diese Frauengestalten abgebildet sind.

Politische Dichtungen deuten und vergleichen

„Politisch Lied, ein garstig Lied?“ – Die Jungdeutschen

Viele Künstler – ob sie schreiben, zeichnen oder komponieren – sehen den Wert ihrer Arbeit nicht allein darin, das Publikum zu unterhalten. Sie wollen auch bestimmte Botschaften vermitteln. Häufig enthalten ihre Werke politische Aussagen: über das Zusammenleben der Menschen, über Werte, die den Künstlern besonders wichtig sind, über gesellschaftliche Zustände oder über Entscheidungen und Maßnahmen von Regierungen. Dadurch kamen Künstler in der Geschichte immer wieder mit Herrschenden in Konflikt, vor allem wenn diese jegliche Kritik mit ihrem Selbstverständnis nicht vereinbaren konnten. Andererseits gab und gibt es auch Fälle, in denen eine Kritik ohne jede Berechtigung formuliert wird und ausschließlich einer Rufschädigung dienen soll.
In der Zeit des Vormärz kämpfte eine Gruppe meist junger Literaten trotz der strengen Zensur mit ihren Dichtungen mutig gegen das herrschende System. Weil sie das bestehende, das alte Deutschland ablehnten, nannten sie sich das „Junge Deutschland“ oder die „Jungdeutschen“.
Heinrich Heine und Georg Büchner waren herausragende Köpfe dieser Zeit. Ihre politische Agitationsliteratur führte sie ins Exil. Beide gelten als große deutsche Dichter. Für die Auswertung politischer Dichtung ist eine fächerübergreifende Zusammenarbeit (Deutschunterricht) sinnvoll.

M2 **Heinrich Heine,** Gemälde von Moritz Daniel Oppenheim, 1831

M1 Lobgesänge auf König Ludwig von Bayern

Heinrich Heine (1797–1856) kritisierte in vielen Gedichten die Politik der Fürsten. 1831 ging er als Jounalist nach Paris und blieb aus politischen Gründen bis an sein Lebensende in Frankreich. Dem bayerischen König widmete er 1844 das folgende Gedicht:

Das ist Herr Ludwig von Bayerland,
Desgleichen gibt es wenig';
Das Volk der Bavaren verehrt in ihm
Den angestammelten König.

Er liebt die Kunst, und die schönsten Fraun
Die lässt er porträtieren;
Er geht in diesem gemalten Serail
Als Kunst-Eunuch spazieren.

Bei Regensburg lässt er erbaun
Eine marmorne Schädelstätte,
Und er hat höchstselbst für jeden Kopf
Verfertigt die Etikette.

„Walhallagenossen“, ein Meisterwerk,
Worin er jedweden Mannes
Verdienste, Charakter und Taten gerühmt,
Von Teut bis Schinderhannes.

Nur Luther, der Dickkopf, fehlt in Walhall,
Und es feiert Ihn nicht der Walhall-Wisch;
In Naturaliensammlungen fehlt
Oft unter den Fischen der Walfisch.

Herr Ludwig ist ein großer Poet,
Und singt er, so stürzt Apollo
Vor ihm auf die Knie und bittet und fleht:
Halt ein, ich werde sonst toll, o!
...
Stirbt einst Herr Ludwig, so kanonisiert
Zu Rom ihn der heilige Vater –
Die Glorie passt für ein solches Gesicht,
Wie Manschetten für unseren Kater!

Sobald auch die Affen und Kängurus
Zum Christentum sich bekehren,
Sie werden gewiss Sankt Ludewig
Als Schutzpatron verehren.

Heinrich Heine, Sämtliche Schriften in zwölf Bänden, hg. v. Klaus Briegleb, Bd. 7, Frankfurt a. M. (Ullstein) 1981, S. 458 ff.

M3 „Friede den Hütten! Krieg den Palästen!"

Georg Büchner (1813–1837) gilt als eines der größten Genies der deutschen Geistes- und Literaturgeschichte. Schonungslos geißelte er die Missstände seiner Zeit. 1835 verbreitete er mit Friedrich L. Weidig die Flugschrift „Der Hessische Landbote". Der Untertitel dieser Schrift lautet: „Friede den Hütten! Krieg den Palästen!":

Das Leben der Vornehmen ist ein langer Sonntag, sie wohnen in schönen Häusern, sie tragen zierliche Kleider, sie haben feiste Gesichter und reden eine eigene Sprache; das Volk aber liegt vor ihnen wie Dünger auf dem Acker. Der Bauer geht hinter dem Pflug, der Vornehme aber geht hinter ihm und dem Pflug und treibt ihn mit dem Ochsen am Pflug; er nimmt das Korn und lässt ihm die Stoppeln. Das Leben der Bauern ist ein langer Werktag; Fremde verzehren seine Äcker vor seinen Augen, sein Leib ist eine Schwiele, sein Schweiß ist das Salz auf dem Tisch des Vornehmen … Wer sind denn die, welche diese Ordung gemacht haben, und die wachen, diese Ordnung zu erhalten? Das ist die Großherzogliche Regierung. Die Regierung wird gebildet von dem Großherzog und seinen obersten Beamten. Die anderen Beamten sind Männer, die von der Regierung berufen werden, um jene Ordnung in Kraft zu erhalten. Ihre Anzahl ist Legion: Staatsräte und Regierungsräte, Landräte und Kreisräte, Geistliche Räte und Schulräte, Finanzräte und Forsträte u. s. w. mit ihrem Heer von Sekretären u. s. w. Das Volk ist ihre Herde, sie sind sein Hirte, Melker und Schinder …

Sehet an das von Gott gezeichnete Scheusal, den König Ludwig von Baiern, den Gotteslästerer, der redliche Männer vor seinem Bild niederzuknien zwingt, und die, welche die Wahrheit bezeugen, durch meineidige Richter zum Kerker verurteilen lässt; das Schwein, das sich in allen Lasterpfützen von Italien wälzte, den Wolf, der sich für seinen Hofstaat für immer jährlich fünf Millionen durch meineidige Landstände verwilligen lässt, und fragt dann: „Ist das eine Obrigkeit von Gott zum Segen verordnet?"

Zit. nach Georg Büchner, Werke und Briefe, Münchner Ausgabe, München (Hanser) 1988, S. 39 ff.

M4 Georg Büchner, Stahlstich von A. Limbach, 1835

Arbeitsschritte: Politische Dichtungen deuten und vergleichen

1. Schritt: Den Text in einen historischen Kontext einordnen
- Welche biographischen Hinweise zum Dichter könnten wichtig sein?
- In welcher gesellschaftlichen Stellung befand sich der Autor?
- Wodurch ist die Entstehungszeit gekennzeichnet? (Frage nach wichtigen politischen Ereignissen.)

2. Schritt: Konkrete historische Bezugspunkte des Textes klären
- In welche Sinneinheiten kann man den Text gliedern?
- Werden allgemeine Probleme oder Einzelheiten angesprochen?
- Welche historischen Hintergründe oder Einzelheiten müssen zum Verständnis geklärt werden?

3. Schritt: Politische Zielrichtungen und Absichten klären
- Gegen wen richten sich die einzelnen Aussagen?
- Mit welchen (sprachlichen) Mitteln wird der Gegner attackiert?
- Welche Wirkung soll von dem Text ausgehen? Welche Adressaten sind angesprochen?

4. Schritt: Versuch einer kritischen Textbewertung
- Handelt es sich um einen typischen Text der Zeit bzw. des Autors?
- Sind die kritischen Vorwürfe berechtigt?
- Weist der Text über die Problematik der Zeit hinaus?

1 Bearbeitet in Gruppen die Texte von Heine und Büchner (M1, M3) nach den Arbeitsschritten.

2 Stellt fest, welche Schwierigkeiten dabei auftauchten und welche Hilfen ihr in Anspruch nehmen musstet.

3 Geht in einer Diskussionsrunde der Frage nach, welcher der beiden Texte wohl eine größere Wirkung hervorrief.

Die Ursachen der Revolution

Die Februarrevolution in Frankreich

Im Jahr 1848 kam es in vielen europäischen Staaten zu revolutionären Erschütterungen. In Frankreich wurde – wie 1830 – die Hauptstadt Paris zum Zentrum dieser Bewegung. Seit 1830 regierte dort der so genannte „Bürgerkönig" Louis Philippe, der bei allen politischen Entscheidungen auf ein gewähltes Parlament Rücksicht nehmen musste. Wahlberechtigt waren allerdings nur 0,8 Prozent der Bevölkerung; das waren die Vermögenden, die einen hohen Steuersatz zahlten. Da eine Reform des Wahlrechts vom Parlament abgelehnt wurde, kam es Ende Februar 1848 zu Straßenschlachten; die neue Losung lautete: „Es lebe die Republik!" Nach dem Sturm des Regierungssitzes blieb dem König nur die Flucht ins Ausland.

Das Ergebnis allgemeiner Wahlen brachte die gemäßigten Republikaner an die Macht. Eine neue Verfassung legte fest, dass ein vom Volk gewählter Präsident erhebliche Vollmachten bekommen sollte. Gewählt wurde Louis Napoleon, der schon drei Jahre später nach einem Staatsstreich eine absolutistische Herrschaft errichtete und sich Kaiser Napoleon III. nannte.

Die Ereignisse vom Februar 1848 wurden vor allem in den deutschen Staaten aufmerksam verfolgt. Bald hieß es auf Flugblättern: „Frankreich ist eine Republik! Auch für uns hat die Stunde geschlagen!"

Soziale Ungleichheit und Hungerkrisen

In der Zeit der beginnenden Industrialisierung kam es zu einer Vertiefung der sozialen Kluft. In den Städten erzielte eine kleine Schicht von Fernhandelskaufleuten, Bankiers und Fabrikherren immer größere wirtschaftliche Gewinne. Die technischen Erfindungen machten es möglich, Waren, die bisher von Handwerkern hergestellt worden waren, maschinell in großer Stückzahl zu produzieren. Von der Konkurrenz durch billige amerikanische Baumwolle waren vor allem Textilarbeiter betroffen. Viele Handwerker mussten ihre Werkstätten, oft sogar auch ihren Beruf aufgeben und als lohnabhängige Arbeiter in Fabriken oder als Heimarbeiter ihren Lebensunterhalt verdienen.

Auch auf dem Land gab es keine soziale Gleichheit. Einer kleinen Schicht wohlhabender Großbauern stand eine große Masse von Kleinbauern gegenüber, deren Höfe nicht genügend Erträge abwarfen, um eine Familie ernähren zu können. Dazu gab es noch die Besitzlosen, die von Gelegenheitsarbeiten abhängig waren.

Nach den Missernten in den Jahren 1845 und 1847 stiegen die Preise für die Grundnahrungsmittel um ein Vielfaches. Ein großer Teil der Bevölkerung konnte sich nicht einmal mehr mit dem Notwendigsten versorgen. Diese massenhafte Armut wird als Pauperismus* bezeichnet.

M1 **Die Februarrevolution in Paris. Sturm des französischen Volkes auf den Regierungssitz am 24. Februar 1848**, Gemälde von Eugen Hagnauer, 1848

M2 Die Lebenssituation der „untern Klassen“

Der Unternehmer Friedrich Harkort beschrieb 1844 Erscheinungsformen des Pauperimus:

Der Staat muss einschreiten, um fernerem Verderben zu wehren, damit der Strom des Pauperismus nicht unaufhaltsam wachsend die gesegneten Augen des Vaterlandes unheilbringend überschwemme … Vom Staate verlangen wir, dass er nicht alleingebietend, sondern auch helfend und fördernd einschreite. Zunächst muss die Regierung mit aller Strenge das Gesetz hinstellen und handhaben: dass durchaus keine Kinder vor zurückgelegter Schulzeit in Fabriken angestellt werden dürfen. Den Eltern muss unerbittlich das Recht genommen sein, ihre Kinder als Sklaven an die Industrie zu verkaufen … So wie die Sachen jetzt stehen, werden die Kinder benutzt, um die Löhne der Erwachsenen zu drücken; lasst die Unmündigen ausscheiden aus dem Kreise der Dienstbarkeit und die Älteren finden eine bessere Vergütung für die Arbeit ihrer Hände. Selbst gehöre ich zu den Leitern der Industrie, allein von Herzen verachte ich jede Schaffung von Werten und Reichtümern, die auf Kosten der Menschenwürde, auf Erniedrigung der arbeitenden Klassen begründet ist … Lasst die Kinder in die natürliche Stellung zurückkehren, gebt ihnen die von Gott verliehenen Rechte der Jugend, Freuden, Gespielen, Bewegung, Himmel und Erde zurück.

Zit. nach Ernst Schraepler, Quellen zur Geschichte der sozialen Frage in Deutschland 1800–1870, Bd. I, Göttingen (Musterschmidt) 1960, S. 87 f.

M3 Die Kaufkraft der Bauarbeiterlöhne in Leipzig 1800–1850.

Der Prozentsatz gibt an, in welcher Höhe der Jahreslohn eines Zimmergesellen den Nahrungsbedarf einer fünfköpfigen Familie deckte.

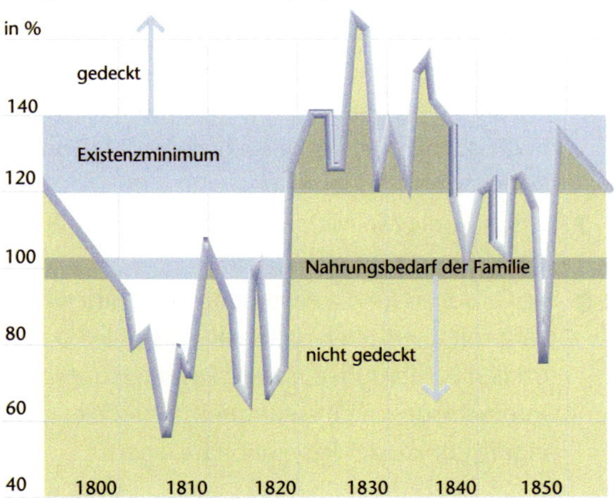

M4 Brotkrawall in Stuttgart

Eine Episode aus der Stuttgarter Stadtgeschichte, 3. Mai 1847:

Zwei Frauen waren angeklagt, am Brotkrawall teilgenommen und die Umstehenden „zum Widerstand“ angestachelt zu haben. „Sie bewaffneten sich mit Lattenstücken, sprangen dem Militär nach, schimpften über das Militär … sie hetzten das Volk auf, indem sie immer demselben zuriefen ‚ihr seyd keine Kerle, ihr Hosenscheißer‘. Überhaupt machten sie ein abscheuliches Spektakel“ – so schilderte der Fuhrmann Knauer vor dem Stuttgarter Gericht das Verhalten der Wäscherin und Näherin Beate Calwer und ihrer Schwester Friederike. Die Unruhen hatten vor dem Haus des Bäckers Meyer begonnen: Eine johlende und pfeifende Menge, deren Stimmführer Frauen aus der Unterschicht waren, protestierte mit ihrer „Katzenmusik“ dagegen, dass der Bäcker sich seit Tagen weigerte, Brot zu backen. Er wartete nämlich darauf, so sagten es Gerüchte, dass die Brotpreise angehoben würden. Später flogen Steine; berittene Soldaten gingen mit Säbeln und Gewehren gegen die Demonstranten vor, die sich durch Barrikaden zu schützen versuchten.
Das traurige Ergebnis dieser Protestaktion waren ein Toter, mehrere Verletzte und mehr als hundert Festnahmen. Davon gab es zahlreiche in jenen Jahren – vor allem seit 1845, als die Grundnahrungsmittel Brot und Kartoffeln so teuer wurden, dass viele Menschen sie nicht mehr bezahlen konnten.

Zit. nach Sabine Kienitz, „Da war die Weibsperson nun eine der Ärgsten mit Schreien und Lärmen“ – Der Stuttgarter Brotkrawall 1847, in: Lipp, Carola (Hg.), Schimpfende Weiber und patriotische Jungfrauen, 2. Aufl., Baden-Baden (Nomos) 1998, S. 82.

1 Fasse mithilfe des Darstellungstextes Gründe für die französische Februarrevolution zusammen.
2 Betrachte M1 und erschließe, welche Details auf einen revolutionären Umsturz hinweisen.
3 Werte M3 aus. Welche Entwicklung lässt sich ablesen? Welche Gründe könnten zu dieser Entwicklung geführt haben?
4 Erschließe aus M4, welche Zielsetzungen die Stuttgarter Frauen beim Brotkrawall 1847 verfolgten.
5 Erschließt und erklärt die Absichten Harkorts (M2). Nehmt zu diesen Forderungen Stellung.

M5 Zeitungen berichten über die Ereignisse in Schlesien

Der Weberaufstand 1844 in Schlesien wurde von vielen Zeitungen gemeldet – nur in Schlesien war jede Berichterstattung darüber verboten.

5A *Bericht der „Aachener Zeitung" (11. Juni 1844):* Wahrlich, die Not muss unerträglich gewesen sein! ... Das Handlungshaus Zwanziger u. Söhne hatte sich seit langer Zeit durch die gewöhnliche, leinwandkaufmännische Menschenfreundlichkeit den Webern ... verhasst gemacht ... Die Leidenschaft gebiert Dichter und so war denn auch unter den Webern ... ein Spottgedicht entstanden, in dem sich ihre Gesinnung gegen den hartherzigen Fabrikbesitzer sehr erbittert kundgab ... [Schließlich] verliert der Chef die Geduld und lässt einige der ärgsten Schreihälse festnehmen. Die Nachricht hiervon verbreitet sich wie ein Lauffeuer. Die Menge der Weber vergrößert sich von Minute zu Minute ... Mit Schreien und Toben dringen sie an, zerschmettern die Türen, sämtliches Mobiliar und bemächtigen sich der Kasse, deren Inhalt sie unter sich verteilen. Die Bewohner des Palais hatten sich vorher geflüchtet. Von dort ziehen die Anführer zu einem anderen Fabrikanten ... Dieser weiß aber die Gefahr abzuwenden, indem er eine namhafte Summe Geldes unter die Leute verteilt.

5B *Bericht der in Berlin erscheinenden „Vossischen Zeitung" (22. Juni 1844):* Der Verlust, welchen die Brüder Dierig erlitten, ist sehr bedeutend ... In Langenbielau handelte es sich nicht um ein Rachewerk und Volksgericht, sondern um Raub und Plünderung ... Die Herren Dierig waren sehr beliebt in der ganzen Gegend ... und verehrt von allen ihren 4000 Arbeitern ... gutmütig, leutselig, eine Stütze der Bedrängten, Helfer der Armen, haben sie zu keiner Zeit ... die Löhne herabgesetzt ... Man befürchtet, dass sie ihr Geschäft aufgeben und sich nach so bitterer Erfahrung in das Ausland übersiedeln möchten. Unsere Industrie ... würde dadurch einen schweren Schlag erleiden.

Beide Quellen zit. nach Lutz Kroneberg/Rolf Schlösser, Weber-Revolte 1844, Köln (Leske) 1979, S. 155 f. und 190.

M6 **Das Elend in Schlesien,** Karikatur aus der Münchner Zeitschrift „Fliegende Blätter", 1848

Der Weberaufstand in der Literatur

Der Weberaufstand von 1844 hat mehrere Dichter veranlasst, diese besonderen Geschehnisse zu „verarbeiten". Einen Überblick könnt ihr euch durch eine Internetrecherche verschaffen. Dabei kann auch der Begriff „Maschinenstürmer" nützlich sein, denn damit wurden im 19. Jahrhundert die Revolutionäre bezeichnet, die sich gegen den technologischen Fortschritt wandten.

6 Erarbeite aus M5 die wirtschaftliche und soziale Situation der Weber. Vergleiche in einem zweiten Arbeitsschritt, wie das Vorgehen der Fabrikanten und der Aufständischen bewertet wird.

7 Entschlüssele M6 mithilfe der Arbeitsschritte „Karikaturen auswerten" S. 22.

8 Die Ursachen für die Revolution von 1848 werden meist mit unerfüllten nationalen, liberalen und sozialen Forderungen erklärt: Fasst in einem Unterrichtsgespräch zusammen, worin die Angriffspunkte der Revolutionäre lagen.

Ein Flugblatt analysieren

Flugblätter spielten seit der Erfindung des Buchdrucks eine wichtige Rolle in politischen Auseinandersetzungen. Während der Revolutionszeit um 1848 versuchten oppositionelle Kräfte verstärkt, mithilfe von Flugblättern die politische Meinungsbildung breiter Bevölkerungskreise zu beeinflussen. In Zeiten, in denen es keine Pressefreiheit gab, waren Flugblätter ein Mittel, mit dem man auf Missstände aufmerksam machen oder politische Vorstellungen, die der Obrigkeit nicht genehm waren, unter das Volk bringen konnte.

M1 **„Es lebe die Bürgergarde zum Schutz der deutschen Verfassung“**, Mainzer Flugblatt, um 1848. Zur Frakturschrift siehe Hinweise auf S. 267.

Arbeitsschritte

Ein Flugblatt analysieren

1. Schritt: Das „Bildprogramm“ erschließen (falls vorhanden)
- Welche Personen sind dargestellt? Wen verkörpern sie?
- Welche Gegenstände sind zu erkennen? Welche Bedeutung haben sie?
- In welcher Beziehung stehen Personen und Gegenstände zueinander?

2. Schritt: Textstellen inhaltlich erfassen
- Welche zentralen Botschaften werden vermittelt (Schlagworte, Überschriften, Hervorhebungen)?
- Welche Detailinformationen werden gegeben?
- Welche sprachlichen Mittel werden eingesetzt?

3. Schritt: Die politische Intention klären
- Welche politischen Ziele sollen vermittelt werden?
- Gegen wen richten sich die Forderungen?
- Können die Verfasser einem politischen Lager zugeordnet werden?

4. Schritt: Die historische Bedeutung beurteilen
- Treffen die politischen Aussagen wichtige Probleme der Zeit?
- Wie ist der Wahrheitsgehalt der zentralen Aussage zu bewerten?
- Welche Wirkung könnte das Flugblatt ausgelöst haben?

1 Analysiere M1 mithilfe der Arbeitsschritte. Besprecht, welche Probleme aufgetreten sind.

2 Gestaltet ein Flugblatt, das die Interessen der schlesischen Weber thematisiert. Überlegt dabei genau, welche Ziele ihr erreichen wollt.

1848 – die „Märzrevolution“

„Für die Freiheit!“ – „Auf die Barrikaden!“

Ein Augenzeuge, der sich in der Nacht vom 18. zum 19. März 1848 in Berlin an der „Großen Barrikade“ aufgehalten hatte, berichtete später: „Über jeder Leiche erneuerte sich der Racheschwur ihrer Mitkämpfer. [Schließlich] wurde die Besatzung der Barrikade durch die furchtbare Wirkung der Artillerie gezwungen, die Verteidigung aufzugeben.“ Barrikadenkämpfe gab es nicht nur in Berlin: In vielen Städten lieferten sich Militär und Aufständische blutige Gefechte. Bei den Opfern handelte es sich meist um junge Männer (Handwerker, Arbeiter, Studenten), aber auch Frauen und Kinder waren darunter.

Was hatte die Menschen auf die Straße getrieben? Wie ein Lauffeuer hatte sich die Nachricht von der Revolution in Paris in ganz Deutschland verbreitet. Die Pariser Vorgänge wirkten wie ein Funke, der in ein Pulverfass fliegt. Ende Februar, Anfang März begannen die Liberalen, Versammlungen abzuhalten, um ihre Hauptforderung, die so genannten Märzforderungen, in die Öffentlichkeit zu tragen: eine freiheitliche Verfassung für ganz Deutschland.

In vielen Staaten blieben gewaltsame Zusammenstöße die Ausnahme. Gewaltsam jedoch verlief die Revolution in Österreich und Preußen. Am 13. März löste in Wien eine Demonstration von Studenten, liberalen Bürgern und notleidenden Menschen Straßenkämpfe aus und führte zum Rücktritt der Regierung: Staatskanzler Metternich floh verkleidet aus der Stadt.

Viele der süddeutschen Landesherren wichen nun dem Druck der Bevölkerung und erfüllten die wichtigsten Forderungen. Friedrich Wilhelm IV., der preußische König, blieb hart. Erst nachdem er erfahren hatte, dass Metternich geflohen war, stellte er eine Verfassung für Preußen in Aussicht. Doch als sich am 18. März etwa 10 000 Menschen vor dem Schloss in Berlin versammelten, um dem König zu danken, fielen zwei Schüsse. Die Menge fühlte sich verraten und griff zu den Waffen. Es entbrannte ein erbitterter Barrikadenkampf zwischen Bürgern und Soldaten, der zahlreiche Todesopfer forderte. Tags darauf lenkte der König ein. Er versprach Pressefreiheit und sagte zu, dass Preußen die Idee einer nationalen Einheit unterstützen werde. Außerdem berief er eine „preußische Nationalversammlung“ ein, die eine Verfassung ausarbeiten sollte.

M1 Kampf zwischen Bürgern und Soldaten in Berlin am 18. und 19. März 1848, aus der Bilderbogenserie „Das merkwürdige Jahr 1848“ von Gustav Kühn, 1848

M2 Straßenkämpfe in Berlin

Ende März 1848 wurde in Wien ein Flugblatt verbreitet, das die Kämpfe in Berlin aus der Sicht der Aufständischen beschrieb:

Der Sturm, der mit wachsender Gewalt das königliche Schloss umbrauste, konnte nicht länger überhört werden … Es wurden sogleich Barrikaden, die sich in wenigen Stunden über die ganze Stadt ausdehnten, errichtet, dann mit allen Glocken Sturm geläutet, das Straßenpflaster aufgerissen, mehrere Straßen mit Glasscherben bestreut, spitziges Eisen in den Boden getrieben, um der Reiterei den Weg unmöglich zu machen. Steine wurden auf die Dächer geschafft und sogar abgedeckt, siedendes Wasser und Öl war in Bereitschaft. Leute jeden Alters, Geschlechts und Standes waren dabei, und nur beim Heranrücken des Militärs entfernten sich Frauen, Kinder, Greise in die Häuser, alles Bereitgehaltene herabzuschleudern.

Zit. nach Karl Obermann, Flugblätter der Revolution. Eine Flugblattsammlung zur Geschichte der Revolution von 1848/49 in Deutschland, Berlin (Dt. Verlag d. Wiss.) 1970, S. 102 ff.

M3 Der König und die Toten

Am 19. März musste Friedrich Wilhelm IV. sich dem Druck beugen und den toten Aufständischen die letzte Ehre erweisen. Ein Zeitzeuge erinnerte sich 1852:

Zuerst wurden sechs bis sieben Leichen von der Breiten Straße her nach dem Schloss angefahren. Die blutigen Wunden aufgedeckt, bekränzt mit Blumen und Laub. Die begleitende Volksmenge sang Lieder und schrie. Der König solle die Leichen sehen, hieß es. Auf den … Ruf erschien der König auf dem Altan[1], der nach dem Schlossplatz hinausführt … Alles hatte den Kopf entblößt, nur der König die Mütze auf. Da hieß es gebieterisch: „Die Mütze herab!", und er nahm sie ab. Die Leichen wurden dann durch das Schloss nach dem Dom gefahren. Alle folgenden ebenso, diese aber machten auf dem inneren Schlosshof Halt, und hier musste der König ebenfalls wiederholt auf der Galerie erscheinen, die Leichen grüßen und vieles anhören. Endlich wurde ein geistliches Lied angestimmt … die ganze Volksmenge sang mit und schien versöhnt. Der König durfte sich erschöpft und vernichtet zurückziehen.

Zit. nach Hans Bentzien, Unterm roten und schwarzen Adler, Berlin (Volk und Welt) 1992, S. 225.

1 Balkon

M4 Friedrich Wilhelm IV. reitet durch Berlin (März 1848), kolorierter Kupferstich, 1849

M5 … Die Ehre des Militärs gerettet

Der Bruder des preußischen Königs, Prinz Wilhelm von Preußen, floh am 24. März 1848 nach London; von dort schrieb er am 21. April an General von Prittwitz, den Befehlshaber der Berliner Gardetruppen:

Sie können und müssen stolz darauf sein über die Tat, wie Sie den Kampf am 18. und 19. führten, stolz, so herrliche Truppen geführt zu haben … Sie haben … die Ehre und den Ruhm, … die Armee aus der Katastrophe, die uns getroffen hat, unbefleckt gerettet zu haben. Je schwieriger diese Aufgabe war, nach allem, was dieser Truppe zugemuthet worden ist, – im Siege abberufen zu werden, durch Wort, That und Schrift verhöhnt zu werden! –, je höher liegt ihr Verdienst! Der Gedanke ist mir theuer, dass der Geist, welcher Ihnen Ihre Aufgabe möglich machte, in der Truppe wenigstens von mir nicht unangeregt gewesen ist. Dieser Gedanke tröstet mich … bei dem Gedanken, dass das Vergangene nicht wiederkehrt!

Karl Ludwig von Prittwitz, Berlin 1848, Das Erinnerungswerk, bearb. v. Gerd Heinrich, Berlin u. a. (de Gruyter) 1985, S. 488 f.

1 Vergleiche die Abbildungen M1 und M4. Nimm den Darstellungstext zu Hilfe.

2 Skizziere den Ablauf der Ereignisse in Berlin mithilfe von M2, M3 und M5.

M6 Märztage in Wien

Der sächsische Legationsrat Graf Vitzthum von Eckstädt beschrieb in Briefen an seine Mutter die revolutionären Vorgänge in Wien:

Wien, 5. März 1848
Hier herrscht eine trübe, unheimliche Stimmung in allen Kreisen. Wie ein Donnerschlag hat die Pariser Revolution die Dunkelheiten unserer Lage erhellt. – Die Vorstädte sollen in sehr gereiztem Zustande sein. Der kleinere Bürgerstand befindet sich in offenbarer Gärung. Die unheilvollsten Gerüchte zirkulieren … die Missstimmung ist allgemein, und ich fürchte nur, sie wird von oben nicht so erkannt, wie es Not täte …

Montag, 13. März
8 Uhr. – Großer Zug der Studenten nach dem Ständehaus. Massen wohlgekleideter Menschen wogen in den Straßen …
11 Uhr. – Die Masse der Studenten im Hofe versammelt, durch Redner angefeuert, dringt in den Sitzungssaal. Diese Sitzung wird aufgehoben. Wünsche des Volkes: 1. Pressfreiheit, 2. Lehrfreiheit, Assoziationsrecht …
12 Uhr. – Großer Zug. Montecuccoli an der Spitze der Studenten zieht in die Burg … Zugleich gewinnt eine Bürgerdeputation Zutritt in die Burg. Unterdessen nehmen die Straßen ein bedrohliches Aussehen an. Volksredner gruppieren das Volk um sich. Die Läden sind teilweise geschlossen … Vier Bataillone stehen an den Türen der Burg. Kanonen werden aufgefahren und geladen. Die Staatskanzlei mit Truppen umgeben. Der Schrei „Nieder mit Metternich“ wird allgemein und Losungswort …
2 Uhr. – Der Posten in der Herrengasse wird verstärkt. Erzherzog Albrecht versucht, das Volk zu beschwichtigen. Umsonst. Er wird mit Steinen empfangen. Auf mehrmalige Warnung wird scharf geschossen. Vier Tote, zwei Verwundete. Ein Leichnam wird dem Erzherzog Albrecht gebracht.
3 Uhr. – Keine Nachricht von der Deputation. Ratlosigkeit in der Burg und in der Staatskanzlei. Die Erzherzöge Albrecht und Wilhelm durchreiten die Straßen. Die Bewegung wird allgemein.
Bajonett-Attacken. Mehrere Opfer. Man spricht von fünfzig Toten …
5 Uhr. – Die Bürgergarde schlägt Alarm und greift zu den Waffen … Die Bürgeroffiziere verlangen
1. sofortige Entfernung des Militärs aus der Stadt,
2. Bewaffnung der Studenten, 3. Rücktritt des Fürsten Metternich und zwar, was Punkt 2 und 3 betrifft, bis abends 9 Uhr. Sie übernehmen dafür, die Ruhe der Stadt zu garantieren, mit der Drohung, dass wenn die Punkte 2 und 3 nicht gewährt werden, die Bürgergarde sich an die Spitze der Bewegung stellen würde. Beratung in der Burg; Städte und Bürger nehmen daran teil …
6 Uhr. – In den Straßen Pöbelexzesse. Die Schilderhäuser werden zertrümmert …
8 Uhr. – Der Pöbel durchzieht in dichten Massen die Straßen. In den Vorstädten werden die kaiserlichen Marstallgebäude angegriffen und von ungarischen Grenadieren verteidigt. Großes Gemetzel. In der Burg fortdauernde Ratlosigkeit.
½ 9 Uhr. – … Der Rücktritt des Fürsten Metternich beschlossen …
9 Uhr. – Die Kunde durchläuft die Straßen …
10 Uhr nachts bis 2 Uhr. – Von da an einzelne Haufen, die jubelnd und vivatschreiend die Straßen durchziehen.

Geschichte in Quellen, Bd. 5, hg. v. Wolfgang Lautemann u. a., München (bsv) 1980, S. 156f.

M7 **Barrikadenkämpfer**, zeitgenössische Frankfurter Farblithographie. Schrecken verbreiteten während der Märzrevolution vor allem die so genannten „Blusenkämpfer“.

M8 Forderungen von Bauern im Odenwald

1847 verbreitete angeblich der Seifensieder Adam Stoll aus Mudau im Odenwald ein Flugblatt mit dem Wortlaut:

Darum hat Gott den Hunger unter die Menschen geschickt, damit das Volk aufwache und sich einander liebe wie Brüder und auch wie Brüder miteinander und einer für den anderen streite; wir wollen auch nur sagen, weswegen die Revolution entstehen soll:
1. Der Adel muss vernichtet werden.
2. Die Juden müssen aus Deutschland vertrieben werden.
3. Müssen alle Könige, Herzöge und Fürsten weg.
4. Müssen alle Beamten gemordet werden.
Dann wird es wieder gut in Deutschland.

Zit. nach Friedrich Lautenschlager, Die Agrarunruhen in den badischen Standes- und Grundherrschaften im Jahre 1848, Heidelberg 1915, Nachdruck: Nendeln (Kraus) 1976, S. 37.

M9 Frauen fordern mehr Rechte

Viele politisch aktive Frauen gründeten Vereine, halfen Aufständischen, nähten Fahnen für ihre kämpfenden Männer, diskutierten die politische Lage. In einem Brief an den demokratischen Wiener Frauenclub vom 5.9.1848 hieß es:

Geliebte Schwestern!
Ich reiche euch aus der Ferne die Hand zum Schwesternbunde und versichere euch meine Sympathie. „Emanzipation der Frauen“ sei die Perle, die wir vereint aus dem schwarzen Meere männlichen Despotismus herauszuholen gedenken … Wir fordern gleiche Berechtigung in Ausübung der Künste und Gewerbe, wozu wir ebenso befähigt sind wie die Männer. Wir wollen Advokatinnen[1] werden. Wir verspüren dazu das größte Talent; denn wir streiten sehr gern und haben immer das letzte, entscheidende Wort … Wir wollen Hörerinnen der Staatspolitik sein, aber nie Mitsprecherinnen, wenigstens nicht öffentlich … Wir wollen einen Verein bilden für gute, wohltätige Zwecke … Wir wollen Bildungsschulen für deutsche Hausfrauen … Wir wollen darauf bedacht sein, … den verderblichen Putz aus unseren Kreisen zu bannen. Wir wollen mit gutem Beispiel vorangehen und namentlich in unseren Versammlungen ganz einfach erscheinen …
Ein deutsches Weib

Zit. nach Gerlinde Hummel-Haasis (Hg.), Schwestern zerreißt eure Ketten, München (dtv) 1982, S. 150 f.

1 Rechtsanwältinnen

M10 Was die Arbeiter wollen

Viele Arbeiter und Handwerker kämpften auf den Barrikaden, aber ein politisches Programm hatten sie zu Beginn der Revolution nicht. Was sie motivierte, sich in die Kämpfe einzumischen, formulierte am 8. April 1848 die „Deutsche Arbeiter-Zeitung“:

Was … die Arbeiter wollen, ist: Menschen sein – Menschen im wahren Sinne des Wortes, Menschen in geselliger und politischer Hinsicht, die arbeiten, aber auch genießen wollen. Schauet auf die Arbeiter, und sehet, dass so viele von ihnen gedrückter und übler dran sind als die Negersklaven in den Kolonien. Arbeiten, schwer arbeiten, sechs Tage in der Woche, Woche für Woche, Monat für Monat, Jahr für Jahr, bis Körper und Seele verkümmert ist, und was dafür? – Dafür: Kaum Sattessen, kaum ordentliche Bekleidung, eine dürftige, ungesunde, elende Wohnung, keine ordentliche Erholung, wenig oder gar keine Mittel zur ordentlichen Kindererziehung – und wenn dann das Alter kommt, früher wie bei anderen Menschen durch Anstrengung, Sorge und Not herbeigeführt, oder wenn Siechtum oder sonst ein Unfall bei der Arbeit den Arbeiter zum Krüppel gemacht, – dann keine Zuflucht, keinen Ort, wo der Abgequälte sein Haupt ruhig hinlegen kann – keine andere Lebensaussicht für Weib und Kind als – elende Armenunterstützung.

Deutsche Arbeiter-Zeitung, Nr. 1 (8. April 1948). Zit. nach Jürgen Bergmann, Wirtschaftskrise und Revolution, Stuttgart (Klett-Cotta) 1986, S. 74 f.

3 Erarbeite aus M6, welche Gruppen an der Revolution in Wien beteiligt waren und welche Rollen sie übernahmen.

4 Schildere, welche Eindrücke die Barrikadenkämpfer (M7) auf dich machen. Setze dieses Bild in Beziehung zu M8.

5 Lege folgende Tabelle an, mit deren Hilfe du die revolutionären Ereignisse in Wien und Berlin des Frühjahrs 1848 gegenüberstellst.

Ort	Beteiligte	Verlauf	Ziele	Ergebnisse

7 Bewerte die Haltung der verantwortlichen Regierungen und des Militärs.

8 Erschließe und vergleiche die Motive und Zielsetzungen, die in den Quellen M8 bis M10 enthalten sind.

Die Revolution in Bayern – die Monarchie wankt

Eine verhängnisvolle Beziehung

Während in den anderen deutschen Staaten die Könige und Fürsten ihr Herrscheramt erhalten konnten, kam es in Bayern zum Rücktritt König Ludwigs I. Neben der Kritik an seiner kostspieligen Bautätigkeit hatte das Verhältnis des Königs mit Lola Montez einen maßgeblichen Anteil an diesem Schritt. Die Tänzerin, die aus dem irischen Limerick stammte, war 1846 nach München gekommen. Gleich nach ihrem ersten Auftritt im Nationaltheater begann eine innige Beziehung zwischen dem 60-jährigen König und der mehr als 40 Jahre jüngeren Künstlerin. Bald war dieses Verhältnis Gegenstand des Stadtklatsches und zahlreicher anonymer Briefe sowie gutgemeinter Warnungen verantwortungsbewusster Männer aus der Umgebung des Königs. Doch damit wurde nur der Trotz des eigenwilligen Monarchen herausgefordert. Er erhob Lola Montez als „Gräfin Landsfeld" in den Adelsstand. Diese behandelte nun sogar die Minister wie ihre Lakaien. Damit war der Bogen überspannt. Die Regierung trat zurück. Die streng katholischen Professoren der Universität verurteilten das Verhalten des Königs und wurden deswegen entlassen. Die Folge waren Studentenkrawalle, die im Februar 1848 ihren Höhepunkt erreichten. Der König ließ schließlich sogar die Universität schließen.

Zugeständnisse – und dann doch der Rücktritt

Eine Beruhigung der aufgeheizten Stimmung konnte der König damit nicht bewirken. Schließlich gab Ludwig dem Druck nach, verfügte die Wiedereröffnung der Universität und wies die „Gräfin Landsfeld" aus dem Land. Am 6. März wurden mit der königlichen Märzproklamation die Forderungen der Liberalen weitgehend genehmigt. Dazu gehörten u. a. die Pressefreiheit, eine öffentliche Rechtsprechung, ein Gesetz über die Verantwortlichkeit der Minister und die Vereidigung des Heeres auf die Verfassung.

Während die bürgerlichen Kreise ihrem König huldigten, zeigten Überfälle auf Polizeistationen und die Errichtung von Barrikaden, dass es auch den revolutionären Kräften in München um einen Angriff auf die Monarchie ging. Das Gerücht, Lola Montez sei in die Stadt zurückgekehrt, erhöhte die Spannung.

Um einen radikalen Umsturz zu verhindern, dankte der König schließlich am 18. März ab und übertrug die Krone seinem Sohn Maximilian II. Zwar vermittelte die Rücktrittserklärung auf den ersten Blick den Eindruck von einem revolutionären Erfolg. Bei genauerem Hinsehen wird jedoch deutlich, dass durch diesen Schritt der wittelsbachischen Dynastie die Herrschaft über Bayern erhalten blieb.

M1 **Jubel nach der Bewilligung der Märzforderungen,** zeitgenössische Lithographie. Auch in Nürnberg wurde die Bewilligung der Märzforderungen durch Ludwig I. öffentlich gefeiert.

M2 Verachtung für Lola

Der Agent des Wiener Polizei-Ministeriums August Fournier berichtete über eine Reise nach Bayern:

Ein einziges Gefühl scheint Bayern, und zwar sämtliche Volksklassen, zu durchglühen, und das ist die Verachtung und der Hass gegen die Lola … Schon in Schärding, wo ich in Bayern eintraf, durch das ganze Land bis nach München und von da bis Salzburg, wo ich Bayern verließ, herrscht in dieser Beziehung nur ein Gefühl und eine Stimmung. Landgerichtsbeamte, die ich zufällig in München traf, und zwar aus verschiedenen Gegenden, versicherten mich, dies sei überall der Fall. In welches Bräu- oder Wirtshaus oder sonst was immer für ein öffentliches Lokal man im Lande der Bayern eintritt, überall hört man von diesem Skandal erzählen oder kann die Leute sehr leicht hierzu veranlassen, wenn man nur diese Saite anschlägt, wobei man schauderhafte Dinge und Übertreibungen der vorgefallenen Thatsachen erfährt.

Zit. nach Hans Dollinger, Bayern. 2000 Jahre in Bildern und Dokumenten, München (Prisma-Verlag) 1986, S. 150.

M3 **„Der Engelsturz"**, Karikatur auf Lola Montez' Flucht aus Bayern, Lithographie. In der Karikatur sind auch einzelne Verehrer der Tänzerin dargestellt, wozu die Studentenverbindung „Alemannia" und einige Hofschranzen zählten.

M4 Der Rücktritt des Königs

Bericht des Prinzen Adalbert:

4A Um ein Uhr (18. März) versammelte er (König Ludwig I.) die volljährigen Prinzen, sagte zu Bruder Karl, dass er unter den gegebenen Umständen nicht weiterregieren wolle. Karl stimmte zu, brach, wie auch Herzog Max, in Tränen aus … Bald weinten alle, auch der König selbst. Nachdem er dreiundzwanzig Jahre so regiert habe, wie er es für richtig fand, könne er sich an keine neue Methode gewöhnen, wohl aber an einen Nachfolger. Dann las er seinen eigenhändig geschriebenen Aufruf an die Bayern vor. Kronprinz Maximilian sprach sich gegen die Abdankung seines Vaters aus. Da dieser nicht nachgab, kniete er vor ihm nieder und bat ihn um den väterlichen Segen.

Abschiedsbotschaft des Königs:

4B Bayern! Eine neue Richtung hat begonnen, eine andere als die in der Verfassungsurkunde enthaltene, in welcher Ich nun im 23. Jahre geherrscht. Ich lege die Krone nieder zu Gunsten Meines geliebten Sohnes, des Kronprinzen Maximilian. Treu der Verfassung regierte Ich; dem Wohl Meines Volkes war Mein Leben geweiht; als wenn Ich eines Freistaats Beamter gewesen, so gewissenhaft ging Ich mit dem Staatsgute, mit den Staatsgeldern um. Ich kann jedem offen in die Augen sehen. Und Meinen tiefgefühlten Dank allen, die Mir anhingen. Auch vom Throne herabgestiegen, schlägt glühend Mein Herz für Bayern, für Deutschland.

Beide Quellen zit. nach Hans Dollinger, Bayern. 2000 Jahre in Bildern und Dokumenten, München (Prisma-Verlag) 1986, S. 150 f.

1 Fasse die Gründe zusammen, die zum Märzerlass führten. Erläutere die unterschiedlichen Reaktionen darauf (Darstellungtext, M1).

2 Vergleiche die Vorwürfe, die in der Öffentlichkeit gegen den König erhoben wurden (M2 und M3) mit der Darstellung in M4A und M4B.

3 Ermittle, welche historischen Vorlagen in M3 Verwendung fanden und was damit vermittelt werden sollte.

4 Überprüfe König Ludwigs Aussage bezüglich seines Umgangs mit den Staatsgeldern (M4B), indem du nach Bauwerken suchst, die auf ihn zurückgehen (z. B. Internetrecherche).

Die Nationalversammlung arbeitet die Verfassung aus

Eine „Versammlung von Träumern"?

Die Fürsten aller deutschen Einzelstaaten hatten den Märzforderungen der Revolutionäre nachgegeben, Liberale in die Regierungen aufgenommen und Verfassungen versprochen. Doch eine Forderung, vielleicht die wichtigste, war noch offen: die nationale Einheit – repräsentiert durch ein gesamtdeutsches Parlament. Um die Wahl der Nationalversammlung vorzubereiten, kamen 500 angesehene Männer und Abgesandte der Volksvertretungen aller deutschen Staaten nach Frankfurt. Sie beschlossen: Alle erwachsenen männlichen Deutschen, die eine selbstständige Tätigkeit ausübten, sollten die Volksvertreter geheim und direkt wählen. Allerdings hielten sich nur wenige Einzelstaaten daran. In Bayern z. B. war die Wahl nicht geheim. Parteien, wie wir sie heute kennen, gab es 1848 nicht. Deshalb war nicht eine Parteienzugehörigkeit der Kandidaten ausschlaggebend für ihre Wahl, sondern ihre Bekanntheit bzw. ihr guter Ruf.

„Professorenparlament", „Versammlung von Träumern" – so bezeichneten viele Kritiker die Frankfurter Nationalversammlung, die im Mai 1848 zum ersten Mal zusammentrat. Der Historiker Wolfram Siemann widerspricht diesen Urteilen: „Aus vielen spricht bare Unkenntnis über die tatsächliche Arbeit dieses ersten deutschen Parlaments."

M1 **Einzug der Mitglieder des Vorparlaments in die Frankfurter Paulskirche,** kolorierte Lithographie von Jean Nicolas Ventadour, 1848

Die Grundrechte

Im Dezember 1848 verkündete die Nationalversammlung die „Grundrechte für alle Deutschen", die sich an die französischen Menschen- und Bürgerrechte von 1789 anlehnten (siehe Kasten S. 79). Die meisten Grundrechte waren so genannte „Abwehrrechte"; sie sollten die Bürger vor staatlicher Willkür und Eingriffen in die Privatsphäre schützen. Meinungs- und Pressefreiheit hingegen sind „Teilhaberechte", ohne die verantwortliches Mitwirken der Bürger im Staat nicht möglich ist.

Eine Verfassung für alle Deutschen

Die zentrale Aufgabe der ersten deutschen Nationalversammlung, die wegen des Versammlungsortes auch „Paulskirchenparlament" genannt wird, war die Ausarbeitung einer Verfassung. Dafür galt es zunächst zu klären: Sollte das geeinte Deutschland Monarchie bleiben oder Republik werden? Wer sollte in Zukunft das Recht haben zu wählen: Männer und Frauen? Nur Männer? Oder nur Bürger? Und wie sollten die Machtverhältnisse im künftigen Deutschen Reich geregelt werden: Welche Rechte blieben den Einzelstaaten, welche mussten sie der neuen Zentralregierung übertragen? Auch das Gebiet des neuen Staates war noch festzulegen: Sollten die deutschsprachigen Gebiete des Habsburgerreichs dazugehören („großdeutsche Lösung") oder nicht („kleindeutsche Lösung")?

In vielen Fragen waren die Konservativen und die Demokraten unterschiedlicher Meinung. Die Konservativen saßen in der Paulskirche – vom Präsidenten aus gesehen – rechts, die Demokraten links. Darauf gehen unsere Bezeichnungen „links" und „rechts" für die Einordnung von Parteien und politischen Positionen zurück.

Nach langen Debatten wurde am 28. März 1849 die Verfassung des Deutschen Reiches verabschiedet – und zwar auf der Grundlage der „kleindeutschen Lösung" und unter Beibehaltung der Monarchie: Der preußische König Friedrich Wilhelm IV. war zum Reichsoberhaupt gewählt worden; er sollte Kaiser der Deutschen werden. Der jedoch hatte inzwischen alle Zugeständnisse an die Liberalen und Demokraten wieder zurückgenommen und eine eigene Verfassung für Preußen erlassen. Die Kaiserkrone lehnte er ab.

M2 Medaille zur Eröffnung der Nationalversammlung am 18. Mai 1848, Silber, 1848. Auf der Rückseite der Münze ist eine Schwurszene abgebildet. Die Umschrift lautet: „Vereint, vereint, bis zum Meeresstrand/ein Volk, eine Sprache, ein deutsches Land."

M3 Die Berufe der Abgeordneten

Die Abgeordneten der Frankfurter Nationalversammlung gehörten folgenden Berufsgruppen an:

173 Verwaltungsbeamte
124 Lehrer und Professoren
110 Richter und Staatsanwälte
106 Rechtsanwälte
56 Unternehmer und Kaufleute
43 adlige und bürgerliche Großgrundbesitzer
35 Akademiker ohne Berufsangabe („Schriftsteller")
29 Offiziere und Diplomaten
23 Ärzte
20 Journalisten
16 evangelische Pfarrer
4 Handwerkermeister
3 Bauern
(44 können nicht zugeordnet werden)

Zusammengestellt nach Hans-Ulrich Wehler, Deutsche Gesellschaftsgeschichte. Bd. 2, 2. Aufl., München (C. H. Beck) 1989, S. 739 f.

Die geplante Reichsverfassung 1849

In der Verfassung, die die Frankfurter Nationalversammlung am 28. 3. 1849 verabschiedete, die jedoch nie in Kraft trat, fanden sich u. a. folgende Regelungen:

1. Das deutsche Reich, für das die Verfassung gelten soll, besteht aus dem Gebiet des bisherigen Deutschen Bundes.
2. Das deutsche Reich soll ein Zoll- und Handelsgebiet bilden; alle Binnenzölle entfallen.
3. Reichsoberhaupt wird einer der regierenden deutschen Fürsten. Der Titel des Reichsoberhauptes lautet: Kaiser der Deutschen.
4. Der Reichstag besteht aus dem Staatenhaus und dem Volkshaus: Das Staatenhaus wird gebildet aus den Vertretern der deutschen Staaten, die durch die Regierung und die Volksvertretung der betreffenden Staaten ernannt werden. Das Volkshaus setzt sich aus gewählten Vertretern des deutschen Volkes zusammen.
5. Der Reichstag beschließt die Reichsgesetze und legt den Reichshaushalt fest.
6. Das Wahlrecht haben alle deutschen Männer über 25 Jahren, die einer selbstständigen Tätigkeit nachgehen. Ausgeschlossen sind Empfänger von Armenunterstützung, Dienstboten, Handwerksgehilfen, Fabrikarbeiter und Tagelöhner.

Grundrechte des deutschen Volkes:

Vor dem Gesetz gilt kein Unterschied der Stände. Der Adel als Stand ist aufgehoben. Alle Standesvorrechte sind abgeschafft … (§ 137)

Die Freiheit der Person ist unverletzlich … (§ 138)

Die Wohnung ist unverletzlich … (§ 140)

Jeder Deutsche hat das Recht, durch Wort, Schrift, Druck und bildliche Darstellung seine Meinung frei zu äußern. (§ 143)

Die Deutschen haben das Recht, sich friedlich und ohne Waffen zu versammeln; einer besonderen Erlaubnis bedarf es nicht. (§ 161)

1 „Professorenparlament" – überprüfe anhand von M3 und des Darstellungstextes, ob diese Kennzeichnung der Nationalversammlung zutreffend ist. Überlege, welcher Intention der Begriff entsprach.

2 Erarbeite die „Botschaft" von M2 und stelle einen Bezug zu M1 her.

3 Überlege, welche Bevölkerungsgruppen ihre Märzforderungen in der Verfassung von 1849 (Kasten) verwirklicht sahen und welche nicht.

4 Vergleiche die Grundrechte des deutschen Volkes (Kasten) mit der Deklaration der Menschenrechte von 1789 (S. 29). Welche Unterschiede fallen dir auf?

M4 Frauen betreten die politische Bühne

Nicht im Parlament selbst, aber auf der Zuhörergalerie der Paulskirche waren Frauen zugelassen – für viele ein erster und notwendiger Schritt in Richtung Gleichberechtigung. In der württembergischen Abgeordnetenkammer dagegen blieb die Galerie den Frauen weiterhin verschlossen.

4 A *Eine Leserin an die demokratische württembergische Zeitung „Die Sonne" über ihren Besuch in der Paulskirche (15. 6. 1848):* In kurzer Zeit waren Vorplatz und Stiege besetzt, voll der angesehensten Damen und Herren. Wurde dann geöffnet, kam man halb tot auf dem Platze an und die Damen strichen sich gegenseitig mit kölnisch Wasser die Schläfe. Ich habe mich aber auch noch nie besser unterhalten als hier; oft kam man neben gebildete Männer, die sich belehrend über die jetzigen Zeitverhältnisse unterhielten, Aufschlüsse gaben über dieses und jenes, was mich interessierte, und so verstrich die Zeit, wir wussten nicht wie.

M4A und M4B zit. nach Carola Lipp (Hg.), Schimpfende Weiber und patriotische Jungfrauen, 2. Aufl., Baden-Baden (Nomos) 1998, S. 292 f.

4 B *Eine Stuttgarterin in einem offenen Brief an den liberalen Kammerpräsidenten (2. 11. 1848):* Oh, schnöder Konservativismus! … Wir wissen den Wert eines Kompliments zu schätzen, mit dem man uns die Türe vor der Nase zuschlägt, die Türe zu der „zu unbequemen und engen" Galerie … Finden wir den Raum zu unbequem, … dann werden wir schon selbst so frei sein wegzubleiben. Aber die Galerie ist auch zu eng, sagen Sie, es muss daher das Privilegium der Männer gewahrt und diesen der wenige Raum vorbehalten werden. Es wäre ja töricht, den kostbaren Platz an Frauen zu verschwenden; sie haben ja doch keine Teilnahme, kein Verständnis für die Verhandlungen. Es ist besser, wenn sie zu Hause sitzen, ihre Haushaltung besorgen und nach ihrer Wäsche sehen, statt nach der unsrigen.

M5 Die Nationalversammlung im Urteil

Der Historiker Wolfram Siemann schrieb 1998:

Hier trafen sich der Gutsbesitzer aus Hinterpommern, … ein bekannter Prager Nationalökonom[1], ein … orienterfahrener Gelehrter sowie berühmte Repräsentanten der Literatur und Wissenschaft … Alle Kontraste der Mentalität und des Temperaments, der Nationalität von den Deutschfranzosen bis zu den Deutschslawen waren hier aufgeboten, sich für ein künftiges Deutsches Reich auf eine gemeinsame Verfassung zu einigen … Es gleicht einem Wunder, dass das Parlament angesichts schwerwiegender innerer und äußerer Zerreißproben mit seinem Verfassungswerk nicht scheiterte; die lang andauernden Verhandlungen stifteten zwar keineswegs nur Konsens[2], wohl aber ein gemeinsames nationales Bewusstsein … Lange Zeit hat man übersehen, wie die Paulskirchenversammlung binnen kürzester Zeit eine hoch entwickelte parlamentarische Praxis ausbildete: Fraktionen vom konservativ-liberalen bis zum demokratisch-republikanischen Flügel bündelten den Willen der vielen einzelnen Abgeordneten zu handlungsfähigen Mehrheiten.

Wolfram Siemann, Griff nach der Nation, in: ZEIT Punkte Nr. 1/1998, S. 53 f.

1 Volkswirtschaftler 2 Übereinstimmung

M6 Gedenkblatt an das Vorparlament in Frankfurt a. M., Lithographie von Franz Heister, um 1848. Das Blatt zeigt die „Germania", die als Gemälde über der Rednertribüne des Paulskirchenparlaments hing.

5 Erarbeite mithilfe von M4, welche Argumente für bzw. gegen die Anwesenheit von Frauen im Parlament sprachen.

6 Überlegt, welche symbolische Wirkung vom Bild der Germania (M6) ausging.

7 Hat die Nationalversammlung versagt? Untersuche, zu welchem Urteil der Autor von M5 kommt.

Eine Versammlung in der Paulskirche – ein Rollenspiel

Das Rollenspiel stellt eine Möglichkeit dar, eine Situation spielerisch zu vergegenwärtigen. In Bezug auf die Geschichte kann z. B. eine vergangene Begebenheit durch ein Nachspielen veranschaulicht werden.
Das Rollenspiel bleibt jedoch immer nur der Versuch einer Annäherung an die vergangene Wirklichkeit. Andererseits kann durch dramaturgische (darstellerische) Effekte eine wesentlich größere Aufmerksamkeit erreicht werden als durch die Präsentation „toter" Quellen.
Im Gegensatz zum Stegreifspiel, in dem die Spieler sehr spontan Dinge erfinden, muss ein Rollenspiel gut vorbereitet werden, wenn man der historischen Wirklichkeit nahekommen will.

1. Thematische Orientierung
– Welche Sachzusammenhänge sollen verdeutlicht werden?
– Welche Einzelinformationen wollt ihr vermitteln?
– Welche „Materialien" sollen die Grundlage sein: historische Quellen oder eigene Formulierungen? Wer „beschafft" sie? Wer wählt sie aus?

2. Das Spielkonzept
– Wer tritt in Erscheinung? Welche Texte werden den einzelnen Darstellern zugeteilt?
– In welchem Rahmen soll das Spiel ablaufen?
– Welche dramaturgischen Möglichkeiten bieten sich an, um das Spiel interessant zu machen?

3. Probenarbeit und „Aufführung"
– Wer ist für welche Rolle geeignet? Welche Voraussetzungen müssen erfüllt werden, um eine Rolle zu übernehmen?
– Welche Belastungen kommen durch die Vorbereitung auf euch zu?
– In welcher Situation könnt ihr euer Spiel effektiv präsentieren?

Ein Rollenspiel zum Thema „Eine Versammlung in der Paulskirche" gestalten

Orientiert euch bei der methodischen Vorbereitung und Durchführung an den oben formulierten Hinweisen. Was die inhaltliche Ausgestaltung betrifft, könnt ihr durch die Herausstellung klarer Oppositionen gute Voraussetzungen für ein interessantes Spiel schaffen:
– „großdeutsche" oder „kleindeutsche" Lösung
– Schaffung einer Republik oder einer konstitutionellen Monarchie (Rolle des Königs?)
– Einführung des Wahlrechts für Frauen
Zahlreiche Materialien dieses Kapitels könnt ihr als Fundgrube für euer Spiel nutzen. Lasst euch auch von der unten abgedruckten Karikatur inspirieren.

M1 Kampf der Rechten und der Linken mit den Waffen des historischen Rechts, Karikatur, 1848. Die Karikatur bezieht sich auf eine Auseinandersetzung in der Paulskirche im Jahre 1848. Der als Stier dargestellte Abgeordnete Georg v. Vincke gehörte zu den konservativen Abgeordneten; der als Kanarienvogel heranfliegende G. A. Rösler zählte zu den Linken. Die Glocke schwingt der Vizepräsident der Nationalversammlung Alexander von Soiron. Daneben sieht man Parlamentssekretäre. Im Hintergrund: Reaktionen der Abgeordneten.

Ist die Revolution gescheitert?

Die Fürsten schlagen zurück

Während in der Frankfurter Paulskirche die Abgeordneten über die Ausgestaltung einer Verfassung stritten, wurden in den Straßen der Hauptstädte erbitterte Kämpfe ausgefochten. Die radikalen Kräfte wollten die Revolution vorantreiben, was den gemäßigten Kräften widerstrebte. Auch die alten Machthaber erinnerten sich ihrer Stärke und setzten das Militär ein. Die Befürworter und Träger der gewaltsamen Gegenaktionen wurden mit dem Begriff „Reaktionäre" bezeichnet.

Zuerst war diese Gegenrevolution in Wien erfolgreich. Mehrere tausend Tote und Verwüstungen in der Stadt waren die bitteren Begleiterscheinungen.

Auch in Berlin gewannen im Herbst 1848 die alten Mächte wieder die Oberhand. Nicht genug damit, sorgten preußische Soldaten überall dort, wo sich revolutionäre Kräfte regten, für eine „Kirchhofsruhe": Aufständische Republikaner, die schließlich in Sachsen, in der Pfalz und in Baden mit Gewalt für die revolutionären Ideen eintraten, sahen sich bald übermächtigen preußischen Bajonetten gegenüber. Mit brutaler Gewalt wurde der „revolutionäre Spuk" beendet.

„Gegen Demokraten helfen nur Soldaten"

Ein König will nicht Kaiser werden

Nach langem Ringen hatte sich die Mehrheit in der Paulskirche dafür entschieden, König Friedrich Wilhelm IV. von Preußen als dem künftigen Reichsoberhaupt die Kaiserkrone anzutragen. Als er das Angebot ablehnte, weil er nicht von seinesgleichen ausersehen, sondern nur von „revolutionären Parlamentariern" gebeten wurde, war die Katastrophe der Paulskirche perfekt: Der mühsam errungene Kompromiss erwies sich damit als nicht tragfähig. Die meisten Abgeordneten gaben jetzt auf. Etwa 100 republikanisch Orientierte flohen nach Stuttgart und bildeten dort ein „Rumpfparlament". Im Juni 1849 musste es dem Militär weichen. Diejenigen, die sich für Freiheit und Einheit eingesetzt hatten, sahen sich harten Verfolgungen ausgesetzt. Viele landeten in Gefängnissen, Tausende wanderten aus: in die Schweiz, nach England oder in die USA. 1850 vereinbarten die preußische und die österreichische Regierung, den alten Deutschen Bund wiederherzustellen.

M1 's ist wieder März geworden

In Baden und in der Pfalz wurden demokratische Aufstände durch preußische Truppen im Sommer 1849 mit brutaler Härte beendet. Ihr Scheitern war das Thema vieler Volkslieder:

's ist wieder März geworden –
Vom Frühling keine Spur!
Ein kalter Hauch aus Norden
Erstarret rings die Flur.
…
Der März ist wohl erschienen.
Doch ward es Frühling? – nein!
Ein Lenz kann uns nur grünen
Im Freiheitssonnenschein.

Seht hier den „Wütrich" thronen,
Beim „Tausendguldenkraut",
Dort jene „Kaiserkronen" –
Die „Königskerze" schaut!

Wie zahlreich die „Mimosen",
Das „Zittergras", wie dicht. –
Doch freilich „rote Rosen" –
Die kamen diesmal nicht.

Zit. nach Zupfgeigenhansel: Volkslieder 3, Dortmund (pläne) 1977, S. 26.

Friedrich Wilhelm lehnt die Krone ab. Karikatur aus den „Satyrischen Zeitblättern", 1849. Die Unterschrift lautet: „Soll ich? – Soll ich nich? – Soll ich?! – Knöppe, ihr wollt! – Nu jerade nich!!" **M2**

M3 Was blieb?

Der Historiker Hans-Ulrich Wehler urteilte 1987 über die Folgen der Revolution von 1848/49:

Die Faszination eines deutschen Nationalstaats, der vielen so greifbar nahe erschienen war, blieb trotz des Fiaskos der Paulskirche erhalten. Zwar musste die Verwirklichung dieses Ziels, wie in Italien, Ungarn und anderswo, aufgeschoben werden, die Dynamik des Nationalismus als politische Religion der Massenbewegung blieb jedoch erhalten. Sie erweis sich schließlich als so stark, dass die konservativen „Totengräber der Revolution" ... schließlich ihre Testamentsvollstrecker wurden ... Zu den strukturellen Folgen der Revolution gehörte auch die seither nicht mehr aufzuhaltende Politisierung der verschiedenen Schichten und Klassen. Die Arbeiter, insbesondere der Gewerberegionen und der städtischen Industrie, machten eine Erfahrung von weit wirkender Bedeutung ... Die privilegierte Stellung der alten Eliten war gegen den Ansturm der Revolution behauptet worden. Das Militär kultivierte das Bewusstsein, sich als wahrhaft staatstragende Macht bewährt zu haben. Die Parlamente hatten weiterhin um ihren Rang als Machtfaktor zu kämpfen.

Hans-Ulrich Wehler, Deutsche Gesellschaftsgeschichte, Bd. 2, München (C. H. Beck) 1987, S. 780 ff.

M4 Gedenkblatt für das Jahr 1848, kolorierte Zeichnung, Nürnberg, 1849

Grundwissen

1848/49: Revolution in Deutschland

In mehreren deutschen Staaten kam es im März 1848 zu revolutionären Unruhen. In Wien und Berlin starben bei Barrikadenkämpfen zahlreiche Revolutionäre, die sich für Freiheit und nationale Einheit einsetzten. Die Paulskirchenversammlung – das erste gewählte gesamtdeutsche Parlament – sah sich vor die Aufgabe gestellt, eine Verfassung zu erarbeiten und die Einzelstaaten zu einer Einheit zusammenzuführen. Als die Entscheidung für eine konstitutionelle Monarchie gefallen war, lehnte der als Staatsoberhaupt vorgesehene preußische König die ihm angetragene Kaiserkrone ab. Damit war die Paulskirchenversammlung gescheitert. Die alten Herrschaftsträger konnten in der Folgezeit durch den rücksichtslosen Einsatz des Militärs ihre Macht zurückerobern.

1 Suche anhand des Darstellungstextes nach Gründen für die Reaktion Friedrich Wilhelms IV. Ziehe M2 heran.

2 Fasse mithilfe von M3 zusammen, welche unterschiedlichen Folgen das Scheitern der Revolution nach sich zog.

3 Versuche, die Botschaften zu entschlüsseln, die in dem Lied M1 enthalten sind.

4 Erschließe die „Aussagen" von M4. Nimm die Arbeitsschritte zur Bildauswertung im Anhang und die Hinweise zur Frakturschrift auf S. 267 zu Hilfe.

Einigkeit und Freiheit – Deutschland 1815 bis 1849: ein Überblick

Die Nationalidee erwacht

Mit mehreren Kriegen hatte Napoleon Europa überzogen und dabei nicht nur einem französischen Hegemonialbestreben gedient, sondern auch neue Ideen in den Kontinent hineingetragen: die Vorstellungen von Freiheit und nationaler Unabhängigkeit, die bereits während der Französischen Revolution eine bedeutende Rolle gespielt hatten.
Mit seiner auf europäische Vormacht zielenden Außenpolitik hatte Napoleon die Möglichkeiten Frankreichs überspannt. Die europäischen Staaten wurden sich ihrer eigenen Nationalität bewusst und versuchten, die Fremdherrschaft abzuschütteln – zunächst in Spanien und in Tirol, aber bald auch in Deutschland.

Die Zeit der Restauration

Die Beteiligung des Volkes am Sieg gegen Napoleon hatte die Hoffnung geweckt, dass nun ein geeintes und freies Deutschland entstehen würde. Auf dem Wiener Kongress (1815) gründeten die deutschen Fürsten aber nur einen „Deutschen Bund". Das war ein lockeres Staatenbündnis ohne eine eigene Verfassung. Doch der Wunsch nach Freiheit und Einheit ließ sich langfristig nicht unterdrücken: Bereits beim Wartburgfest (1817) verbrannten Studenten die Symbole der Fürstenherrschaft. Auf die heftiger werdende Kritik reagierten die deutschen Staaten 1819 mit den „Karlsbader Beschlüssen." Das war eine gesetzliche Grundlage für die Verfolgung kritischer Geister.

Der Vormärz

Aber die neuen Ideen konnten nicht einfach aus der Welt geschafft werden. Das Hambacher Fest im Jahre 1832 wurde zu einer spektakulären Demonstration für diese neuen Ideen, die sich mit den Begriffen Liberalismus und Nationalismus beschreiben lassen.
Seit den 1830er-Jahren entstanden auch soziale Unruhen. Missernten, ausländische Konkurrenz und die beginnende Mechanisierung in einzelnen Bereichen verschärften die Not und führten zur Verarmung breiter Bevölkerungsteile. Der Weberaufstand von 1844 war eine Folge. Gewaltsam wurde er niedergeschlagen – ein Vorspiel für das, was 1848/49 folgte.
Wie nie zuvor in der deutschen Geschichte mischten sich Literaten in die Politik ein. Mit spitzer Feder bekämpften diese „Jungdeutschen" das alte Deutschland. Heinrich Heine und Georg Büchner, die bedeutendsten Vormärzpoeten, gingen für ihre Überzeugung in das Exil.

Die Revolution von 1848/49

Nach dem Sturz der französischen Monarchie im Februar 1848 spitzte sich die politische Lage in den deutschen Staaten zu. Im März 1848 kam es in Berlin und in anderen Residenzstädten zu Barrikadenkämpfen. In Wien musste Fürst Metternich – der markanteste Vertreter der Restauration – sein Amt niederlegen. Über Jahrzehnte hatte er die Geschicke Europas mitgestaltet und war immer mehr zur Symbolfigur für Unterdrückung von Freiheit und Einheit geworden.
Zwei Monate nach den Märzaufständen trat in der Frankfurter Paulskirche das erste gesamtdeutsche Parlament zusammen, das nach langen Diskussionen im März 1849 eine Verfassung verabschiedete. Nach dem Vorbild der amerikanischen und französischen Verfassungen wurden zum ersten Mal in Deutschland die Grundrechte aller Bürger festgehalten und garantiert. Die Forderungen nach Freiheit waren jetzt verbrieft und schienen erfüllt.
Über die Frage, in welcher Form die deutsche Einheit hergestellt werden sollte, stritten die Abgeordneten heftig.
Entscheidend war, dass sich die Fürsten weigerten, die Beschlüsse der Abgeordneten zu akzeptieren.

16.–19.10.1813
- Völkerschlacht bei Leipzig

1815
- Wiener Kongress

1817
- Wartburgfest

1819
- Karlsbader Beschlüsse

1832
- Hambacher Fest

1848
- Märzrevolution

1849
- Paulskirchenverfassung
- Niederschlagung der Revolution

1850
- Wiederherstellung des Deutschen Bundes

Wir wiederholen Begriffe und Methoden

Der preußische König, der von den Parlamentariern als Staatsoberhaupt vorgesehen war, lehnte es ab, die Kaiserkrone aus der Hand von „Revolutionären" anzunehmen. Im Juni 1849 wurde das Parlament gewaltsam aufgelöst.
Schon vorher hatten die alten Kräfte mit Unterstützung des Militärs begonnen, alle revolutionären Bestrebungen mit Gewalt zu unterdrücken und radikal niederzuschlagen. Die Regierungen vereinbarten, den Deutschen Bund in der alten Form wiederherzustellen.

Grundwissen

Nationalismus	S. 55
1815: Wiener Kongress	S. 59
Deutscher Bund	S. 59
Liberalismus	S. 62
1832: Hambacher Fest	S. 64
1848/49: Revolution in Deutschland	S. 83

Methoden

Ein Bauwerk als Quelle – die Walhalla	S. 56 f.
Politische Dichtungen deuten und vergleichen	S. 66 f.
Ein Flugblatt analysieren	S. 71

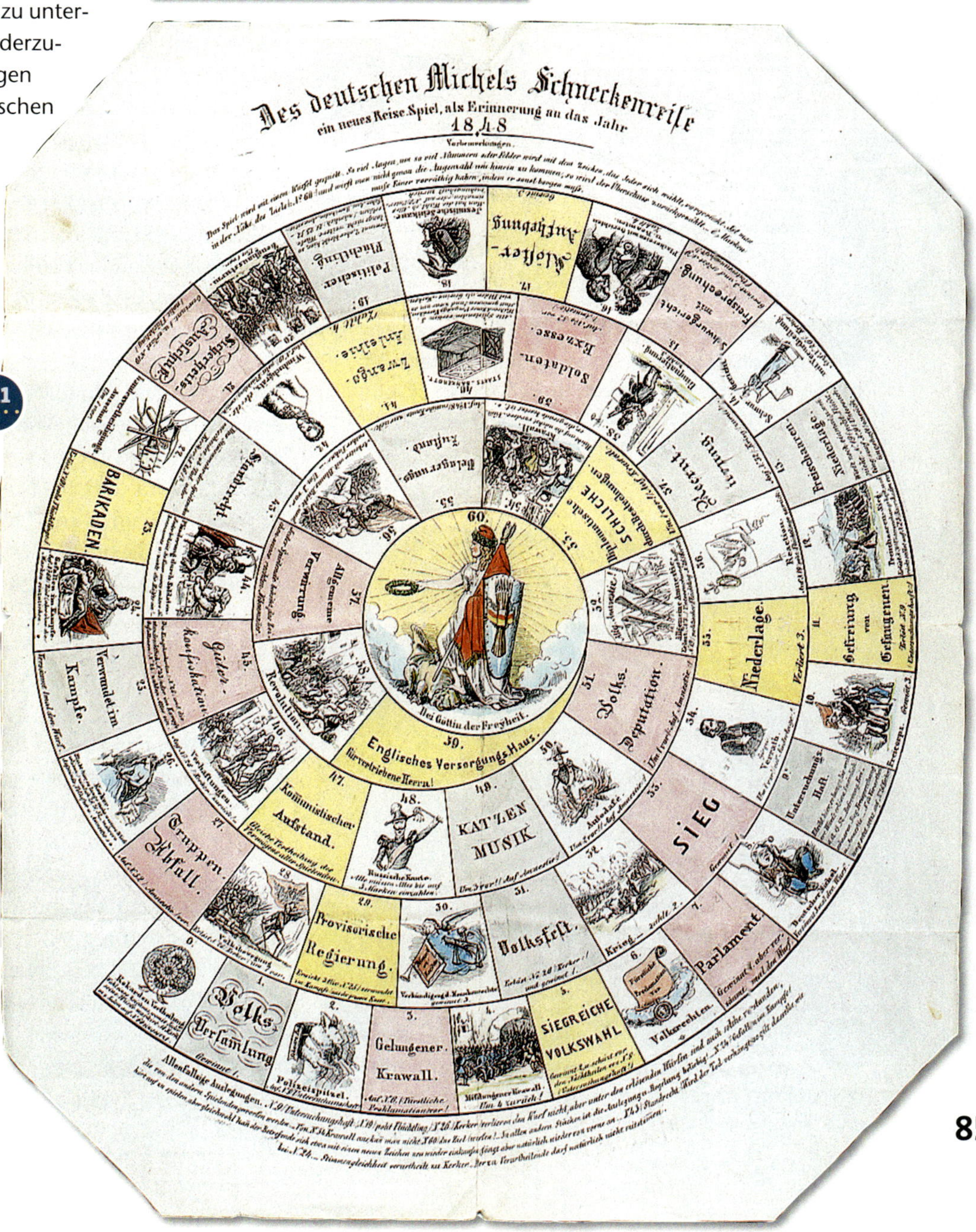

M1 „Des Deutschen Michels Schneckenreise" (1848), kolorierte Lithographie

1 Erschließt, inwiefern das Würfelspiel einer satirischen Grundhaltung entspricht.

Das politische Fest

Politische Feste feiern?

Dass Feste etwas mit Politik zu tun haben, ist auf den ersten Blick nicht gleich einsichtig. An einigen Beispielen kannst du im „Blickpunkt" untersuchen, welche Bedeutung politische Feiern in der Geschichte hatten und auch heute noch haben.

M1 **Nationalgardisten pflanzen einen Freiheitsbaum,** Gouache von Lesueur, um 1790. Das Fest um den Freiheitsbaum sollte auch die „Besetzung" von Grund und Boden (des Grundherrn) symbolisieren.

M2 **Einzug des Reichsverwesers Erzherzog Johann in Frankfurt am Main am 11. Juli 1848,** Aquarell, anonym, 1848

M3 Menschen feiern Feste

Der Kulturhistoriker Hans-Jürgen Lüsebrink schreibt 1994 über das Fest:

Was Feste bewirken sollen

Feste und Feiern schaffen Gemeinschaft: Sie bilden Gruppenbewusstsein, fördern das Gemeinschaftsgefühl … Gemeinsames Essen, Trinken und Tanzen, gemeinsames Lachen, aber auch gemeinsames Marschieren oder Paradieren, vor allem jedoch gemeinsames Singen sind die wichtigsten Elemente der Schaffung von Gruppenbewusstsein, ob bei Hochzeiten, Erntedankfesten, Karnevalsumzügen oder politischen Nationalfesten.

Woher das „Nationalfest" kommt

Das moderne Nationalfest ist ein Kind des 18. Jahrhunderts, des Aufklärungszeitalters. Nationalfeste sollten in der Vorstellung der Aufklärungsbewegung neben anderen nationalen Symbolen und Institutionen, wie der Nationalhymne oder der Nationalsprache, dazu beitragen, ein nationales Gemeinschaftsgefühl zu entwickeln. Jean-Jacques Rousseau … entwarf eine neue Konzeption des Nationalfestes, die wegweisend sein sollte: „Pflanzt in der Mitte eines Platzes einen mit Blumen umkränzten Pfahl und sammelt um ihn das Volk – und ihr habt ein Fest …" Der französische Nationalfeiertag, der 14. Juli, der erstmals im Jahre 1790 gefeiert wurde, war zweifelsohne die grandioseste Umsetzung dieser neuen Idee des Nationalfestes.

Hans-Jürgen Lüsebrink, Das Fest, in: Heinz-Gerhard Haupt (Hg.), Orte des Alltags, München (Beck) 1994, S. 202 ff., bearb. d. Verf.

Politische Feste – Partnerarbeit

1. Analysiert mithilfe von M3, M7 und der Methodenseite „Entschlüsselung eines Bildes" im Anhang die Abbildungen von politischen Festen auf dieser Doppelseite. Achtet besonders auf die politischen Ziele und Absichten der Feiern. Vergleicht anschließend eure Ergebnisse und nehmt zum „politischen Fest" begründet Stellung.
2. Wie wird der deutsche Nationalfeiertag (3. Oktober) in der Bundesrepublik gefeiert? Holt Erkundigungen ein (z. B. im Internet) und vergleicht die Festgestaltung mit den Materialien auf dieser Doppelseite.

M4 **Feier des Sieges über die Franzosen am Denkmal Friedrichs des Großen in Berlin,** 3. September 1870

M6 **Postkarte zum 1. Mai, um 1910.** Seit 1890 wird der 1. Mai in der Arbeiterbewegung (Sozialdemokratie und Gewerkschaften) als „Tag der Arbeit" gefeiert – in Opposition zum monarchischen Obrigkeitsstaat, zu Bürgertum und Adel im deutschen Kaiserreich.

M5 **Der Fall der Mauer am 9. November 1989 in Berlin,** Foto. Nicht dieses „Fest" wurde nach politischen Diskussionen zum deutschen Nationalfeiertag bestimmt, sondern der 3. Oktober 1990, der Tag der Einheit.

M7 Warum es „Gegenfeste" gibt

Der Kulturhistoriker Hans-Jürgen Lüsebrink schrieb 1994 über die Entwicklung der Maifeiern:

Die Entstehung des modernen Nationalfestes gehört zu einem längerfristigen Prozess der zunehmenden Vereinnahmung, Kontrolle und Disziplinierung öffentlicher Festkultur durch die Obrigkeit, durch Staat und Kirche … Und doch gibt es – und gab es – Gegenbewegungen. Der 1. Mai, in vielen europäischen Ländern heute offizieller Feiertag, war im Deutschland des ausgehenden 19. Jahrhunderts zunächst ein Stück „Gegenöffentlichkeit" der Arbeiterschaft. Die Maifeiern standen offiziellen Nationalfeiertagen des Wilhelminischen Kaiserreiches direkt entgegen. Diese Maifeiern, die seit 1890 organisiert wurden, verstanden sich als politische Gegenfeiern … „In einem Klassenstaat", so heißt es in einer Schrift aus dem Jahre 1894, „gibt es kein einmütiges Volksfest, da gibt es nur Klassenfeste. Dort die Feste der Bourgoisie[1], hier das Fest des Proletariats[2].

Hans-Jürgen Lüsebrink, Das Fest, in: Heinz-Gerhard Haupt (Hg.), Orte des Alltags, München (Beck) 1994, S. 202 ff., bearb. d. Verf.

1 Bürgertum 2 Arbeiterschaft

3. Leben in Deutschland 1850–1914

„Zwischen Tradition und Modernität" – so wird die Situation Deutschlands in der zweiten Hälfte des 19. Jahrhunderts von Historikern beschrieben. Während in anderen westeuropäischen Staaten wie England und Frankreich die Bildung von Nationalstaaten weitgehend abgeschlossen war, scheiterte ein solcher Versuch in Deutschland mit der Revolution von 1848/49. Damit war zunächst auch der Traum von bürgerlicher Freiheit und Demokratie zu Ende. Monarchische (adlige) Herrschaft und territoriale Zersplitterung kennzeichneten weiterhin die Lage Deutschlands.

In der technischen und wirtschaftlichen Entwicklung gelangen in Deutschland jedoch große Fortschritte, die im Laufe der Zeit auch breiten Schichten der Bevölkerung zugute kamen. Innerhalb weniger Jahrzehnte veränderte sich, wie einige Jahrzehnte vorher schon in England, die Lebens- und Arbeitswelt vieler Menschen so schnell, dass auch von einer „Industriellen Revolution" gesprochen werden kann. Es kam zu einem Wandel von einer Argar- zu einer Industriegesellschaft. So lebten die Menschen vor der Gründung des ersten deutschen Nationalstaates 1871 in der Spannung zwischen politisch-gesellschaftlicher Tradition und technisch-wirtschaftlicher Modernisierung.

In diesem Kapitel steht die Frage nach der Industrialisierung und Nationalstaatsbildung in Deutschland im Mitttelpunkt:

– Welche Faktoren lösten die Industrielle Revolution zuerst in England und dann in Deutschland aus?

– Welche Folgen hatte die Industrialisierung?

– Wie verlief der Weg zum deutschen Nationalstaat?

– Welche Kräfte beeinflussten den Wandel im Deutschen Kaiserreich?

Das große Bild zeigt die **Berliner Lokomotivfabrik Borsig** auf einem Ölgemälde (110 × 161,5 cm) von Carl Eduard Biermann, 1847.

Oben rechts: **Postkarte aus dem Jahr 1909**, abgebildet ist Kaiser Wilhelm II. bei einer Truppenparade.

Unten rechts: Ein **Foto aus dem Jahr 1910** zeigt Frauen in einer Zigarettenfabrik.

1 Beschreibe die Abbildungen und bringe sie in einen Zusammenhang. Nimm den Darstellungstext zu Hilfe.

2 Erörtert anhand der Materialien das Nebeneinander von Tradition und Modernisierung in Deutschland.

Faktoren der Industrialisierung – das Beispiel England

Die Industrialisierung begann in England

England wird in der Geschichtsforschung übereinstimmend als das Land betrachtet, in dem die Industrialisierung ihren Ursprung hat. Welche Faktoren lösten den Vorgang der Industrialisierung aus und welche Bedeutung hatten sie jeweils?

Vier Thesen zu diesem Problem kannst du auf den folgenden Seiten überprüfen.

1. Faktor: Raum und Bevölkerung. England wies besonders günstige geographische, geologische und klimatische Bedingungen auf. Hinzu kam ein schneller Anstieg der Bevölkerung.

2. Faktor: Wirtschaft. Die englische Landwirtschaft hatte einen Vorsprung in Europa. Genügend Kapital und marktwirtschaftliches Denken waren Grundlagen für eine neue Wirtschaftsweise.

3. Faktor: Technik. Die Industrialisierung wurde entscheidend durch technische Erfindungen, vor allem durch die Spinn- und die Webmaschine sowie die Dampfmaschine, ausgelöst.

4. Faktor: Bildung. Die Industrialisierung wurde durch eine hohe Alphabetisierung (= Lese- und Schreibfähigkeit) der Bevölkerung möglich. Dadurch erst gab es genügend Arbeitskräfte, die Maschinen konstruieren, bauen und bedienen konnten. Grundkenntnisse wurden bereits im 18. Jahrhundert in englischen Schulen vermittelt.

M1 Bevölkerungswachstum in England und Wales 1750–1900

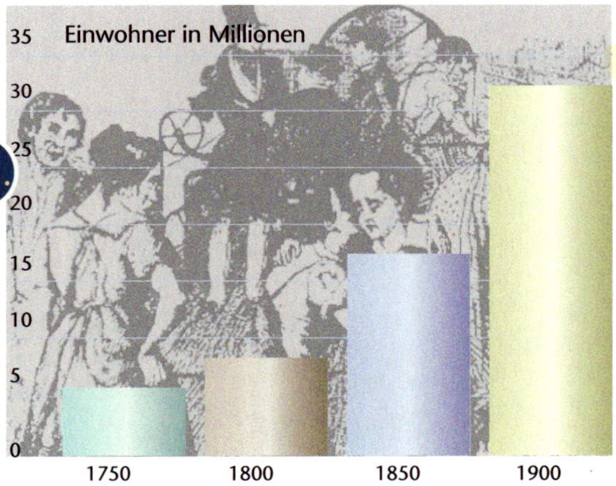

1. Faktor Raum und Bevölkerung – Triebkräfte der Industrialisierung

Die landwirtschaftliche Produktion hielt im vorindustriellen England, anders als auf dem Kontinent, mit dem schnellen Bevölkerungswachstum Schritt. Nahrungsüberschüsse stützten das Wachstum der Bevölkerung. Die vorteilhafte Insellage, gute Transportwege und günstige klimatische Bedingungen förderten eine frühe Industrialisierung in England.

M2 Bedingungen der Industrialisierung

Der britische Historiker Eric J. Hobsbawm schrieb 1968:

Wenn … der Anstoß von den ungewöhnlich langen Perioden guter Ernten im beginnenden 18. Jahrhundert kam, dann wäre zu begründen, weshalb solche Perioden vor dieser Zeit … nicht ähnliche Folgen zeitigten. Beruft man sich auf Großbritanniens reiche Kohlevorkommen, um seinen Vorsprung zu erklären, so bliebe immerhin zu bedenken, aus welchen Gründen sein vergleichsweise spärlicher Bestand an anderen industriellen Rohstoffen (z. B. Eisenerz) diese Entwicklung nicht behindert hat … Wenn das feuchte Klima von Lancashire die Konzentration der Baumwollindustrie dort erklären soll, dann sollten wir auch fragen, warum die Konzentration nicht auch in anderen feuchten Gegenden der britischen Inseln stattgefunden hat …

Klimatische Faktoren, Geographie, die Verteilung natürlicher Ressourcen wirken sich immer nur innerhalb eines gegebenen wirtschaftlichen, sozialen und institutionellen Kontexts[1] aus; dies gilt sogar für den gewichtigsten Faktor dieser Art: die Verbindungswege zum Meer oder zu nutzbaren Flüssen, die billigsten, gebräuchlichsten und für Massengüter einzig wirtschaftlichen Transportwege des vorindustriellen Zeitalters.

Eric J. Hobsbawm, Industrie und Empire, Bd. 1, 5. Aufl., Frankfurt a. M. (Suhrkamp) 1975, S. 35 f.

1 Zusammenhang

1 Beschreibe anhand von M1 die Bevölkerungsentwicklung in England und Wales.

2 Erarbeite, welche Bedingungen der Industrialisierung der Autor von M2 nennt und wie er sie bewertet.

3 Fasse zusammen, welche Bedeutung der 1. Faktor für die Industrialisierung hatte.

2. Faktor Eine neue Wirtschaftsweise

Der Faktor „Wirtschaft“ gilt als ein weiterer Grund für den Beginn der Industrialisierung in England. Es entstand eine neue Art zu wirtschaften, die als „Liberalismus“ (von lat. liber = die Freiheit betreffend) bzw. „Kapitalismus“ (Kapital = Geld, das vom Unternehmer in den Betrieb investiert wird) bezeichnet wird.

Nach der Theorie des Liberalismus steht die Freiheit des einzelnen Menschen im Mittelpunkt des politischen, gesellschaftlichen und wirtschaftlichen Zusammenlebens. In der Wirtschaft soll sich der Staat zurückhalten („Laisser-faire-Prinzip“), Gewerbefreiheit und Privateigentum schützen sowie die „Marktkräfte“ frei spielen lassen. Das Prinzip dieser neuen Wirtschaftsweise entwickelte sich in Ansätzen bereits in der englischen Landwirtschaft. Welthandel, Kolonien und die britische Seemacht stützten die Bereitstellung von Kapital für die neuen Wirtschaftszweige.

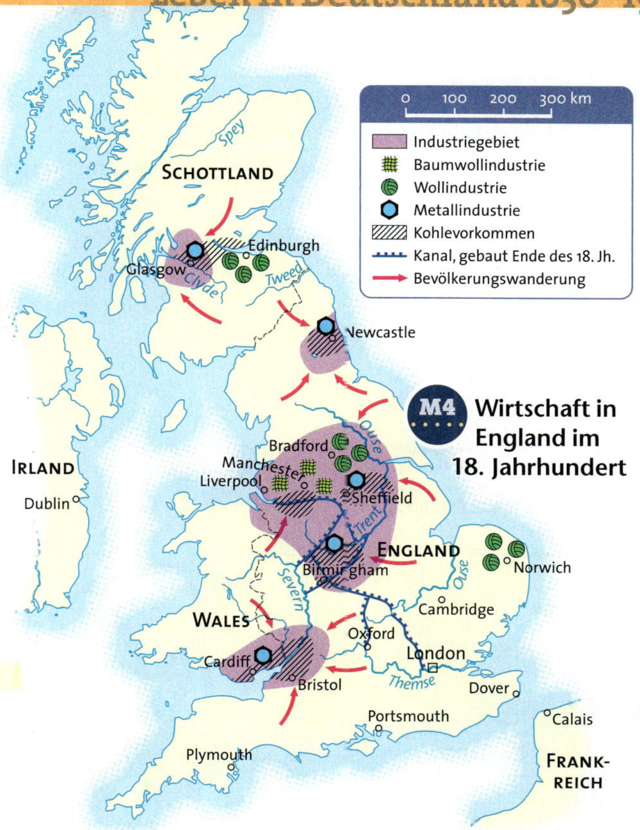

M4 Wirtschaft in England im 18. Jahrhundert

M3 Wie wurde das Kapital eingesetzt?

Der schottische Philosoph und Volkswirtschaftler Adam Smith (1723–1790) schrieb 1776:

Der Einzelne ist stets darauf bedacht herauszufinden, wo er sein Kapital … so vorteilhaft wie nur irgend möglich einsetzen kann. Und tatsächlich hat er dabei den eigenen Vorteil im Auge und nicht etwa den der Volkswirtschaft. Aber gerade das Streben nach seinem eigenen Vorteil ist es, das ihn … dazu führt, sein Kapital dort einzusetzen, wo es auch dem ganzen Land den größten Nutzen bringt … Der Einzelne vermag ganz offensichtlich aus seiner Kenntnis der örtlichen Verhältnisse weit besser zu beurteilen, als es irgendein Staatsmann oder Gesetzgeber für ihn tun kann, welcher Erwerbszweig im Lande für den Einsatz seines Kapitals geeignet ist und welcher einen Ertrag abwirft … Ein Staatsmann, der es versuchen sollte, Privatleuten vorzuschreiben, auf welche Weise sie ihr Kapital investieren sollten, würde sich damit nicht nur, höchst unnötig, eine Last aufbürden, sondern sich auch gleichzeitig eine Autorität anmaßen.

Adam Smith, Der Wohlstand der Nationen, hg. und übersetzt von Horst Claus Recktenwald, 5. Aufl., München (dtv) 1990, S. 369 ff.

Warum heute aktuell?

M5 Woher kam das Kapital?

Der Wirtschaftshistoriker Christoph Buchheim, 1994:

Es herrschte kein Kapitalmangel … So wurde ja bereits auf den vergleichsweise kapitalintensiven Charakter der britischen Landwirtschaft hingewiesen. Die Verkehrsinfrastruktur in Form von schiffbaren Flüssen, von Kanälen und von Privatstraßen war gut ausgebaut … Den Großteil des … Kapitals stellten die Rohstoffvorräte, Fertigwarenlager und Kundenforderungen dar … Für das weitere Wachstum war die Selbstfinanzierung aus den erwirtschafteten Gewinnen die wichtigste Quelle des langfristigen Kapitals.

Christoph Buchheim, Industrielle Revolutionen, München (dtv) 1994, S. 59 ff.

(Unterschied zu heute

4 Beschreibe anhand von M4 den Stand der englischen Wirtschaft im 18. Jahrhundert. Überlege, wo es Entwicklungsmöglichkeiten gab.

5 Erarbeite anhand von M3 die Auffassung von Smith und nimm Stellung.

6 Erarbeite, woher nach M5 das Kapital kam und stelle einen Bezug zum Wirtschaftswachstum her.

7 Fasse zusammen, welche Bedeutung der 2. Faktor für die Industrialisierung hatte.

3. Faktor

Technik – Motor der Industrialisierung

In der Geschichtswissenschaft wird den technischen Neuerungen, die wirtschaftlich angewandt werden, eine große Bedeutung für den Industrialisierungsvorgang zugeschrieben. Gab es so genannte „Schlüsseltechnologien", die die Industrialisierung auslösten? In welchen Wirtschaftsbereichen begann sie?

M6 **Dampfmaschine von James Watt,** Modellzeichnung, 2001

M7 **Wachstum der englischen Baumwollindustrie.** Ausfuhren von Baumwolltextilien und Prozentsatz am Gesamtexport

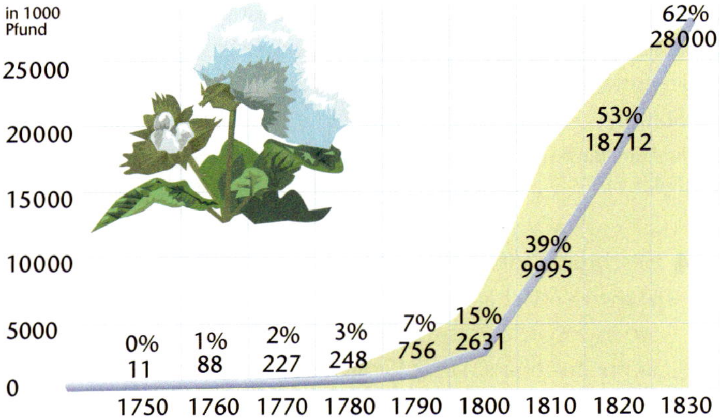

M8 **Die englische Baumwollspinnerei**

Der Schweizer Christian Bernoulli schrieb 1827:

Eine der ersten, unmittelbarsten Folgen, welche die Erfindung der Spinnmaschinen hatte, war ohne Zweifel der fabrikmäßige Betrieb des Baumwollspinnens. Die Einführung großer Maschinen veränderte notwendig die Verhältnisse ganz. Sie erforderten große und dazu besonders eingerichtete Gebäude, große Kapitalien, Tiere oder Elementarkräfte zum Betrieb, Arbeiter, die ausschließlich diesem Gewerbe ... sich ergaben, eine gehörige Verteilung und Anordnung aller Operationen usw. Mit dem Aufkommen des Maschinenspinnens ergab sich daher auch der fabrikförmige Betrieb dieser Industrie ... Die Arbeit der Spinner wurde ungleich produktiver. Keine Wirkung ist wohl auffallender als diese und bei keiner Erfindung war dieses Ergebnis so erstaunenswürdig; sehen wir, was jetzt 100 oder 200 Menschen in einer mechanischen Spinnerei zu produzieren vermögen und wie viel dieselbe Anzahl ehemals liefern konnte. Viele geben diese Steigerung der Produktivität wenigstens auf das 100- oder 120-Fache, manche sogar auf das 150-Fache an.

Zit. nach W. Treue/K. H. Manegold, Quellen zur Geschichte der industriellen Revolution, Göttingen (Musterschmidt) 1979, S. 103 f.

Technische Entwicklungen in England

1709–1712 Thomas Newcomen baut eine Dampfmaschine für den Pumpenantrieb (Bergbau).
1733 John Kay verbessert den Webstuhl.
Um 1764 James Hargreaves baut eine Maschine für das gleichzeitige Spinnen vieler Fäden.
1769 James Watt meldet eine weiterentwickelte Dampfmaschine zum Patent an. Richard Arkwright entwickelt eine durch Wasser- und Dampfkraft angetriebene Spinnmaschine.

8 Untersuche mithilfe von M6 die Bedeutung der Dampfmaschine für die Entwicklung von Technik und Wirtschaft. Ziehe Lexika heran.

9 Informiere dich über die frühe Spinn- und Webtechnik (Kasten) und erarbeite an M7 und M8 die wirtschaftlichen Folgen.

10 Fasse zusammen, welche Bedeutung der 3. Faktor für die Industrialisierung hatte.

4. Faktor Industrialisierung und Bildung

In der Landwirtschaft und im Handwerk wurden Techniken und Fertigkeiten meistens durch „Vormachen" der Älteren im Arbeitsgang gelernt. Langjährige Erfahrung war dabei entscheidend.
In der entstehenden Industrie wurde die Arbeit an und mit den Maschinen in zeitgenössischen Berichten als monoton und geistig wenig fordernd beschrieben. Sie setzte jedoch auch technische Kenntnisse, Sorgfalt, hohe Aufmerksamkeit und Geschick voraus. Vieles in der Technik und der Organisation der industriellen Arbeit war neu. War Industrialisierung ohne Bildung, zumindest in den Grundfertigkeiten wie Lesen, Schreiben und Rechnen überhaupt denkbar?

M9 Bildung und Industrialisierung

Der Historiker Hubert Kiesewetter schrieb 1996 über den Zusammenhang von Industrialisierung und Bildung:

Wie wenig es gerechtfertigt ist, Bildung als einen Faktor der europäischen Industrialisierung zu vernachlässigen, wird deutlich, wenn wir einen Zusammenhang herstellen zwischen dem Bildungsniveau unterentwickelter Staaten und ihrer Produktivität ... Selbst im Mutterland der Industrialisierung, in England, war Bildung und Wissenschaft eine Voraussetzung der ökonomischen Modernisierung ... In der europäischen Industrialisierung seit dem späten 18. Jahrhundert lässt sich ... nachweisen, dass es zumindest langfristig einen engen Zusammenhang zwischen der Erweiterung der Bildungsmöglichkeiten, vor allem im technischen und wissenschaftlichen Bereich, und dem Wirtschaftswachstum der Volkswirtschaften gegeben hat. Bereits im Jahr 1800 stellte eine Wetzlarer Schulkommission fest, dass das Schulwesen „die sicherste Stütze von Staatenglück und Privatwohl" sei.

Hubert Kiesewetter, Das einzigartige Europa, Göttingen (Vandenhoeck & Ruprecht) 1996, S. 166 ff.

Heute: Kuba

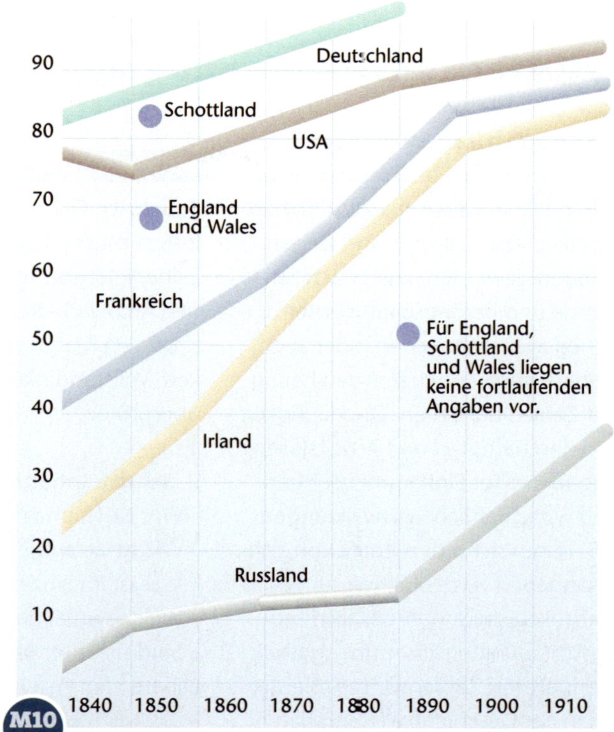

M10 Anteil der Lese- und Schreibkundigen an der erwachsenen Bevölkerung 1840–1910 in Prozent

Grundwissen

Industrielle Revolution

Als „Industrielle Revolution" werden die tiefgreifenden technischen, wirtschaftlichen und sozialen Veränderungen bezeichnet, die in der zweiten Hälfte des 18. Jahrhunderts in England und im übrigen Europa im 19. Jahrhundert begannen. Wesentliche Merkmale waren der Einsatz von Maschinen, die Arbeitsteilung und die Massenproduktion in den entstehenden Fabriken. Der Begriff „Revolution" wird wegen des für zeitgenössische Beobachter schnellen Verlaufs und der drastischen Veränderung der Arbeits- und Lebensweise vieler Menschen verwendet. Mit „Industrialisierung" wird der längerfristige Wandel seit dem 18. Jahrhundert in Europa und weltweit bezeichnet.

11 Formuliere anhand von M9 Aussagen über die Alphabetisierung in Europa. Überlege, welche Rückschlüsse die Graphik M10 auf die Möglichkeiten einer Industrialisierung der dargestellten Länder zulässt.

12 Setze dich anhand vom M10 mit der These auseinander, dass die Industrialisierung einen hohen Bevölkerungsanteil mit schulischer Bildung voraussetze.

13 Formuliere einen zusammenfassenden Text, in dem du die vier Faktoren im Zusammenhang darstellst.

14 Fasse zusammen, welche Bedeutung der 4. Faktor für die Industrialisierung hatte.

Statistiken auswerten und graphisch umsetzen

Können Zahlen „sprechen"?

Obwohl wir viele unserer geschichtlichen Erkenntnisse aus schriftlichen Quellen, Abbildungen und Gegenständen gewinnen, lassen sich Zustände und Bedingungen, unter denen Menschen leben, oder auch längerfristige Entwicklungen häufig mit Zahlen darstellen. Die Häufigkeit von Beschäftigten und Arbeitslosen, Angaben über Einkommenshöhen und wirtschaftliche Entwicklungen z. B. lassen sich nur mithilfe von Zahlenangaben verdeutlichen.

Statistiken sind unter bestimmten Gesichtspunkten zusammengestellte Mengen von Zahlenwerten. Sie stellen in der Geschichtswissenschaft eine eigenständige Form der historischen Quelle dar. Sie sind allerdings selten „fertig" vorzufinden, sondern von Historikerinnen und Historikern erst „herzustellen", indem sie Zahlen nach ihrer Frage- oder Problemstellung sammeln, ordnen, auswerten und als Tabellen oder graphisch als Diagramme (siehe M2) darstellen.

Indem Daten zusammengestellt und verknüpft werden, können sie Erkenntnisse liefern, die durch einzelne Textquellen oder Bilder nicht zu erhalten sind.

Den Umgang mit statistischen Daten, ihre Auswertung und Darstellung, aber auch ihre z. T. begrenzte Aussagekraft kannst du hier erarbeiten. Dabei geht es um wirtschaftliches Wachstum und den Wandel der Beschäftigtenstruktur in der Zeit der Industrialisierung.

Arbeitsschritte

Statistiken auswerten und graphisch umsetzen

1. Schritt: Formale Analyse

Zuerst muss nach der Echtheit des Zahlenmaterials und seiner korrekten „Überlieferung" gefragt werden. Im Unterricht wird – abgesehen von eigenen Archivarbeiten – meistens bereits „bearbeitetes" (ausgewähltes und gedrucktes) Material vorgelegt. Deshalb kann sich die Analyse darauf beschränken, Vollständigkeit und erstes Verständnis der Daten in der Darstellung zu überprüfen.

2. Schritt: Inhaltliche Analyse

- Was ist Thema der Statistik?
- Wie ist sie aufgebaut?
- Was ist im Einzelnen dargestellt?
- Welche Aussagen lassen sich formulieren?
- Sind sie untereinander stimmig? (Durch Rundungen können sich Differenzen ergeben.)
- Lässt sich eine „Hauptaussage" finden?
- Bleiben Fragen offen?

3. Schritt: Historischer Zusammenhang

Ausgehend vom Thema der Statistik erfolgt eine Einordnung in den geschichtlichen Zusammenhang.

- Gibt es einen Bezug zu anderen Informationen (Materialien)?
- Ergänzen oder widersprechen sie sich?
- Welche weiteren Informationen werden benötigt?

4. Schritt: Bewertung der Aussagekraft

- Ist der Ausschnitt der statistischen Daten zu gering?
- Wird der Sachverhalt zu stark vereinfacht, verzerrt oder vielleicht verfälscht?
- Ist die graphische Darstellung angemessen?

1. Erarbeite M1 mithilfe der Arbeitsschritte auf dieser Seite.
2. Beschreibe die Darstellungsformen M2.1 bis M2.3 und vergleiche sie unter der Fragestellung, wie der Sachverhalt optisch am überzeugendsten dargestellt ist.
3. Wende die Arbeitsschritte auf M3 an.
4. Stelle aus M3 ausgewählte Daten anhand der Modelle in M2 graphisch dar.
5. Formuliere zu M1 und M3 jeweils zusammenfassende Aussagen zur Wirtschafts- bzw. Beschäftigtenstruktur.

M1 Industrieproduktion in West- und Mitteleuropa 1820 bis 1840

(in Million Pfund Sterling)

Land / Jahr	*1800*	*1820*	*1840*
Großbritannien	230	290	387
Frankreich	190	220	264
Deutschland	60	85	150
Russland	15	20	40

Zahlen nach Praxis Geschichte 1/1988, S. 9.

2.1 Säulendiagramm

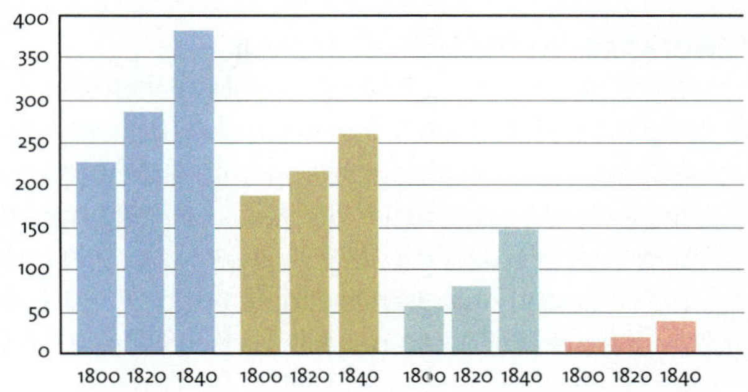

2.2 Kreisdiagramme

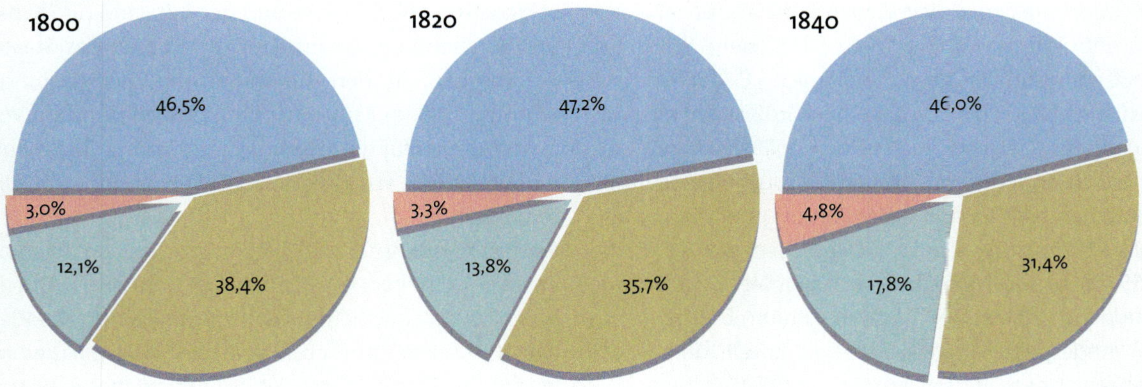

2.3 Kurven- oder Liniendiagramm

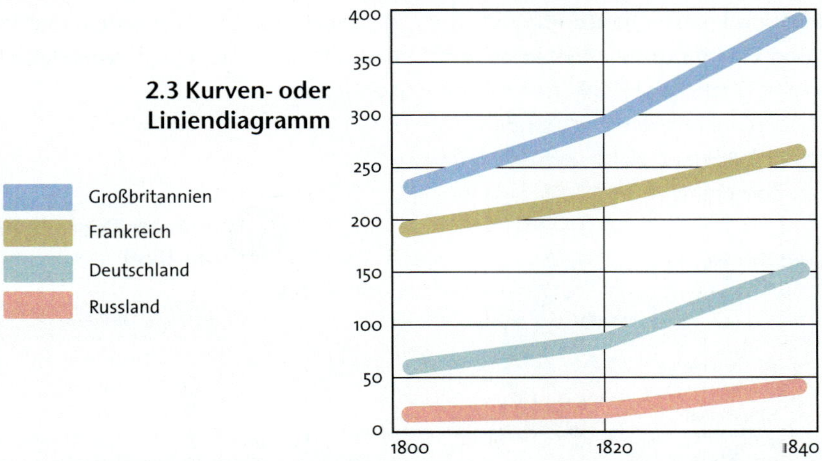

M2 Möglichkeiten graphischer Darstellung von Statistiken am Beispiel von M1

M3 Beschäftigtenanteile in Großbritannien 1801–1911

(in Prozent aller Beschäftigten):

Jahr	*Landwirtschaft, Forstwirtschaft, Fischerei*	*Bergbau und Gewerbe*	*Handel und Transport*	*Häusliche Dienstleistungen*	*Öffentliche Dienstleistungen*
1801	35,9	29,7	11,2	11,5	11,8
1861	18,7	43,6	16,6	14,3	6,9
1911	8,3	46,4	21,5	13,9	9,9

Zusammengestellt nach Toni Pierenkämper, Umstrittene Revolutionen, Frankfurt a. M. (Fischer) 1989, S. 13.

Faktoren der Industrialisierung in Deutschland

AA: Erarbeite Unterschiede zu D + E!

Anfänge der Industrialisierung

Deutschland war um 1800 kein einheitlicher Staat wie England oder Frankreich, sondern ein Gebilde aus einer Vielzahl unterschiedlich großer Territorien mit vorwiegend landwirtschaftlicher Struktur. Mit den Agrarreformen in Preußen seit 1807 (siehe S. 46f.) und dann auch in anderen deutschen Ländern wandelte sich die Landwirtschaft in Richtung Marktwirtschaft und Kapitalorientierung. Eine „vorindustrielle" Struktur war bereits in einigen Gewerberegionen zu finden. Textil- und Eisenwaren wurden in viele Gegenden Europas geliefert.

Aus dem Wiener Kongress von 1815 (siehe S. 59) war Preußen neben England, Frankreich, Österreich und Russland als eine der europäischen Großmächte hervorgegangen, allerdings war es nur politisch stark, wirtschaftlich jedoch noch schwach. 39 souveräne deutsche Teilstaaten bildeten unter der Führung Österreichs den politisch unbedeutenden „Deutschen Bund" (siehe S. 59). Es gab kein erkennbares nationales Zentrum wie London und Paris. Der „Wirtschaftsraum Deutschland" war aufgespalten in viele Teile, die jeweils durch Zollgrenzen abgeschirmt waren.

Die kostengünstigeren und massenhaften Produkte der englischen Textil- und Eisenindustrie bildeten auf den deutschen Märkten eine überlegene Konkurrenz. Ansätze eines einheitlichen Binnenmarktes entstanden erst mit dem preußischen Zollgebiet 1818 und der Gründung des Deutschen Zollvereins 1834.

Das Bevölkerungswachstum führte zu einem Überangebot an Arbeitskräften in Deutschland. Niedrige Löhne bremsten die Massenkaufkraft und damit die Stärkung der inländischen Absatzmärkte.

Während sich in Großbritannien der Staat weitgehend aus dem Prozess der Industrialisierung heraushielt, unterstützte er in Preußen und anderen deutschen Ländern die industrielle Entwicklung und versuchte, sie voranzutreiben: Handelsgesetze, die Zulassung von Aktiengesellschaften, die Verbesserung der Infrastruktur (Kanal- und Straßenbau), Unternehmeraktivitäten des Staates im Bergbau, in der Hüttenindustrie, der Rüstungsindustrie und im Maschinenbau schufen günstige Voraussetzungen für die Industrialisierung. Das Gleiche gilt für die Vergabe von Krediten und Subventionen an Unternehmer.

Ein genaues Jahr für den Beginn der Industrialisierung lässt sich nicht nennen. Für Preußen werden als „Durchbruch" in der Geschichtswissenschaft die späten 1840er-Jahre genannt. Antriebskräfte der Industrialisierung wurden in Deutschland der Steinkohlenbergbau und die Eisen- und Stahlindustrie – und hier besonders ein neues Produkt, das einen neuen Markt schuf: die Eisenbahn.

M1 Industrialisierung in Deutschland um 1850

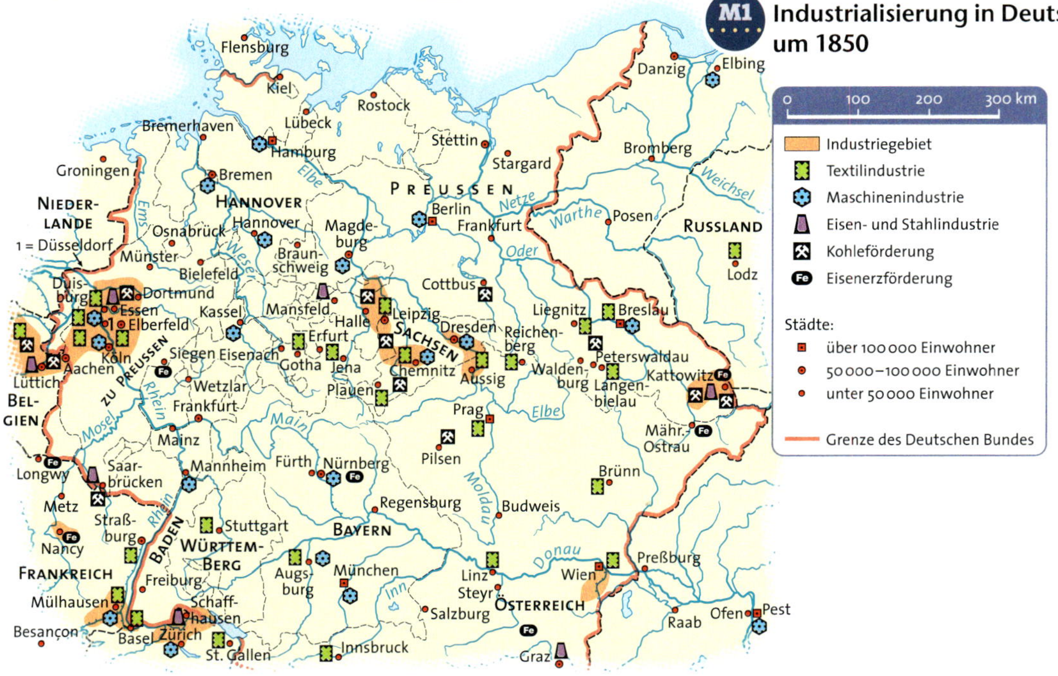

M2 Kopie Englands oder deutsche Initiativen?

Der Wirtschaftshistoriker Toni Pierenkämper schrieb 1998 zur Frage des „Techniktransfers“:

Hinsichtlich der Nutzung neuer Technologien in der Textilindustrie beschränkte man sich in Deutschland weitgehend auf die Übernahme und Nachahmung des englischen Vorbilds … In der Eisenindustrie war das ganz anders … In Deutschland wählte man … den Weg einer Teilmodernisierung der Eisenindustrie, indem man neue Techniken mit alten kombinierte, etwa moderne Wiedererhitzer an Holzkohlehochöfen anbaute … Der Steinkohlenbergbau … baute zum einen auf traditionellen bergmännischen Techniken auf und folgte zum anderen englischen Vorbildern. Zum Teil entwickelte er außerdem eigene Problemlösungen … [Die Dampfmaschine] wurde alsbald in Deutschland nachgebaut und weiterentwickelt. Ähnlich war es bei den Lokomotiven für den Eisenbahnverkehr: Auch diese stammten bereits zehn Jahre nach ihrer Einführung aus heimischer Produktion.

Toni Pierenkämper, Umstrittene Revolutionen, Frankfurt a. M. (Fischer) 1989, S. 118 ff.

M3 Massenproduktion ohne Eisenbahn?

Der Wirtschaftshistoriker Knut Borchardt schrieb 1977 über die Bedeutung der Eisenbahn für die Industrialisierung:

Wollte man dem 19. Jahrhundert einen kennzeichnenden Begriff geben und dabei den Ausdruck Industrialisierung vermeiden, so müsste man es als das „Jahrhundert der Kommunikationsrevolution“ feiern. Mehr noch als die Sachgüterproduktion, deren Wachstum gewiss eindrucksvoll war, ist die Verkehrsleistung für Güter, Personen, Nachrichten, Zahlungsmittel, Kapital gestiegen. Die Märkte dehnten sich regional aus, und es traten Personen miteinander in Leistungsbeziehungen, die nie zuvor füreinander erreichbar gewesen sind. Dies ist nicht eine Nebenwirkung der großen Produktivitätssteigerung des 19. Jahrhunderts; man kann es umgekehrt als eine ihrer Voraussetzungen bezeichnen. In Wahrheit hängen sie wechselseitig voneinander ab. Ohne die Fortschritte der Sachgüterproduktion keine Eisenbahn, Dampfschiffe, Telefone etc. – aber ohne diese auch keine Massenproduktion mit Massenabsatz.

Knut Borchardt, Die Industrielle Revolution in Deutschland 1750–1914, in: Carlo M. Cipolla/Knut Borchardt (Hg.), Europäische Wirtschaftsgeschichte, Bd. 4: Die Entwicklung der industriellen Gesellschaften, Stuttgart/New York (Fischer) 1977, S. 187.

M4 Steinkohlenförderung 1860–1910

Die Steinkohlenförderung war in Deutschland und Großbritannien unterschiedlich gewichtet (in Mio. Tonnen):

Jahr	*Ruhrgebiet*	*Deutschland*	*Großbritannien*
1860	4,4	12,3	81,3
1870	11,8	23,3	112,2
1880	22,5	42,2	149,3
1890	35,5	64,4	184,5
1900	60,1	109,3	228,8
1910	89,1	151,1	268,7

Zusammengestellt nach Wolfgang Köllmann, Die Industrielle Revolution, 5. Aufl., Stuttgart (Klett) 1970, S. 17.

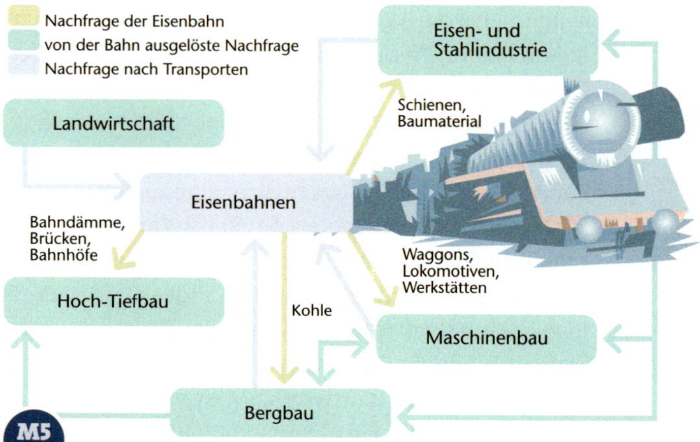

M5 Wirtschaftliche Wirkungen des Eisenbahnbaus 1860–1900

1. Beschreibe anhand von M1 den Stand der Industrialisierung in Deutschland um 1850. Vergleiche mit M4, S. 91.
2. Untersuche, welche Informationen der Darstellungstext zu den vier Faktoren (siehe S. 90–93) bietet. Trage deine Ergebnisse in eine Tabelle ein.
3. Erarbeite, wie der Autor von M2 die Frage der „Übernahme und Nachahmung“ der Technik beantwortet.
4. Erläutere den Begriff „Kommunikationsrevolution“ (M3) und vergleiche mit der heutigen Verwendung des Ausdrucks.
5. Formuliere eine Antwort zur Überschrift von M3. Ziehe M4 und M5 mit heran.
6. Überprüfe mithilfe der Materialien, ob die Aussage, die deutsche Industrialisierung sei von der englischen „abgeleitet“ worden, zutrifft.

Industrialisierung in Bayern

Anfänge der Industrialisierung Bayerns

In der „Leipziger Illustrierten Zeitung“ erschien gegen Ende des 19. Jahrhunderts ein Artikel über eine große Münchner Firma. Dort hieß es: „Zum Schluss sei nochmals angeführt, dass durch die Maffei'sche Fabrik der Beweis geliefert ist, dass Bayern, trotzdem, dass es hinsichtlich der Gewinnung und Beziehung der Rohstoffe gegen alle andern Fabrikländer im Nachtheil ist, sich nichts desto weniger zu großen Fabrikanlagen fast jeder Art eignet, und dass ihre Erzeugnisse mit jenen des Auslandes wetteifern können. … Noch ein Dutzend solcher Männer in München, wie Maffei, … und man würde hier nicht mehr die Wirthshäuser vom Morgen bis zum Abend überfüllt sehen, und nicht mehr lange durch den für Altbayern fast zum Glaubensartikel erhobenen Satz ‚Bayern kann kein Fabrikstaat sein‘ angewidert werden.“

Was der Zeitungsartikel nur andeutet, wurde im 19. Jahrhundert tatsächlich als Nachteil für eine zügige industrielle Entwicklung betrachtet: der Rohstoffmangel. Dazu kamen mangelnde bzw. noch nicht erschlossene Energiequellen und die Binnenlage des Landes. Große Industrien konnten sich wegen ungünstiger Zufuhr- und Absatzmöglichkeiten nur schwer entwickeln. Auch die Donau kam als Transportweg für Massengüter wenig zur Wirkung, denn die Donaumonarchie Österreich-Ungarn gehörte nicht zum Deutschen Zollverein.

Bayern war um die Mitte des 19. Jahrhunderts – wie andere deutsche Staaten auch – ein Agrarstaat mit mittel- und kleinbäuerlichen Betrieben. Wald, Salz, Vieh, Getreide und Wein bildeten im Wesentlichen die wirtschaftliche Grundlage des Landes. Bayern war ein Absatzgebiet für fremde Fertigwaren, bis um die Mitte des 19. Jahrhunderts eine erste Phase industrieller Unternehmensgründungen begann. Sie beschränkte sich allerdings auf wenige große Städte, wie München, Augsburg, Nürnberg, Schweinfurt und Würzburg. Dabei handelte es sich vor allem um Maschinenbau-Fabriken, Unternehmen der Textilindustrie und Großbrauereien. Feinmechanische und optische Industrie begründeten die spätere führende Stellung Münchens auf dem Weltmarkt.

Staatliche Förderung sorgte für einen Umzug der Farbenindustrie von Mannheim in das damals zu Bayern gehörende pfälzische Ludwigshafen, benannt nach König Ludwig I. Als sein Lieblingsprojekt, der Ludwig-Donau-Mainkanal, 1846 eröffnet wurde, hatte ihn die Eisenbahn bereits „überholt“. Schon 1835 hatte die erste Zugfahrt – mit einer englischen Lokomotive – zwischen Nürnberg und Fürth stattgefunden. Technischer Nachwuchs sollte durch die Gründung der Technischen Hochschule in München (1868) ausgebildet werden.

M1 **Die Eröffnung der Eisenbahnstrecke München – Augsburg am 1. September 1839,** Ansicht von Marsfeld, kolorierte Lithographie von Gustav Wilhelm Kraus

M2 Lokomotivfabrik Krauss & Company, München, 1882

M3 Dampfmaschinen-Einsatz in Bayern 1816–1912

Jahr	*Zahl der Dampfmaschinen*	*Gesamtleistung*
1816	8	?
1847	132	?
1861	491	?
1879	2411	70 000 PS
	dazu 892 Lokomobile[1]	
1889	3819	125 000 PS
	dazu 2021 Lokomobile	
1907	7956	428 000 PS
1912	7865	512 000 PS
	dazu 5954 Lokomobile	

1 Lokomobile waren fahrbare Dampfmaschinen, z. B. zum Antrieb von Pumpen und landwirtschaftlichen Maschinen.
Zusammengestellt nach „Leben und Arbeiten im Industriezeitalter". Eine Ausstellung von 1985 zur Wirtschafts- und Sozialgeschichte Bayerns seit 1850, Stuttgart (Theiss/Germanisches Nationalmuseum Nürnberg) 1985, S. 270.

M4 Montagesaal einer Maschinenbau-Anstalt, hier die Firma Maffei bei München, Stahlstich, 1849

1 Fasse anhand des Darstellungstextes zusammen, a) welche Hemmnisse für eine Industrialisierung des Landes vorhanden waren und b) wie die Industrialisierung in Gang kam.

2 Schildere, welchen Eindruck M1 und M2 auf dich machen und formuliere deine Überlegungen zur Absicht der Künstler.

3 Erarbeite anhand von M4, welche Aussagen sich über die Arbeit in der Maschinenbau-Anstalt treffen lassen.

4 Werte M3 aus. Kläre, in welchen zeitlichen Phasen besondere „Schübe" im Dampfmaschinen-Einsatz liegen. Ziehe den Darstellungstext heran.

M5 Katalog-Einband der Firma Koenig & Bauer, Buchdruckmaschinen, Farbabbildung, Leipzig 1896. Dargestellt sind u. a. Stufen der Entwicklung von der Handdruckpresse zur Rotationsmaschine, eine bahnbrechende Maschine, die Friedrich Koenig 1811 erfand und die in der 1817 gegründeten Firma im damaligen seit der Säkularisation ungenutzten Prämonstratenserkloster Obernzell produziert wurde. Abgebildet sind oben Friedrich Koenig und Friedrich Bauer, die ein weiblicher Genius krönt.

M6 Woher kamen die Facharbeiter?

Der Aufbau der Schnellpressenfabrik in der industriell noch kaum erschlossenen Region um Würzburg stellte die Firmengründer Koenig & Bauer vor große Probleme: Eisen, Koks und Maschinenteile mussten aus England eingeführt werden, weil diese Materialien in Deutschland nicht oder nur in minderer Qualität zu erhalten waren. Über fachlich ausgebildete und zuverlässige Arbeitskräfte schrieb Friedrich Koenig um 1820 an Edwards, den Geschäftsführer der Londoner „Times“:

Hierzulande befinden sich die Geschäfte noch in dem Zustande, in welchem sie in England vor 70 oder 100 Jahren waren; die Modellmacher sind Zimmerleute, die Eisen- und Messingarbeiter Schlosser oder Grobschmiede. Sie vereinigen sich in Zünften und wandern im Lande umher, von einem kleinen Meister zum andern. Wir hatten im vergangenen Jahr deren eine Anzahl zusammengebracht, aber nachdem wir zehnmal mehr Unverschämtheit, Einbildung, Verkehrtheit und Pfuscherei hatten über uns ergehen lassen, als sich irgendein englischer Meister gefallen lassen würde, fanden wir es doch unerträglich, mit diesen Menschen weiterzuarbeiten. Jede Woche gab es überdies irgendeine neue Wühlerei im Hause und so haben wir denn zu Anfang dieses Jahres alle an die Luft gesetzt, und nur unser englischer Werkführer und ein Schmied sind geblieben. Wir haben seitdem zu einem anderen System gegriffen. In nächster Nähe unseres Klosters befindet sich ein großes Dorf mit 1200 Einwohnern, und aus diesem nehmen wir jetzt junge Leute, um ihnen unser Geschäft zu lehren, ein Aushilfsmittel, das sich in der That recht gut bewähren zu wollen scheint. Herr Bauer unterrichtet von früh bis spät in den Werkstätten gleich einem Schulmeister, wenn aber unsere Arbeit bei Ihnen eintreffen wird, werden Sie uns Ihren Beifall nicht versagen dafür, dass es uns möglich gewesen ist, mit solchen Leuten Derartiges zu schaffen – wir müssen Schlachten schlagen mit Rekruten!

Zit. nach Geschichte Bayerns im Industriezeitalter in Texten und Bildern, hg. von Bernward Deneke, Stuttgart (Theiss) 1987, S. 112.

M7 „... von der Rauchplage stark belästigt ..."

In einer Festschrift zum Thema „Gesundheitspflege in Nürnberg" hieß es im Jahre 1899:

Dass die Stadt Nürnberg von der Rauchplage stark belästigt wird, ist eine nicht zu leugnende Thatsache, wenn auch die lange Gewohnheit die Bewohner dagegen abgestumpft hat und erhebliche Klagen im Allgemeinen selten laut werden, weil man in der Öffentlichkeit wohl der Meinung ist, dass dem Übel heute gründlich nicht abgeholfen werden kann. Verdankt Nürnberg doch seiner blühenden Industrie vor allem den Aufschwung, den es in den letzten Jahrzehnten genommen hat. ... Ob aber und wie das Rauchen der Schornsteine verhindert werden kann, das ist eine Frage, welche neuerdings ... nicht nur von technischen Vereinen, sondern auch vom Deutschen Verein für öffentliche Gesundheitspflege auf den Arbeitsplan gesetzt wurde ... Bei Neuanlage von Schornsteinen ... wird sorgfältig darüber gewacht, dass dieselben thunlichst große Höhen erhalten; bei neuen Dampfkessel- und sonstigen Feuerungsanlagen ... wird ... die Einrichtung rauchschwacher Feuerungsanlagen zur Bedingung gemacht.

Zit. nach Geschichte Bayerns im Industriezeitalter in Texten und Bildern, hg. von Bernward Deneke, Stuttgart (Theiss) 1987, S. 85 f.

M8 „... das Absterben der Fische am 8. Mai ..."

Aus dem „Fränkischen Kurier", Nürnberg, 11. Mai 1883:

Betreffs des massenhaften Absterbens der Fische im Pegnitzflusse werden ... Mittheilungen über das bisherige Resultat der Untersuchung gemacht. Es ist hieraus zu entnehmen, dass bis zur Stunde die Ursache noch nicht festgestellt werden konnte, da ... das städtische Gaswerk erklärt, dass das Auspumpen des Gaswassers (5000 Kubikmeter) in der Zeit vom 21.–25. April stattgefunden hat, während bekanntlich das Absterben der Fische am 8. Mai erfolgte. Andererseits ist zu erwähnen, dass die Kanalzuleitung aus dem Gaswerk zum Hauptkanal bei der Öffnung einen intensiven Gasgeruch verbreitete ... Ein ... sezierter abgestorbener Fisch zeigte bei Öffnung einen starken Gasgeruch ... Herr Magistratsrath Bollrath gibt bekannt, dass ihm in der Nähe der Fleischbrücke Wohnende mitgetheilt haben, dass sie vor 14 Tagen bereits einen abscheulichen Gasgeruch wahrgenommen hätten und auch der Fluss damals unrein gewesen sei. Da nun die Fleischbrücke oberhalb des Kanalausflusses des Gaswerks liegt, wäre die Möglichkeit nicht ausgeschlossen, dass von derselben Seite, welche vor 14 Tagen irgendeine Flüssigkeit in den Fluss einlaufen ließ, jetzt auch an einer anderen Stelle dieses Manöver versucht wurde.

Zit. nach Geschichte Bayerns im Industriezeitalter in Texten und Bildern, hg. von Bernward Deneke, Stuttgart (Theiss) 1987, S. 91.

Erfindungen und Firmengründungen in Bayern (Auswahl)

1817 Maschinenfabrik Koenig & Bauer in Oberzell bei Würzburg
1839 Maschinenfabrik Maffei in München
1840 Maschinenfabrik Augsburg (später MAN)
1841 Maschinenfabrik Klett & Co. in Nürnberg
1861 Nähmaschinenfabrik Pfaff in Kaiserslautern
1865 Badische Anilin- und Sodafabrik (BASF) in Ludwigshafen
1873 Schuckertwerke in Nürnberg (Elektrotechnik)
1879 Rosenthal-Porzellan AG in Selb
ab etwa 1886 FAG Kugelfischer in Schweinfurt
1893 Rudolf Diesel (1858–1913) erfindet in Augsburg (MAN) den nach ihm benannten Dieselmotor
1895 Wilhelm Röntgen (1845–1923) entdeckt die nach ihm benannten Röntgenstrahlen in Würzburg

Die lokale Industrialisierung erkunden – eine Gruppenarbeit

Erforscht Spuren der Industrialisierung in eurem Wohnort oder der Umgebung. Achtet auf Zusammenhänge zwischen Industrialisierung und Natur/Umwelt. Nutzt die Methoden zur Informationsbeschaffung (Bibliothek, Archiv, Internet) im Anhang.

5 Erarbeite, welche Informationen sich aus M5 über die Firma, ihre Gründer und die Produkte entnehmen lassen.
6 Untersuche M6 mithilfe der Methode „Textquellen analysieren".
7 Stelle fest, welche Umweltschäden, Ursachen und Lösungsversuche dargestellt werden (M7, M8).
8 Fasse die Voraussetzungen und Anfänge der Industrialisierung Bayerns zusammen.

Die soziale Frage in Staat und Gesellschaft

Was war die „soziale Frage"?

„Die Arbeitszeit währte 14 bis 16 Stunden. Mittagspause gab es nicht. An eine Maschine gelehnt oder auf eine Kiste gekauert, verzehrte mein Vater sein Mittagessen aus dem Henkeltopf mit aller Hast, um mir dann den Topf geleert zurückzugeben und sofort wieder an die Arbeit zu gehen." So schilderte der Physiker Ernst Abbé (1844–1905), Mitinhaber der Zeiss-Werke in Jena, die Arbeitsbedingungen in der Zeit seiner Kindheit um 1850.

Der tiefgreifende Wandel der Lebens- und Arbeitsverhältnisse in der Industrialisierung hatte viele Menschen aus ihren traditionellen Bindungen in der Landwirtschaft, im Handwerk und im Heimgewerbe gelöst. Stärker als früher waren sie jetzt allein auf sich gestellt, wenn es darum ging, für Arbeitslosigkeit, Krankheit, Unfall und Alter vorzusorgen. Die katastrophalen Arbeitsbedingungen in den Fabriken, die Abhängigkeit von der Lohnarbeit, die Unsicherheit des Arbeitsplatzes in wirtschaftlichen Krisenzeiten, die schlechten Wohnbedingungen in den schnell wachsenden Industriestädten und fehlende soziale Sicherheit führten zu Diskussionen in Staat und Gesellschaft über die so genannte „soziale Frage", wie die Folgen der Industrialisierung für die Arbeiterschaft zusammenfassend genannt wurden.

M1 **Kapital und Arbeit,**
Karikatur von Jupp Wolter, 1967

Ansätze zur Lösung der sozialen Frage

Motive und Ziele, die den Lösungsversuchen zu Grunde lagen, unterschieden sich vor allem dadurch, welche Einstellung die jeweiligen Vertreter zur bestehenden Staats- und Gesellschaftsordnung einnahmen. Während die sozialpolitischen Ansätze des Staates, die kirchlich-seelsorgerischen Hilfen und die betrieblichen sozialpolitischen Maßnahmen sich innerhalb der bestehenden Gesellschaftsordnung bewegten, gab es in der entstehenden „Arbeiterbewegung" Bestrebungen nach grundlegenden wirtschaftlichen und politischen Veränderungen.

1. Christliche Sozialbewegung

Die Versuche der evangelischen und der katholischen Kirche, Not und Elend zu lindern, blieben zunächst Einzelaktionen. Im Jahre 1833 gründete Johann Hinrich Wichern (1808–1881) in Hamburg das „Rauhe Haus", in dem obdachlose Kinder wohnten und ausgebildet wurden. 1885 rief der evangelische Pfarrer Friedrich von Bodelschwingh (1831–1910) den „Verein Arbeiterheim" ins Leben, der den Erwerb von Besitz für eigentumslose Arbeiter unterstützte. 1846 wurde in Elberfeld von Adolf Kolping (1813–1865) der erste katholische Gesellenverein gegründet. In den Häusern des „Kolpingwerks" sollten unverheiratete Gesellen ein christliches Zuhause finden. Der „Arbeiterbischof" Wilhelm Emmanuel von Ketteler (1811–1877) forderte 1869 eine „dem wahren Wert der Arbeit entsprechende Erhöhung des Arbeitslohnes" und „dass die menschliche Arbeit nicht wie eine Ware behandelt ... werde".

2. Sozialreform und staatliche Sozialpolitik

Aus liberaler politischer Sicht lautete die Antwort auf die soziale Frage: Sozialrefom. Damit meinten Vertreter dieser Richtung bessere Bildungschancen für Arbeiterkinder und Selbsthilfe-Einrichtungen wie Konsum- und Versicherungsvereine.

Die staatliche Sozialgesetzgebung – von liberalen Vertretern anfangs abgelehnt – sollte die soziale Frage grundlegend lösen. Die von Reichskanzler Otto von Bismarck (1815–1898) zwischen 1883 und 1889 in mehreren Schritten durchgesetzten Sozialgesetze zur Kranken-, Unfall- und Rentenversicherung milderten die sozialen Notlagen, konnten sie aber nicht beheben. Mit einer geringen Altersrente ab 70 Jahren waren Arbeiter weiter auf Nebenverdienste oder auf Unterstützung durch ihre Kinder angewiesen.

M2 **Arbeiterfamilie,** Foto, 1907. Der Mann und das älteste Mädchen (14 Jahre) fehlen auf dieser Aufnahme. Mutter und Großmutter sind anwesend. Die Aufnahme entstand im Rahmen einer Wohnungsuntersuchung, die die Berliner Ortskrankenkasse von 1901 bis 1920 bei ihren Patienten durchgeführt hat. Ziel war es, durch wissenschaftlichen Nachweis und Veröffentlichung des längst erkannten Zusammenhangs zwischen Wohnen und Krankheit zu einer Veränderung der Verhältnisse beizutragen.

3. Arbeiterbewegung

Die „Selbstorganisierung" der Arbeiterschaft spielte in der zweiten Hälfte des 19. Jahrhunderts in Deutschland eine wichtige Rolle. Dabei kann grob zwischen reformerischen und revolutionären Bestrebungen unterschieden werden. Schon vor der Industrialisierung wehrten sich Gesellen und Handwerker gegen niedrige Löhne und schlechte Arbeitsbedingungen, indem sie ihre Arbeit niederlegten (streikten) oder Protestumzüge veranstalteten. Sie schlossen sich aber nicht dauerhaft zusammen.

Für die Industriearbeiter waren Streiks ein wirksames Mittel, um ihre Interessen gegenüber dem Fabrikbesitzer zu vertreten und möglichst durchzusetzen. Arbeitsniederlegungen stärkten das Zusammengehörigkeitsgefühl und führten zu dauerhaften Zusammenschlüssen, die allerdings in einzelnen deutschen Staaten erst ab 1861 erlaubt waren, in ganz Deutschland erst ab 1872. Erst durch die Gewerkschaften wurde die Arbeiterbewegung zu einer Massenbewegung. Als „soziale Bewegung" umfasste sie im weiteren Sinne aber nicht nur gewerkschaftliche, sozialdemokratische* und sozialistisch-kommunistische* Organisationen, sondern auch christlich-soziale Bewegungen. Die Entscheidung der Gewerkschaften für den Weg der Reformen im kaiserlichen Obrigkeitsstaat wird unterschiedlich erklärt: Manche beurteilen den gewerkschaftlichen Weg als bittere Konsequenz aus dem Scheitern revolutionärer Bestrebungen am Widerstand des monarchischen Staates. Andere sehen in der Gewerkschaftsbewegung einen eigenständigen Weg, auf dem sie schrittweise die „Klassengegensätze" abbaute und den modernen Sozialstaat vorbereitete. Aus gewerkschaftlicher Sicht war der Reformweg keine Schwäche, sondern eine Etappe zur Emanzipation der Arbeiterschaft, die zu einer rechtlichen und sozialen Verbesserung beitrug.

Erste politische Aktivitäten von Frauen gab es in den 1840er-Jahren des 19. Jahrhunderts. In „Frauenerwerbsvereinen" organisierten sich vor allem Dienstmädchen, Näherinnen und Arbeiterinnen. Sie setzten sich für höhere Löhne, eine geringere tägliche Arbeitszeit und eine Beseitigung der Nacht- und Sonntagsarbeit ein. Das preußische Vereinsgesetz von 1850 hatte den Frauen aber jede politische Betätigung verboten. Deshalb wurden viele Arbeiterinnenvereine von der Obrigkeit wieder aufgelöst. Erst 1903 fielen die Beschränkungen des Vereinsgesetzes von 1850. Die „Männer-Gewerkschaften" sahen in den Frauen noch um 1900 lohndrückende Konkurrentinnen.

1 Entschlüssele M1 und vermute Gründe für das bis heute in dieser Form dargestellte Verhältnis von Arbeit und Kapital.

2 Werte die Darstellungstexte aus. Lege dazu eine Tabelle an, in der du die drei Ansätze zur Lösung der sozialen Frage stichwortartig notierst, vergleichst und jeweils bewertest.

3 Analysiere M2. Gehe auf Anlass und Deutungsmöglichkeiten des Fotos ein.

Frühindustrielle Arbeits- und Lebensbedingungen

Arbeit und Lebensweise verändern sich

Neben der Arbeit der Männer hatte es auch in der „alten" Wirtschaftsgesellschaft Frauen- und Kinderarbeit gegeben. Unter harten Bedingungen mussten Arbeiten in der Landwirtschaft, im Heimgewerbe und in häuslichen Diensten geleistet werden. Hier arbeiteten die Beschäftigten jedoch in Familien oder familienähnlichen Verhältnissen. Wohnung und Arbeitsplatz befanden sich meistens unter einem Dach. Die eigentlich neue Erfahrung für die Beschäftigten in der Industrie war die Arbeit in der Fabrik und damit vor allem die Trennung des Arbeitsplatzes von der Wohnung, wenngleich versucht wurde, durch den Bau von Arbeitersiedlungen für Großbetriebe die Nähe zum Arbeitsplatz herzustellen. Erst die Industrialisierung machte das Arbeiten nach der Uhr verbindlich. Die Gewöhnung der Arbeiterinnen, Arbeiter und Kinder an feste Arbeitszeiten dürfte den Beschäftigten entgegen ihren Gewohnheiten im Heimgewerbe, in der Landwirtschaft und im Handwerk nicht leicht gefallen sein. Durch Fabrikordnungen, Glocken, Sirenen und Strafkataloge sollte – nach englischem Vorbild – eine militärähnliche Disziplin in den Fabriken sichergestellt werden. Durch den starken Zustrom von Menschen in die entstehenden Industriegebiete kam es vielfach zu großer Wohnungsnot.

M1 Kinderarbeit in einer englischen Baumwollspinnerei, Stahlstich von Th. Onwyn, 1840 (siehe auch die Abbildung S. 109). Die Arbeit von Kindern (hier im Vordergrund und unter der Maschine) bestand vor allem darin, gerissene Fäden zusammenzuknüpfen, den Boden zu säubern und den reibungslosen Lauf der Spinnmaschinen zu überwachen.

M2 „Bin 12 Jahre alt" – Kinderarbeit um 1830

Aus dem Parlamentsbericht von 1833 über Kinderarbeit in englischen Fabriken. Aufgrund der Berichte erließ das Parlament das Fabrikgesetz von 1833, in dem die Beschäftigung von Kindern unter 9 Jahren verboten wurde. Für 9- bis 12-Jährige wurde die Arbeitszeit auf 9 Stunden, für 13- bis 18-Jährige auf 12 Stunden täglich festgesetzt:

Bin 12 Jahre alt. Bin 12 Monate in der Spinnerei gewesen. Anfang um 6 und Feierabend um ½ 8. Durchschnittlich über 12 ½ Stunden Arbeit. Habe zwei oder drei Wochen hindurch Überstunden gemacht. Arbeitete während der Frühstücks- und Teepause und ging erst um 8 Uhr weg … Habe hier 2 Jahre gearbeitet, bin jetzt 14, arbeite 16 ½ Stunden am Tag. Kürzlich war ich krank und bat, um 8 Uhr aufhören zu dürfen, und man sagte mir, wenn ich ginge, brauche ich nicht zurückzukommen.

Zit. nach Wolfgang Köllmann, Die Industrielle Revolution, Stuttgart (Klett) 1970, S. 34.

M3 Kinder- und Jugendarbeitsschutz

Auswahl aus gesetzlichen Regelungen in Deutschland (tägliche Arbeitszeit):

1839 Preußisches Regulativ: Verbot unter 9 Jahren, ab 9 Jahren 10 Stunden (keine Beschränkung bei Heim- und Landarbeit)

1853 Ergänzungsgesetz: Verbot unter 12 Jahren, ab 12 Jahren 6 Stunden (keine Beschränkung bei Heim- und Landarbeit)

1891 Gewerbeordnungsnovelle: Verbot unter 13 Jahren, 6 Stunden ab 13 Jahren (keine Beschränkung bei Heim- und Landarbeit)

1903 Kinderschutzgesetz: wie 1891 (Heimarbeit: Verbot unter 10 Jahren, ab 10 Jahren 3 Stunden. Landarbeit: keine Beschränkung)

1976 Jugendarbeitsschutzgesetz: Verbot von Arbeit unter 15 Jahren (Ausnahme bei Landarbeit, Sport-, Musik-, Theaterveranstaltungen, Zeitungen austragen u. Ä.)

M4 In einer Baumwollspinnerei um 1850

Der Historiker Karl Emsbach schrieb 1982 über die Arbeitsbedingungen in einer rheinischen Baumwollspinnerei um 1850:

Auch der Geräuschpegel in den frühindustriellen Spinnereien war sehr hoch. Die rasselnden und kreischenden Maschinen verursachten einen Lärm, „der für den Neuling ganz unerträglich scheint." In den Dämmerungs- und Nachtstunden machte sich die unzureichende Beleuchtung nachteilig bemerkbar. Wegen der großen Brandgefahr wurden Öllampen, die ohnehin ein mattes Licht abgaben, in möglichst geringer Zahl aufgestellt. – Die sanitären und hygienischen Verhältnisse spotteten jeder Beschreibung. An die Errichtung von Umkleide-, Wasch- oder Speiseräumen wurde kein Gedanke, erst recht kein Ziegelstein verwendet. – Bei diesen Arbeitsbedingungen nimmt es nicht wunder, dass man die Baumwollspinnerei ... zu den gesundheitsgefährdendsten Berufen überhaupt zählte. Schwindsucht, Tuberkulose, Katarrhe der Augen, Nasen, des Kehlkopfes und der Lungen sowie Geschwüre an den Beinen waren häufige und typische Berufskrankheiten. Hauptursachen waren die starke Staubentwicklung, die schwüle Atmosphäre in den Sälen und die ständig stehende Arbeitsverrichtung ... Die rohen, unverkleideten Maschinen ... bildeten eine ständige Quelle der Unfallgefahr. Quetschungen, Brüche waren an der Tagesordnung.

Zit. nach Jürgen Kocka, Arbeitsverhältnisse und Arbeiterexistenzen, Bonn (Dietz) 1990, S. 457.

M5 **Umzug eines Arbeiterhaushaltes im Scheunenviertel, Berlin.** Foto von Heinrich Zille, um 1901. Heinrich Zille (1858–1929), Maler und Fotograf, fertigte Fotos meistens als Erinnerungsstützen für seine Skizzen an.

M6 **Mietskasernen**, Foto, um 1900

1 Erarbeite anhand des Darstellungstextes Merkmale der Industriearbeit und grenze sie von der vorindustriellen Arbeit ab.

2 Beschreibe die Arbeitsbedingungen von Kindern in der Textilindustrie des 19. Jahrhunderts (M1, M2) und nimm Stellung. Nimm M3 zu Hilfe.

3 Analysiere M4: Liste die Arbeitsbedingungen und die gesundheitlichen Folgen auf. Überlege, welches Quellenmaterial dem Historiker zur Verfügung gestanden haben muss.

4 Ziehe aus M2, S. 103, M5 und M6 Schlüsse auf die Lebensbedingungen von Arbeiterfamilien in der frühen Industrialisierung. Stelle einen Bezug zum Begriff „soziale Frage" her.

Sozialismus und politische Praxis

Sozialismus – Lösung der sozialen Frage?

Einen der geschichtlich wirkungsvollsten und auch folgenreichsten Lösungsvorschläge für die „soziale Frage" formulierten der Philosoph und Nationalökonom Karl Marx (1818–1883) und sein Mitstreiter, der Kaufmann, Philosoph und Politiker Friedrich Engels (1820–1895). In ihren Werken erklärten sie den Sozialismus, der die bürgerliche Gesellschaft mit ihren kapitalistischen Produktionsbedingungen ablösen sollte, zum politischen Ziel. Sie sahen im Kapitalismus mit seiner Garantie des Privateigentums an Produktionsmitteln wie Gebäuden, Maschinen und Werkzeugen die Ursache des sozialen Elends der Industriearbeiterschaft oder – wie sie formulierten – der „Arbeiterklasse". Allerdings war die Auffassung von Marx und Engels von Anfang an in der Arbeiterbewegung umstritten.

M1 „Proletarier aller Länder vereinigt euch!"

Aus der Programmschrift „Manifest der Kommunistischen Partei" von Karl Marx und Friedrich Engels, 1848:

Diese Arbeiter, die sich stückweise verkaufen müssen, sind eine Ware wie jeder andere Handelsartikel und daher gleichmäßig allen Wechselfällen der Konkurrenz, allen Schwankungen des Marktes ausgesetzt. Die Arbeit der Proletarier hat durch die Ausdehnung der Maschinerie und die Teilung der Arbeit allen selbstständigen Charakter und damit allen Reiz für den Arbeiter verloren. Er wird ein bloßes Zubehör der Maschine. Die Geschichte aller bisherigen Gesellschaften ist die Geschichte von Klassenkämpfen. Freier und Sklave, Patrizier und Plebejer, Baron und Leibeigener, Zunftbürger und Gesell, kurz, Unterdrücker und Unterdrückte standen in stetem Gegensatz zueinander, führten einen ununterbrochenen … Kampf, der jedes Mal mit einer revolutionären Umgestaltung der ganzen Gesellschaft endete oder mit dem gemeinsamen Untergang der kämpfenden Klassen … Unsere Epoche, die Epoche der Bourgeoisie*, zeichnet sich … dadurch aus, dass sie die Klassengegensätze vereinfacht hat. Die ganze Gesellschaft spaltet sich mehr und mehr in zwei große … Lager, in zwei große, einander direkt gegenüberstehende Klassen: Bourgeoisie und Proletariat.

Dieter Dowe/Kurt Klotzbach (Hg.), Programmatische Dokumente der deutschen Sozialdemokratie, Berlin/Bonn (Dietz) 1973, S. 52 f., 58 f., 64.

M2 Ein Streik bricht aus,
Gemälde von Robert Köhler, 1886

M3 Marx und Engels – vom Wandel überholt?

Eduard Bernstein (1850–1932), Schriftsteller und SPD-Politiker, äußerte sich 1899 zu den Aussagen von Marx und Engels:

Die Zuspitzung der gesellschaftlichen Verhältnisse hat sich nicht in der Weise vollzogen, wie sie das „Manifest" schildert … [Die Bourgeoisie] weicht in allen vorangeschrittenen Ländern[1] Schritt für Schritt demokratischen Einrichtungen … Fabrikgesetzgebung, die Demokratisierung der Gemeindeverwaltungen …, die Befreiung des Gewerkschafts- und Genossenschaftswesens von allen gesetzlichen Hemmungen … kennzeichnen diese Stufe der Entwicklung … Je mehr aber die politischen Einrichtungen der modernen Nationen demokratisiert werden, umso mehr verringern sich die Notwendigkeiten und Gelegenheiten großer politischer Katastrophen.

Eduard Bernstein, Die Voraussetzungen des Sozialismus und die Aufgaben der Sozialdemokratie (1899), Nachdruck der 2. Aufl., 1921, Berlin, 1973, S. 6 ff.

1 Gemeint sind Länder mit einem demokratischen System, wie England und die USA.

Vom Arbeiterbildungsverein zur Arbeiterpartei

	Organisation	Ziele und Grundsätze
1863	Gründung des Allgemeinen Deutschen Arbeitervereins (ADAV) unter Führung des Journalisten Ferdinand Lassalle (1825–1864)	– Wahlrecht für Arbeiter – Verwaltung der Fabriken durch die Arbeiter – kein Frauenwahlrecht – keine Mitgliedschaft von Frauen
1869	Gründung der Sozialdemokratischen Arbeiterpartei (SDAP) durch August Bebel (1840–1913) und Wilhelm Liebknecht in Eisenach (1826–1900)	– Wahlrecht für alle Männer ab 20 – Vorschlags- und Verwerfungsrecht des Volkes bei der Gesetzgebung – Schaffung eines demokratischen Staates
1875	Vereinigung von ADAV und SDAP in Gotha zur Sozialistischen Arbeiterpartei Deutschlands; seit 1891 Sozialdemokratische Partei Deutschlands (SPD) genannt	– Wahlrecht für Männer und Frauen – direkte Gesetzgebung durch das Volk – Rechtsprechung und Entscheidung über Krieg und Frieden durch das Volk

M4 Traditionsfahne der SPD, 1873

Grundwissen

Sozialismus
(von lat. socius = Genosse) Sozialismus wurde vor allem durch Marx und Engels als politisches „Gegenmodell" zum „bürgerlichen Liberalismus" entworfen und stellt die Interessen der Gemeinschaft und Gesellschaft über die Rechte des Individuums. An die Stelle des Privateigentums an Produktionsmitteln tritt das Volkseigentum. Die Gleichheit aller Menschen innerhalb der Gesellschaft gilt als eines der obersten Ziele. Sozialistische Ideen wurden von der Arbeiterbewegung aufgenommen und in der Sozialdemokratie und den Gewerkschaften mit der Idee der parlamentarischen Demokratie verbunden, während sozialistisch-kommunistische Vertreter die revolutionäre, gewaltsame Durchsetzung ihrer Ziele verfolgten.

1 Beschreibe M2 und ordne das Bild in den Zusammenhang der Arbeiterbewegung ein. Lies auf S. 103 nach.

2 Fasse die Vorstellungen von Marx und Engels (M1) mit eigenen Worten zusammen und vergleiche mit M3. Ziehe den Darstellungstext mit heran.

3 Beschreibe anhand des Kastens oben die Entwicklung zur SPD.

4 Erläutere, worauf sich die Sozialdemokraten mit ihrer Fahne berufen (M4, Faktenkasten).

Grundwissen

Soziale Frage
Unter sozialer Frage wird die wirtschaftliche und soziale Notlage der entstehenden Industriearbeiterschaft in der frühen Industrialisierung verstanden, vor allem: unsichere Arbeitsplätze, häufige Arbeitslosigkeit, niedrige Löhne, überlange Arbeitszeiten, fehlende soziale Sicherung und Wohnungselend.

Arbeiterbewegung
Gesamtheit der Organisationen der Industriearbeiter, die mit der Industrialisierung und dem kapitalistischen Wirtschaftssystem seit Beginn des 19. Jahrhunderts in Europa entstanden. Die Arbeiterbewegung entwickelte sich zu einer Massenbewegung mit Arbeiterparteien und Gewerkschaften. Sie verstand sich als „Klassenbewegung", war in sich jedoch stark differenziert, mit z. B. traditionellen Handwerkern und „modernen" Industriearbeitern. Hauptziele der Arbeiterbewegung waren die Verbesserung der wirtschaftlichen und sozialen Lage der Arbeiterschaft sowie die politische Mitsprache in einem demokratischen Staat.

5 Erkundet in Partnerarbeit, ob die Begriffe „soziale Frage", „Arbeiterbewegung" und „Sozialismus" heute noch gebräuchlich sind. Nutzt Auskünfte von Parteien, Gewerkschaften sowie das Internet und Lexika.

Aus einem englischen Schulbuch: Foul Factories?

Arbeit mit Geschichtsbüchern

In England ist die Industrialisierung ebenfalls ein wichtiges Thema im Geschichtsunterricht. Diese „Werkstatt" enthält eine Doppelseite aus einem modernen englischen Schulbuch zum Thema „Kinderarbeit in England im 19. Jahrhundert". Als Hilfe für die Arbeit mit den Materialien findest du eine kleine Vokabelliste.

M1 Aus dem englischen Schulbuch „The Age of Expansion 1750–1914", 1996

Chapter 4

Foul Factories?

Modern historians have read what the Victorians wrote, and assumed that conditions in the factories really were terrible. But were Victorian factories really so bad? The sources on these pages will help you to make up your own mind.

1 Samuel Coulson of Leeds

Coulson's children worked in a mill. Here, he answers questions about the work his children did in the 'brisk' times (when the mill was busy):

At what time in the morning, in the brisk time, did these girls go to the mills? – In the brisk time, for about six weeks, they have gone at 3 o'clock in the morning, and ended at 10, or nearly half past, at night.

What breaks were allowed for rest during those nineteen hours of work? – Breakfast a quarter of an hour, and dinner half an hour, and drinking a quarter of an hour.

What was the length of time they could be in bed during those long hours? – It was near 11 o'clock before we could get them into bed after getting a little food, [then] me or my mistress got up at 2 o'clock to dress them.

Were the children excessively tired by this work? – Many a time; we have cried often when we have given them the little food we had to give them; we had to shake them and they have fallen to sleep with the food in their mouth.

Evidence given to the Commission of Parliament (1831-32).

2 John Wood of Bradford

John Wood was a mill-owner who spent his life trying to improve factory conditions. Here William Sharp, a doctor, describes Wood's mill:

Has anything struck you about the mills? – That they were particularly cleanly, and made as comfortable as they can be . . . .

Has Mr Wood baths upon his premises? – Yes.

Do you happen to know whether seats are provided? – There are seats.

Will you state the number of hours they are employed? – From 6 a.m. to 7 p.m., with half an hour for breakfast and forty minutes for dinner.

Evidence given to the Commission of Parliament (1831-32).

In 1833, a reporter from *Penny Magazine* visited Wood's factory. He wrote an article to show how happy the workers were:

It was the hour for dinner and play, and the young people were joyfully sporting in the open yard of the factory . . . . All seemed glad to see him . . . . The little people seemed quite delighted to see their employer; their faces brightened up and their eyes sparkled as he came near; indeed, he appeared more like a father among them, and an affectionate one too, than like a master.

Penny Magazine (1833)

56

Vokabelliste

(to) assume	*vermuten, annehmen*	many a time	*oft*
(to) make up one's mind	*ich seine eigene Meinung bilden*	evidence	*Aussage*
rest	*Ruhepause, Erholung*	Has anything struck you?	*Ist dir etwas aufgefallen?*
		to be employed	*arbeiten, angestellt sein*
		to be delighted	*hocherfreut, entzückt sein*

Can You Believe Your Eyes?

3 *Below:* This picture was drawn in about 1835 for a book called *The Progress of Cotton.* The book was written to teach children in other countries about cotton manufacturing in Britain.
The picture shows spinning mules. Notice the child sweeping up the cotton dust under the machine, and the woman 'piecener' mending broken threads.

5 *Above:* The same picture, adapted yet again for a book by John Cobden, *The White Slaves of England,* written in 1860. The book was designed to win public support for the campaign to improve conditions in the factories.

4 *Above:* The same scene, adapted for Frances Trollope's book, *Michael Armstrong, Factory Boy* – a tear-jerker of a novel about the tragic life of a young orphan, written in 1840.

? ? ? QUESTIONS ? ? ?

1 Which of the sources suggest that conditions were bad in the factories? Which suggest that conditions were good?
2 Look again at sources 1 and 2. Which do you believe? Explain your reasoning.
3 Look again at pictures 4 and 5. Explain how in each the artist has adapted picture 3 to make it show the kind of scene he wanted.
4 Which picture, do you think, gives the most reliable evidence of what factories were like? What kind of conditions does this picture show?

57

affectionate	*liebevoll*	to mend broken threads	*gerissene Fäden wieder verknüpfen*
cotton	*Baumwolle*	public	*öffentlich*
spinning mule	*Spinnmaschine*	orphan	*Waise*
dust	*Staub*		

Partnerarbeit:

1 Stellt fest, welches Thema auf den Schulbuchseiten M1 behandelt wird.

2 Übertragt die Textquellen und die Bildunterschriften ins Deutsche. Ihr müsst nur den Inhalt wiedergeben und nicht Wort für Wort übersetzen. Beantwortet anschließend die Fragen 1 bis 4 auf der englischen Schulbuchseite. Nehmt die Vokabelliste und – wenn nötig – ein Wörterbuch zu Hilfe.

3 Schlagt im Schulbuch nach, ob ihr entsprechende Seiten zur Thematik findet und vergleicht die inhaltlichen Darstellungen.

4 Vergleicht a) die Gestaltung der Seiten und b) die Auswahl der Texte und Materialien in M1 mit eurem Geschichtsbuch.

Durch Krieg zur Einheit

Bismarck und die Reichsgründung

Die Revolution von 1848/49 und die damit verbundenen Freiheitsziele und nationalen Vereinigungsbestrebungen waren zwar gescheitert, beide Ideen, besonders die eines deutschen Nationalstaates, aber längst nicht aus der Welt geschafft. Eine wichtige Rolle spielte dabei Otto von Bismarck, der seit 1862 preußischer Ministerpräsident war.

Konflikt zwischen Preußen und Österreich

Neben Preußen war Österreich der zweite große Machtfaktor unter den deutschen Fürstenstaaten, und beim Ringen um die Vorherrschaft in Deutschland schien ein Konflikt der beiden Kontrahenten unausweichlich. Zunächst kämpften Österreich und Preußen 1864 noch gemeinsam in einem Krieg gegen Dänemark um den Besitz der Fürstentümer Schleswig und Holstein. Nicht ganz zwei Jahre später jedoch begann mit dem Vormarsch preußischer Truppen auf österreichisches Interessengebiet im Juni 1866 der Preußisch-Österreichische Krieg, aus dem Preußen nach nur wenigen Wochen als Sieger hervorging. Eine 1848 noch für möglich gehaltene „großdeutsche Lösung" bei der Bildung eines deutschen Nationalstaates war durch diesen Krieg unmöglich geworden.

Noch im selben Sommer forderte Preußen die norddeutschen Staaten auf, einen neuen Bund zu schließen. Er sollte innere und äußere Sicherheit garantieren und eine Bundesverfassung als Grundlage erhalten. Das Bündnis trat am 1. Juli 1867 in Kraft (Norddeutscher Bund). Parallel dazu hatte sich der neue Zollverein gebildet: Zwischen den Staaten des Norddeutschen Bundes und den vier süddeutschen Staaten waren nun alle Zollgrenzen gefallen.

Einheit durch Krieg

Im europäischen Ausland sprach sich besonders Frankreich gegen die Bildung eines deutschen Staates aus. Zu groß war die Angst vor einem so mächtigen Nachbarn im Osten. Als dann auch noch ein Verwandter des preußischen Königs aus dem Hause Hohenzollern König von Spanien werden sollte, erhob Frankreich Einspruch. Obwohl die Kandidatur daraufhin zurückgezogen wurde, verlangte Frankreich vom preußischen König die Zusage, dass er nie wieder der Kandidatur eines Hohenzollernprinzen auf den spanischen Thron zustimmen würde. König Wilhelm, der sich gerade zur Kur in Bad Ems aufhielt, lehnte diese Zusage ab. Daraufhin formulierte Bismarck eine Pressemitteilung, die Frankreich in der Öffentlichkeit zutiefst beleidigen musste. Diese Provokation genügte, um Frankreich zu einem militärischen Eingreifen zu verleiten. Am 19. Juli 1870 erklärte Frankreich Preußen den Krieg.

Auch dieser Krieg endete mit einem Sieg Preußens und der anderen deutschen Staaten. Noch während der militärischen Auseinandersetzung fand am 18. Januar 1871, unter dem Eindruck des sich abzeichnenden Sieges, die feierliche Gründung des Deutschen Reiches im Spiegelsaal von Versailles statt. König Wilhelm I. von Preußen wurde zum deutschen Kaiser ernannt. Frankreich musste hohe Kriegsentschädigungen an das Deutsche Reich zahlen und zudem auch noch Elsass-Lothringen abtreten.

Die süddeutschen Staaten gewann Bismarck für einen deutschen Nationalstaat durch geschickte Verhandlungen und das Zugeständnis, Bayern ein großes Maß an staatlicher Selbstständigkeit zu belassen.

M1 Eisen und Blut statt Mehrheitsbeschlüsse

Vor der Budgetkommission des Abgeordnetenhauses machte Bismarck am 30. September 1862 folgende Bemerkung:

Nicht auf Preußens Liberalismus sieht Deutschland, sondern auf seine Macht: Bayern, Württemberg, Baden mögen den Liberalismus dulden, darum wird ihnen noch keiner Preußens Rolle anweisen; Preußen muss seine Kraft … zusammenhalten auf den günstigen Augenblick, der schon einige Male verpasst ist; Preußens Grenzen nach den Wiener Verträgen sind zu einem gesunden Staatsleben nicht günstig; nicht durch Reden und Mehrheitsbeschlüsse werden die großen Fragen der Zeit entschieden – das ist der große Fehler von 1848 gewesen –, sondern durch Eisen und Blut.

Otto von Bismarck, Die gesammelten Werke, Bd. 10, Berlin (Stollberg) 1928, S. 140.

M2 Die Länder des Deutschen Reichs:
A. politische Entwicklung 1864 bis 1871
B. Sprachen 1914
C. Konfessionen 1914

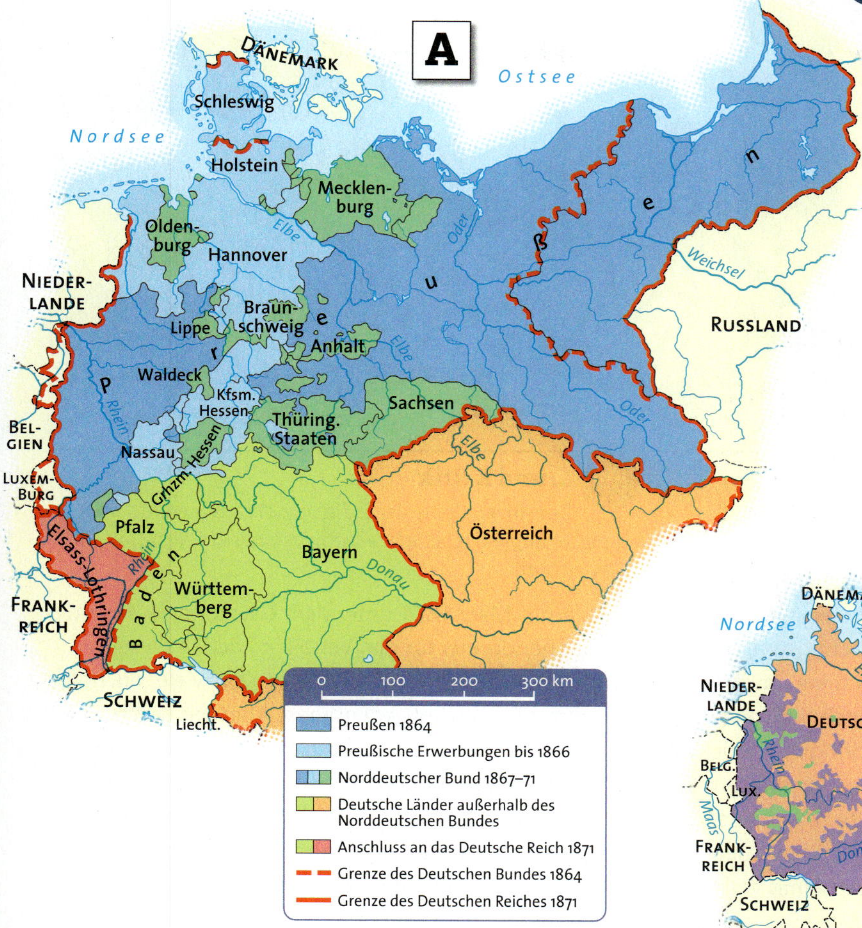

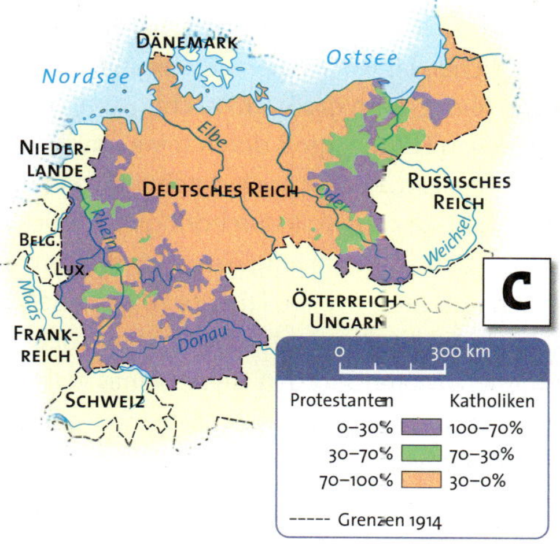

Grundwissen

Bismarck

Otto von Bismarck (1815–1898) entstammte einer alten preußischen Landadelfamilie und wurde im Sinne konservativer, monarchisch geprägter Werte erzogen. Als konservativer Abgeordneter im preußischen Landtag tat er sich dort als Kämpfer gegen die Revolution von 1848 hervor. 1862 berief ihn König Wilhelm I. zum preußischen Ministerpräsidenten. Bismarcks aggressive Kriegspolitik nach außen und seine geschickte Diplomatie gegenüber den deutschen Fürsten führten 1871 zur Gründung des Deutschen Kaiserreichs, dessen Politik er als Reichskanzler bis 1890 bestimmte.

1 Beschreibe anhand des Darstellungstextes die Phasen auf dem Weg zur Gründung des Deutschen Reiches und schätze die Handlungsspielräume der agierenden Politiker bzw. Staaten ein.

2 Beurteile, welche Rolle Otto von Bismarck im Prozess der Reichsgründung spielte (M1, Darstellungstext, Grundwissen Bismarck).

3 Beschreibe an M2A–C die politische (territoriale), sprachliche und konfessionelle Struktur des Deutschen Reiches bis 1914 und formuliere mögliche Konfliktpunkte, die sich aus der Reichseinigung ergeben konnten.

4 Kläre den Begriff „Nationalstaat" (Lexikon, Internet) und beurteile, ob es sich beim Deutschen Reich von 1871 um einen Nationalstaat handelte.

M3 **Die wilde Jagd,**
Karikatur aus der österreichischen Zeitung „Der Floh", Dezember 1870.
Der preußische König Wilhelm I. braust als Triumphator in seinem Siegeswagen über die Schlachtfelder. Sein Ministerpräsident Bismarck, der die Fahne „Blut und Eisen, Gewalt vor Recht" hochhält, hetzt zusammen mit dem zweifach dargestellten Tod die drei Rosse.

M4 Siegestaumel …

Tagebucheintrag der Baronin Spitzemberg über die Stimmung in Berlin, 3. März 1871:

Und was für ein Friede für uns Deutsche! Herrlicher und glorreicher, als wir je einen geschlossen! Vereint zu einem Reiche, dem größten, mächtigsten, gefürchtetsten in Europa, groß durch seine physische Macht nicht allein, größer noch durch seine Bildung und den Geist, der das Volk durchdringt! … Glücklich sind wir, … dass wir noch jung genug sind, … um die … reichen und segensvollen Früchte zu genießen, die aus dieser unter Blut und Tränen gesäten Saat hervorgehen. Möge Gott den Geist meines Volkes also lenken, dass seine Entwicklung eine friedliche und zivilisatorische bleibe, sein Reich ein Reich des Lichts, der Freiheit, der wahren, christlichen Gesinnung sei!

Zit. nach Geschichte in Quellen, Bd. 5, hg. v. Wolfgang Lautemann u. a., München (bsv) 1980, S. 370.

M6 … und Kritik

Der Abgeordnete der Sozialdemokratischen Arbeiterpartei August Bebel schrieb 1874 in einer Wahlkampfbroschüre:

Als am 3. März 1871 unter dem Glockengeläute und Kanonendonner für den Versailler Frieden dieser Reichstag gewählt wurde, gab es wohl viele, die hoffnungsselig ihm entgegensahen. Aber das durch „Blut und Eisen" mühsam zusammengeschweißte „Reich" ist kein Boden für bürgerliche Freiheit, geschweige für die soziale Gleichheit. Staaten werden mit den Mitteln erhalten, durch die sie gegründet wurden. Der Säbel stand als Geburtshelfer dem „Reich" zur Seite, der Säbel wird es ins Grab begleiten.

August Bebel, Die Sozialdemokratie im deutschen Reichstag, Bd. 1, Berlin (Vorwärts) 1909, S. 3f.

M5 „Alles so kalt, so stolz, so glänzend …"

Prinz Otto schrieb am 2. Februar 1871 seinem Bruder, König Ludwig II. von Bayern, an dessen Stelle er an der Kaiserproklamation in Versailles am 18. Januar 1871 teilnahm:

Ach, Ludwig, ich kann dir gar nicht beschreiben, wie unendlich weh und schmerzlich es mir während jener Zeremonie zumute war, wie sich jede Phase in meinem Inneren sträubte und empörte gegen alles das, was ich mit ansah. Lief es doch dem gerade entgegen, für was ich tief innerlich glühe und was ich von Herzen liebe und wofür ich von Herzen mein Leben einsetze … Welchen wehmütigen Eindruck machte es mir, unsere Bayern sich da vor dem Kaiser neigen zu sehn; mein Herz wollte zerspringen. Alles so kalt, so stolz, so glänzend, so prunkend und großtuerisch und herzlos und leer …
Endlich drängte man sich durch diese Knäuel zurück und aus diesem Saale hinaus. Mir war's so eng und schal in diesem Saale, erst draußen in der freien Luft atmete ich wieder auf. Dieses wäre also vorbei.

Zit. nach Die Gründung des Deutschen Reiches 1870/71 in Augenzeugenberichten, hg. von Erwin Deuerlein, München, 1977, S. 308.

M7 Bayern und die Reichsgründung

Mit der Gründung des deutschen Nationalstaates sollte Deutschland zum Kaiserreich erhoben werden. Der preußische König Wilhelm I. war als mächtigster Fürst bereit, die Krone anzunehmen, wenn er von seinesgleichen dazu aufgefordert würde. Es lag nahe, dass König Ludwig II., nach Wilhelm mächtigster Fürst, das Angebot unterbreitete. Mit Geschick gelang es Bismarck, Ludwig II. zur Unterschrift unter den so genannten Kaiserbrief Ludwigs an Wilhelm zu bewegen. Der Historiker Karl Bosl schrieb 1980 über die Rolle Bayerns bei der Reichsgründung:

Für den Kanzler … kam alles darauf an, die Bayern freiwillig für den Eintritt zu gewinnen, da Gewaltanwendung das Prestige des Nationalstaates schwer belastet … hätte. … [Die Verhandlungen] gingen darum gut für Bismarck aus, weil er die Verhandlungspartner, die süddeutschen Staaten, trennte und niemals gemeinsam auftreten ließ. Vor allem separierte er Bayern von den anderen Süddeutschen. Baden war schon seit längerem bereit, mit fliegenden Fahnen in das Deutsche Reich hineinzumarschieren. Hessens öffentliche Meinung zwang den heftig widerstrebenden Minister Dalwigk zur Unterschrift. Württemberg schwankte, obwohl es seine Interessen schwer gefährdet sah. … Bayern gab der Kanzler eine Ausnahmestellung innerhalb des Bundes und beließ ihm ein hohes Maß staatlicher Selbstständigkeit … seine Armee blieb ein selbstständiger Körper … Bayern überließ dafür die Außenpolitik der Zentralgewalt, das heißt Bismarck persönlich; als Entschädigung erhielt es den Vorsitz im Bundesratsausschuss für auswärtige Angelegenheiten, der nie zusammentrat.

Karl Bosl, Bayerische Geschichte, 2. Aufl., München (List/dtv) 1980, S. 171 f.

M8 **Die „Reservatrechte" Bayerns**, zeitgenössische Postkarte

Grundwissen

1871: Reichsgründung
Die Gründung des Deutschen Reiches erfolgte im Januar 1871 in Versailles nach dem militärischen Sieg über Frankreich durch Ausrufung des preußischen Königs Wilhelm I. zum Deutschen Kaiser. Die Gründung eines deutschen Nationalstaates – ohne Österreich – wird als „kleindeutsche" Lösung bezeichnet.

Deutsches Kaiserreich
Unter dem amtlichen Namen „Deutsches Reich" wurde mit der Gründung eines deutschen Staates 1871 an die Tradition des „alten" (deutschen) Reiches vom Mittelalter bis 1806 angeknüpft. Das Kaiserreich, unter der Dominanz des preußischen Staates (Bismarck) begründet, war schon zur Zeit seiner Gründung politisch umstritten und wurde in den folgenden Jahrzehnten von seinen Kritikern als Militär- und Obrigkeitsstaat bezeichnet.

5 Stelle anhand von M4, M5 und M6 dar, welche Hoffnungen und welche Befürchtungen von welcher Seite mit der Reichsgründung verbunden waren.

6 Untersuche die Darstellung eines Historikers (M7) unter der Fragestellung, wie Bismarck und seine Verhandlungspartner taktisch vorgingen. Achte auch auf die Einleitung zu M7.

7 Untersuche M3 und M8 jeweils mithilfe der Arbeitsschritte „Karikaturen entschlüsseln", S. 22, und vergleiche die Aussageabsichten.

8 Fasse zusammen, wie sich die Reichsgründung aus bayerischer Sicht darstellte.

Historiengemälde deuten

M1 Die Proklamation des Deutschen Kaiserreichs im Spiegelsaal zu Versailles am 18. 1. 1871, Gemälde von Anton von Werner, 1877. Der Künstler nahm im Auftrag des Hofes an der Zeremonie in Versailles teil. In den folgenden Jahrzehnten erarbeitete er vier Fassungen des Gemäldes. Das 4,30 × 7,30 m große Bild (1. Fassung) schenkten die Fürsten Wilhelm I. zum 80. Geburtstag. Es wurde bei einem Angriff auf das Berliner Schloss im Zweiten Weltkrieg zerstört.

Bild, Absicht und Wirklichkeit

Historienbilder sind „Geschichtsbilder". Oft stellen sie einen besonders aufsehenerregenden Moment der Vergangenheit dar. In der Regel sind Historiengemälde als Auftragsarbeiten mit einer Zielsetzung entstanden. Im Mittelpunkt steht meistens eine große, handelnde Einzelpersönlichkeit, die in einem bestimmten Licht erscheinen soll. Die Erinnerung an das abgebildete Ereignis oder an die Person soll Handlungen in der Gegenwart rechtfertigen.

Historiengemälde verraten uns deshalb oft mehr über die Zeit, in der sie entstanden sind, als über das abgebildete Ereignis selbst. Deshalb sind sie nicht als objektive Quelle anzusehen, sondern vielmehr als Darstellung und Deutung der behandelten Zeit bzw. der Personen, indem sie etwas Symbolhaftes, überzeitlich Bedeutsames zu zeigen versuchen.

Arbeitsschritte Historiengemälde deuten

1. Schritt: Das Bild beschreiben
– Welches Ereignis ist dargestellt?
– An welchem Ort spielt sich das Geschehen ab?
– Welche Personen sind zu sehen? Welche stehen im Mittelpunkt?

2. Schritt: Die Entstehung des Bildes untersuchen
– Wer hat es gemalt?
– Wer hat es in Auftrag gegeben?
– Für welchen Zweck wurde es geschaffen?
– Welcher Zeitraum liegt zwischen dem Ereignis und der Entstehung des Bildes?
– Hat der Maler das Geschehen selbst miterlebt?

3. Schritt: Bild und Wirklichkeit vergleichen
– Suche nach Abbildungen (Fotos, Gemälde, Zeichnungen usw.), die das gleiche Ereignis zeigen.
– Ziehe gegebenenfalls schriftliche Informationen und Quellen heran.

4. Schritt: Die Aussage des Bildes erschließen
– Was wollte der Maler dem Betrachter zeigen? Berücksichtige, ob es Abweichungen zwischen Bild- und weiteren Quellenaussagen gibt.
– Welche Wirkung wollte der Künstler beim Publikum erreichen?
– Welche Informationen erhalten wir über das zentrale Thema des Bildes hinaus, die z. B. Aufschluss geben über politische, gesellschaftliche Verhältnisse oder über die Kultur (zur Zeit des dargestellten Ereignisses bzw. des Künstlers)?

M2 Die Proklamation des Deutschen Kaiserreichs im Spiegelsaal zu Versailles am 18. 1. 1871,
Gemälde von Anton von Werner, 1885. Das 1,70 × 2,00 m große Bild (3. Fassung) war ein Geschenk Kaiser Wilhelms I. an Bismarck zu dessen 70. Geburtstag. Es hängt heute im Bismarck-Museum in Friedrichsruh. Die weiße Uniform hat Bismarck am 18. Januar 1871 nicht getragen.

M3 Die Gefühle des Kaisers

Wilhelm I. schrieb am 18. Januar 1871 aus Versailles an seine Gemahlin Augusta:

Eben kehre ich vom Schlosse nach vollbrachtem Kaiserakt zurück! Ich kann Dir nicht sagen, in welcher morosen[1] Emotion ich in diesen letzten Tagen war, teils wegen der hohen Verantwortung, die ich nun zu übernehmen habe, teils und vor allem über den Schmerz, den preußischen Titel verdrängt zu sehen! In einer Konferenz gestern mit Fritz [dem Kronprinzen], Bismarck und Schleinitz [Minister des Königlichen Hauses] war ich zuletzt so moros, dass ich drauf und dran war, zurückzutreten und Fritz alles zu übertragen! Erst nachdem ich in inbrünstigem Gebet mich an Gott gewendet habe, habe ich Fassung und Kraft gewonnen!

Briefe Kaiser Wilhelms des Ersten, hg. von Erich Brandenburg, Leipzig (Insel) 1911, S. 254.

1 mürrischen

M4 „Fälschungen"?

Der Historiker Michael Sauer schrieb 2000:

Bis in die jüngste Zeit hat man von Werners Gemälde als eine geradezu fotodokumentarische Wiedergabe des Geschehens aufgefasst … Gerade die Genauigkeit und Realität der Details indes täuscht darüber hinweg, dass es sich bei der „Kaiserproklamation" um eine Inszenierung und Stilisierung der Ereignisse handelt … Tatsächlich hat Werner ja den Krönungsakt miterlebt und ihn skizziert. Aber der Maler hat mit seinem Bild nicht einfach eine Wiedergabe des Ereignisses, sondern eine historische Deutung und Würdigung geliefert … [In Bild M1 erscheint die Reichsgründung – Verf.] als Werk der Fürsten, aber mehr noch der Militärs … [Bild M2 – Verf.] rückt … eine andere Perspektive in den Vordergrund, nämlich die preußische … Im Zentrum des Bildes stehen Wilhelm und seine drei Paladine[1] Bismarck, Moltke und Roon. … [Tatsächlich hat Bismarck – Verf.] in Versailles einen blauen Waffenrock getragen, … und Roon hatte wegen Krankheit an der Zeremonie gar nicht teilgenommen.

Michael Sauer, Bilder im Geschichtsunterricht, Seelze-Velber (Kallmeyer) 2000, S. 118 f.

1 treue Gefolgsleute

1 Analysiere anhand der Arbeitsschritte jeweils eine Deutung für M1 und M2.
2 Vergleiche M1 mit M2 und stelle die Unterschiede fest. Konzentriere dich dabei auf die Hauptpersonen Wilhelm I. und Bismarck.
3 Suche nach Erklärungen für die von dir notierten Unterschiede. Berücksichtige dabei die Textquelle M3 und den Historikertext M4.
4 Diskutiert in der Klasse die Frage, ob man Historienbilder als „Fälschungen" bezeichnen kann.

Die Verfassung von 1871: Einheit vor Freiheit und Demokratie?

Die Verfassung des Kaiserreichs

Das Deutsche Reich von 1871 war nach dem Vertrag der Fürstentümer und Freien Reichsstädte ein Bundesstaat*. Die Verfassung des Reiches jedoch war unter der Regie des preußischen Ministerpräsidenten Bismarck entworfen worden. Sie sollte die Monarchie sichern, das demokratisch gewählte Parlament als Machtfaktor weitgehend ausschalten und einen liberalen Nationalstaat verhindern. Der preußische Teilstaat umfasste etwa zwei Drittel des Reichsgebietes, drei Fünftel der Reichsbevölkerung wohnten in Preußen. Im Reichsheer stellte es zwei Drittel der Soldaten. Im Bundesrat, der Vertretung der Regierungen aller Mitgliedsstaaten des Reiches, hatte Preußen 17 von 58 Stimmen. Überstimmt werden konnte es nur, wenn mehrere Mittelstaaten sich zusammenschlossen. Die Reichsverfassung war gegen den Willen Preußens nicht zu verändern.

Wenn auch die Einzelstaaten nicht mehr souverän waren, so besaßen sie doch eigene Hoheitsrechte, z. B. im Justiz- und Schulwesen, in der Steuer- und Finanzpolitik sowie in Verfassungs- und Gesetzgebungsangelegenheiten. Als Preis für seinen Beitritt zum Deutschen Reich erhielt Bayern Sonderrechte („Reservatrechte"; siehe M7, M8, S. 113). Im Bundesrat hatte Bayern sechs, die übrigen Königreiche hatten nur vier Stimmen. Da das Reich kein Staatenbund* mehr war, rangierte das Reichsrecht vor dem Landesrecht.

Gegenüber der Paulskirchenverfassung von 1848/49 enthielt die Reichsverfassung keine Grundrechte, die den Einzelnen vor staatlicher Willkür schützten. Sie gab es nur in einzelnen Länderverfassungen. Die kaum kontrollierte Macht des Kaisers und das Übergewicht Preußens wurden von Kritikern der Verfassung als weitere Schwachpunkte benannt.

M2 Preußen und das Reich

Freiherr von Mittnacht vor dem württembergischen Parlament am 7. Dezember 1899:

Preußen ist für sich allein eine Großmacht, der König von Preußen ist zugleich deutscher Kaiser, der preußische Ministerpräsident zugleich Reichskanzler. Preußen wird und kann niemals die politische Führung im Reiche in wichtigen Angelegenheiten, vielleicht in Lebensfragen der deutschen Nation aus der Hand geben. Wir leben … in einem Bundesstaat, in welchem ein Einzelstaat eine ganz überwiegende Macht und Bedeutung hat, und diesem Staat die Führung und Initiative in Reichsangelegenheiten zu entwinden, das möge man sich nicht zu leicht vorstellen.

Verhandlungen der Württembergischen Kammer der Abgeordneten auf dem 34. Landtag in den Jahren 1899/1900. Protokoll-Band III, Stuttgart, 1900, S. 2141.

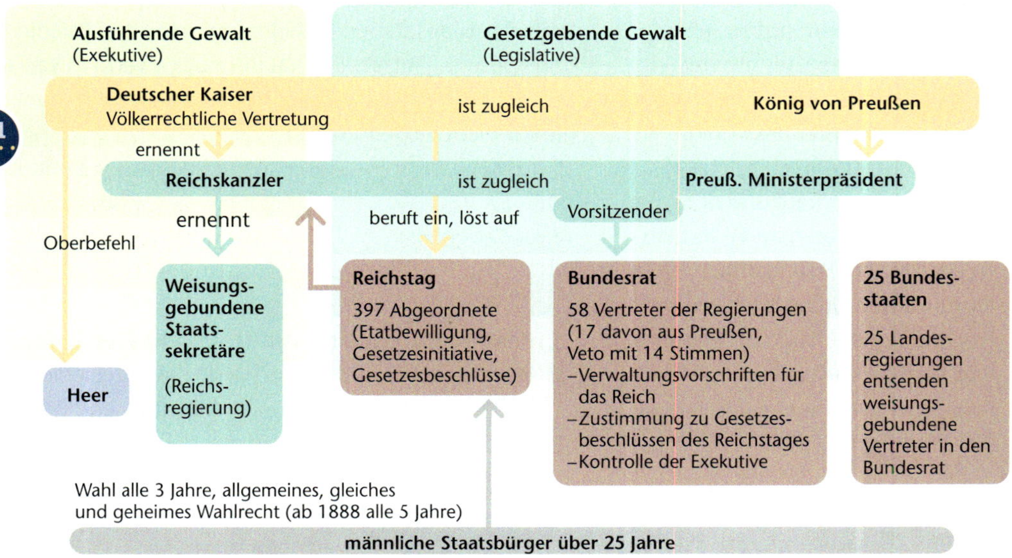

M1 Die Verfassung des Deutschen Reiches von 1871. Als Nationalfarben für das Deutsche Reich wurde Schwarz-Weiß-Rot gewählt, zuvor die Farben des Norddeutschen Bundes, gebildet aus Schwarz-Weiß, den Farben Preußens, sowie Weiß-Rot, den Farben Brandenburgs und der Hansestädte.

Kein Grundrechte!

M3 Über den Reichstag

Bismarck in einem Brief an Ludwig II. von Bayern (12. August 1878):

Der Zweck des Deutschen Reiches ist der Rechtsschutz; die parlamentarische Tätigkeit ist, als der bestehende Bund der Fürsten und Städte gegründet wurde, als ein Mittel zur Erreichung des Bundeszweckes, aber nicht als Selbstzweck aufgefasst worden. Ich hoffe, dass das Verhalten des Reichstages die verbündeten Regierungen nicht zwingen wird, die Konsequenzen dieser Rechtslage jemals praktisch umzusetzen. Aber ich bin mir nicht sicher, ob die Mehrheit des jetzt gewählten Reichstages schon der richtige Ausdruck der … loyal und monarchisch gesinnten Mehrheit der deutschen Wähler ist. Sollte das nicht der Fall sein, so wird die Frage einer … Auflösung in die Tagesordnung treten.

Michael Stürmer (Hg.), Bismarck und die preußisch-deutsche Politik 1871–1890, 3. Aufl., München (dtv) 1978, S. 128 f., bearb. d. Verf.

M4 Ein „persönliches Regiment"

Der Politiker Heinrich von Sybel beschrieb in einem für eine englische Zeitschrift verfassten Aufsatz 1871 die Grundlagen des deutschen Regierungssystems:

Bleibe nicht die Regierung des Königs oder des Kaisers, wenngleich einsichtig, gemäßigt und erfolgreich, trotz alledem ein gouvernement personnel[1]? Es würde nicht viel helfen … anzuführen, dass wir Parlamente haben … ein deutsches und ein preußisches, dass wir für beide das allgemeine und wenigstens für jenes auch das gleiche, direkte und geheime Stimmrecht besitzen, … dass sie [die Regierung] … keine Gesetze ohne parlamentarische Zustimmung erlässt … Aber nicht minder gewiss ist es freilich, dass das neue Reich kein verantwortliches Ministerium und sein Parlament kein Recht zur Ministeranklage … besitzt. Bleibt ein ministerieller Antrag oder Gesetzentwurf in der Minorität[2], so ist der Antrag freilich beseitigt, aber kein Minister denkt deshalb daran, seine Entlassung zu nehmen oder seinem politischen Verfahren eine andere Richtung zu geben. Wir haben eine konstitutionelle Monarchie, aber wir haben keine parlamentarische Regierung.

Heinrich von Sybel, Das neue deutsche Reich, in: Vorträge und Aufsätze, 2. Aufl., Berlin (Hofmann) 1874, S. 322 ff.

1 persönliches Regiment 2 Minderheit

M5 **Bismarck und der Reichstag**, Karikatur aus Ungarn, 1879

Grundwissen

Reichstag

Der Reichstag von 1871 wurde als Volksvertretung nach dem gleichen, geheimen, direkten Mehrheitswahlrecht von Männern über 25 Jahre gewählt. Er hatte in der Verfassung gegenüber dem Kaiser, dem Reichskanzler und dem Bundesrat eine schwache Stellung. Die Regierung war dem Parlament gegenüber nicht verantwortlich. Lediglich der Staatshaushalt (ohne Militäretat) wurde von ihm allein beschlossen.

1. Untersuche M1 (siehe Arbeitsschritte S. 31). Stelle einen Bezug zur Revolution von 1848 her.
2. Kläre mithilfe des Darstellungstextes die Machtverhältnisse nach der Verfassung von 1871.
3. Vergleiche die in M2 und M3 vertretenen Positionen.
4. Erläutere, wie Sybel die Verantwortlichkeit der Minister gegenüber dem Reichstag beurteilt (M4). Informiere dich über die heutige Stellung der Minister und des Bundeskanzlers gegenüber dem deutschen Parlament.
5. Analysiere M5 und vergleiche mit M3 und M8, S. 112/113.

Parteien und Verbände im Obrigkeitsstaat

Die Parteien in den 1870er-Jahren

Zu den wichtigsten Parteien im Reichstag gehörte die Nationalliberale Partei, die mit der Nationalstaatsgründung eng verbunden war und die Politik Bismarcks unterstützte. Bei den ersten Reichstagswahlen errang sie zusammen mit den Linksliberalen die Mehrheit im Reichstag. Ihre Wählerschaft hatte sie vor allem in den besitz- und bildungsbürgerlichen Berufsgruppen. Eine weitere politisch bedeutende Partei war das Zentrum. Es vertrat vorrangig die katholische Bevölkerung und stand in Gegnerschaft zu Bismarck. Die Deutsch-Konservativen, bei denen die Großgrundbesitzer das Sagen hatten, standen Bismarck wegen seiner liberalen Politik kritisch gegenüber; lediglich die Freikonservativen unterstützten den Reichskanzler. Die noch sehr kleine Sozialistische Arbeiterpartei Deutschlands (Sozialdemokraten) lehnte die Politik Bismarcks ab. Sie stellte die monarchische Herrschafts- und Gesellschaftsordnung prinzipiell infrage. Verstärkt durch eine Wirtschaftskrise kam es 1878/79 zu einer Wende in der Bismarckschen Politik: Es entstand eine Koalition konservativer Parteien aus Großindustrie und Großlandwirtschaft, die Eingriffe und Hilfen des Staates forderte.

Verbände – organisierte Interessen

Mit der Aufhebung der Vereinigungsverbote Anfang der Sechzigerjahre organisierten sich die Industriearbeiter in großer Zahl in den so genannten Freien Gewerkschaften, seltener in christlichen und liberalen Arbeitervereinigungen. Das Ziel einer Anerkennung als Tarifpartner konnten die Gewerkschaften erst nach dem Ende des Kaiserreichs (1918) durchsetzen.

Interessenverbände wurden auch auf Unternehmerseite gegründet, wie 1876 der Centralverband Deutscher Industrieller, 1893 der konservative Bund der Landwirte und 1898 der rüstungspolitisch aktive Flottenverein. Bürgerliche Frauen organisierten sich 1894 im Bund Deutscher Frauenvereine, vor allem mit dem Ziel, der Hausarbeit der Ehefrau und Mutter Achtung zu verschaffen und eine rechtliche Gleichstellung beim Zugang von Frauen zu Abitur und Studium zu erreichen. Die proletarische Frauenbewegung forderte die politische und gesellschaftliche Gleichstellung von Männern und Frauen, z. B. das Frauenwahlrecht und die Anerkennung der Frauenarbeit als Weg zur Gleichberechtigung.

Vorschlag für eine Gruppenarbeit

Auf den folgenden drei Doppelseiten findet ihr Materialien

a) zu Parteien und Verbänden im Kaiserreich (S. 118 f.) und zu zwei bedeutenden Konflikten des monarchischen Staates, und zwar

b) mit der katholischen Kirche (S. 120 f.) und

c) mit der Sozialdemokratie (S. 122 f.).

Diese Themen könnt ihr in Gruppen bearbeiten.

1 Erarbeitet die Materialien mithilfe der Arbeitsaufgaben und stellt eure Ergebnisse in der Klasse vor.

2 Diskutiert gemeinsam die Stellung von Parteien und Verbänden im Kaiserreich.

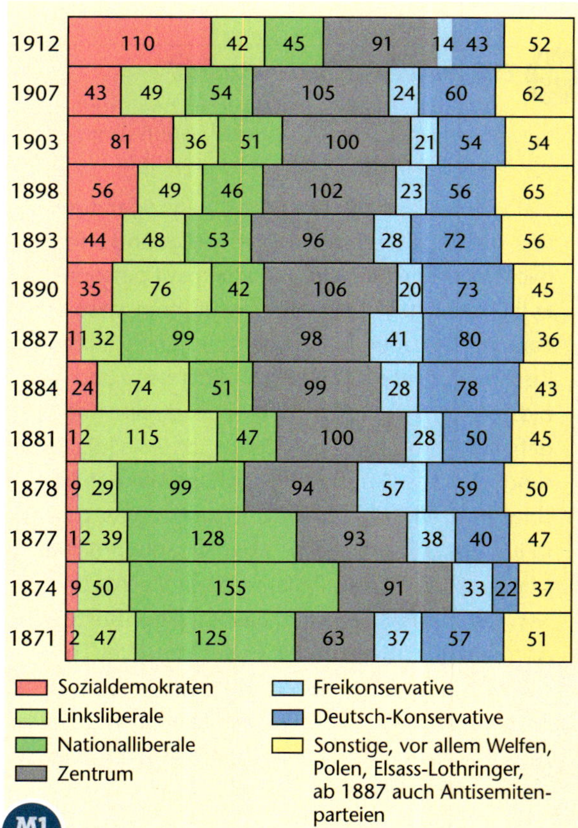

M1 Die Sitzverteilung der Parteien im Deutschen Reichstag 1871–1912

M2 Organisation … „das Wachsen der Masse“

Der sozialliberale Politiker Friedrich Naumann (1860 bis 1919) schrieb über die „Zeit der Organisation“ nach 1900:

Alle Verhältnisse werden vom Gedanken der Organisation, das ist der der Regelung der Menge, durchdrungen. Es wird ein Stolz des Menschen, in großen Betrieben zu stehen, in weite Verbindungen hineingezogen zu sein. … Selbst der Landmann beginnt sich zu organisieren. Alle fühlen, dass sie gemeinsam ihre Geschäfte machen müssen, dass auf Vereinzelung wirtschaftliche Todesstrafe gesetzt ist. Diese Änderung der Gegenwart ist eines der interessantesten Erlebnisse. Es kommt uns allen unerwartet, denn die Parole der geistigen Bewegung, die der Gegenwart vorausging, war die Unabhängigkeit des Einzelmenschen … Und doch ist heute alles voll von Motiven anderer Art. Alle Teile des Volkes treten mit Forderungen an den Staat heran … Der Staat und die Verbände werden Wirtschaftsfaktoren … So wirkte das Wachsen der Masse.

Friedrich Naumann, Werke, Bd. III, Köln, 1966, S. 104 f.

M4 Organisierter Nationalismus, Werbepostkarte des Alldeutschen Verbandes, 1914

M3 „Der Sozialismus vertreibt den Vampir des Kapitalismus“, Titelabbildung einer Zeitung zum 1. Mai 1899

Grundwissen

Parteien

(lat. pars = Teil) In der Politik der Zusammenschluss von Menschen mit gemeinsamen politischen Vorstellungen und Zielen. Merkmale einer Partei sind: 1. dauerhafte Organisation, 2. Parteiprogramme, 3. Wille zur Einflussnahme, z. B. durch Wahlen und Teilnahme an der Regierungsgewalt. Parteien im modernen Sinne entstanden mit dem Parlamentarismus seit der Mitte des 19. Jahrhunderts aus Wahlvereinen und politischen Klubs.

1 Erarbeite aus dem Darstellungstext die Ziele der genannten Parteien und Verbände. u. ihre Stellung zu Bismarck

2 Beschreibe anhand von M1 die Entwicklung der Parteien im Reichstag und schätze ihren politischen Einfluss bis 1912 ein.

3 Vergleiche an M3 und M4 beispielhaft die „Organisierung“ von politischen Vorstellungen und Interessen. Kläre dazu: Sozialismus, Kapitalismus, Nationalismus und ziehe M2 mit heran.

Der „Kulturkampf“

Spannungen in der Gesellschaft

Das Deutsche Reich war ein kompliziertes Gebilde aus Einzelstaaten mit unterschiedlichen politischen und konfessionellen Traditionen. Bismarck sah sein Ziel, das Deutsche Reich zu einer europäischen Großmacht zu festigen, vor allem dadurch gefährdet, dass politische und gesellschaftliche Kräfte, wie z. B. die sich politisch organisierenden Industriearbeiter ihre jeweiligen Interessen gegen den Willen der Regierung durchzusetzen versuchten. Einer der schwierigsten innenpolitischen Krisenherde entwickelte sich aus dem Gegensatz zwischen dem monarchischen Staat in Verbindung mit dem protestantischen Liberalismus einerseits und dem „überstaatlichen“ Katholizismus andererseits. Dieser grundlegende Konflikt erschütterte den mit der Reichsgründung noch keineswegs gefestigten Nationalstaat. Er beschränkte sich nicht auf die Auseinandersetzung zwischen traditionellen gesellschaftlichen Gruppen, sondern betraf das Leben von Millionen Menschen im Lande. Der Konflikt steigerte sich vor allem deshalb so stark, weil es – aus Sicht der Beteiligten – um Grundüberzeugungen und höchste Werte ging.

Der „Kulturkampf“

Im Deutschen Reich waren von 41 Mio. Reichsbürgern (1871) ungefähr 62 Prozent Protestanten und 36 Prozent Katholiken. Während die evangelische Kirche traditionell Entscheidungen der Regierung akzeptierte und mittrug, machte die katholische Kirche ihre Stellungnahme von der Weisung des Papstes abhängig. Dieser „Staat im Staate“ störte im Konzept Bismarcks, zumal die Zentrumspartei, die sich als politische Vertretung der Katholiken verstand, aus den Reichstagswahlen 1871 als zweitstärkste Partei hervorgegangen war. Eine politische Kraft, die nicht zu kalkulieren, geschweige denn zu steuern war, musste nach Bismarcks Ansicht ausgeschaltet werden. Deshalb wurden zahlreiche Gesetze erlassen, die die Stellung des Staates gegenüber den Kirchen stärkten.

Letztendlich aber verlor Bismarck den so genannten Kulturkampf. Er konnte die Verbindung zwischen Kirche, Zentrum und deutschen Katholiken nicht zerstören. 1886/87 wurde der Konflikt formell mit den „Friedensgesetzen“ beendet.

M1 **Der große Kampf des Jahrhunderts,** Karikatur aus der in Barcelona erscheinenden Zeitung „La Madeja politica“, 1874. Der Papst mit dem Schild „Unfehlbarkeit“ kämpft gegen Preußen mit dem Schild „Moderne Weltanschauung“.

M2 Eine Mobilmachung gegen den Staat

Bismarck griff die Zentrumspartei am 30. Januar 1872 vor dem preußischen Abgeordnetenhaus an:

Wie ich gefunden habe, dass die Fraktion [Zentrumspartei], von der ich sprach, im Reichstage sich bereitwillig Elemente aneignete, deren fortdauernder prinzipieller … Widerspruch gegen den preußischen Staat und gegen das Deutsche Reich notorisch[1] war, … da bin ich mir immer klarer in der Besorgnis geworden, dass wir durch diese Partei zu der bedauerlichen Situation kommen würden, in der wir uns befinden … Aber wir können den dauernden Anspruch auf eine Ausübung eines Teiles der Staatsgewalt den geistlichen Behörden nicht einräumen, und soweit sie dieselbe besitzen, sehen wir im Interesse des Friedens uns genötigt, sie einzuschränken, damit wir nebeneinander Platz haben, damit wir in Ruhe miteinander leben können.

Stenographische Berichte über die Verhandlungen der durch die Allerhöchste Verordnung vom 16. 11. 1871 einberufenen beiden Häuser des Landtages. Haus der Abgeordneten, Bd. 1, Berlin, 1872, S. 535 ff.

1 offenkundig, allbekannt

M3 „Kulturkampf“ in Köln

Der Historiker Adolf Klein schrieb 1992 über das staatliche Vorgehen gegen den Kölner Erzbischof Paulus Melchers:

Er war in mehreren Strafverfahren zu Geldstrafen verurteilt worden, weil er geistliche Ämter ohne die jetzt vorgeschriebene Anzeige an den Oberpräsidenten besetzt hatte. Da er die Geldstrafen nicht zahlte …, wurde er im Jahre 1874 für sechs Monate in der Kölner Strafanstalt „Klingelpütz“ zur Vollstreckung der Ersatzfreiheitsstrafen inhaftiert. Das machte den Erzbischof zum Märtyrer, was dem Staat kaum erwünscht sein konnte … Trotz allen Entgegenkommens der Gefängnisverwaltung geschahen Fehlgriffe … Als Ministrant für die täglich zu lesende Messe wies man ihm einen Zuhälter an. Die Zentrumspresse schlachtete das weidlich aus … 1876 erklärte der staatliche Gerichtshof für kirchliche Angelegenheiten den Kölner Erzbischof für abgesetzt. Die kirchlichen Stellen, die sich allein dem Kirchenrecht verpflichtet fühlten, nahmen das nicht zur Kenntnis. Der Erzbischof war nach Holland emigriert und leitete von dort die Diözese weiter. Unterdessen ließ der Staat die erzbischöflichen Vermögensverhältnisse durch einen königlichen Kommissar verwalten. Wie der Erzbischof, so wurden auch viele einfache Pfarrer wegen Verstoßes gegen die verschiedenen Kulturkampfgesetze strafrechtlich verfolgt. Nicht wenige Pfarren waren verwaist.

Adolf Klein, Köln im 19. Jahrhundert. Von der Reichsstadt zur Großstadt, Köln (Wienand) 1992, S. 246 f.

M4 Verhaftung des Kölner Erzbischofs, Holzstich, 1874

Gesetze gegen die Kirchen

1871 „Kanzelparagraph“: Den Geistlichen im Reich wird es verboten, in ihren Predigten staatliche Angelegenheiten „in einer den öffentlichen Frieden gefährdenden Weise“ zu behandeln.

1872 Schulaufsichtsgesetz: Alle Schulen in Preußen werden unter Staatsaufsicht gestellt.

1872 Jesuitengesetz: Verbot des Jesuitenordens

1873 „Maigesetze“: Ausbildung und Anstellung der Geistlichen in Preußen werden staatlich kontrolliert.

1874 Expatriierungsgesetz: Die Geistlichen im Reich können auf einen bestimmten Aufenthaltsort beschränkt oder ausgebürgert werden.

1874 Zivilstandsgesetz: Geburten, Todesfälle und Trauungen können nur noch von neu geschaffenen Standesämtern rechtswirksam beurkundet werden.

1875 „Brotkorbgesetz“: Preußen sperrt alle staatlichen Geldzuweisungen an die katholische Kirche.

1875 Klostergesetz: Verbot aller Orden in Preußen (Ausnahme: in der Krankenpflege tätige)

Grundwissen

„Kulturkampf“

Bezeichnung des liberalen Abgeordneten Virchow von 1873 für den grundlegenden Konflikt zwischen dem Deutschen Reich und der katholischen Kirche um die (Neu-)Bestimmung des Verhältnisses von Staat und Kirche. Bismarck scheiterte am Widerstand der katholischen Kirche.

1 Erkläre mithilfe von M2, warum Bismarck gerade diese Gesetze (Kasten) im „Kampf“ gegen die Kirche erließ. Nimm den Darstellungstext zu Hilfe.

2 Erörtere anhand der Materialien auf dieser Doppelseite, ob der Begriff „Kulturkampf“ den Konflikt zwischen Kirche und Staat treffend beschreibt.

3 Partnerarbeit: Schreibt zwei Zeitungsberichte über die Gefangennahme des Kölner Erzbischofs: einen für die dem Zentrum nahestehende „Kölnische Volkszeitung“ und einen für die in Berlin erscheinende liberale „National-Zeitung“. Lest sie einander vor und diskutiert, ob sie „realistisch“ erscheinen.

Der Kampf gegen die Sozialdemokratie

„Sozialistengesetz“ und Sozialgesetzgebung

Neben dem „Kulturkampf“ war die Auseinandersetzung zwischen der Reichsregierung unter Bismarck und der Sozialdemokratie der schärfste Konflikt im Kaiserreich. Bismarcks grundsätzliche Ablehnung aller sozialen oder gar sozialrevolutionären Bewegungen seit 1848/49 war tief in seiner aristokratisch-konservativen Grundeinstellung verankert: „Man kann ein Land nicht von unten regieren“, lautete seine Position gegenüber Volkssouveränität und Demokratie. Dass die unteren sozialen Schichten, insbesondere die Industriearbeiterschaft stetig anwuchsen und sich schließlich gewerkschaftlich und parteipolitisch zu organisieren begannen, erfüllte ihn mit Misstrauen.

Bismarck ging deshalb mit scharfen „vorbeugenden“ Maßnahmen gegen führende Sozialdemokraten wie Bebel und Liebknecht vor. Einen günstigen Anlass für ein „Sozialistengesetz“ boten Bismarck im Jahre 1878 zwei Attentate auf Wilhelm I. Obwohl eine Verbindung der Attentäter zur Sozialdemokratie nicht nachzuweisen war, gelang es Bismarck, im Reichstag mit den Stimmen der Nationalliberalen und Konservativen das „Sozialistengesetz“ durchzubringen. Es verbot alle sozialdemokratischen, sozialistischen oder kommunistischen Vereine, ließ allerdings die sozialdemokratischen Abgeordneten im Reichstag unbehelligt. Bismarck erreichte sein Ziel jedoch nicht: Die Zahl sozialdemokratischer Wähler verdreifachte sich von 493 000 (1877) auf 1 427 000 (1890). Im Reichstag von 1912 stellten die Sozialdemokraten die stärkste Fraktion. Der Reichstag beschloss 1890, das Sozialistengesetz nicht mehr zu verlängern.

Bismarcks Strategie war doppelt angelegt: Die Arbeiterbewegung wurde unterdrückt, zugleich sollte der Staat den „berechtigten Wünschen der arbeitenden Klassen“ durch Gesetzgebung entgegenkommen. Um die Arbeiterschaft für den Staat zu gewinnen, führte er zwischen 1883 und 1889 die staatliche Kranken-, Unfall-, Alters- und Invalidenversicherung ein. Wenn auch ursprünglich ungewollt, führte Bismarck damit das weltweit erste moderne System sozialer Sicherheit ein.

M1 **Kontrolle der Kranzschleifen auf dem Friedhof der Märzgefallenen in Berlin,** Foto, 1912.
Am 18. März jeden Jahres erinnerten Arbeiter an die Opfer der Revolution von 1848. Polizisten kontrollierten die Texte auf den Kranzschleifen und schnitten missliebige Verse heraus.

M2 Das „Sozialistengesetz“

Auszüge aus dem „Gesetz gegen die gemeingefährlichen Bestrebungen der Sozialdemokratie“ vom 21. Oktober 1878:

§ 1. Vereine, welche durch sozialdemokratische, sozialistische oder kommunistische Bestrebungen den Umsturz der bestehenden Staats- oder Gesellschaftsordnung bezwecken, sind zu verbieten.
§ 9. Versammlungen, in denen sozialdemokratische, sozialistische oder kommunistische, auf den Umsturz der bestehenden Staats- oder Gesellschaftsordnung gerichtete Bestrebungen zu Tage treten, sind aufzulösen.
§ 11. Druckschriften, in welchen sozialdemokratische, sozialistische oder kommunistische, auf den Umsturz der bestehenden Staats- oder Gesellschaftsordnung gerichtete Bestrebungen in einer den öffentlichen Frieden, insbesondere die Eintracht der Bevölkerungsklassen gefährdenden Weise zu Tage treten, sind zu verbieten.
§ 17. Wer an einem verbotenen Vereine als Mitglied sich beteiligt oder eine Tätigkeit im Interesse eines solchen Vereins ausübt, wird mit Geldstrafe bis zu fünfhundert Mark oder mit Gefängnis bis zu drei Monaten bestraft.

Reichs-Gesetzblatt 1878, S. 351 ff.

M3 **Die deutsche Sozialversicherung,** Plakat der Reichsregierung, 1913

M4 Die Sozialdemokratie in Trümmern

August Bebel, der Führer der Sozialdemokratie im Reichstag, berichtete 1913 in seinen Memoiren:

Sobald das Gesetz verkündet und in Kraft getreten war, fielen die Schläge hageldicht. Binnen weniger Tage war die gesamte Parteipresse mit Ausnahme des „Offenbacher Tageblatts" und der „Fränkischen Tagespost" in Nürnberg unterdrückt. Das gleiche Schicksal teilte die Gewerkschaftspresse mit Ausnahme des Organs des Buchdruckerverbandes, des „Korrespondenten". … Ebenso verfielen der Auflösung die zahlreichen lokalen sozialdemokratischen Arbeitervereine, nicht minder die Bildungs-, Gesang- und Turnvereine … Durch die Verfolgungen aufs Äußerste verbittert, zogen sie [die Sozialdemokraten] von Stadt zu Stadt, suchten überall die Parteigenossen auf, die sie mit offenen Armen aufnahmen, und übertrugen jetzt ihren Zorn und ihre Verbitterung auf ihre Gastgeber, die sie zum Zusammenschluss und zum Handeln anfeuerten. Dadurch wurde eine Menge örtlicher geheimer Verbindungen geschaffen … Der Vorgang erinnert an die Verfolgung der Christen in den ersten Jahrhunderten unserer Zeitrechnung durch die römischen Cäsaren und ihre Werkzeuge.

August Bebel, Aus meinem Leben, bearb. v. Ursula Herrmann, Berlin (Dietz) 1983, S. 509 ff.

Grundwissen

Sozialistengesetz
Von Reichskanzler von Bismarck 1878 durchgesetztes „Sondergesetz" zur Unterdrückung der Sozialdemokratie (Auflösung von Vereinen, Ausweisungen, Druckverbote). Das Gesetz wurde 1890 aufgehoben.

Sozialgesetzgebung
Von Bismarck 1883 bis 1889 als „Antwort" auf die „soziale Frage" und die Arbeiterbewegung eingeführte Gesetze zur Kranken-, Unfall- und Rentenversicherung. Beginn moderner staatlicher Sozialpolitik.

1 Erläutere anhand des Darstellungstextes, warum die Sozialdemokratie von den herrschenden Schichten als Gefahr gesehen wurde. Nutze hierfür die Informationen auf S. 103.

2 Beschreibe M1. Lies zu den „Märzgefallenen" im Kapitel 2, S. 72 f. nach.

3 Nenne die Grundrechte, die durch das Sozialistengesetz (M2) verletzt wurden. Ziehe M4 hinzu.

4 Achte auf die Art der Darstellung und bewerte die beabsichtigte Wirkung (M3).

5 Zeige am Beispiel des Konflikts um „Sozialistengesetz" und Sozialgesetzgebung die Spannung zwischen politischer Absicht, Wirkung und Ergebnissen.

Wandel in Stadt und Land

Verstädterung im Kaiserreich

Die Verstädterung setzte in Deutschland nach der Mitte des 19. Jahrhunderts ein. Innerhalb weniger Jahrzehnte veränderte sich nicht nur das Gesicht vieler Städte, sondern auch ihr „Innenleben". Hatten 1871 etwa 36 Prozent der deutschen Bevölkerung in Städten über 2000 Einwohner gelebt, so waren es 1910 schon 60 Prozent. Die Großstädte lockten mit ihrer Industrie Arbeitskräfte an, denen per Eisenbahn und Pferdefuhrwerk die Familien und ihre gesamte Habe folgten.

Die Stadtverwaltungen standen vor neuen Herausforderungen: Sie mussten eine Wasser-, Gas- und Stromversorgung aufbauen und für Müllabfuhr, Kanalisation und Feuerwehr sorgen. Außerdem wurden Krankenhäuser, Schulen und Markthallen benötigt. Mit der Einführung des öffentlichen Nahverkehrs wurden die Städter mobil*: Wer es sich leisten konnte, baute sich sein Häuschen bzw. seine Villa im Grünen. In den Vorstädten dagegen – oft nahe bei den Fabriken bzw. Industriegebieten – entstanden große Mietskasernen, in denen viele Menschen auf engstem Raum wohnten.

Das ruhelose Tempo des Alltags und das vielseitige Angebot an Waren, an Kommunikationsmöglichkeiten, wie z. B. Telefon und Kino, an Unterhaltung jeder Art schufen einen bisher unbekannten Lebensstil. Die Stadt als Wirtschaftsraum wurde ergänzt durch die Stadt als Kultur- und Vergnügungsraum.

Wandel auf dem Land

Während in der Stadt immer mehr die berufliche Tätigkeit über den Platz in der Gesellschaft entschied, blieb in ländlichen Gebieten noch relativ lange der Landbesitz das wesentliche Kriterium für das soziale Ansehen. Dabei gab es regionale Unterschiede: In Südwestdeutschland, wo die Höfe relativ klein waren, fielen die Unterschiede zwischen den Bauern, den Landarbeitern, den Knechten und Mägden nicht so sehr ins Gewicht.

Deutlicher waren die sozialen Gegensätze in den östlich der Elbe gelegenen Teilen des Kaiserreichs. Die dort ansässigen adligen Gutsbesitzer waren in ihren Bezirken oft die alleinigen Arbeitgeber. Sie setzten die Pfarrer und Lehrer ein und übten die örtliche Polizeigewalt aus.

Der wirtschaftliche Wandel machte sich auch auf dem Land bemerkbar: Immer mehr Bürgerliche erwarben seit Beginn des 19. Jahrhunderts Landgüter. Als Ende der 1870er-Jahre unter dem Druck der amerikanischen Konkurrenz die Getreidepreise sanken und die Gutsherren ihr Personal durch preiswertere Dreschmaschinen und Mähmaschinen ersetzten, mussten sich viele Landarbeiter in den Städten nach neuen Verdienstmöglichkeiten umschauen. In den Spitzenmonaten der Erntezeit mangelte es auf den Gütern nun an Arbeitskräften, deshalb holten die ostelbischen Gutsbesitzer und auch die Bauern aus Nord- und Westdeutschland Saisonarbeiter aus Pommern, Ostpreußen und Polen.

M1 **Nürnberg, Königstorstraße,** Postkarte, Farbdruck nach einem kolorierten Foto, 1910

M2 „Die Gesellschaft" wird mobil

Der Historiker Hermann Glaser schilderte 1994 die Einführung neuer Verkehrsmittel im Kaiserreich:

Die Veränderungen des Straßenbildes erfolgten zunächst in der Großstadt; zum Gewimmel der Kutschen, Fuhrwerke, Pferdeomnibusse kam als Erstes die elektrische Straßenbahn; bald tauchten Fahrräder auf und schließlich die ersten Autos ... Ursprünglich hatten die Fahrräder nur dem Sport gedient; man organisierte sich dazu in exklusiven Bicycle-Clubs. Als die „Knochenschüttler" durch Massenfabrikation [um 1895] billiger geworden waren, wurden sie ein allgemeines Beförderungsmittel für Arbeit und Freizeit ... Das Auto, soweit es nicht gewerblich genutzt wurde, gehörte zum Statussymbol der Oberklassen [„Herrenfahrer"]; doch leistete sich auch mancher Angehörige des Mittelstandes ein Auto zum Privatvergnügen. Um 1914 gab es in Deutschland rund 55 000 Personenkraftwagen, 9000 Lastkraftwagen und 20 600 Krafträder. Auf die einzelnen Städte und Gegenden verteilt, bedeuteten freilich diese Zahlen zunächst nur eine geringe Verkehrsdichte. 1907 zählte man zum Beispiel in Karlsruhe 14 Motorräder, 50 Automobile und sechs Lastkraftwagen [1905 = 111 200 Einwohner].

Hermann Glaser, Industriekultur und Alltagsleben, Frankfurt a. M. (Fischer) 1994, S. 189, 193.

M3 Das Wachstum deutscher Großstädte

	Bevölkerung 1875	im Jahr 1910	Wachstum in %
Duisburg	37 380	229 438	513,8
Kiel	37 246	211 627	468,2
Essen	54 790	294 653	437,8
Leipzig	127 387	589 850	363,0
Düsseldorf	80 695	358 728	344,5
Frankfurt/M.	103 136	414 576	302,0
Köln	135 371	516 527	281,6
Dortmund	57 742	214 226	271,0
Chemnitz	78 209	287 807	268,0
Nürnberg	91 018	333 142	266,0
Hamburg	264 675	931 035	251,8
München	193 024	596 467	209,0
Berlin	966 859	2 071 257	114,2

Zusammengestellt nach Gerd Hohorst/Jürgen Kocka/Gerhard A. Ritter (Hg.), Sozialgeschichtliches Arbeitsbuch, München (C. H. Beck) S. 45.

M4 **Dienstmädchen warten in der Stellenvermittlung,** Foto, 1913. Dienstmädchen kamen meist aus ländlichen und ärmlichen Verhältnissen. Sie hatten geringere Rechte als z. B. Fabrikarbeiterinnen (Ausgangs- und Kleidervorschriften, körperliche Züchtigung). Viele sahen ihren Beruf als Übergangsstation bis zur Heirat. Bei Handwerkern und Kaufleuten galten sie wegen ihrer hauswirtschaftlichen Kenntnisse als „gute Partie".

M5 Wie ich mir „mein Mädchen" erziehe

Ein Ratgeber für die Hausfrau von 1909 empfahl aus eigener Praxis:

Finde ich des Abends bei später Heimkehr einmal eine der vorgeschriebenen Arbeiten nicht getan ..., so nehme ich wohl auch einmal Zuflucht zu einem Verschen, das ich auf einen Zettel schreibe, etwa: „Ei, was bin ich doch beschmutzt / Liese hat mich nicht geputzt! / Schnell ans Werk und reibe flink, / Blank die Wanne, Hahn und Ring." Diesen Zettel hänge ich im Badezimmer am Wasserhahn auf und bin gewiss, am andern Morgen alles blitzblank und das Mädchen mit dankverschämtem Lächeln vorzufinden.

Die Welt der Frau (1909). Zit. nach Cornelia Julius, Marga S. und Grete N., in: Praxis Geschichte, H. 5, 1994, S. 44.

1. Erläutere mithilfe der Darstellungstexte den Wandel in Stadt und Land.
2. Setze M3 in einen Bezug zu deinen Ergebnissen aus Aufgabe 1 und erörtere die Folgen für die Menschen.
3. Untersuche anhand von M1 und M2, wie „Mobilität" dargestellt wird. Diskutiere die jeweiligen Aussagemöglichkeiten der beiden Quellenarten.
4. Gib deinen Eindruck von der Tätigkeit und gesellschaftlichen Stellung eines Dienstmädchens wieder (M4, M5).

M6 Im Sachsengängerzug

Franz Rehbein musste sich als Vierzehnjähriger eine Arbeit suchen, da sein Vater gestorben war und seine Mutter ihn und seine vier Geschwister nicht ernähren konnte. Er erinnerte sich 1911:

Um die Osterzeit, kurz nach meiner Schulentlassung, bereiste ein Agent[1] aus Köslin die Gegend, um „Landarbeiter nach Sachsen" anzuwerben. Alles konnte der Mann gebrauchen: Männer und Frauen, Mädchen und Jungen. Schon einige Jahre vorher hatte er mit einem gewissen Vorschnitter Höhnke zusammen sowohl aus der Stadt wie aus den umliegenden Dörfern ganze Trupps von Landarbeitern angeworben, die vom Frühjahr bis zum Spätherbst kontraktlich[2] zur Arbeit auf den Zuckerfabriken der Magdeburger und Braunschweiger Gegend oder auf verschiedenen Gütern von Hannover, Oldenburg und Schleswig-Holstein verpflichtet worden waren. Meistenteils waren diese Arbeiter zum Winter wieder nach der Heimat zurückgekehrt; jedoch hatten es auch zahlreiche Einzelne wie auch ganze Familien vorgezogen, der Heimat für immer Valet[3] zu sagen und dort zu bleiben. Der Agent verstand es ausgezeichnet, den Leuten den Mund wässrig zu machen. Nach seinen Darstellungen war „Sachsen" einfach das gelobte Land, wo Milch und Honig floss … Kaum hatte ich die Erlaubnis meiner Mutter zur Abwanderung erlangt, so suchte ich auch schon den Agenten auf, um mich ebenfalls als Sachsengänger einschreiben zu lassen. Er tat zuerst zwar so, als sei ich noch ein „bisken reichlich klein" … Hier sprang nun der Vorschnitter Höhnke ein. „Den Bünzelt[4] könnte ich gebrauchen", meinte er, „der kann Ochsenjunge auf der Zuckerfabrik werden; da wird's nicht so genau genommen." Gleichzeitig holte er ein Kontraktformular hervor und forderte mich auf, meinen Namen darunterzusetzen. „Zu lesen brauchst du das gar nicht erst, Junge", sagte er dabei, „du kriegst auf der Fabrik 6 Groschen Tagelohn, und wenn du tüchtig bist, wird dir das Fahrgeld nicht vom Lohn abgezogen." Mit dieser summarischen Erklärung begnügte ich mich auch vollauf; gingen mir doch lediglich die 60 Pfennige Tagelohn im Kopfe herum. Welches Glück! Ich sollte als vierzehnjähriger Junge in Sachsen ebenso viel verdienen wie ein vollwertiger Tagelöhner in meiner hinterpommerschen Heimat!

Franz Rehbein, Das Leben eines Landarbeiters, hg. v. Paul Göhre, Jena 1911, Nachdruck hg. v. Karl Friedrich Schafhausen, Darmstadt/Neuwied (Luchterhand) 1973, S. 59 ff.

1 Beauftragter eines Unternehmens 2 vertraglich
3 Lebewohl 4 Knirps

M7 Pferdewagen mit Sachsengängern in Berlin, Foto, 1908. Berlin war das Drehkreuz des preußischen Eisenbahnverkehrs. Die Sachsengänger kamen meistens am Schlesischen Bahnhof an und wurden mit Pferdewagen zum Lehrter Bahnhof weitertransportiert.

M8 Ostelbische Gutsherrschaft

Der Offizier Oldenburg-Januschau übernahm 1883 das Gut Januschau in Ostpreußen. Über seine „Leute" schrieb er 1936 in seinen Erinnerungen:

Auf meinen Gütern gelang es mir, einen sesshaften Arbeiterstand zu schaffen. Im Anfang musste ich manchem ungehorsamen und aufsässigen Gesellen persönlich entgegentreten und mit der Faust Ordnung und Gehorsam erzwingen. Im Laufe der Jahre wurden die schlechten Arbeiter dadurch abgestoßen und die guten angezogen. Mein Mittel zu diesem Ziel hieß Gerechtigkeit. … Der Landarbeiter ist immer eine der gesichertsten menschlichen Existenzen gewesen. Nach altem Herkommen … ist der Landarbeiter des deutschen Ostens für die Zeit seines Alters versorgt. Er wird nicht von Haus und Hof verjagt, sondern bleibt auf dem Gute wohnen … Söhne des Landarbeiters brauchen sich nicht nach Stellung und Beruf umzusehen. Sie treten ohne Weiteres an die Stelle ihres Vaters.

Elard Oldenburg-Januschau, Erinnerungen, Leipzig (Koehler & Amelang) 1936, S. 44 f.

Die Gesellschaft im Kaiserreich M9 (vereinfachtes Modell). 1910 machte der Adel etwa 0,3 bis 0,5 Prozent der Reichsbevölkerung von etwa 65 Millionen Menschen aus, das gesamte Bürgertum wohl nicht mehr als 15 Prozent.

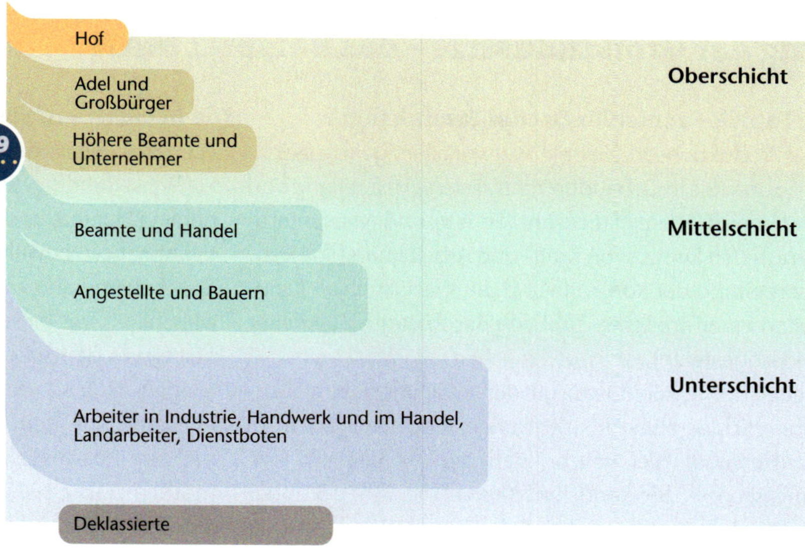

Eine Gesellschaft der Unterschiede

Die tiefgreifenden Veränderungen durch die Industrialisierung beschleunigten den Übergang zu einer Gesellschaft, in der weniger Herkunft, Rang und Adelsprivilegien als Leistung und Können von Bedeutung waren. Die führende Schicht im Kaiserreich blieb jedoch wegen seiner traditionellen Machtposition der Adel, obwohl in Politik und Verwaltung sowie beim Militär hohe Stellen immer häufiger mit Bürgerlichen besetzt wurden. Die bürgerliche Oberschicht bestand aus den Besitzbürgern, die leitende Positionen in der Wirtschaft einnahmen, und den Bildungsbürgern, die eine akademische Bildung besaßen. Die Mittelschicht bestand aus dem „alten" Mittelstand (selbstständigen Handwerkern und kleinen Kaufleuten), der unter der Konkurrenz der Fabriken und Warenhäuser litt, und dem „neuen" Mittelstand, einer stark wachsenden Schicht von Angestellten, die zumeist darauf bedacht war, sich von der Arbeiterschaft abzugrenzen.

Kennzeichnend für die arbeitende Unterschicht waren die ständige Unsicherheit des Arbeitsplatzes und die völlige Lohnabhängigkeit. Innerhalb der Arbeiterschaft bestanden große Unterschiede zwischen gelernten und ungelernten Beschäftigten. Die am besten qualifizierten Arbeiter orientierten sich am Lebensstil des Bürgertums. So genannte Deklassierte, wie Obdachlose, Arbeitslose und finanziell schlecht gestellte, alleinstehende Mütter mit unehelichen Kindern, waren von Almosen abhängig.

M10 **Schilder an Hauseingängen,** Foto, undatiert

5 Erarbeite anhand von M6 und M7, wie sich Industrialisierung und gesellschaftlicher Wandel am Beispiel der „Sachsengänger" zeigen.

6 Untersuche M6: Welche Wertung lässt Franz Rehbein in seine Erinnerungen einfließen? Welche Erfahrungen könnten hinter seiner Einstellung stehen?

7 Entwirf einen Brief, den Franz Rehbein aus seiner „neuen Heimat" an seine Mutter hätte schreiben können.

8 Prüfe, wie Oldenburg-Januschau sein Vorgehen darstellt und begründet (M8). Wie wirken seine Aussagen auf dich?

9 Erarbeite auf der Grundlage des Darstellungstextes, inwiefern von einer „Gesellschaft der Unterschiede" im Kaiserreich gesprochen werden kann. Ziehe M9 und M10 heran.

Entstehung der Großindustrie – das Beispiel MAN

Die Fabrik – zentraler Ort der Produktion

Der Produktionsort „Fabrik" war vor allem gekennzeichnet durch die in Gebäuden zentralisierte Herstellung von Waren in größerer Stückzahl (Serien- und Massenfertigung), den Einsatz von Kraft- und Arbeitsmaschinen zur Bearbeitung der Rohstoffe und die spezialisierten Tätigkeiten einer größeren Zahl von Beschäftigten (Arbeiter und Angestellte).

Neben der Textilindustrie gilt der Maschinenbau als weiterer „Schlüsselsektor" der frühen Industrialisierung in Deutschland. Hier vollzog sich der Aufstieg am eindrucksvollsten. So stieg zum Beispiel die Zahl der in der bayerischen Maschinenindustrie Tätigen von etwa 1000 im Jahre 1847 über 6545 (1882) auf 35 449 im Jahre 1907. Dennoch blieb der Anteil der in der Maschinenindustrie Beschäftigten an den übrigen Berufsgruppen in Bayern mit 2,4 Prozent recht gering – gegenüber rund 55 Prozent der in der Landwirtschaft Tätigen. Die Standortnachteile Bayerns, wie weite Transportwege für Kohle und Eisen, zwangen dazu, die Krafterzeugung durch Dampfmaschinen und die Fertigung durch stärkere Arbeitsteilung und hochqualifizierte Facharbeiter zu optimieren und die Lohnkosten niedrig zu halten.

Die Maschinenfabrik Augsburg-Nürnberg

Die 1840 gegründete Maschinenfabrik Augsburg stellte zunächst Rohguss, Kessel und Dampfmaschinen her, daneben Apparate und Maschinen für die Papier- und Textilfabrikation, bewahrte sich jedoch durch den Bau von Druckereimaschinen, Wasserturbinen und Getriebe für Maschinen vor einseitiger Abhängigkeit. Mit dem Bau der ersten deutschen Rotationsdruckmaschine für Zeitungen (1873), der Produktion von Kühlmaschinen (System Linde) seit 1876 und – nach mehrjährigen Versuchen – dem weltweit erstmaligen Bau von Dieselmotoren (ab 1897) wurde ein Produktionsprogramm aufgebaut, das wegen seiner Vielseitigkeit von konjunkturellen* Schwankungen relativ wenig betroffen war. In der Augsburger Fabrik waren um 1883 etwa 900 Arbeiter und Angestellte beschäftigt.

Die Maschinenfabrik Klett & Co. in Nürnberg (1841 eröffnet) produzierte vor allem Eisenbahnwagen und Brücken. Nach dem Abklingen des Eisenbahnbaus konnte die wirtschaftlich problematische Entwicklung durch den Bau von Dampfmaschinen sowie Gas- und Dieselmotoren und schließlich durch die Fusion mit der Maschinenfabrik Augsburg (1898) beendet werden.

M1 **Maschinenfabrik Augsburg**, Ansicht von 1907. Jede Abteilung hat eigene Fertigungsgebäude. Das Werk verfügt über einen Gleisanschluss. Im Hintergrund befinden sich werkseigene Arbeiterwohnungen.

M2 **Wagenbauarbeiter der MAN Nürnberg,** Foto, 1890

Daten zur Firmengeschichte der MAN nach 1900 (Auswahl)

1921 MAN wird durch die Gutehoffnungshütte (GHH), einen rheinischen Bergbau- und Hüttenbetrieb, übernommen
1945 Entflechtung des GHH-Konzerns durch die Siegermächte des Zweiten Weltkrieges
1955 MAN-Nutzfahrzeugwerk in München wird eröffnet
1971 Die Büssing-Werke (Motorlastwagen und Motoromnibusse, 1903 gegründet) gehen in der MAN auf
1979–2001 Übernahme verschiedener Druckmaschinen-, Nutzfahrzeug- und Motoren-Firmen in Deutschland, Dänemark, Österreich, Polen, Großbritannien und der Schweiz
1986 Verschmelzung MAN und GHH
2004 MAN hat 65 000 Mitarbeiter, davon 35 Prozent außerhalb Deutschlands.

M3 **Versuchsdieselmotor der MAN (Nürnberg 1893–95),** ausgestellt im MAN-Museum in Augsburg

1. Beschreibe anhand von M1 die Anlage eines Großbetriebes um 1900.
2. Erarbeite mithilfe des Darstellungstextes und des Kastens, mit welchen Produkten bzw. Produktinnovationen das Unternehmen MAN aufgebaut und entwickelt wurde.
3. Überprüfe anhand von M2 die These, Arbeit im Maschinenbau habe handwerkliche Züge gehabt. Vergleiche mit der Arbeit in der Textilindustrie.
4. Fertigt in Partnerarbeit mithilfe weiterer Informationen ein „Technik-Porträt“ zum Dieselmotor (M3) an.

Erziehung und Bildung

Der Wandel der Familie

Mit der Industrialisierung veränderte sich auch das private, alltägliche Leben der Menschen. Die in den unteren Schichten, z. B. bei Handarbeitern und Tagelöhnern, schon vor der Industrialisierung vorhandene Trennung von Wohnung und Arbeitsplatz wurde für Arbeiter, Angestellte und Unternehmer nun zur Regel. Die Erwerbsarbeit in der industriellen Gesellschaft verlagerte sich – anders als im traditionellen Handwerk und in der bäuerlichen Wirtschaft – aus der Familie heraus.
Nachdem die Heiratsbeschränkungen weggefallen waren, sank das Heiratsalter. Wenn ein Geselle einen Arbeitsplatz und eine kleine Wohnung hatte, konnte er an die Gründung einer Familie denken. Auch die medizinische Versorgung und die Verbesserung der allgemeinen Hygiene senkten z. B. die Säuglings- und Kindersterblichkeit erheblich, sodass die Bevölkerungszahl schnell anstieg. Ebenso änderten sich die Vorstellungen über die Beziehungen zwischen Mann und Frau und die Ziele der Erziehung: Bei Eheschließungen spielte weniger der Wille der Eltern als vielmehr die Liebe zwischen den Partnern eine Rolle. Kinder sollten nun umsorgt und durch Spielen und Lernen auf das Leben vorbereitet werden. Tatsächlich setzten sich diese Vorstellungen aber recht langsam und zuerst nur in den bürgerlichen Familien durch.

M1 **„Familienbild"**, Gemälde von Johann Baptist Reiter, um 1870

Bildung für die Industriegesellschaft

Wie sollte eine Ausbildung aussehen, die den Anforderungen einer modernen Industriegesellschaft entsprach, wie sie sich im letzten Drittel des 19. Jahrhunderts entwickelte? Die Wirtschaft bot ein breites Spektrum an Berufen, die spezielle Qualifikationen benötigten. Gleichzeitig stieg die Massenproduktion und damit der Bedarf an „billigen", ungelernten Arbeitskräften. Einen Beruf zu erlernen, wurde nicht nur für Söhne und Töchter von Arbeiterfamilien wichtig, sondern auch für viele „höhere Töchter" aus bürgerlichen Familien, da sie, wenn sie ledig blieben, nicht mehr wie früher als Hausdame bei Verwandten ihr Auskommen fanden. Viele von ihnen wurden Lehrerinnen, denn dieser Beruf galt als standesgemäß. Eine den Männern gleichwertige schulische und akademische Ausbildung war ihnen allerdings verwehrt. Erst um 1900 wurden Mädchen zu Abitur und Studium zugelassen.

Schule zwischen Tradition und Modernisierung

Das Schulwesen im Kaiserreich zeigt dem heutigen Betrachter zwei Gesichter: die traditionelle Untertanenerziehung einerseits und einen starken Modernisierungsschub andererseits. Kaiser Wilhelm II. erklärte 1889 bei der Entlassungsfeier einer Berufsschule für junge Arbeiter: „Worin zeigt und bewährt sich denn die Vaterlandsliebe eines deutschen Jünglings? – Zuerst und vor allem darin, dass er den Gesetzen und Ordnungen gehorcht, welche im Lande gelten, dass er dem Kaiser und dem König gibt, was des Kaisers und Königs ist … Von diesem Standpunkte aus müsst ihr auch die persönlichen Leistungen ansehen, die der Staat von euch verlangt: die Steuern und, was in euren Jahren namentlich wichtig ist, das Waffentragen fürs Vaterland."
Neben den bestehenden Gymnasien entstanden Realgymnasien und Oberrealschulen als weitere „höhere" Schulen, deren Lehrpläne stärker auf mathematische und naturwissenschaftliche Bildung sowie auf praktische Anforderungen des Berufs- und Wirtschaftslebens ausgerichtet waren.
Die große Mehrzahl der Schülerinnen und Schüler, um 1900 etwa 90 Prozent, besuchte die achtjährige Volksschule, drei Prozent gingen auf die Mittelschule, die nach der 9. oder 10. Klasse Berufswege auf „mittlerer" Ebene in Industrie und Verwaltung eröffneten. Etwa sieben Prozent besuchten höhere Schulen.

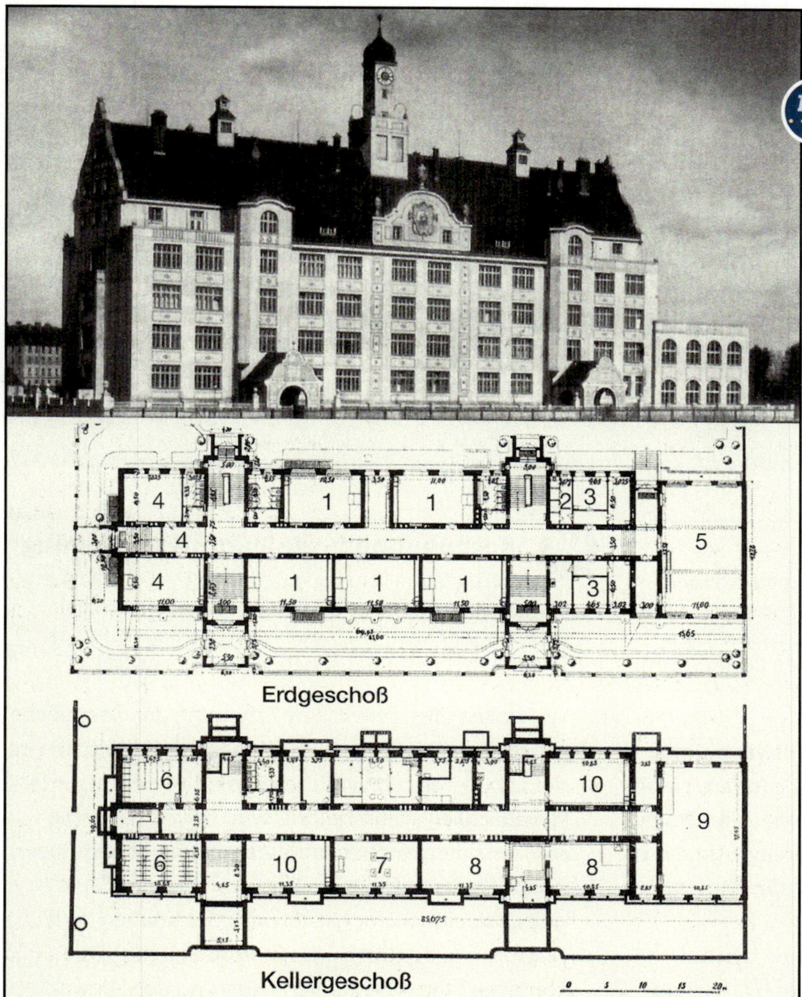

1 Klassenzimmer
2 Karzer (Schulgefängnis)
3 Hausmeister
4 Kindergarten
5 Turnhalle
6 Brauseraum (mit Ankleideraum) für das kostenlose wöchentliche Duschbad
7 Schulküche für den Unterricht der Mädchen
8 Schülerwerkstätte (Metallbearbeitung) für den Unterricht der Knaben
9 Schülerwerkstätte (Holzbearbeitung) für den Unterricht der Knaben
10 Mädchen- bzw. Knabenhort

M2 Außenansicht und Grundrisse des neuen Münchner Schulhauses an der Ridlerstraße (1904/05). Georg Kerschensteiner (1854–1932), ein bedeutender Schulreformer, war um 1900 Stadtschulrat in München. Er entwarf nicht nur Reformprogramme, sondern setzte seine Vorstellungen zur Bildungsreform auch in die Wirklichkeit um. Sein Modell einer reformierten Volksschule nannte er „Arbeitsschule".

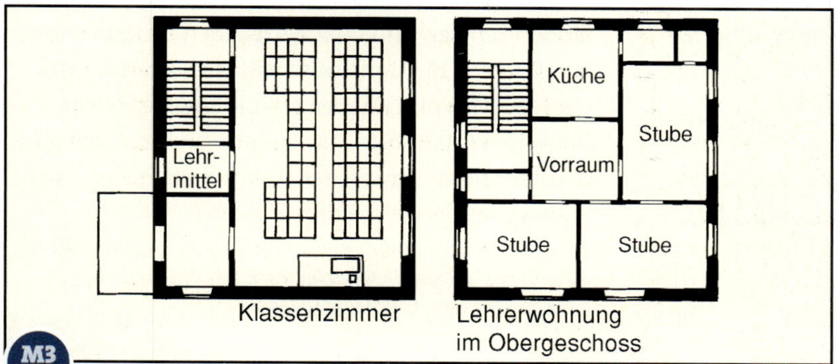

M3 Grundriss einer einklassigen Volksschule, erbaut um 1910

1 Erarbeite anhand des Darstellungstextes den Wandel der Partnerbeziehungen und der Familie in der Zeit der Industrialisierung. Ziehe M1 heran.

2 Beurteile die Bedeutung der Bildung in der entstehenden Industriegesellschaft (Darstellungstext). Ziehe S. 93 mit heran.

3 Erläutere mithilfe des Darstellungstextes die „zwei Gesichter" des Schulwesens im Kaiserreich.

4 Untersuche anhand von M2 und M3 den Zusammenhang zwischen Industrialisierung und Schulreform.

5 Informiere dich anhand von Lexika und Internet genauer über Georg Kerschensteiner und berichte in der Klasse.

Schulklasse, Foto, 1918. M4
Als fortschrittlich galt damals der Einsatz von Anschauungsmaterial wie Wandkarten und -bilder.

M5 Lernen in einer Dorfschule

Aus den Erinnerungen von Jann Berghaus, während der Weimarer Republik preußischer Regierungspräsident in Aurich, an seine Schulzeit in der zweiklassigen Volksschule (Jahrgänge 1 bis 8) des ostfriesischen Dorfes Schirum um 1880:

[Im Religionsunterricht] wurde viel auswendig gelernt, oft recht mechanisch. Eines der größeren Mädchen las z. B. aus dem Gesangbuch eine Zeile des betreffenden Liedes laut vor, die ganze Klasse sprach im Chor nach. War ein Gesangvers zu Ende, fing man von vorne an …

Der Deutschunterricht war im Wesentlichen auf Schreib- und Leseübungen beschränkt. Das Schönschreiben ins Schreibheft nahm einen recht weiten Raum ein. Der Unterricht war aber nicht Klassen- oder Abteilungsunterricht, sondern jeder übte für sich …

Dem Leseunterricht lag ein umfangreiches Lesebuch zu Grunde … Unter den geschichtlichen Lesestoffen fand man z. B. die Reichsgründung und Darstellungen von den letzten Kriegen. Auch Beschreibungen von Landschaften …, von seltsamen außereuropäischen Tieren hatten einen Platz gefunden …

(Im Rechenunterricht rechnete jedes Kind) für sich aus dem Rechenbuch. Die Kontrolle der Antworten, ob eine Aufgabe richtig gerechnet war, ergab sich aus den beigefügten Antworten, die auf den letzten Seiten des Buches zu finden waren. Wollte das Richtige nicht herauskommen, fragten die kleineren die größeren Schüler um Beistand.

Jann Berghaus erzählt. Lebenserinnerungen, hg. von S. J. Meyer-Abich, Aurich, 1967, S. 30 f.

M6 „Koedukation" – die Zukunft der Bildung

Hedwig Dohm (1831–1919) wuchs mit 17 Geschwistern auf. Mit 15 Jahren beendete sie die höhere Töchterschule. Sie engagierte sich – als Mutter von fünf Kindern – in der Frauenbewegung. 1910 schrieb sie in einem Artikel:

Wir wollen die gemeinsame Erziehung der Geschlechter. Durch die Trennung der Knaben und Mädchen in der Schule wird von vornherein die Geschlechtsunterschiedlichkeit scharf betont, wird darauf hingewiesen, dass dem Knaben anderes – das heißt mehr gebühre als dem Mädchen. Und damit ist der Grund gelegt zu einer Geringschätzung des Knaben dem Mädchen gegenüber. Eine Geringschätzung, die konsequenterweise zur Verweigerung des Stimmrechts führen musste …

Die Sorge, dass die höhere Intelligenz der Knaben durch das mindere Geistesgefüge der Mädchen gehemmt werde, ist durch die amerikanischen Resultate als erledigt zu betrachten.

Hinfällig ist auch die Sorge um die bedrohte Sittlichkeit bei der Koedukation[1]. Nirgends in den betreffenden Schulen sind sittliche Schäden zu Tage getreten. Erfahren die kameradschaftlichen Beziehungen der Mädchen und Knaben ab und zu einen leicht sinnlichen Einschlag – immer noch besser als die gegenstandslosen, erotischen Abirrungen, die ja in der Pubertätszeit unvermeidlich scheinen.

Zit. nach Elke Kleinau/Christine Mayer (Hg.), Erziehung und Bildung des weiblichen Geschlechts, Bd. 1, Weinheim (Deutscher Studienverlag) 1996, S. 157 ff.

1 Gemeinschaftliche Schulausbildung von Mädchen und Jungen

M7 Chemieunterricht für Mädchen?

Aus dem Vorwort eines Chemie-Schulbuchs für höhere Mädchenschulen (1885):

Es würde … vollständig verfehlt sein, den Unterricht in der Chemie in den höheren Mädchenschulen in der wissenschaftlichen, systematischen Ausdehnung zu treiben, wie dies für höhere Knabenschulen vorgeschrieben ist. Es ist vielmehr der Lehrstoff wie in allen anderen Unterrichtsfächern der höheren Mädchenschulen so auch hier „einer durchgreifenden Sichtung zu unterwerfen, welche das für die weibliche Bildung Wertvolle heraussucht und die weiblichen Lebensverhältnisse zu ihrem Rechte kommen lässt." Nach diesem … Grundsatz … sind hauptsächlich betont die Stoffe und Vorgänge, welche uns täglich entgegentreten und namentlich in der Hauswirtschaft und Familien-Gesundheitspflege, diesen wichtigen Gebieten weiblichen Wirkens, eine bedeutende Rolle spielen.

Albert Fricke, Chemie, 7. Aufl., Braunschweig (E. Appelhans & Comp.) 1908, S. III.

M8 Mädchengymnastik in der Volksschule, um 1900

Schulformen im Kaiserreich

Volksschule: 6.–14. Lebensjahr; einzige Schulform, die etwa 90 Prozent der Jungen und Mädchen eines Jahrgangs gemeinsam besuchen; Abschluss bereitet nicht auf die weiterführende Schule vor. Schulpflicht.

Mittelschule: Endet nach dem 9. Schuljahr mit der mittleren Reife. Schulgeld.

Gymnasium: Nur für Jungen, endet mit dem 13. Schuljahr (Abitur). Schulgeld.

– Humanistisches G.: Schwerpunkt auf „klassischer" Bildung (Latein und Griechisch).

– Realgymnasium, Oberrealschule: Humanistische Bildung wird mit naturwissenschaftlicher und berufspraktischer Bildung verbunden.

Höhere Mädchenschule: Einzige weiterführende Schule für Mädchen, Abschluss nach der 10. Klasse; danach Möglichkeit, das Lyzeum bis zur 12. Klasse zu besuchen; seit 1908 Mädchenabitur. Schulgeld.

6 Erörtere anhand von M5 die Vor- und Nachteile des Lernens unter den Bedingungen eines nicht nach Jahrgängen gegliederten Unterrichts einer Dorfschule im Kaiserreich.

7 Schildere deinen Eindruck vom Unterricht in M4 und M8. Was würdest du heute als „fortschrittlich" in deinem Unterricht beschreiben?

8 Untersuche M6 mithilfe des Modells zur Quellenanalyse S. 37. Vergleiche mit M7.

9 Beschreibe anhand des Kastens die Schulformen im Kaiserreich. Achte besonders auf die Schulformen, die Zahlung von Schulgeld und die Bildungsmöglichkeiten für Jungen und Mädchen.

10 Erarbeite mithilfe der Materialien auf den Seiten 130 bis 133: a) die Bildungsziele des monarchischen Staates; b) die Reformvorstellungen zum Schulwesen.

Antisemitismus

„Organisierter" Antisemitismus

Seit den 1870er-Jahren traten trotz rechtlicher, wenngleich nicht überall tatsächlicher Gleichstellung der Juden drei neuartige Elemente der Judenfeindschaft auf, die über die bisherigen Vorurteile und Angriffe gegenüber den Juden hinausgingen:

1. Die so genannte Rassenlehre*, durch keinerlei wissenschaftliche Erkenntnisse begründet, wertete Völker nach biologischen Merkmalen und stufte die „semitische Rasse" niedriger ein als die „arische Rasse". Zwischen beiden „Rassen" bahnte sich ein angeblich unausweichlicher Existenzkampf an. Dazu verband sich der Antisemitismus* mit einem radikalisierten Nationalismus.

2. Über dumpfe Vorurteile und kurzzeitige Pogromstimmungen hinaus begannen sich die Anhänger des neuen Antisemitismus, in Parteien und Verbänden zu organisieren, um ihre Ziele durchzusetzen.

3. Der wachsende Antisemitismus gegenüber den Juden, die im Kaiserreich etwa ein Prozent der Bevölkerung umfassten, hatte vor allem wirtschaftliche und kulturelle Gründe: Der starke wirtschaftliche Aufschwung nach der Reichsgründung brach bereits 1873 wieder zusammen. Gesellschaftliche Gruppen, wie Landwirte, Handwerker und Kaufleute, erlebten die so genannte Gründerkrise als bedrohlich, verloren jegliche Hoffnung und suchten die Schuld dafür bei den Juden. Darüber hinaus wurden sie für die mit der Industrialisierung verbundenen Veränderungen und Probleme verantwortlich gemacht. Für die von vielen abgelehnte „Modernisierung" wurde „der" Jude zum Sündenbock gemacht.

M1 Unsere Aussichten

Unter diesem Titel beschäftigte sich der Historiker Heinrich von Treitschke 1879 mit der aufkommenden Propaganda gegen die Juden:

Was wir von unseren israelitischen Mitbürgern zu fordern haben, ist einfach: Sie sollen Deutsche werden, sich schlicht und recht als Deutsche fühlen – unbeschadet ihres Glaubens und ihrer alten heiligen Erinnerungen, die uns allen ehrwürdig sind … Keine deutsche Handelsstadt, die nicht viele ehrenhafte, achtungswerte jüdische Firmen zählte; aber unbestreitbar hat das Semitentum an dem Lug und Trug, an der frechen Gier des Gründer-Unwesens[1] einen großen Anteil, eine schwere Mitschuld an jenem öden Materialismus unserer Tage, die jede Arbeit nur noch als Geschäft betrachtet und die alte gemütliche Arbeitsfreudigkeit unseres Volkes zu ersticken droht; in tausenden deutscher Dörfer sitzt der Jude, der seine Nachbarn wuchernd ausverkauft … Überblickt man alle diese Verhältnisse, … so erscheint die laute Agitation des Augenblicks doch nur als brutale und gehässige, aber natürliche Reaktion des germanischen Volksgefühls gegen ein fremdes Element, das in unserem Leben einen allzu breiten Raum eingenommen hat.

Heinrich von Treitschke, Unsere Aussichten, in: Preußische Jahrbücher, 44 (G. Reimer) 1879, S. 572 ff.

1 Wirtschaftsboom der Gründerjahre 1871–1873

M2 Postkarte aus Frankfurt am Main, 1897.

Der Text lautet: „Geehrter Herr Pfarrer! Da ich mich aus dem Judengewimmel in der Stadt in obiges Lokal geflüchtet habe, um in Ruhe ein Pilsner zu schlürfen, gedenke ich Ihrer und sende die besten Grüße."

M3 **Der Kaufmann Max Stern in Niederstetten (Württemberg) mit Familie und Gästen,** Foto, 1912

M4 Die Juden unter Fremdenrecht

Der Vorsitzende des nationalistischen „Alldeutschen Verbandes", der Justizrat Heinrich Claß, forderte 1912:

Die Forderung muss sein: Die landansässigen Juden werden unter Fremdenrecht gestellt. Die Vorfrage lautet: Wer ist Jude, und schon sie muss mit Härte beantwortet werden, indem man zwar den Glauben als ursprüngliches Erkennungszeichen ansieht, aber die Rassenangehörigkeit ins Auge fasst und auch den vom jüdischen Glauben Abgewandten als Juden behandelt, gleichzeitig auch ... die Nachkommen von Mischehen ... Man müsste, um durchzuschlagen, bestimmen: Jude im Sinne des geforderten Fremdenrechts ist jeder, der am 18. Januar 1871 der jüdischen Religionsgemeinschaft angehört hat sowie alle Nachkommen von Personen, die damals Juden waren, wenn auch nur ein Elternteil jüdisch war oder ist ... Was aber soll das Fremdenrecht bestimmen? Es soll den Strich zwischen Deutschen und Juden ziehen und die Möglichkeiten einschränken, eine volksschädigende Wirkung auszuüben. Dahin gehören folgende Maßnahmen: Den Juden bleiben alle öffentlichen Ämter verschlossen ... Zum Dienst in Heer und Flotte werden sie nicht zugelassen. Sie erhalten weder aktives noch passives Wahlrecht. Der Beruf der Anwälte und Lehrer ist ihnen versagt; die Leitung von Theatern desgleichen ... Als Entgelt für den Schutz, den die Juden als Volksfremde genießen, entrichten sie doppelte Steuern wie die Deutschen.

Daniel Frymann (Pseudonym von Heinrich Claß), Wenn ich der Kaiser wär' – Politische Wahrheiten und Notwendigkeiten, Leipzig (Dietrich'sche Verlagsbuchhandlung) 1912, S. 74 ff.

M5 Ich habe kein anderes Blut als deutsches ...

Walther Rathenau (1867-1922), Sohn des Gründers der AEG, war Unternehmer, Schriftsteller und Politiker. 1922 wurde er als Außenminister der Weimarer Republik von Rechtsradikalen ermordet. 1916 schrieb er an einen antisemitisch eingestellten Freund:

Ich habe und kenne kein anderes Blut als deutsches, keinen anderen Stamm, kein anderes Volk als deutsches. Vertreibt man mich von meinem deutschen Boden, so bleibe ich deutsch und es ändert sich nichts ...
Meine Vorfahren und ich haben sich von deutschem Boden und deutschem Geist genährt und unserem, dem deutschen Volk erstattet, was in unseren Kräften stand. Mein Vater und ich haben keinen Gedanken gehabt, der nicht für Deutschland und nicht deutsch war; soweit ich meinen Stammbaum verfolgen kann, war es das gleiche ... Ich bin in der Kulturgemeinschaft der Juden geblieben, weil ich keinem Vorwurf und keiner Beschwernis mich entziehen wollte, und habe von beidem bis auf den heutigen Tag genug erlebt. Nie hat eine Kränkung dieser Art mich unwillig gemacht. Nie habe ich meinem, dem deutschen Volke, mit einem Worte oder einem Gedanken derlei vergolten.

Zit. nach Walther Rathenau, Ein preußischer Europäer, Berlin (Vogt) 1955, S. 146.

1 Erläutere, wie Treitschke in M1 die Begriffe Deutsche und Juden verwendet und überprüfe diese Begriffsverwendung anhand des Darstellungstextes.

2 Untersuche M4 mithilfe des Modells zur Quellenanalyse S. 37.

3 Überlege, welche Konsequenzen die gesellschaftliche Einstellung in M1, M2 und M4 für den jüdischen Kaufmann Max Stern und seine Kinder (M3) haben konnte.

4 Kläre anhand von M5, wie Rathenau der Judenfeindschaft begegnet.

5 Vergleiche die Verfolgung von Katholiken, Sozialdemokraten (S. 120–123) und Juden (S. 134/135) im Kaiserreich. Nenne Gemeinsamkeiten und Unterschiede.

Software zur Geschichte nutzen

M1 **Beispiel einer CD-ROM: Zeitalter der Industrialisierung.** Eine multimediale Entdeckungsreise, Cornelsen Software, 1999

Geschichte aus dem Computer?

Computer-Software zur Geschichte bietet Reisen durch die Zeit und macht Spaß. Nicht immer ist gleich zu erkennen, welche Ziele eine solche CD-ROM hat und was sie leisten kann. Deshalb ist es wichtig zu klären und zu untersuchen, welche Möglichkeiten Software-Angebote für das historische Lernen bieten, aber auch, welche Grenzen sie haben.

Häufig geht es dabei um Abenteuer-, Geschicklichkeits- und Rollenspiele. Schnelligkeit und rasches Entscheiden sind zumeist am wichtigsten. Geschichtliche Situationen und Hintergründe bilden oft nur die „Folie", auf der das Ganze abläuft. Historisches Lernen ist nicht immer das vorrangige Ziel solcher CD-ROMs.

Eine weitere Gruppe bilden die CD-ROMs als geschichtliche Nachschlagewerke. Wie die gedruckten Lexika sind sie vor allem als Informationsquelle gedacht, z. B. um schnell einen Begriff oder einen Sachverhalt zu klären, aber auch um einen Einstieg bei der Bearbeitung eines Sachthemas zu finden.

Lernprogramme zu historischen Themen sind eine weitere Gruppe in der Fülle der Software zur Geschichte. Sie sind sehr unterschiedlich aufgebaut und bieten mehr oder weniger verschiedene Möglichkeiten, sich in der Geschichte zu orientieren und vielleicht auch Ursachen, Folgen und Zusammenhänge zu verstehen.

Eine vierte Gruppe wird unter dem Begriff Dokumentationen zusammengefasst. Sie bieten vielfältige Materialien, lassen aber für eigene Aktivitäten häufig wenig Raum.

M2 „Spielen, Verstehen, Wissen"

Aus der Einführung in die CD-ROM „Zeitalter der Industrialisierung":

Die CD-ROM „Das Zeitalter der Industrialisierung" bietet eine spannende und lehrreiche Zeitreise in das 19. Jahrhundert. Das Programm dokumentiert, wie sich die gesamte Lebenswirklichkeit der Menschen durch die technologischen Umbrüche radikal veränderte.

Wie sehr sich der Alltag und die reale Umwelt veränderten, wird in fünf interaktiven Panoramabildern deutlich. Sie zeigen den Wandel einer Kleinstadt zur Industriestadt im Laufe des 19. Jahrhunderts. Prägen zu Beginn noch Äcker, Wiesen und Fachwerkbauten das Bild der Landschaft, so beherrschen im letzten Bild die Schlote der Fabriken und Stadthäuser die Szenerie.

Die fünf Bilder der fiktiven Gemeinde Holzkirchen sind auch Ausgangspunkte dafür, um sich mit den vielen Einzelheiten zu beschäftigen, die das Alltags- und Arbeitsleben, die technischen Entwicklungen, aber auch Fragen zur Mentalität und dem neuen Lebensgefühl jener Jahrzehnte ansprechen.

Holzkirchen ist aber auch Schauplatz jener mysteriösen Ereignisse, die – obwohl (sie) Jahrzehnte zurückliegen – der Anwender aufdecken soll. Um der Wahrheit näherzukommen, wird er historische Briefe, Augenzeugenberichte, Polizeiakten und die örtliche Chronik lesen müssen …

Über die „Registratur" kann der Benutzer alle Einzelthemen auch direkt ansteuern. Sie ist sozusagen die zentrale Informationsstelle.

Das vielfältige Bildmaterial, gesprochene Texte sowie untermalende Musik und Geräusche lassen das Zeitalter der Industrialisierung auf dem Bildschirm lebendig werden.

Um einen Überblick über die umfangreiche Themenvielfalt zu geben, sind hier alle Einzelthemen aufgelistet. Die gleiche Liste findet man in der Registratur, über die jedes Thema direkt angesteuert werden kann.

Beginn in England
Die Textilindustrie als Motor der Industrialisierung in England

Wirtschaftspolitik
Schranken fallen: der Zollverein
Von Banken und Aktien
Die Wirtschaftskrise von 1873
Von Löhnen und dem, was man sich davon leisten konnte

Wirtschaftstheorien
Adam Smith und die ökonomische Theorie Karl Marx und das „Kapital"

Wissenschaft und Technik
Die Dampfmaschine
Die Elektrizität
Charles Darwin
Die erste Weltausstellung
Das Zündnadelgewehr
Ein neues Bild der Wirklichkeit: Die Fotografie

Kohle und Stahl
Die Kohleförderung
Vom Eisenerz zum Stahl
Führung durch eine Stahlfabrik um 1912

Verkehrswege
Neue Straßen und Wege
Von Flüssen, Kanälen und Ozeanriesen

Eisenbahn
Von Lokomotiven
Das Eisenbahnwesen als Wirtschaftsfaktor

M3 Auswahl aus den Einzelthemen

Das Programm wird fast ausschließlich mit der „Maus" bedient. Nur an wenigen Stellen muss der Anwender Eingaben über die Tastatur vornehmen.

Die Anwendung baut auf vier wichtigen Programmbereichen auf:
- den Oberflächenbildern = den fünf Bildern von Hochkirchen
- den Einzelthemen
- der Registratur
- dem Rätsel = der Chronik von Hochkirchen

Am unteren Rand des Bildschirms befindet sich eine Steuerleiste, die während der Anwendung ständig sichtbar und aktiv ist. Je nach Programmbereich besitzt diese Leiste unterschiedliche Steuerbuttons.

M4 Aus den Informationen zur Steuerung durch das Programm

Arbeitsschritte: Software zur Geschichte nutzen

1. Schritt: Art und Thema der CD-ROM feststellen
Was liegt vor? Zum Beispiel:
– Text- und Quellensammlungen, Geschichslexika, z. B. eine Weltgeschichte mit interaktiven Karten;
– Lernprogramme, Trainingsprogramme, z. B. mit Übungen, Zeichen- bzw. Malprogramm;
– Dokumentationen, z. B. über eine historische Person oder über die Stadt im Mittelalter, ohne eigene Aktivitätsmöglichkeiten;
– Computerspiele als Ereignis- oder Abenteuerspiele, z. B. über das Geheimnis einer Burg.

2. Schritt: Anforderungen an Programm und Technik klären
– Gibt es eine Anleitung für die Bedienung?
– Ist ein Inhalts- oder Themenverzeichnis vorhanden?
– Ist der Aufbau der CD-ROM verständlich dargestellt?
– Muss man Vorwissen für die Bedienung mitbringen?

3. Schritt: Inhaltliche und methodische Verwendung untersuchen
– Geht es um einen engeren oder weiteren Themenkreis aus der Geschichte?
– Geht es um eine Aufzählung und Darstellung von Ereignissen?
– Werden Zusammenhänge und übergreifende Fragen behandelt?
– Wird Geschichte „erfunden" oder nahe an den Quellen dargestellt?
– Ist eine Gewichtung und Wertung bei der Aufbereitung der Fakten erkennbar?
– Sind die Darstellungen sehr stark vereinfacht, sodass sie zu vorschnellen Bewertungen und Urteilen führen können?
– Werden Probleme und offene Fragen genannt?
– Erscheint die Darstellung als abgeschlossen und endgültig?
– Werden auch „Fragen an die Geschichte" gestellt?
– Gibt es Nachweise zur Literatur, zu Quellen, Abbildungen, Tonträgern?

4. Schritt: Leistung der Software beurteilen
Fragen, die bei der Beurteilung der Software zu Art und Programm, Inhalt und Methode helfen können:
– Sind Anleitung und Führung durch das Programm klar und verständlich?
– Wird zur weiteren Auseinandersetzung mit dem Thema angeregt?
– Wird Interesse für Geschichte geweckt?
– Werden selbstständiges Arbeiten und Denken gefordert?
– Werden bestimmte „Bilder" von Geschichte als gegeben vermittelt und nicht problematisiert?

1 Prüfe, welche der in den Arbeitsschritten genannten Fragen bzw. Merkmale sich aus M1 bis M4 beantworten lassen.
2 Stellt in Gruppenarbeit CD-ROMs mit historischem Hintergrund, die ihr bereits kennt, der Klasse vor.
3 Untersucht ausgewählte Software-Programme zur Geschichte (Arbeitsschritte).

Leben in Deutschland 1850–1914 – ein Überblick

Merkmale der Industrialisierung in England

Die Industrielle Revolution begann in England. Diese in der Geschichtswissenschaft unumstrittene These erklärt nicht, warum ausgerechnet auf der britischen Insel eine Umwälzung der Arbeits- und Lebensbedingungen einsetzte. Vier Faktoren können vor allem als Erklärungen herangezogen werden:

1. Räumlich-klimatische Bedingungen und ein schnelles Wachstum der Bevölkerung begünstigten offensichtlich den Industrialisierungsprozess.
2. Marktwirtschaftliches Denken und Handeln sowie vorhandenes Kapital schufen eine „moderne" Landwirtschaft.
3. Technische und arbeitsorganisatorische Neuerungen im Textilgewerbe, im Bergbau und in der Eisen- und Stahlproduktion trieben sich wechselseitig an. Die heimgewerbliche und handwerkliche Produktionsweise wurde umgewälzt zu Gunsten neuer Technik und arbeitsteiliger Fertigung in den Fabriken.
4. Verbesserte Bildungsmöglichkeiten förderten die Ausbildung qualifizierterer Arbeitskräfte und trugen damit zu einer Steigerung der Produktivität der geleisteten Arbeit bei.

Industrialisierung im übrigen Europa

Gegenüber England wird die Industrialisierung im übrigen Europa als „nachfolgende" oder auch „abgeleitete" Entwicklung bezeichnet. In der Technik und Arbeitsorganisation verlief der Wandel ähnlich wie in England. Andere Wege wurden aber im Tempo der Industrialisierung, in der Herkunft der Unternehmer, des Kapitals und in der staatlichen Wirtschaftspolitik gegangen.
Für die Industrialisierung in Deutschland spielte das Ruhrgebiet eine zentrale Rolle. Unterstützt von Fördermaßnahmen des preußischen Staates beim Kanal- und Straßenbau sowie in der Handelsgesetzgebung gelang der Durchbruch in den späten 40er-Jahren des 19. Jahrhunderts. Die Abkehr von der merkantilistischen Wirtschaftsweise und die freie Berufs- und Wohnsitzwahl der Arbeitsuchenden nach der Mitte des 19. Jahrhunderts förderten den industriellen Wandel entscheidend.
Bayern kann als Beispiel für die „inselartige" Industrialisierung eines Agrarstaates in wenigen großen Städten mit Maschinenbau- und Textilindustrie-Gründungen gesehen werden.

Folgen der Industrialisierung

Der industrielle Wandel veränderte die Arbeits-, Wohn- und Lebensbedingungen grundlegend. Das Arbeitsverhältnis wurde zu einem „reinen" Lohnarbeitsverhältnis, die Arbeitskraft zur „Ware". Die Fabrikarbeit trennte Wohnung und Arbeitsplatz. Niedrige Löhne, lange Arbeitszeiten, strikte Fabrikordnungen und große Wohnungsnot in den wachsenden Industriestädten führten zu politischen Diskussionen in Staat und Gesellschaft über die „soziale Frage". Ansätze zur Lösung der sozialen Probleme kamen von der christlichen Sozialbewegung, von Sozialreformen des Staates (Sozialgesetzgebung) und der sich organisierenden Arbeiterbewegung, sodass sich im Laufe der Industrialisierung die Arbeits- und Lebensverhältnisse verbesserten. Eine Lösung ihrer Probleme sahen Teile der dem Sozialismus anhängenden Arbeiterbewegung in einer Ablösung des monarchischen Obrigkeitsstaates durch einen sozialistischen Staat.
Frauen organisierten sich zuerst in „Erwerbsvereinen", bis Anfang des 20. Jahrhunderts oft gegen den Willen der Obrigkeit und der „Männer-Gewerkschaften".

1769
• James Watt verbessert die Dampfmaschine entscheidend

um 1770
▸ **Beginn der Industriellen Revolution in England**

um 1785
• Erfindung des mechanischen Webstuhls

um 1833
• Kinderarbeit wird in England eingeschränkt

1835
• Eröffnung der ersten deutschen Eisenbahnlinie zwischen Nürnberg und Fürth

um 1840
▸ **Beginn der Industriellen Revolution in Deutschland**

1847/48
• Kommunistisches Manifest (Marx/Engels)

Der Weg zum Nationalstaat

Die Bildung eines Nationalstaates als „kleindeutsche Lösung“ vollzog sich unter dem Einfluss militärischer Konflikte Preußens mit Dänemark und Österreich, wesentlich beeinflusst durch den preußischen Ministerpräsidenten Bismarck. Während des Krieges gegen Frankreich 1870/71 verloren die Unterschiede zwischen den deutschen Staaten an Bedeutung. Die Ausrufung Wilhelms I. zum Deutschen Kaiser besiegelte die Reichsgründung unter preußischer Führung und ohne Österreich. Die 1871 erlassene Verfassung stellte jedoch die Vorherrschaft von König, Adel und Militär nicht infrage.

Parteien und Verbände

Zwar galt bei den Wahlen zum Reichstag das allgemeine gleiche Wahlrecht (zumindest für die Männer), dem Parlament fehlten aber wesentliche Rechte: So hatte es keinen Einfluss auf die Ernennung des Reichskanzlers und die Regierungsbildung. Im Unterschied zu 1848 waren 1871 die Grundrechte der Deutschen nicht in der Verfassung verankert worden. Die Parteien spiegelten die großen politischen Differenzen in der Gesellschaft wider. Die Interessen wirtschaftlicher und gesellschaftlicher Gruppen waren in unterschiedlichen Verbänden organisiert.

Wandel im Kaiserreich

Gesellschaft und Wirtschaft im Deutschen Kaiserreich waren von einem starken Wandel geprägt: Innerhalb weniger Jahrzehnte seit der Mitte des 19. Jahrhunderts vollzog sich eine intensive Verstädterung, verbunden mit einem beschleunigten Wachstum der Stadtbevölkerungen.
Konfessionelle Spannungen und soziale Probleme stellten den Staat vor enorme Herausforderungen.
Reformen des Unterrichts und die langsame Verbesserung der Mädchenbildung (Zulassung zum Abitur 1908) zeigen, dass das Deutsche Reich sich wandelte. Bismarck nutzte das Nationalgefühl zur Ausgrenzung von so genannten Reichsfeinden. Sein Kampf gegen die katholische Kirche (Kulturkampf) und die sozialdemokratische Partei (Sozialistengesetz) blieb jedoch erfolglos. Nationalistische Einstellungen führten zu Fremdenhass und einem verschärften Antisemitismus.

1 M1 entstand 1870 – ein Jahr vor der Gründung des Deutschen Reiches. Diskutiert in der Klasse die Aussageabsicht der Karikatur und stellt einen Bezug zu euren Kenntnissen über das Deutsche Kaiserreich her.

Wir wiederholen Begriffe und Methoden

Grundwissen

Industrielle Revolution	S. 93
Sozialismus	S. 107
Soziale Frage	S. 107
Arbeiterbewegung	S. 107
Bismarck	S. 111
1871: Reichsgründung	S. 113
Deutsches Kaiserreich	S. 113
Reichstag	S. 117
Parteien	S. 119
„Kulturkampf“	S. 121
Sozialistengesetz	S. 123
Sozialgesetzgebung	S. 123

Methoden

Statistiken auswerten	S. 94 f.
Historiengemälde deuten	S. 114 f.
Software zur Geschichte nutzen	S. 136 f.

M1 **„Kommt es unter einen Hut? Ich glaube, 's kommt eher unter eine Pickelhaube!“.** Österreichische Karikatur, 1870. Die Pickelhaube gilt als Symbol für das preußische Militär im 19. Jahrhundert.

1862
• Ernennung Bismarcks zum preußischen Ministerpräsidenten

1864
• Krieg Preußens und Österreichs gegen Dänemark

1866
• Krieg Preußens gegen Österreich

1869
• Gründung der Sozialdemokratischen Arbeiterpartei

1870/71
▸ Krieg der deutschen Staaten gegen Frankreich

1871
• Gründung des Deutschen Reiches

1872–78
▸ „Kulturkampf“

1873
• Gründerkrise

1878–90
▸ Sozialistengesetz

1890
• Entlassung Bismarcks durch Wilhelm II.

„Was ist des Deutschen Vaterland?“ – Aussagen über die Nation

Die Frage nach der „Nation“

„Was ist des Deutschen Vaterland?“ Das war die Ausgangsfrage des Schriftstellers Ernst Moritz Arndt (1769 bis 1860) für ein „vaterländisches“ Gedicht. Mit seinen Reden und Schriften setzte sich Arndt für die „nationale Erhebung“ gegen Napoleon ein und forderte die nationale Einheit Deutschlands. 1848/49 war er Mitglied der Frankfurter Nationalversammlung.

Wie Arndt setzten sich auch andere Menschen in seiner Zeit mit der Frage nach der Zukunft der Deutschen und Deutschlands, das ja als einheitlicher Staat (noch) nicht existierte, auseinander. Aus der älteren Vorstellung von den Deutschen als ein Volk – mit gemeinsamer Sprache und Geschichte – wurde in der ersten Hälfte des 19. Jahrhunderts, angeregt durch die Französische Revolution, ein politisches Nationalbewusstsein. Nachdem der Versuch, einen demokratischen Nationalstaat zu gründen, 1848/49 am Widerstand der monarchischen Obrigkeit und des Adels gescheitert war (siehe S. 82f.), gelang 1871 die Gründung eines deutschen Nationalstaates. Unter der Führung Preußens entstand allerdings „nur“ ein Staat ohne demokratisch-parlamentarische Strukturen – ein autoritärer Macht- und Obrigkeitsstaat als „kleindeutsche“ Lösung (siehe S. 78f.).

M1 **Der politische Struwwelpeter,** kolorierte Lithographie, 1848. Darstellung des Scheiterns der Revolution durch ein Ungeheuer mit Köpfen eines Lutheraners (Preußen), Katholiken (Österreich), Wühlers (Radikaldemokrat), Heulers (Konservativer), Royalisten, Terroristen und des zipfelmützigen Michel.

Welcher Aussage stimmen Sie am ehesten zu:

	West	Ost	18–24 Jahre	25–29 Jahre	30–44 Jahre	45–59 Jahre	ü. 60 Jahre
„Ich bin stolz ein Deutscher zu sein.“	31	27	7	9	23	34	45
„Ich freue mich, Deutscher zu sein, aber ich bin nicht stolz darauf.“	34	39	24	48	37	40	31
„Es ist mir unangenehm, als Deutscher gesehen zu werden.“	2	1	9	2	2	-	1
„Diese Frage beschäftigt mich nicht.“	27	26	57	32	35	22	12

M2 **Stolz auf Deutschland?**
Befragung von 1000 Personen im März 2001

M3 „Schwarz-Rot-Gold“

Karl Heinrich Schnauffer, ein bürgerlicher Liberaler, schrieb 1848:

Schwarz, Rot und Gold, das sind die Farben,
Die stolz der deutsche Bürger trägt;
Schwarz, Rot und Gold, das sind die Farben,
Für die er sich im Kampfe schlägt.

Das Schwarz, das ist die Warnung denen,
Die Deutschlands Freiheit noch bedrohn.
Das Rot, das ist das Blut von jenen,
Die für die Freiheit fielen schon.

Das Gold, das ist der Freiheit Segen,
Wenn Männer ihre Pflicht getan,
Drum schlagt auf Wegen und auf Stegen
Die heiligen drei Farben an.

Schwarz, Rot und Gold, das sind die Farben,
Drauf stolz das deutsche Auge sieht;
Schwarz, Rot und Gold – das sind die Garben,
Darin die Ernte Deutschlands blüht!

Zit. nach Peter Alter (Hg.), Nationalismus, München (Piper) 1994, S. 93f.

M4 Die „Nation" nach der Einheit 1990

Der Sozialwissenschaftler Ralf Dahrendorf (1990):

Wie man sich auch dreht und wendet, ja windet, die Nation ist wieder da und der Nationalstaat mit ihr, und zwar hier, mitten in Europa, in Deutschland … Die Frage ist nur, was denn Nation und Nationalstaat am Ende des 20. Jahrhunderts sinnvoll bedeuten können und wo ihre Grenzen liegen …
Nun haben die Autoren, denen die Nation Angst macht, … sich dabei ja etwas gedacht. Sie halten die Nation nicht nur für antiquiert[1], sondern für bedrohlich … Insoweit Nationalstaat Rechts- und Verfassungsstaat heißt, liegt darin kein Grund zur Klage oder Sorge … Es geht vor allem um Bürgerrechte, und diese verlangen verlässliche Institutionen in immer größeren, daher notwendig heterogenen[2] Gemeinwesen. Sie verlangen selbstbewusste Nationalstaaten in einem kooperativen Europa, das seine Grenzen so weit zieht wie möglich und aktiv mitwirkt an der Schaffung einer internationalen Ordnung des Rechts.

Ralf Dahrendorf, Die Sache mit der Nation. Zit. nach Peter Alter (Hg.), Nationalismus, München (Piper) 1994, S. 304 ff.

1 veraltet 2 vielfältigen

M6 Nationalstaat und Region

Aus einem Interview mit dem ehemaligen Bundespräsidenten Johannes Rau (1931–2006), März 2001:

Rau: Der Begriff Stolz ergibt sich in meinem Denken bei der Heimat und der eigenen Nation nicht …
Frage: Sehen Sie kein Bedürfnis nach einer nationalen Debatte?
Rau: Doch. Das ist ein Thema, das mich seit vielen Jahren umtreibt. Ich sehe darin auch ein Symptom für Verunsicherung, für die Suche nach Orientierung. Ich kann allen politischen Verantwortlichen nur raten, die Sorgen vieler Menschen ernst zu nehmen: die materiellen Sorgen genauso wie das Bedürfnis nach Identität, Tradition und Heimat …
Frage: Sie glauben also nicht, dass die Region in den europäischen Ländern die Nation ersetzen wird?
Rau: Nicht ersetzen, ergänzen. Ich halte den Nationalstaat für unverzichtbar, jedenfalls auf lange Sicht. Ich glaube, dass wir eine europäische Verfassung brauchen, für eine Föderation[1] von Nationalstaaten … In Zeiten der Globalisierung brauchen die Menschen eine stärkere Verwurzelung in der Region. Die Regionen formieren sich auch neu.

Der Spiegel, Nr. 13/2001 vom 26. 3. 2001, S. 29 f.

1 Zusammenschluss selbstständiger Staaten

M5 Schützenscheibe, Gemälde von Lorenz Kaim, 1862

1 Tragt anhand von M1 und M2 eure Kenntnisse und Meinungen zu den Begriffen „Vaterland", „Nation", „Stolz auf Deutschland" zusammen und formuliert Fragen zu diesem Thema, die für euch wichtig sind.

2 Erarbeite mithilfe des Darstellungstextes sowie M3 und M5, wie die „Nation" im 19. Jahrhundert gesehen wurde. Achte besonders darauf, wie M3 und M5 die geschichtliche Situation widerspiegeln.

3 Stelle zusammen, wie Dahrendorf (M4) und Rau (M6) die „Nation" beurteilen und welche Perspektive sie für die Zukunft Deutschlands als „Nationalstaat" sehen.

4 Nimm zu folgender These Stellung: Was eine „Nation" ist, kann eindeutig und dauerhaft beantwortet werden. Begründe deine Beurteilung.

5 Nehmt eure Fragen aus Aufgabe 1 auf und versucht, sie zu beantworten. Haltet Meinungsunterschiede fest.

4. Imperialismus und Erster Weltkrieg

„Verzichtet Deutschland auf die Erweiterung seines Wirtschaftsgebietes, so heißt dies: Deutschland kann nicht nur als politisch maßgebendes Land abdanken, sondern es geht auch wirtschaftlich zurück", warnte die Zentrumspartei auf der Rückseite der hier abgebildeten Postkarte. Damit war ihr Standpunkt klar: Das Deutsche Reich hat Anspruch auf ein großes Stück vom „Weltkuchen". Dieser Meinung waren viele Deutsche – allen voran Kaiser Wilhelm. Doch es gab auch kritische Stimmen, vor allem im Ausland. Denn seit 1870 hatte sich ein regelrechter Wettkampf zwischen den europäischen Mächten um den Erwerb von Kolonien entwickelt: Die USA wie die europäischen Industriestaaten setzten sich zum Ziel, ein Weltreich (lat. imperium) zu errichten und brachten deshalb Gebiete in Asien und Afrika unter ihre Herrschaft.
Dass dieser Wettlauf um die Vorherrschaft auf der Erde und die traditionellen Spannungen in Europa in den Ersten Weltkrieg (1914–1918), die „Ur-Katastrophe" des 20. Jahrhunderts, münden würden, war vorher nicht erkennbar und sicherlich auch nicht zwangsläufig. Rivalitäten und Misstrauen zwischen den großen Mächten wuchsen jedoch bis 1914 so stark an, dass ein Funke das „Pulverfass" zur Explosion bringen konnte.

Dass der im August 1914 begonnene Krieg sich von allen vorhergehenden unterscheiden würde, war Beobachtern schon in den ersten Kriegsmonaten klar: Auf allen Seiten wurde eine gigantische „Kriegsmaschinerie" in Gang gesetzt, die gesamte Zivilbevölkerung wurde an der „Heimatfront" in den Krieg einbezogen und es schien um die nationale Existenz der beteiligten Staaten zu gehen.

Im Kapitel kannst du untersuchen:
– welche Motive und Ziele mit dem Imperialismus verbunden waren,
– welche Folgen die imperialistische Politik der Großmächte für Europa hatte,
– welche grundlegenden Folgen für die Menschen und die Staaten der Erste Weltkrieg hatte.

Großes Bild: **Propaganda-Postkarte der Zentrumspartei zur Reichstagswahl 1912.** Die SPD-Politiker Liebknecht und Ledebour hindern Deutschland daran, an der „Aufteilung der Erde" teilzunehmen.
Oben rechts: **Afrikanische Kolonial-Arbeiterinnen an der Kette.** Postkarte aus Deutsch-Ostafrika, 1906 mit der Unterschrift „Negerweiber an der Kette"
Unten rechts: Erster Weltkrieg, Schlacht um Verdun, Foto, 1916

1 Beschreibe die Abbildungen und suche nach inhaltlichen Zusammenhängen.

Ziele und Methoden imperialistischer Politik

Das „Imperium“ als globales Ziel

In Europa hatte der Wiener Kongress 1815 auf eine Balance der Großmächte gesetzt. Dieses Ziel hatte sich mit dem Deutsch-Französischen Krieg 1870/71 als Illusion erwiesen, denn von einem politischen Gleichgewicht in Europa konnte seit der Gründung des Deutschen Reichs keine Rede mehr sein: Der neue Staat wuchs schnell zum ernsthaften Konkurrenten der anderen europäischen Mächte heran. Das beunruhigte vor allem Großbritannien und Frankreich, denn politische Kräfte in beiden Ländern hatten sich zum Ziel gesetzt, die eigene Macht zu vergrößern: „Greater Britain“, „Empire Francais“, so lauteten die häufigsten Schlagwörter. In politischen Debatten jener Zeit wurden die Begriffe „Imperialismus“ und „imperialistische Politik“ wie selbstverständlich verwendet, die in unserer Zeit eine negative Bedeutung haben, weil sie mit Eroberung und Herrschaft eines stärkeren über einen schwächeren Staat verbunden werden.

M1 **Das europäische Konzert,** Holzschnitt nach einer Zeichnung von Albert Robida auf dem Titelblatt der Pariser Zeitschrift „La Caricature“ vom 1. Juli 1882

Der „Wettlauf“ um Kolonien

Neu war die Idee von Besitz und Macht außerhalb Europas nicht – sie wurde seit Ende des 15. Jahrhunderts von Spanien, Portugal, Holland, Frankreich und England in ihren Kolonien praktiziert mit der Zielsetzung, diese Gebiete auszubeuten. Die Gründung der Vereinigten Staaten und die Loslösung lateinamerikanischer Kolonien von ihren Mutterländern zu Beginn des 19. Jahrhunderts waren für diese Länder ein empfindlicher Rückschlag. Insgesamt gesehen ging der Prozess beständiger Landnahme in zahlreichen Regionen in Übersee (Afrika, Asien) aber weiter. Er beschränkte sich im Wesentlichen jedoch auf leichter zugängliche Küstenregionen und erfolgte häufig durch Handelsgesellschaften, nicht offiziell durch die Regierungen.

Dies änderte sich zu Beginn der 80er-Jahre so massiv, dass die Zeitgenossen die neue Politik als „Scramble“, als „Wettlauf“ um die noch unverteilten Gebiete auf der Welt bezeichneten. Die alten Kolonialmächte nutzten ihre Handelsstützpunkte und Kolonien als Ausgangspunkte für nun viel umfangreichere territoriale Eroberungen. Im Vergleich zum alten Kolonialismus* hatte der „Imperialismus“ eine wesentliche Antriebskraft in der Industrialisierung, die den Grund legte für eine dynamisch steigende Wirtschaftskraft sowie eine technische und militärische Überlegenheit der europäischen Staaten gegenüber den nicht industrialisierten Ländern. Aber auch Staaten wie Japan und die USA und das vergleichsweise noch wenig industrialisierte Russland machten seit etwa 1880 die imperialistische Ausdehnung zum Ziel ihrer Außenpolitik. Deutschland sah sich unter Bismarck zunächst in der Rolle eines Schiedsrichters (Kongo-Konferenz 1884/85 in Berlin).

Der „Wettlauf“ um die Aufteilung der Welt veränderte auch die Beziehungen zwischen den Staaten. Die Spannungen erhöhten sich, neue Belastungen wie die Nationalbewegungen auf dem Balkan kamen hinzu, die zu ständigen Konflikten zwischen Russland, Österreich-Ungarn und dem Osmanischen Reich führten.

Farbe		Farbe	
Belgisch		Japanisch	
Britisch		Niederländisch	
Dänisch		Portugiesisch	
Deutsch		Russisch	
Französisch		Spanisch	
Italienisch		Besitz der USA	

Einflussgebiete der Kolonialmächte sind schraffiert dargestellt

Afgh. = Afghanistan
B. = Belgien
Bh. = Bhutan
Br.-Hon. = Britisch-Honduras
D. = Deutschland
Dän. = Dänemark
DR. = Dominikanische Rep.
H. = Haiti
Hon. = Honduras
K.-Wilh.-Ld. = Kaiser-Wilhelm-Land
Kam. = Kamerun
Kuw. = Kuwait
Öst. = Österreich-Ungarn
Mal. = Malaysia
Ndl. = Niederlande
Nica. = Nicaragua
Nig. = Nigeria
N.-Bor. = Nordborneo
Rhod. = Rhodesien

M2 Die koloniale Aufteilung der Welt, 1914

Wozu Kolonien? – eine Gruppenarbeit

Bearbeitet die Seiten 146 bis 149 in vier Gruppen (Großbritannien, Frankreich, Russland, USA). Untersucht Gründe und Methoden für die Einflussnahme in fremden Ländern. Stellt eure Ergebnisse der Klasse vor (z. B. Tafelanschrieb, Folie, Plakat) und vergleicht sie.

M3 Triebkräfte der imperialistischen Expansion

Imperialismus

- Suche der Industrieunternehmen nach Absatzmärkten und Rohstoffen
- Kapitalanlage in kolonialen Unternehmen

- Militärische Machtinteressen und Sicherheitsüberlegungen führten zu Gebietseroberungen und zur Errichtung von Stützpunkten

- Innenpolitische Spannungen (z.B. soziale Probleme, politische Bewegungen) wurden als imperiale Politik „nach außen abgeleitet"

- Kolonien als „Ventil" für die schnell wachsende europäische Bevölkerung

- Behauptung von der Überlegenheit der „weißen Rasse" (Sozialdarwinismus)

- Schwäche der außereuropäischen Länder verstärkt die Machtansprüche der Europäer

1 Untersuche M1 anhand der Arbeitsschritte von S. 22.

2 Informiere dich mithilfe der Karte M2, auf welche Ereignisse M1 anspielt.

3 Zeige, wie sich der Wettlauf um die Kolonien in M2 widerspiegelt.

4 Prüfe, welche der in M3 aufgeführten Triebkräfte imperialistischer Politik im Darstellungstext angesprochen werden.

5 Stelle Thesen von Befürwortern und Gegnern einer auf Eroberung von Kolonien gerichteten Politik gegenüber.

M4 Gründe für eine Kolonialpolitik Großbritanniens

Der konservative Politiker Benjamin Disraeli (britischer Premierminister 1874–1880) in einer Rede am 24. Juni 1874 im Kristallpalast in London:

4 A Wenn ich „konservativ" sage, so gebrauche ich das Wort in seinem reinsten und erhabensten Sinn. Ich will damit sagen, dass das englische Volk und besonders die arbeitenden Schichten Englands stolz darauf sind, einem großen Land anzugehören und seine Größe bewahren wollen – dass sie stolz sind, zu einem Imperium zu gehören und entschlossen sind, ihr Imperium, wenn sie können, aufrechtzuerhalten – dass sie überhaupt glauben, dass die Größe und das Weltreich Englands den altehrwürdigen Institutionen des Landes zuzuschreiben sind.
Wenn es das erste Ziel ist, die Institutionen des Landes aufrechtzuerhalten, so ist es meiner Meinung nach das zweite, das englische Empire zu stützen. Wenn Sie auf die Geschichte dieses Landes seit dem Aufstieg des Liberalismus – vor vierzig Jahren – blicken, so werden Sie finden, dass keine Bemühung ... von so viel Energie unterstützt und mit so viel Fähigkeit und Scharfsinn vorangetrieben worden ist wie die Versuche des Liberalismus, die Desintegration [Auflösung] des englischen Empire zu erreichen ...
Nun, was war das Ergebnis dieses Versuchs ...? Er ist gänzlich gescheitert. Aber warum ist er gescheitert? Dank der Sympathien der Kolonien mit dem Mutterland. Sie haben entschieden, dass das Empire nicht zerstört werden soll, und meiner Meinung nach wird kein Minister in diesem Land seine Pflicht tun, der eine Gelegenheit versäumt, so weit wie möglich unser koloniales Weltreich wieder aufzubauen und jenen Sympathiebekundungen aus der Ferne zu entsprechen, die die Quelle unschätzbarer Stärke und Beglückung für dieses Land werden können.

Zit. nach Wolfgang Mommsen, Imperialismus, Hamburg (Hoffmann und Campe) 1977, S. 47 f.

Der britische Außenminister Lord Robert Salisbury wies am 16. Oktober 1879 Edward Mallett, den englischen Generalkonsul von Ägypten, folgendermaßen an:

4 B Das Hauptziel unserer ägyptischen Politik ist die Erhaltung der Neutralität dieses Landes, d. h. die Erhaltung einer Situation, in der dort keine Großmacht mächtiger sein kann als Großbritannien ... Wir haben ... keinen Anlass, eine formelle Änderung des Status und der politischen Institutionen Ägyptens zu wünschen ... Unsere Repräsentanten in Ägypten sollen deshalb alles in ihrer Macht Stehende tun, um die einheimische Regierung ... zu unterstützen ... Es hat sich bereits zur Genüge gezeigt, dass die Muselmanen nicht bereit sind, einer Regierung zu gehorchen, die nominell europäisch ist bzw. deren maßgebende und herausragende Elemente europäisch sind ... Es ist deshalb von besonderer Bedeutung, der einheimischen Regierung zum Erfolg zu verhelfen. Aus diesem Grund sollte sie in ihrem eigenen Interesse weitgehend Europäer beschäftigen bzw. dazu gezwungen werden, wenn sie in dieser Beziehung ihre eigenen Interessen verkennt. Allerdings sollten die Europäer so weit wie möglich im Hintergrund bleiben ... Um die Stellungen, die den größten Einfluss ausüben und den geringsten Neid erwecken, sollten sich die Europäer bemühen.

Zit. nach Wolfgang Mommsen, Imperialismus, Hamburg (Hoffmann und Campe) 1977, S. 49 f.

M5 **„So kolonisiert der Engländer"**, Karikatur von Th. Th. Heine in der satirischen Zeitschrift „Simplicissimus", 1905

M6 Die Bedeutung von Kolonien für Frankreich

Jules Ferry (Ministerpräsident Frankreichs 1883–1885) äußerte sich 1882 folgendermaßen:

6 A Wenn die Republik nicht darauf verzichten kann, in Europa, im Orient und im Mittelmeerraum politisch wirksam zu werden, dann bedarf sie auch … einer Kolonialpolitik: Das bedeutet, dass man in dieser Hinsicht weder vergesslich noch unaufmerksam sein darf, sei es aus Geringschätzung oder aus Trägheit; man muss wachsam, aktiv und dazu bereit sein, alle notwendigen Opfer für die Bewahrung alter und neuer Besitzungen zu bringen, welche in unterschiedlichem Maße und in den verschiedenen Teilen der Erde dazu beitragen, den Namen Frankreichs in der Welt zu verbreiten … Die Konkurrenz zwischen den europäischen Nationen wird immer heftiger im Streit um diese weit entfernten Absatzmärkte, diese Niederlassungen an den Toren zur Barbarei, welche ein sicherer Instinkt dem alten Europa als Brückenköpfe der Zivilisation und als Wege in die Zukunft anweist. Die Bedürfnisse einer ständig wachsenden industriellen Produktion, … die Suche nach unerschlossenen Märkten, … die durch das moderne Leben so rasch entwickelten Tendenzen, die einzelne Völker veranlassen, ihren Blick über die Heimat hinauszurichten; die Wissenschaft, welche die äußersten Enden der Erde in wenige Stunden Entfernung von London, Berlin oder Paris rückt; die sichtbaren Fortschritte der europäischen Gesellschaft und der Friedensidee; all dies drängt die zivilisierten Nationen dazu, ihre alten Rivalitäten auf das ausgedehntere und fruchtbare Feld weit entfernter Unternehmungen zu verlagern.

Zit. nach Wolfgang Mommsen, Imperialismus, Hamburg (Hoffmann und Campe) 1977, S. 84 f.

Eugène Etienne, Vorsitzender der französischen „Kolonialpartei", auf einem Empfang der Vereinigung französischer Industrieller in Indochina in Rouen, 1889:

6 B Frankreich kann stolz darauf sein, dass es in der Vergangenheit seine Tore weit geöffnet hat, … dass es den Reichtum seiner Nachbarn geschaffen hat. Heute aber darf es nicht ignorieren, was in seinem Umkreis geschieht … Amerika, das seine Industrie hinter sorgsam verschlossenen Toren aufgebaut hat, plant nunmehr die Errichtung eines „Zollvereins", der allein für amerikanische Erzeugnisse geöffnet ist. Heute also muss Frankreich darum besorgt sein, sich seinen eigenen Markt zu bewahren … Es gibt ein Land, das wir als Erste erforscht und kolonisiert haben, nämlich Afrika. Alle europäischen Nationen stürzen sich auf dieses Land, sogar diejenigen, die sich noch vor kurzer Zeit verachtungsvoll gegen koloniale Unternehmungen aussprachen … Es ist deshalb nötig, dass Frankreich sich nach außen begibt. Frankreich muss nach Afrika und nach Indien gehen … Wir müssen von dort aus nach China vorstoßen und verhindern, dass uns ein Volk zuvorkommt, das niemals zögert und niemals pausiert, nämlich die Engländer, welche mit Siam und Burma über zwei Zugänge nach China verfügen.

Zit. nach Wolfgang Mommsen, Imperialismus, Hamburg (Hoffmann und Campe) 1977, S. 97 f.

M7 Gloire à la plus grande France, Postkarte, 1917. Im Ersten Weltkrieg fielen 75 000 Soldaten aus den Kolonien für das französische „Vaterland".

M8 Das russische Imperium

M9 Russlands Rolle in Zentralasien

Der Außenminister Russlands, A. M. Gortschakow (1798 bis 1883), schrieb über die Motive russischer Expansionspolitik am 3. Dezember 1864 an die europäischen Großmächte:

9 A Die Situation Russlands in Zentralasien ist die aller zivilisierten Staaten, welche sich in Kontakt mit nomadisierenden, halbwilden Völkerschaften ohne feste Organisation befinden. Die Sicherheit der Grenzen und des Handels verlangt in solchem Falle, dass der zivilisierte Staat ein gewisses Übergewicht über seine Nachbarn ausübe. Zunächst sind ihre Einfälle und Plünderungen zurückzuweisen. Um denselben ein Ende zu machen, ist man genötigt, die Grenzbevölkerung zu einer mehr oder minder direkten Unterwerfung zu zwingen. Ist dies Resultat erreicht, so nehmen die Grenzbewohner ruhigere und sesshaftere Gewohnheiten an, dafür werden sie nunmehr von ferner lebenden Stämmen beunruhigt. Der Staat ist verpflichtet, jene zu schützen, diese zu züchtigen.

Zit. nach Peter Alter, Der Imperialismus, Stuttgart (Klett) 1989, S. 40.

Motive russischer imperialer Politik

Der russische Politiker Sergej Witte (1849–1915), Finanzminister und Initiator der transsibirischen Eisenbahn, schrieb 1893 an Zar Alexander III. (1845–1894):

9 B Wenn Russland im Besitz der Länder zwischen den Ufern des Pazifik und des Himalaja ist, wird es nicht nur die Geschichte Asiens, sondern auch die Europas bestimmen. Russland steht am Rande dieser beiden so verschiedenen Welten und verkörpert deshalb eine Welt für sich … Diese Entwicklung ist das Ergebnis der lebendigen gegenseitigen Beeinflussung und der harmonischen Verbindung von drei Elementen, die ihre volle schöpferische Kraft nur in Russland entfaltet haben. Diese Elemente sind: erstens, die Rechtgläubigkeit, die den wahren Geist des Christentums rein erhält und die Grundlage aller Erziehung ist; zweitens, die Autokratie als die Grundlage des staatlichen Lebens; drittens, das russische Nationalgefühl als Grundlage für den inneren Zusammenhalt des Staates.

Zit. nach Peter Alter, Der Imperialismus, Stuttgart (Klett) 1989, S. 43 f.

M10 **„Der Schutzmann der Welt“,** amerikanische Karikatur auf Theodor Roosevelts imperialistische Außenpolitik („Big-Stick-Policy“), 1905

M11 USA: Der Handel der Welt …

Der amerikanische Politikwissenschaftler Albert J. Beveridge (1899–1911 US-Senator) sprach im April 1889 bei einer politischen Veranstaltung in Boston über die Zukunft der USA:

11 A Amerikanische Fabriken stellen mehr her, als für die Versorgung des amerikanischen Volkes notwendig ist. Die amerikanische Erde erzeugt mehr, als es verzehren kann. Das Schicksal hat uns unsere Politik vorgeschrieben: Der Handel der Welt muss und wird unser sein. Und wir werden ihn bekommen, da unser Mutterland England uns den Weg dazu gewiesen hat. Wir werden in der ganzen Welt Handelsniederlassungen als Umschlagplätze für amerikanische Waren gründen. Unsere Handelsflotte wird bald über den ganzen Ozean fahren. Wir werden eine Kriegsmarine aufbauen, die unserer Größe entspricht. Aus unseren Handelsniederlassungen werden Kolonien erwachsen, die sich selbst regieren, unsere Flagge führen und mit uns Handel treiben … Und das amerikanische Recht, die amerikanische Ordnung, die amerikanische Zivilisation und die amerikanische Flagge werden an bis dahin blutigen und unkultivierten Ufern Fuß fassen, Ufern, die … von nun an schöner und zivilisierter werden … Im Pazifik liegt das eigentliche Feld unserer nächsten Aufgaben.

Zit. nach Wolfgang Mommsen, Imperialismus, Hamburg (Hoffmann und Campe) 1977, S. 211.

Nach der Eroberung Kubas, Puerto Ricos und der Philippinen schrieb der amerikanische Präsident Wilhelm McKinley 1898 den Gesandten, die die USA bei den Friedensverhandlungen in Paris vertreten sollten:

11 B Der Verzicht Spaniens auf die westliche Hemisphäre war eine unerlässliche Notwendigkeit. Indem wir diese Forderung aufstellten, erfüllten wir nur eine allgemein anerkannte Pflicht … Mit den Philippinen verhält es sich jedoch anders … Wenn wir uns auch nach wie vor zu den Zielsetzungen bekennen, die unsere Bemühungen geleitet haben, … so dürfen wir dennoch nicht vergessen, dass der Krieg uns gegen unseren Wunsch und unsere Absichten neue Pflichten und Verantwortlichkeiten auferlegt hat, denen wir uns stellen müssen, wie es einer großen Nation geziemt …

Zudem eröffnet der Besitz der Philippinen uns neue wirtschaftliche Möglichkeiten … Es ist nur billig, jedes legitime Mittel zur Erweiterung des amerikanischen Handels zu ergreifen; jedoch suchen wir im Fernen Osten keine Vorteile, die nicht allen Nationen gleichermaßen zugänglich sein sollen. Da wir für uns nur eine Politik der „offenen Tür“ verlangen, sind wir auch bereit, diese anderen ebenfalls zuzugestehen.

Zit. nach Wolfgang Mommsen, Imperialismus, Hamburg (Hoffmann und Campe) 1977, S. 212.

Christliche Kultur und imperialistische Politik

Herrschaft und Kultur in Afrika

In alten Geschichtsatlanten taucht Afrika erst seit dem Kolonialzeitalter auf und dann auch nur als ein „weißer" Kontinent, den es aus der Sicht der Europäer erst noch zu entdecken, zu erobern und vielleicht auch zu besiedeln galt. Tatsächlich war Afrika jedoch kein „weißer Fleck". Schon arabische und spanische Karten aus dem Mittelalter zeigen Afrika als einen Raum mit einer Vielfalt von Städten, Reichen und weit verzweigten Handelswegen. Für das sich wissenschaftlich und industriell schnell entwickelnde Europa des 19. Jahrhunderts war die Kultur der Afrikaner jedoch ohne Wert für die Gegenwart. Die überlieferten Lieder, Mythen und Märchen schätzten die Europäer auch deswegen gering, weil sie nur mündlich weitergegeben wurden. Ohne Schriftlichkeit gab es aus der Sicht der Europäer keine Geschichte und damit auch keine Tradition.

Ebenso gab es keine Staaten im europäischen Sinne mit festen Grenzen, einer Hauptstadt und einer Verwaltung, mit einem Staatsvolk und einem Staatsoberhaupt. Abgesehen vom Mittelmeerraum und dem heutigen Äthiopien hatten sich im übrigen Afrika eigene Herrschaftsformen gebildet, z. B. die Oberherrschaft (Hegemonie) eines Stammes über andere, Häuptlingsherrschaften über einzelne Stämme bzw. Gebiete oder auch herrscherlose Gemeinschaften.

Seit Beginn des 19. Jahrhunderts brachten Forschungsreisen etwas Licht in den „dunklen Kontinent", wie Afrika genannt wurde. Den Forschern folgten Missionare und Händler, in einigen Gebieten auch Siedler. Dem Forscher- und Eroberungsdrang der Europäer hatte die afrikanische Bevölkerung wenig entgegenzusetzen. Sie war ihnen militärisch und technisch unterlegen.

Vor allem die Missionsarbeit, die es auch schon vor der Eroberung und Inbesitznahme der Kolonien gegeben hatte, erlebte einen starken Aufschwung. Christliche Missionsgesellschaften wurden zu wichtigen Wegbereitern für die Verbreitung der Kolonialidee. An der Berechtigung und Notwendigkeit ihrer Arbeit zweifelten die Missionare nicht, da sie von der Überlegenheit der christlichen Kultur gegenüber „heidnischen" Glaubensvorstellungen ausgingen. Hierin fanden sie die uneingeschränkte Unterstützung der politischen Gruppen, wie den 1891 gegründeten völkisch-nationalen Alldeutschen Verband, der von der Überlegenheit der „weißen Rasse" gegenüber allen anderen ausging.

M1 **Frankreich wird Marokko Kultur, Wohlstand und Frieden bringen können,** Titelseite der französischen Zeitschrift „Le Petit Journal", 19. November 1911

M2 Von der weißen Ameise lernen?

In der Januarausgabe des „Deutschen Kolonialblattes" von 1903 wurde ein namentlich nicht genannter Missionar zitiert, der seinem Freund schrieb:

Unsere Kameruner Schwarzen sind leider noch ein an der Sinnenwelt haftendes Volk, welches für das Reich des Geistes wenig Verständnis hat … Einst ermahnte ich unsere Kinder mit den Worten der Heiligen Schrift: „Gehe hin zur Ameise, du Fauler, und lerne von ihr." Aber da erhoben sich zahlreiche Proteste: „Wie, von der Ameise sollen wir lernen?! Weißt du denn nicht, dass die weiße Ameise alles zerstört und selbst auf eure europäischen Kleider und Häuser keine Rücksicht nimmt? Dass die böse Wanderameise uns unerbittlich auffressen würde, wenn wir nicht bei ihren nächtlichen Besuchen im Schlafsaal schleunigst Reißaus nähmen und ihr das Feld räumten? …"
Es war umsonst, ihnen begreiflich machen zu wollen, dass sie nicht die Diebesgelüste, die Mord- und Zerstörungswut der Ameisen nachzuahmen brauchten, sondern nur ihre emsige Tätigkeit.

Deutsches Kolonialblatt 1/1903, S. 22.

M3 **Lehrprobe eines afrikanischen Lehrers vor einem deutschen Schulrat in der deutschen Kolonialschule in Daressalam in Deutsch-Ostafrika (heute Tansania),** Foto, 1903. Die afrikanische Jungenklasse wird in Mathematik und Swahili geprüft.

M4 Unterricht in Missionsschulen

Der Gouverneur von Togo erließ 1902 eine Schulordnung, die für alle Missionsschulen verbindlich war, die von der deutschen Regierung finanziell unterstützt wurden:

Als Gegenstand des Sprachunterrichts ist außer der Landessprache keine andere Sprache zugelassen als die deutsche …
1. Kurs [mindestens 6 Wochenstunden]: 1. Lesen und Schreiben der deutschen Sprache in lateinischen oder deutschen Schriftzeichen. … 2. Benennung der Gegenstände im Schulzimmer und der Körperteile im Deutschen. 3. Rechnen im Zahlenkreis 1 bis 20. 4. Singen: Auswendiglernen und Einüben von zwei deutschen Liedern. …
5. Kurs [mindestens 10 Wochenstunden]: 1. Lesen: Lesen größerer Lesestücke. … Auswendiglernen von vaterländischen Gedichten. 2. Schreiben: Schriftliche Wiedergabe von Lesestücken aus dem Gedächtnis, kleine Aufsätze aus dem Leben. … 3. Grammatik: Satzlehre, Wiederholung des Wichtigsten aus der Formenlehre. 4. Rechnen: Eigentliche Bruchrechnung (gewöhnliche und Dezimalbrüche), einiges aus den bürgerlichen Rechnungsarten, einiges aus der Raumlehre. 5. Geschichte: Deutsch-Französischer Krieg 1870/71. Die drei deutschen Kaiser seit 18. Januar 1871. Pflichten gegenüber der Obrigkeit. 6. Erdkunde: Erweiterung der Kenntnisse über Deutschland; das Wichtigste von Europa … 7. Singen: Auswendiglernen und Einüben von zwei weiteren deutschen Liedern.

Deutsches Kolonialblatt 7/1906, S. 221 f.

M5 Die „Erziehung" der Afrikaner

Seit den 1880er-Jahren erschienen zahlreiche Bücher und Aufsätze, die sich dem (als solchen verstandenen) „Zivilisationsauftrag" widmeten – der Erziehung der Afrikaner zur Arbeit:

Die Ausdauer der Schwarzen nicht nur im Laufen, Gehen und Tragen von Lasten, sondern auch beim Verrichten von Arbeiten, die sie gewohnt sind, z. B. beim Gebrauch des allgemein üblichen Ackergeräts, der Hacke, ist bewundernswert … Beim Erbauen ihrer Häuser, beim Herstellen ihrer Geräte und dem Verfertigen ihrer Waffen zeigen sie recht oft viel Geschick. Unfähigkeit kann man als Grund für ihre Scheu, Dienst zu nehmen, nicht anführen. Man kann auch nicht behaupten, dass sie so träge sind, dass ihre Faulheit keine Lust zur Arbeit aufkommen ließe … Selbst barbarische Bedürfnislosigkeit erklärt diese Abneigung des Negers, Dienst zu nehmen, nicht hinreichend, denn Bedürfnisse hat derselbe auch und lebt, wo die Verhältnisse seines Landes geordnet sind, gar nicht schlecht … Das System der Vielweiberei ermöglicht dem Mann, sich in Besitz vieler Hände zu setzen, die alle für ihn arbeiten …; der Afrikaner ist also ein reicher Mann … Wohlsituierte Leute pflegen sich aber in der ganzen Welt nicht gern nach Dienst bei anderen Menschen umzusehen.

A. Merensky, Wie erzieht man am besten den Neger zur Plantagenarbeit? Zit. nach Renate Nestvogel, Die Erziehung des „Negers" zum deutschen Untertan, in: dies./Rainer Tetzlaff (Hg.): Afrika und der deutsche Kolonialismus, Berlin (Reimer) 1984, S. 67.

1 Beschreibe die Unterschiede in Kultur und Herrschaftsweise zwischen Europäern und Afrikanern (Darstellungstext).

2 Erörtere anhand von M2, inwiefern das „Transportieren" bestimmter Vorstellungen in eine andere Kultur problematisch sein kann.

3 Analysiere M1 mithilfe der Arbeitsschritte „Entschlüsselung eines Bildes" im Anhang.

4 Zeige, wie afrikanischen Schülern deutsche Kultur vermittelt wurde (M3, M4). Nimm Stellung.

5 Ordne positive und negative Wertungen in M5.

Herrschaftsformen der europäischen Mächte in Afrika

Erobern – herrschen – verwalten

Die Aufteilung Afrikas erfolgte im Grunde nicht in Afrika selbst, sondern in Europa: zwischen europäischen Politikern am Verhandlungstisch. Für die „offizielle" Inbesitznahme schlossen Vertreter der Kolonialmacht in dem betreffenden Land Verträge mit afrikanischen Herrschern, Clan-Ältesten oder anderen Persönlichkeiten ab, die nach Auffassung der Europäer ihr Volk repräsentierten. Ob dies tatsächlich so war, spielte für die Kolonialherren keine Rolle. Widerstand wurde durch brutale „Strafaktionen" gebrochen und kostete tausende Afrikaner das Leben.

Vereinfacht formuliert sind zwei Formen der Verwaltung zu unterscheiden: die direkte und die indirekte Herrschaft. Erstere wurde von Frankreich, Belgien und Portugal bevorzugt, letztere von England und Deutschland. Im ersten Fall wurden alle wichtigen Verwaltungsstellen mit Beamten der Kolonialmacht selbst besetzt, während im zweiten Fall die vorhandenen Machtverhältnisse und die traditionellen Führer als „Mittelsmänner" zwischen Kolonialmacht und Bevölkerung genutzt wurden. Das Ergebnis von Auseinandersetzungen war zumeist ein „Sieg" der Kolonialmacht, die ihre eigene Rechtsprechung den traditionellen Wertordnungen der Afrikaner „überstülpte" und diese damit letztlich zerstörten.

Großbritannien und Frankreich waren im „Wettlauf um Afrika" die eigentlichen Gewinner. Andere Länder wie das Deutsche Reich besaßen nicht die Erfahrungen und Machtmittel zu einer umfassenden Eroberung und Sicherung der Gebiete. Spanien und Portugal fehlte die industrielle Grundlage für die aufwändigen finanziellen und militärischen Mittel. Innerhalb von zwei Jahrzehnten geriet der gesamte Kontinent bis auf wenige Ausnahmen unter europäische Herrschaft. Willkürlich gezogene Grenzen entsprachen dem Kräfteverhältnis der Kolonialmächte, nicht aber den alten Reichs- und Stammesbildungen der Afrikaner.

M1 Europäische Kolonien und antikoloniale Aufstände in Afrika vor 1914

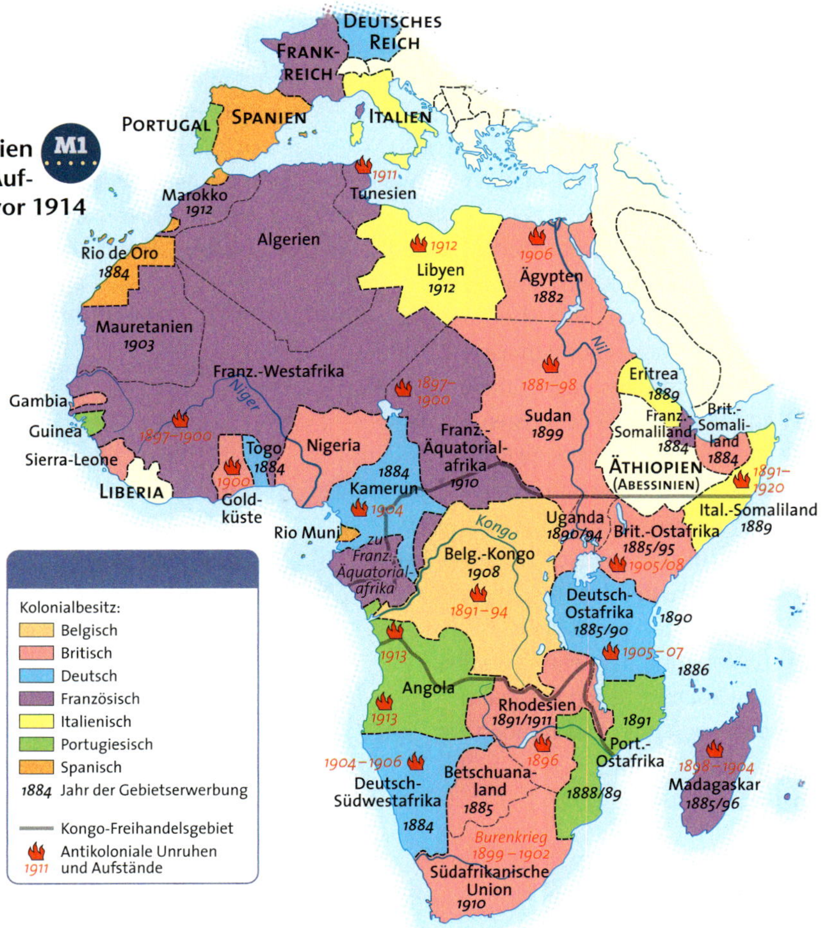

M2 Das Drama von Dori

Amadou Hampâté Bâ (1900–1991), einer der bedeutendsten Schriftsteller Westafrikas, arbeitete lange Jahre im Dienst der französischen Kolonialverwaltung. In einem seiner Bücher berichtet er von einem Zwischenfall in Dori (Burkina Faso). Der Kommandant hatte Bewohner zweier Dörfer zu einem gemeinsamen Arbeitseinsatz beordert, ohne zu beachten, dass die Bewohner des einen Dorfes die ehemaligen Sklaven des Dorfes Fulbenoble (d. h. vornehme Fulbe) gewesen sind:

Der Kommandant blieb unnachgiebig … „Ich erwarte, dass man mir gehorcht, und ich will nichts mehr hören von Fulbenoblen, ihren Sitten und überholten Traditionen." … [Es kommt tatsächlich zum Streit.] Der Chefbrigadier brachte die … Streithähne … nach Dori; ich glaube, es waren zwischen siebzig und neunzig an der Zahl. Sich strikt an den ausdrücklichen Befehl des abwesenden Kommandanten haltend, ließ er sie ohne Haftbefehl einsperren … Die vier winzigen, fensterlosen Zellen mit ihren niedrigen Decken waren lediglich für vier bis sechs Personen vorgesehen. Obwohl die Gefangenen protestierten, stopften die Wächter sie gewaltsam da hinein, wo sie den ganzen Abend und die ganze Nacht wie in einem Backofen zubrachten … Als der Chefbrigadier am nächsten Morgen die Tore öffnete, um die Angeklagten in sein Büro zu führen, … bot sich ihm ein entsetzlicher Anblick! Dem Ersticken nahe, türmten sich die Gefangenen übereinander … [Der Zwischenfall wird vom Stabsarzt gemeldet; die Dienstaufsichtsbehörde sucht nach verantwortlichen Personen.] Normalerweise hätten die betroffenen Beamten vor das Schwurgericht zitiert werden müssen, da sie den Tod von neun Menschen und die schwere Erkrankung von fünfzehn weiteren Personen zu verantworten hatten. Aber hier war ein Administrator in die Sache verwickelt. Es konnte also nicht angehen, dass er wegen einer Bagatelle zu Zwangsarbeit verurteilt würde … Man bedachte ihn mit einem schriftlichen Verweis und einer Verwarnung. Der Gefängnisvorsteher erhielt einen Tadel mit Eintrag in seine Personalakte. Der Dumme bei der ganzen Angelegenheit war der Chefbrigadier. Er wurde getadelt, degradiert und strafversetzt. Es konnte gar nicht anders sein, denn sobald ein Neger unter Weißen allzu sehr auf sich aufmerksam macht, darf er ihre Koffer tragen.

Amadou Hampâté Bâ, Oui, mon commandant!, Wuppertal (Hammer) 1997, S. 201 ff., 207 f., übers. von K. Boden/M. Lütgens.

M1 Halb verhungerte Herero, die vor deutschen Truppen geflüchtet sind, Foto, 1907. Die Herero gerieten 1884 unter deutsche Oberhoheit. 1904 wurde ein Aufstand brutal niedergeschlagen. Zehntausende kamen um, viele flohen in das Nachbarland.

Grundwissen

Imperialismus

Als Imperialismus wird die Herrschaft eines infolge seiner industriellen Entwicklung weiterentwickelten Staates über weniger entwickelte Länder bezeichnet. Die Epoche des Imperialismus umfasst den Zeitraum zwischen 1880 und 1918. Während dieser Zeit betrieben die europäischen Großmächte eine Politik des expansiven (sich ausdehnenden) Nationalismus. Imperiale Herrschaft wurde „direkt" (Besetzung und Einrichtung einer Kolonialregierung) oder „indirekt" (Kontrolle über die eingesetzte einheimische Regierung) ausgeübt.

1. Stelle anhand des Darstellungstextes und M1 die Grundzüge europäischer Kolonialpolitik in Afrika dar.
2. Vom ersten französischen Gouverneur von Marokko stammt folgende Aussage: „In jeder Gesellschaft gibt es eine zum Herrschen geborene herrschende Klasse. Diese müssen wir auf unsere Seite ziehen." Stelle die Aussage in einen Bezug zur Kolonialpolitik.
3. Welche „Lehre" vermittelt Hampâté Bâ dem Leser mit seiner Geschichte (M2)?
4. Informiere dich – ausgehend von M3 – über den Herero-Aufstand und berichte in der Klasse (Lexika, Internet).

Die Bündnispolitik Bismarcks – Ziele und Zerfall

Machtpolitik und Friedenssicherung

Durch die Gründung des Deutschen Reiches 1871 war in der Mitte Europas ein starker Flächenstaat entstanden, der das System des Gleichgewichts zu gefährden schien. Bismarck befürchtete, dass die Nachbarn im Westen und Osten sich verbünden könnten, um eine weitere Ausdehnung des Deutschen Reichs zu verhindern. Im Falle eines Krieges müsste es sich nämlich dann an zwei Fronten mit zwei Gegnern auseinandersetzen. Um dies zu verhindern, verkündete die Reichsregierung den europäischen Großmächten wiederholt, dass das Deutsche Reich sein Gebiet nicht weiter ausdehnen würde.

Das europäische Gleichgewicht war durch die Gründung des deutschen Nationalstaats etwas ins Wanken gekommen. Außer Kontrolle geriet es allerdings durch Kräfte und Konflikte in den Vielvölkerstaaten im Osten und Südosten: Dort forderten Minderheiten ihre Unabhängigkeit, um einen eigenen Nationalstaat zu gründen. Mit Russland fanden die auf dem Balkan lebenden Slawen eine Großmacht, die sie in diesem Bestreben unterstützte. Das Osmanische Reich, unter dessen Herrschaft sie bisher gelebt hatten, war zu schwach, um sich Russlands Druck zu widersetzen. Damit stieg die Gefahr eines Krieges, denn England und Österreich sahen eigene Interessen gefährdet, wenn Russland sich zum „starken Mann am Bosporus" erklärt hätte.

Bismarck trat in dieser Situation als Vermittler auf und berief 1878 eine internationale Konferenz nach Berlin. Hier und in den folgenden Jahren gelang es ihm, zwischen den europäischen Mächten ein relativ starkes Netz aus Verträgen zu knüpfen, sodass der Frieden gesichert schien.

Sicherheit konnte im Prinzip nur durch die Aufrechterhaltung der bestehenden Kräfteverhältnisse erreicht werden. Für das zumindest zeitweise Gelingen wird in der Geschichtsforschung das persönliche Geschick Bismarcks angeführt, andererseits aber auch die These vertreten, dass das teilweise undurchsichtige und äußerst komplizierte Bündnissystem Bismarcks langfristig nicht funktionieren konnte. Als Bismarck 1890 von Kaiser Wilhelm II. zum Rücktritt gezwungen wurde, deutete sich ein „neuer Kurs" in der deutschen Außenpolitik und damit ein Zerfall der Bismarckschen Bündnis- und Gleichgewichtspolitik an.

M1 **Der Weichensteller**, Karikatur aus der Londoner Zeitung „Punch", 1878

M2 Deutschland in Europa

Bismarck, der 1890 entlassen worden war, erläuterte die Grundsätze seiner Außenpolitik 1892 in seinen Memoiren:

Dem Vortheile, welcher der deutschen Politik ihre Freiheit von directen orientalischen Interessen gewährt, steht der Nachtheil der centralen und exponirten Lage des Deutschen Reiches mit seinen ausgedehnten Vertheidigungsfronten nach allen Seiten hin und die Leichtigkeit antideutscher Coalitionen gegenüber … Unser Interesse ist, den Frieden zu erhalten, während unsre continentalen Nachbarn ohne Ausnahme Wünsche haben…, die nur durch Krieg zu erfüllen sind. Dementsprechend müssen wir … den Krieg nach Möglichkeit hindern oder einschränken, uns in dem europäischen Kartenspiele die Hinterhand wahren und uns durch keine Ungeduld … vor der Zeit aus dem abwartenden Stadium in das handelnde drängen lassen … Im Gegentheil sollten wir uns bemühen, die Verstimmungen … durch den ehrlichen und friedliebenden Gebrauch unsrer Schwerkraft abzuschwächen, um die Welt zu überzeugen, dass eine deutsche Hegemonie in Europa nützlicher und unpartheiischer … für die Freiheit andrer wirkt als eine französische, russische oder englische.

Otto von Bismarck, Erinnerung und Gedanke, hg. von Rudolf Buchner, Stuttgart u. a. (Kohlhammer) 1975, S. 498 f.

M3 Deutschland als Kolonialmacht?

Aus einer Rede Bismarcks vor dem Reichstag (1884):

Ich wiederhole, dass ich gegen Kolonien bin …, die als Unterlage ein Stück Land schaffen und dann Auswanderer herbeizuziehen suchen, Beamte anstellen und Garnisonen errichten … Etwas ganz anderes ist die Frage, ob es zweckmäßig und zweitens, ob es die Pflicht des Deutschen Reiches ist, denjenigen seiner Untertanen, die solchen Unternehmungen im Vertrauen auf den Schutz des Reiches sich hingeben, diesen Reichsschutz zu gewähren und ihnen gewisse Beihilfen in ihren Kolonialbestrebungen zu leisten … Und das bejahe ich, allerdings mit weniger Sicherheit vom Standpunkt der Zweckmäßigkeit – ich kann nicht voraussehen, was daraus wird –, aber mit unbedingter Sicherheit vom Standpunkte der staatlichen Pflicht …

Unsere Absicht ist nicht, Provinzen zu gründen, sondern kaufmännische Unternehmungen zu schützen in ihrer freien Entwicklung sowohl gegen die Angriffe aus der unmittelbaren Nachbarschaft als auch gegen Bedrückung und Schädigung von Seiten anderer europäischer Mächte.

Bismarck, Die gesammelten Werke, Bd. 12: Reden 1878–1885, Berlin 1929, S. 479–482.

M4 Deutschland als Seemacht?

Alfred von Tirpitz, 1897–1916 Staatssekretär im Reichsmarineamt, formulierte im Februar 1896 in einem Brief an General Albrecht von Stosch:

Unserer Politik fehlt bis jetzt vollständig der Begriff der politischen Bedeutung der Seemacht. Wollen wir aber gar unternehmen, in die Welt hinauszugehen und wirtschaftlich durch die See zu erstarken, so errichten wir ein gänzlich hohles Gebäude, wenn wir nicht gleichzeitig ein gewisses Maß an Seekriegsstärke uns verschaffen. Indem wir hinausgehen, stoßen wir überall auf vorhandene oder in der Zukunft liegende Interessen. Damit sind Interessenkonflikte gegeben. Wie will nun die geschickteste Politik, nachdem das Prestige von 1870[1] verraucht ist, etwas erreichen ohne reale, der Vielseitigkeit der Interessen entsprechende Macht? Weltpolitisch vielseitig ist aber nur die Seemacht.

Zit. nach Peter Alter, Der Imperialismus, Stuttgart (Klett) 1998, S. 77.

1 1870/71 gewann Deutschland den Krieg gegen Frankreich.

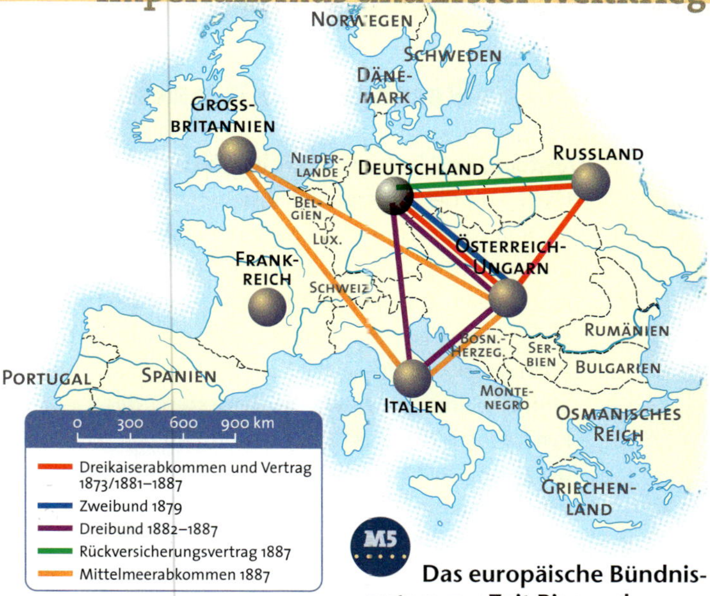

M5 Das europäische Bündnissystem zur Zeit Bismarcks

Europäische Verträge 1879–1887

1879 Zweibund (Deutschland, Österreich-Ungarn); Verteidigungsbündnis gegen Russland.

1881 Dreikaiserbündnis (Deutschland, Österreich-Ungarn, Russland); Neutralitätsabkommen (bis 1887) für den Fall eines Angriffs durch eine vierte Macht.

1882 Dreibund (Deutschland, Österreich-Ungarn, Italien); Verteidigungsbündnis gegen Frankreich.

1887 Rückversicherungsvertrag (Deutschland, Russland); Neutralitätsabkommen für den Fall, dass einer von ihnen sich im Krieg mit einer dritten Großmacht befindet. Es gilt jedoch nicht, wenn einer von ihnen Österreich oder Frankreich angreift. Geheimes Zusatzprotokoll: Deutschland verpflichtet sich zu wohlwollendem Verhalten, wenn Russland seine Interessen am Bosporus sichert.

1887 Mittelmeer-Abkommen (Großbritannien, Italien, Österreich-Ungarn). Auf Vermittlung Bismarcks verpflichten sich die drei Partner, das Osmanische Reich bei einem russischen Angriff zu verteidigen.

1 Erarbeite anhand des Darstellungstexstes, M2, M3 und M5 die Grundsätze der Außenpolitik Bismarcks.

2 Bismarck nannte seine Außenpolitik das „Spiel mit den fünf Kugeln“. Erläutere diesen Ausspruch. Ziehe den Kasten und M5 heran.

3 Prüfe mithilfe von M4 Anzeichen eines neuen außenpolitischen Kurses unter Wilhelm II.

4 Analysiere M1 mithilfe der Arbeitsschritte S. 22.

Das Deutsche Reich als Weltmacht

Deutschland betreibt „Weltpolitik“

Hatte sich die Außenpolitik Bismarcks im Wesentlichen auf Europa beschränkt und sein Engagement in der Kolonialpolitik darauf, das Vorgehen privater Kolonialgesellschaften, z. B. der „Gesellschaft für deutsche Kolonisation“ von Carl Peters, zu unterstützen, so wurden seit Anfang der 1890er-Jahre nach Bismarcks Rücktritt die Stimmen immer lauter, die forderten, das Deutsche Reich müsse Weltmacht werden und Kolonien haben. In der „Weltmachtlehre“ des 19. Jahrhunderts herrschte die Vorstellung, dass die Welt von zwei, drei oder vier übergroßen Reichen beherrscht wird. Diese Reiche zeichneten sich durch politische und wirtschaftliche Unabhängigkeit aus. Grundlagen ihrer Macht waren ein riesiges Herrschaftsgebiet (z. B. Kolonien), eine große, immer weiter wachsende Bevölkerung und unerschöpfliche wirtschaftliche Kräfte und Reserven. Diese Auffassung fand in den Parolen des neu gegründeten „Alldeutschen Verbands“ besonderen Ausdruck, verbunden mit der Klage darüber, dass Deutschland zu spät gekommen sei, und mit dem Aufruf, alle Kräfte zu mobilisieren, um den Vorsprung der „alten“ Weltmächte aufzuholen.

Flottenpolitik und Weltmachtstreben

Wichtigster und engagiertester Förderer der Weltmachtidee war der Kaiser selbst: Wilhelm II. Das Deutsche Reich hatte seiner Meinung nach Anspruch auf einen „Platz an der Sonne“ und damit das Recht bzw. die Pflicht, imperialistische Politik zu betreiben. Der Bau einer großen Kriegsflotte sollte diesen Anspruch geltend machen. 1897 wurde dieses Vorhaben in Angriff genommen und unter Leitung von Admiral Tirpitz umgesetzt. Gleichzeitig mischten sich deutsche Politiker und Militärs überall auf der Welt in aktuelle Konflikte ein und verlangten, dass deutsche Interessen Geltung fänden. Das führte zu erheblichen Spannungen mit den anderen Großmächten, traf aber im Deutschen Reich selbst – bis auf wenige Ausnahmen, z. B. die Sozialdemokraten – auf breite Zustimmung. Der 1898 gegründete Deutsche Flottenverein, dessen Propaganda* von der Schwerindustrie mitfinanziert wurde, zählte schon bald mehr als eine Million Mitglieder. Der Flottenbau war in Deutschland inzwischen so populär gemacht worden, dass eine Verständigung mit Großbritannien schon wegen des innenpolitischen Drucks sehr schwierig wurde.

M1

„Das erste Kaiserwort im neuen Jahrhundert“,
Postkarte zum Flottenbauprogramm, 1900.
Zur Fraktur-Schrift siehe Hinweise S. 267.

M2 Deutschland im Wettbewerb der Nationen?

Aus einer Rede Kaiser Wilhelms II. anlässlich des Stapellaufs des Kriegsschiffes „Kaiser Karl der Große“ in Hamburg am 18. Oktober 1899:

Es ist ein feierlicher Akt, dem wir soeben beigewohnt, als wir ein neues Stück schwimmender Wehrkraft des Vaterlandes seinem Element übergeben konnten … Blicken wir um uns her, wie hat seit einigen Jahren die Welt ihr Antlitz verändert. Alte Weltreiche vergehen und neue sind im Entstehen begriffen. Nationen sind plötzlich im Gesichtskreis der Völker erschienen und treten in ihren Wettbewerb mit ein … Dadurch sind die Aufgaben für unser Deutsches Reich und Volk in mächtigem Umfange gewachsen und erheischen für Mich und Meine Regierung ungewöhnliche und schwere Anstrengungen, die nur dann von Erfolg gekrönt sein können, wenn einheitlich und fest, den Parteiungen entsagend, die Deutschen hinter uns stehen. Es muss dazu aber unser Volk sich entschließen, Opfer zu bringen.

Zit. nach Ernst Johann (Hg.), Reden des Kaisers, München (dtv) 1966, S. 82–84.

M3 Die Flotte – eine Gefahr für Deutschland?

Friedrich von Holstein, 1876–1906 Vortragender Rat im Auswärtigen Amt, schrieb am 20.11.1906 an den ehemaligen Gesandten in Peking, Maximilian von Brandt:

Ich glaube mich zu erinnern, dass wir in der Flottenfrage einer und derselben Ansicht waren, nämlich 1. je [mehr] wir zur See rüsten, desto fester drücken wir England an Frankreich heran; 2. wir können, selbst wenn wir die Steuern verdreifachen, niemals eine Flotte herstellen, die der englisch-französischen, ja auch nur der englischen allein gewachsen ist; 3. in einem Krieg gegen Frankreich allein spielt, wie das Jahr 70 zeigt, die Flotte eine Nebenrolle; 4. es ist eine Bedrohung und Herausforderung Englands, dass der Flottenverein es seit Jahren bei jeder neuen Flottenforderung offen ausspricht, die Rüstungen seien gegen England gerichtet …

Die Gefahr wird dadurch vergrößert, dass beim Schiffbau (Panzerplatten etc.) ungezählte Millionen zu verdienen sind, viel mehr als bei den Kolonien … Die Flotte vermehrt die Zahl unserer Feinde, wird aber niemals stark genug sein, um sie zu besiegen.

Werner Frauendienst (Hg.), Friedrich von Holstein, Die geheimen Papiere, Bd. 4, Göttingen, 1961, S. 401.

M4 Bau von Großkampfschiffen 1906–1913

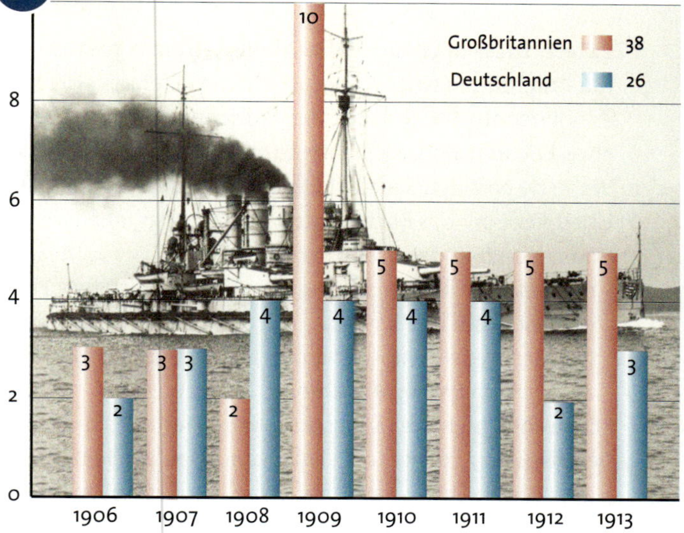

Grundwissen

Wilhelm II. (1859–1941)

Deutscher Kaiser und König von Preußen (1888 bis 1918), ältester Sohn Kaiser Friedrichs III. (1888), Enkel von Wilhelm I., Deutscher Kaiser 1871–1888. Wilhelm II. geriet nach seiner Thronbesteigung rasch in Konflikt mit Bismarck. Forsches Auftreten nach außen („Säbelrasseln“) und äußerer Pomp überspielten die inneren Spannungen und Konflikte der deutschen Gesellschaft. Wilhelm II. wurde nach Auffassungen in der Geschichtsforschung seinem selbst auferlegten Führungsanspruch nicht gerecht, seine Politik führte in den Ersten Weltkrieg. Nach dem Sturz der Monarchie 1918 ging er ins Exil in die Niederlande.

1 Analysiere M1 entsprechend den Arbeitsschritten „Entschlüsselung eines Bildes“ im Anhang und stelle einen Bezug zu den Materialien M2 bis M4 her.

2 Formuliere zeitgenössische Argumente pro und kontra deutsche Flottenpolitik und vergleiche sie.

3 Zeige mithilfe des Darstellungstextes am Beispiel der Flottenpolitik den Zusammenhang zwischen innen- und außenpolitischen Faktoren.

4 Diskutiert die Frage, warum große Teile der deutschen Bevölkerung für die Politik Wilhelms II. gewonnen werden konnten.

Sachtexte exzerpieren

Texte erfassen: Lesen – Markieren – Exzerpieren

Zur Anfertigung eines umfangreicheren Referates oder ähnlicher Arbeiten ist es notwendig, Fachbücher heranzuziehen und auszuwerten. Die Texte in solchen Büchern werden Sachtexte genannt.

Wenn du an einen Sachtext herangehst, solltest du dir zunächst einen Überblick über das Buch verschaffen (z. B. das Inhaltsverzeichnis ansehen) und herauszufinden versuchen,
- mit welchem Thema sich die Darstellung (Buch usw.) beschäftigt,
- wer der Autor ist,
- welcher Fragestellung (Leitfrage) er nachgeht und
- zu welchem Ergebnis er kommt.

Die bei der intensiven Lektüre schriftlich festgehaltenen Begriffe, Zitate, Beispiele, Argumente und Gedankengänge des Textes sind „Exzerpte".

Um sich vom Originaltext möglichst zu lösen, solltest du nach dem Lesen eines Absatzes oder eines Kapitels mit dem Exzerpieren beginnen. Für Exzerpte sind Karteikarten (z. B. im Format A5 oder A6 besonders geeignet, denn sie machen es möglich, für jeden neuen Aspekt – Gedanken oder Begriff – eine neue Karte anzulegen, die dann an geeigneter Stelle eingeordnet, aber auch wieder umsortiert werden kann.

Fotokopien sind keine Exzerpte, können aber gute Dienste leisten, wenn ausgeliehene Bücher (keine Markierungen vornehmen!) durchgearbeitet werden sollen.

Arbeitsschritte **Sachtexte exzerpieren**

1. Schritt: Überblick gewinnen
- Bibliographische Angaben des Textes (Buches) festhalten: Autor/Herausgeber, Titel, Erscheinungsort, Erscheinungsjahr, ggf. Auflage, Fundort (Bibliothek und Signatur). Angaben auch auf Kopien notieren!
- In einem ersten Leseschritt klären, ob der Text für die eigenen Zwecke geeignet ist.
- Das Thema des Textes (Absatzes) feststellen.

2. Schritt: Textstellen markieren
- Beim zweiten Lesen Textstellen markieren:
- Zentrale Begriffe
- Gedanken und Ideen
- Zusammenhänge
- Widersprüche
- Sprachliche Auffälligkeiten, z. B. Schlagwörter, Metaphern, Ironie
- Verweise auf andere Texte (Textstellen)

3. Schritt: Exzerpieren
- Markierte Textstellen und Notizen am Textrand notieren:

a) als wörtliches Zitat (auf Rechtschreibung, Zeichensetzung und wörtlich genaue Übernahme achten, da später das Original oft nicht mehr zur Verfügung steht),

b) als sinngemäßer Auszug (Paraphrase), bei dem der Inhalt (Gedanke) in knapper Form festgehalten wird.

Vorschläge für Randzeichen und Markierungen im Text

wichtig: !
zentraler Gedanke: |
unverständlich: ?
unklarer Gedanke: ⦚
nachschlagen: Lex.
Literaturangabe: Lit.
Verweis: S. x

Definitionen (Def), Argumente (Arg) und Thesen (T) können z. B. durch Unterstreichungen (Linie, Schlangenlinie, doppelte Unterstreichung) im Text hervorgehoben, am Rand markiert und dann exzerpiert werden.
- Bei beiden Zitierweisen die Quellenangabe notieren.
- Ggf. auch eigene Bewertungen zu den Exzerpten festhalten.
- Längere, durchgehende Exzerpte geben den Gedankengang eines Textes geschlossener wieder, haben aber den Nachteil, nicht gut umgruppiert werden zu können.
- Kurze, in Einzelteile zerlegte Exzerpte sind besser handhabbar, lassen aber den Zusammenhang des Gedankengangs nicht gut erkennen.
- Lerntipp: Exzerpte sind besser als nur Markierungen im Text, weil sich das Selbstgeschriebene besser einprägt.

1 Arbeite die zu M1 angebotenen Elemente eines Exzerpts, das unter der Frage nach Anfängen und Motiven eines deutschen Imperialismus angelegt ist, durch.

2 Fertige ein Exzerpt vom Darstellungstext S. 156 an.

M1 Deutscher Imperialismus?

Der folgende Sachtext ist ein Auszug aus dem Buch „Über alles in der Welt" des Historikers Dirk van Laak, erschienen 2005:

Das „größere Deutschland"

Schon in der Mitte des 19. Jahrhunderts waren die Elemente des deutschen Imperialismus fast vollständig vorgezeichnet. Manches spricht dafür, dass eine 1848/49 vollzogene Reichseinigung auch bereits eine begleitende deutsche „Weltpolitik" in Gang gesetzt hätte. Die in der Nationalversammlung vorgebrachten Argumentationen stimmten mit der Kolonialpropaganda der 1870er-/80er-Jahre weitgehend überein. Auch die Argumente für den Aufbau der deutschen Flotte waren schon präsent. Möglicherweise hätte eine deutsche Kolonialpolitik also schon ein Menschenalter früher begonnen. Nach dem Scheitern der bürgerlichen Revolution war die Reichseinigung jedoch vorerst noch einmal vertagt… Der Zusammenhang von weltpolitischem und sozialimperialistischem Denken war in diesen Debatten stets mit Händen zu greifen. Meist übertrug man die in der Heimat gemachten Erfahrungen recht schematisch auf die Fremde. So bildete etwa der Deutsche Zollverein das Muster für Versuche, darüber hinausgehende, „großdeutsche" Kooperationseinheiten zu etablieren. Preußen und Österreich als die am stärksten industrialisierten Länder sollten dabei in einem Zollverband die Hegemonie über ein Gebiet übernehmen, das in seiner weitesten Ausdehnung von der Nordsee bis zum Schwarzen Meer oder, wie es gelegentlich hieß, von der Elbe bis zum Euphrat reichte. Den Ländern Ost- und Südosteuropas wurde der Status von Agrar- und Rohstoffproduzenten zugeschrieben. Gleichzeitig sollten sie als deutsche Absatzmärkte und als Handelsbrücken in den Nahen Osten dienen. Als Grundlage der wirtschaftlichen Durchdringung weiter Teile Ost- und Südosteuropas galt – neben der Kontrolle der Donau – der Bau von Eisenbahnlinien, den preußische und österreichische Kapitalgeber in dieser Periode bereits vorantrieben…
Solche Konstruktionen eines „Großraums" bzw. „Großwirtschaftsraums", in denen sich eine gleichsam natürliche Arbeitsteilung zwischen „führenden" und „rückständigen", industriellen und agrarischen Ökonomien herausbilden sollten, wurden zu einer der prägenden Zukunftsvisionen für eine künftige Weltordnung.

Dirk van Laak, Über alles in der Welt. Deutscher Imperialismus im 19. und 20. Jahrhundert, München (C. H. Beck) 2005, S. 53–55.

Markierungen/ Randnotizen

These (T)

Begriff klären

T

Vermutung

Lex.

Lex.

Beispiele für das Vorgehen

zentraler Gedanke der imperialen Ansätze

Elemente eines Exzerpts

Wörtliches Zitat: „Schon in der Mitte des 19. Jahrhunderts waren die Elemente des deutschen Imperialismus fast vollständig vorgezeichnet." (Quelle angeben)

Paraphrase I (ausführlichere Umschreibung): Der Autor vertritt die Auffassung, dass bereits in der Mitte des 19. Jh. die Elemente eines deutschen Imperialismus und Argumente für den Aufbau einer Flotte (gemeint: Kriegsflotte) vorhanden waren. Verantwortlich für die Verzögerung sei das Scheitern der deutschen Einheit 1848/49. Nach dem Muster des Deutschen Zollvereins sollten Preußen und Österreich die Hegemonie über Gebiete in Ost- und Südosteuropa übernehmen, denen lediglich der Status von Agrar- und Rohstoffproduzenten zugedacht war und die zugleich als deutsche Absatzmärkte und Handelsbrücken (Naher Osten) dienen sollten.
Grundmodell in der Vorstellung war ein „Großwirtschaftsraum" (Z. 36 f.) mit einer als natürlich angesehenen Arbeitsteilung zwischen „führenden" und „rückständigen" Ökonomien (Volkswirtschaften).

Paraphrase II (Stichworte):
– deutscher Imperialismus und Kriegsflotte bereits Mitte des 19. Jh. möglich gewesen
– verhindert durch gescheiterte Einheit 1848/49
– Zusammenhang imperialistisches und sozialimperialistisches Denken – gemeinsame Hegemonie Preußens u. Österreichs in Ost- u. Südosteuropa (Großwirtschaftsraum nach Dt. Zollverein)
– „natürliche" Arbeitsteilung: industrielle agrarische Volkwirtschaften als künftiges Modell einer Weltordnung

Eigene Anmerkungen zum Text:
– Autor spielt den Gedanken „Was wäre gewesen, wenn …" durch. Belegt seine Darstellung mit Beispielen.
– Die Darstellung bleibt im Bereich der Hypothesen.
– Einsichtig ist, dass es offensichtlich Vorstellungen und Pläne für eine frühere Weltmachtrolle Preußens/ Österreichs gegeben hat.

Imperialistische Mächte im Konflikt um Kolonien

Kollisionen und Koalitionen

Das Bemühen der imperialistischen Mächte, den eigenen Einflussbereich möglichst schnell auszudehnen, führte zu schweren politischen Konflikten, ja an den Rand militärischer Auseinandersetzungen. Die Spannungen nahmen seit der Jahrhundertwende zu und bezogen neben afrikanischen Schauplätzen auch Gebiete in Asien ein.

Drei solcher Krisen sollen näher beleuchtet werden, da sie exemplarisch die Interessenslagen der Großmächte, aber auch die Entwicklung der Konflikte und den Weg in den Ersten Weltkrieg zeigen.

1. Der „Boxer"-Aufstand: Das chinesische Kaiserreich hatte aufgrund seines Bevölkerungsreichtums, seiner Größe und seiner unsicheren politischen Lage seit Mitte des 19. Jahrhunderts das Interesse der europäischen Großmächte auf sich gezogen und Gebiete an sie verloren. Die Forderung der USA (1899), dass alle Mächte das Recht haben sollten, China wirtschaftlich zu nutzen („Politik der offenen Tür"*), führte zu heftigen Rivalitäten und schließlich dazu, dass China – im Netz von Verträgen gefangen – auch politisch abhängig wurde. Japan versuchte, die Schwäche des riesigen Nachbarn zu seinen Gunsten zu nutzen, geriet allerdings damit in Konflikt zu den anderen Kolonialmächten. Gegen Ende des Jahrhunderts versuchten politische Kräfte in China, durch eine Modernisierung einen höheren Wirtschaftsstandard zu erreichen, um dadurch die Anfälligkeit gegen koloniale Ansprüche zu reduzieren.

In den politischen Wirren gewann der chinesische Geheimbund der „Boxer", der die Rückkehr zu alten Traditionen forderte und sich gegen die an Europa orientierten Modernisierungen wandte, an Einfluss. Im Sommer 1900 kam es zu Mordanschlägen auf Europäer und auch zu Militäraktionen des chinesischen Kaiserhofs. Die Großmächte schlugen gemeinsam – unter der selbst ernannten Führung Wilhelms II. – den Aufstand nieder und forderten von China hohe Entschädigungszahlungen.

2. Die Faschoda-Krise: Großbritannien hatte nach der Besetzung Ägyptens weite Teile Ostafrikas unter seine Herrschaft gebracht mit dem Ziel, eine durchgehende Landbrücke „vom Kap bis Kairo" zu kontrollieren. Frankreich dagegen wollte von seinen Kolonien in Zentralafrika eine Verbindung zum Golf von Aden herstellen. Der Sudan bildete gewissermaßen den Schnittpunkt beider Interessenbereiche. Als im September 1898 ein französisches Heer bei Faschoda im Sudan auf britische Truppen stieß und dies in Europa bekannt wurde, drohte ein Krieg zwischen den beiden Staaten.

3. Die Marokko-Krisen: 1905 provozierte der deutsche Kaiser Frankreich und England dadurch, dass er in dem von Frankreich besetzten Marokko erschien und dadurch die Freiheit des Landes und das Prinzip der „offenen Tür" verkündete. Er wirbelte damit viel politischen Staub auf, aber sein Ziel, Nordafrika dem deutschen „Einfluss" zu öffnen, verfehlte er. Als 1911 in Marokko Unruhen ausbrachen und Frankreich militärisch eingriff, schickte die deutsche Regierung das Kanonenboot „Panther" nach Agadir unter dem Vorwand, deutsche Interessen zu schützen. England versetzte seine Flotte daraufhin in Alarmzustand und drohte mit Krieg. Wilhelm II. lenkte ein, erkannte Marokko als französisches Einflussgebiet an und gab sich zufrieden mit einem kleinen Landgewinn für die deutsche Kolonie Kamerun.

Konflikte untersuchen – Gruppenarbeit

Teilt die Klasse in drei Gruppen. Jede untersucht eine internationale Krise („Boxer"-Aufstand, Faschoda-Krise, Marokko-Krise), zu der ihr auf den Seiten 160 bis 163 Informationen und Materialien findet.
Leitfragen für eure Arbeit können sein:
- Wer war beteiligt?
- Welche Interessen, Ziele kommen zum Ausdruck?
- Welche Mittel wendeten die Kontrahenten zur Durchsetzung ihrer Ziele an?
- Welches Ergebnis stand am Ende des Konflikts?

Präsentiert eure Ergebnisse der Klasse und klärt Gemeinsamkeiten und Unterschiede der Beispiele. Diskutiert, warum die einzelnen Krisen nicht in Kriege mündeten.

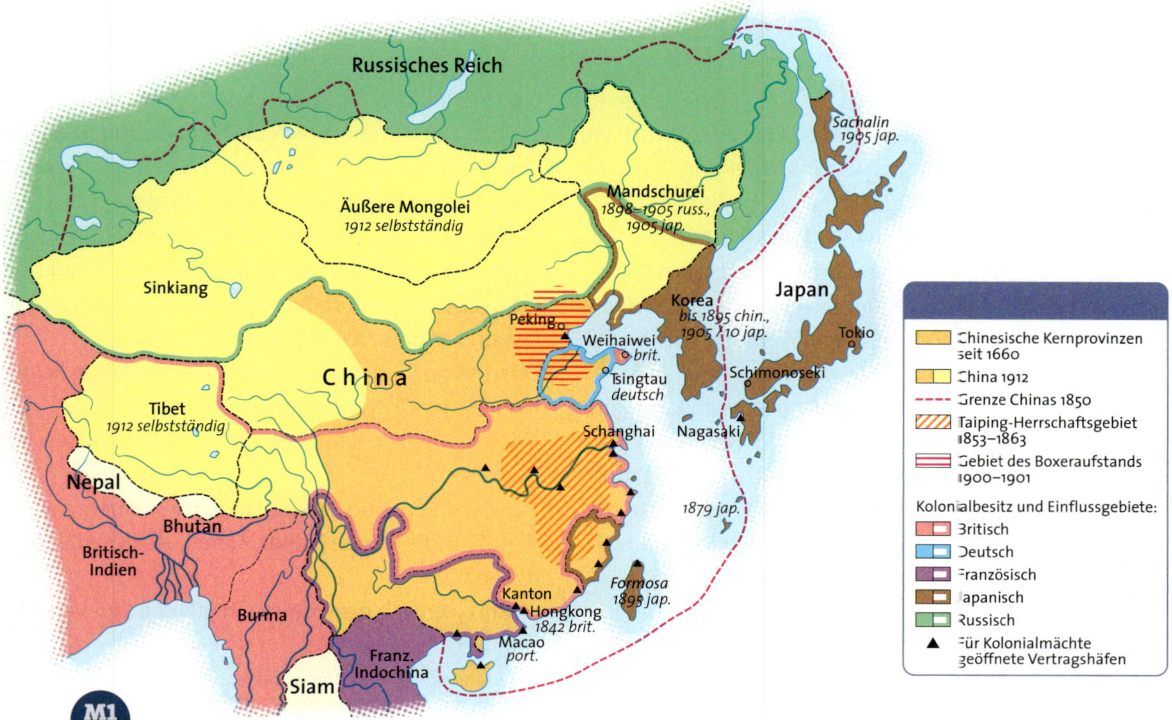

M1 China und Japan von der Mitte des 17. Jh. bis 1912

M2 Der „Boxer"-Aufstand in China

Im Juni wurde der deutsche Gesandte von Ketteler vom Geheimbund der „Boxer" ermordet. Das Gesandtschaftsviertel in Peking wurde anschließend 55 Tage lang durch chinesische Aufständische belagert. Eine internationale Truppe sollte Peking befreien und „die Ordnung" wiederherstellen.

2A *Am 3. Juli 1900 informierte der amerikanische Außenminister John Hay die Auslandsvertretungen der USA:* Bisher war es immer die Absicht des amerikanischen Präsidenten, mit den anderen Mächten gemeinsam zu handeln, um 1. mit Peking Verbindung aufrechtzuerhalten …, 2. überall in China Amerikanern und ihrem Eigentum jeden möglichen Schutz zu gewähren …, 3. die Ausbreitung der Unruhen in andere Provinzen des Reiches und ihre Wiederholung zu verhindern …, aber die Politik der amerikanischen Regierung ist es, eine Lösung zu suchen, die China Sicherheit und einen dauerhaften Frieden bringt, die Chinas politische Einheit erhält, alle durch Verträge und vom Völkerrecht garantierten Rechte friedlicher Mächte schützt und allen Staaten der Welt das Prinzip gleichberechtigten Handelns in allen Teilen des chinesischen Reiches offen hält.

Zit. nach Peter Alter, Der Imperialismus, Stuttgart (Klett) 1998, S. 77.

2B *Wilhelm II. verabschiedete am 27. Juli 1900 die Truppen, die nach China geschickt wurden:* Das Deutsche Reich hat seinem Charakter nach die Verpflichtung, seinen Bürgern, wofern diese im Ausland bedrängt werden, beizustehen … Das Mittel, das ihm dies ermöglicht, ist unser Heer … Eine große Aufgabe harrt eurer: Ihr sollt das schwere Unrecht, das geschehen ist, sühnen … Pardon wird nicht gegeben, Gefangene werden nicht gemacht …

Wahrt die Manneszucht, der Segen Gottes sei mit euch, die Gebete eines ganzen Volkes, meine Wünsche begleiten euch, jeden Einzelnen: Öffnet der Kultur den Weg ein für alle Mal!

Zit. nach Michael Balfour, Kaiser Wilhelm II. und seine Zeit, Berlin (Ullstein) 1973, S. 240.

M3 Die Faschoda-Krise

Am 25. September 1898 traf ein französisches Heer unter der Leitung von Hauptmann J. B. Marchand in dem Ort Faschoda (Sudan) auf britische Truppen, die General H. H. Kitchener anführte. Beide Militärs berichteten über das Zusammentreffen:

3 A *General Kitchener schrieb an die britische Regierung:* Ich bin soeben von Faschoda zurückgekehrt, wo ich auf Hauptmann Marchand in Begleitung von acht Offizieren und 120 Soldaten traf … Er teilte mir [schriftlich] mit, dass er Faschoda am 10. Juli erreicht habe und von seiner Regierung den Befehl erhalten habe, das Land bis zur Mündung des Bahfel-Jebel und auch das Shilluk-Land auf dem linken Ufer des Weißen Nils bis nach Faschoda zu besetzen … Als wir in Faschoda eintrafen, kamen Hauptmann Marchand und Herr Germain an Bord. Ich teilte ihnen sofort mit, dass die Anwesenheit französischer Streitkräfte in Faschoda und im Niltal als direkte Verletzung der Rechte der ägyptischen Regierung und Großbritanniens betrachtet werde, und ich legte gegen die Besetzung Faschodas und das Hissen der französischen Fahne … schärfsten Protest ein. In seiner Erwiderung erklärte Hauptmann Marchand, er habe genaue Befehle … Als ich ihn nachdrücklich um eine Erklärung bat, ob er sich angesichts meiner überlegenen Streitmacht dem Hissen der ägyptischen Fahne widersetzen würde, zögerte er und antwortete schließlich, Widerstand sei unmöglich. Ich ließ daraufhin die Fahne … ungefähr 450 Meter südlich der französischen Fahne und an der Straße, die von der französischen Stellung ins Innere des Landes führt, hissen.

Zit. nach Peter Alter, Der Imperialismus, Stuttgart (Klett) 1998, S. 72 f.

3 B *Hauptmann Marchand zitierte den Gesprächsverlauf:* „Herr General, ich bin Hauptmann Marchand von der französischen Armee. Ich bin hierher gekommen auf Befehl der französischen Regierung." …

„Es hat sich viel ereignet, seit Sie unterwegs sind …"

„Herr General, was auch geschehen mag, Frankreich, das nicht die Gewohnheit hat, seine Offiziere zu verlassen, wird mir Befehle geben."

„Herr Major, ich muss in Faschoda die Flagge Seiner Hoheit, des Khediven[1], hissen."

„Herr General, ich bin bereit, sie selbst zu hissen, über dem Dorf …"

„Und wenn meine Befehle mir vorschreiben, auf dem Fort die Flagge Seiner Hoheit, des Khediven, zu hissen?"

„Dann wäre ich gezwungen, mich dem zu widersetzen, Herr General."

Der Mahdiaufstand in Augenzeugenberichten, hg. von Heinrich Pleticha, München (dtv) 1981, S. 397 f.

1 ägyptischer Herrschertitel

M4 Major Marchand's Mission, Karikatur aus der Pariser Zeitung „La Silhouette" vom 2. 10. 1898

M5 Die Marokko-Krise 1911

Am 1. Juli 1911 landete das deutsche Kanonenboot „Panther“ in Agadir (Marokko). Die Ententemächte Frankreich und Großbritannien verstanden dieses Vorgehen als Drohung gegen sich und den internationalen Frieden.

5A *Der britische Schatzkanzler Lloyd George sagte in Mansion-House am 21. Juli 1911:* Das Einzige, was ich über England sagen kann, ist, dass es kein Land gibt, das ein ebenso großes Interesse am Wohlstande der anderen Länder hat, wie wir es haben … Aber auf der anderen Seite fühle ich mich verpflichtet zu betonen, dass ich es für im höchsten Maße wichtig halte, nicht nur im Interesse Englands, sondern auch im Interesse der Welt, dass Großbritannien unter allen Umständen seinen Platz und sein Prestige unter den Großmächten aufrechterhält … Wenn uns eine Situation aufgezwungen würde, in der der Friede nur durch die Aufgabe der großen und wohltätigen Stellung erhalten werden könnte, die England sich in Jahrhunderten von Heroismus und Erfolg erworben hat, und nur dadurch, dass Großbritannien in Fragen, die seine Lebensinteressen berühren, in einer Weise behandelt würde, als ob es im Rate der Nationen gar nicht mehr mitzählte, dann – ich betone es – würde ein Friede um jeden Preis eine Erniedrigung sein, die ein großes Land wie das unsrige nicht ertragen könnte.

Geschichte in Quellen, Bd. 5, bearb. v. Günter Schönbrunn, München (bsv) 1980, S. 711 f.

5B *Der Staatssekretär Alfred Kiderlen-Wächter in einem Schreiben an Reichskanzler von Bethmann-Hollweg:* Wir müssen den ganzen französischen Kongo haben – es ist die letzte Gelegenheit, ohne zu fechten – etwas Brauchbares von Afrika zu erhalten … Wir müssen bis an den belgischen Kongo heran, damit wir mittun, falls dieser einmal aufgeteilt werden sollte, und damit wir durch ihn … die Verbindung zu unserem Ostafrika erhalten. Jede andere Lösung bedeutet für uns eine Niederlage … Ich bin daher der Ansicht, dass, wenn die Franzosen sich weiter ablehnend verhalten sollten, wir ihnen erklären müssen: Gut, wir haben uns entgegenkommend gezeigt und euch trotz entgegenstehender Verträge zum Abschluss eures großen nordafrikanischen Kolonialreiches verhelfen wollen. Ihr seht euch, aus Gründen innerer Politik oder sonst wie, außer Stande, die von uns geforderten Gegenleistungen zu gewähren. Also müssen wir uns auf den ganz formellen Standpunkt der Algeciras-Akte[1] stellen. Wir bitten euch darum, uns den ganz genauen Termin anzugeben, bis zu dem ihr Marokko – inklusive Casablanca – geräumt haben werdet. Widrigenfalls werden wir euch des Vertragsbruchs anklagen … Ich glaube nicht, dass die Franzosen den Fehdehandschuh aufnehmen, aber sie müssen fühlen, dass wir zum Äußersten entschlossen sind … Wer im Voraus erklärt, dass er nicht fechten will, kann in der Politik nichts erreichen.

Zit. nach Wolfgang Mommsen, Imperialismus, Hamburg (Hoffmann und Campe) 1977, S. 143 f.

1 Konferenz von Algericas (1906): Erhaltung der Souveränität Marokkos; dort internationale Handelsfreiheit; Kompromiss zwischen deutschen und französischen Interessen.

M6 **Delcassés neuer Ritt**, Karikatur von Olaf Gulbransson aus der Zeitschrift „Simplicissimus“, 1911. In seiner Funktion als französischer Außenminister war es Delcassés Hauptziel, gegen das Deutsche Reich Bündnispartner zu gewinnen. Er bemühte sich um die Beilegung der Kolonialkonflikte mit Großbritannien und leitete die „Entente cordiale“* ein. Die 1. Marokko-Krise veranlasste ihn 1905 zum Rücktritt.

Deutschland und Frankreich – ein Konfliktfeld in Europa

Das deutsch-französische Verhältnis – das Beispiel Elsass-Lothringen

Mit der Reichseinigung von 1871 rückte das Verhältnis zwischen Deutschland und Frankreich als potenzielles Konfliktfeld in den Blickpunkt der europäischen Politik. Die Annexion Elsass-Lothringens spielte dabei eine besondere Rolle. Elsass-Lothringen war 1871 nach dem Krieg mit Frankreich annektiert worden. Das Elsass war bis ins 17. Jahrhundert hinein Teil des alten Reiches gewesen und erst unter Ludwig XIV. von Frankreich erobert worden. Lothringen hatte immer zum französischen Königreich gehört. Trotz der deutschen Sprache fühlten sich Elsässer und Lothringer als Franzosen. Hier zeigten sich die Wirkungen der Französischen Revolution und ihrer Errungenschaften, durch die auch die deutsch Sprechenden, vor allem das Bürgertum, überwiegend für das neue Frankreich gewonnen worden waren. Das Deutsche Reich hatte Elsass-Lothringen vor allem aus zwei Gründen annektiert:

1. Lothringen war eine wirtschaftlich bedeutende Region mit Eisenerzvorkommen und einer entstehenden Schwerindustrie, und das Elsass besaß eine hochentwickelte Landwirtschaft (vor allem Weinbau).

2. Aus militärstrategischen Gründen sollte das eroberte Gebiet zu einer vorgeschobenen Festung gegen Frankreich ausgebaut werden. Als „Reichsland" erhielt Elsass-Lothringen 1871 mindere Rechte. Elsässer und Lothringer fühlten sich als „Deutsche zweiter Klasse".

M2 „Frankreichs Feindschaft zwingt uns …"

Reichskanzler Bismarck schrieb am 20. Dezember 1872 in einem Brief an Harry Graf Arnim, den deutschen Botschafter in Paris:

Unsere Aufgabe ist es gewiss nicht, Frankreich durch Konsolidierung[1] seiner inneren Verhältnisse und durch Herstellung einer geordneten Monarchie mächtig und bündnisfähig für unserere bisherigen Freunde zu machen. Frankreichs Feindschaft zwingt uns zu wünschen, dass es schwach sei, und wir handeln sehr uneigennützig, wenn wir uns der Herstellung konsolidierter monarchischer Institutionen … nicht mit Entschlossenheit und Gewalt widersetzen …

Ich bin überzeugt, dass kein Franzose jemals auf den Gedanken kommen würde, uns wieder zu den Wohltaten einer Monarchie zu verhelfen, wenn Gott über uns das Elend einer republikanischen Anarchie verhängt hätte. Die Betätigung derartiger wohlwollender Teilnahme für die Geschicke feindlicher Nachbarländer ist eine wesentlich deutsche Eigentümlichkeit … Unser Bedürfnis ist, von Frankreich in Ruhe gelassen zu werden und zu verhüten, dass Frankreich, wenn es uns den Frieden nicht halten will, Bundesgenossen finde. Solange es solche nicht hat, ist uns Frankreich nicht gefährlich, und solange die großen Monarchien Europas zusammenhalten, ist ihnen keine Republik gefährlich.

Zit. nach Michael Stürmer (Hg.), Bismarck und die preußisch-deutsche Politik, München (dtv) 1970, S. 59–61.

1 Sicherung, Festigung

M1 **„Guter Rath ist theuer."**
Karikatur von Wilhelm Scholz auf die Annexion* Elsass-Lothringens aus dem „Kladderadatsch", 1871. Bildunterschrift (in der Mitte Bismarck, Elsass und Lothringen an den Händen haltend): „Liebster Reichstag, nun haben wir die beiden Jungen wieder, aber jetzt raten Sie mir, wie und wo wir sie unterbringen sollen!"

M3

Links: **Deutsche Karikatur, 1871.** Als Teufel: der französische Kaiser Napoleon III. Aufsteigend aus dem Kessel: der deutsche Kaiser Wilhelm I.

Rechts: **Französische Karikatur, um 1913.** Der deutsche Kaiser Wilhelm II. an einem Schleifstein. In dem Fass ist kein Wasser, sondern Schießpulver.

M4 „... und nährt reichsfeindliche Hoffnungen“

Aus einem Bericht des preußischen Rates L. A. Wiese nach einem Besuch in Elsass-Lothringen, Mai/Juni 1871:

Zu den Ursachen des allgemeinen Widerstrebens gehört auch dies: Die Elsässer und Lothringer hatten einer großen, festverbundenen Volkseinheit angehört und waren durch die Teilnahme an deren Schicksalen allmählich mit ihr verwachsen. Um ihnen die Trennung davon erträglicher zu machen, musste ihnen entweder der Zusammenhang mit einem großen Ganzen geboten werden oder der engere Anschluss an eine bedeutende Herrscherperson. Keins von beiden geschah. Das Deutsche Reich in seinem gegenwärtigen Bestande eines Nebeneinander von Staaten stellt noch lange nicht eine solche Einheit dar, welche darin mit Frankreich oder England verglichen werden könnte; und die engere Verbindung mit dem Haupt des Reiches, dem Kaiser, wäre nur durch die Einverleibung in Preußen möglich gewesen … Die Fortdauer des jetzigen Provisoriums, eines Schwebezustands, in welchem das neue Reichsland nicht die unmittelbare monarchische Regierung der anderen deutschen Länder … hat, erhält das Gefühl der Unsicherheit und Missbehagen wie Heimatlosigkeit und nährt reichsfeindliche Hoffnungen.

Zit. nach Gerhard A. Ritter (Hg.), Das Deutsche Kaiserreich, Göttingen (Vandenhoeck & Ruprecht) 1975, S. 182.

Elsass und Lothringen

Regionen im Osten bzw. Nordosten Frankreichs mit den Hauptstädten Straßburg bzw. Metz. Im Frankfurter Frieden von 1871 wurden das Elsass und Teile Lothringens vom Deutschen Reich als „Reichsland Elsass-Lothringen“ annektiert. Der Versailler Vertrag von 1919 verfügte nach dem Ende des Ersten Weltkrieges (1918) die Rückgabe an Frankreich. Während der deutschen Besetzung Frankreichs im Zweiten Weltkrieg (1939–1945) war Lothringen mit dem Saarland und der Pfalz zusammengeschlossen (1940–1945).

1 Begründe anhand des Darstellungstextes und M1, warum Elsass-Lothringen ein Beispiel für ein europäisches Konfliktfeld ist. Ziehe die Informationen in dem Kasten mit heran.

2 Erarbeite mithilfe von M2 die Position Bismarcks gegenüber Frankreich und finde dafür ein Schlagwort.

3 Kläre, welche Ursachen der Autor für das „widerstrebende“ Verhalten der Elsässer und Lothringer gegenüber dem Deutschen Reich nennt (M4). Stelle einen Bezug zu M2 her

4 Entschlüssele M3 mithilfe der Arbeitsschritte S. 22. Achte auf die Datierungen der beiden Karikaturen.

Der Balkan – „Pulverfass" Europas?

Militärische Aufrüstung und politische Krise

Die Machtkämpfe der imperialistischen Staaten um Gebiete in Afrika und Asien belasteten das politische Klima auch in Europa. Das Wettrüsten zu Lande und zur See verursachte Rüstungsausgaben, die die Finanzhaushalte der Staaten stark belasteten. Vor allem zwischen dem Deutschen Reich und Großbritannien entwickelte sich ein verbitterter Rüstungswettlauf um die Vorherrschaft auf den Weltmeeren. 1913 hatte die deutsche Kriegsmarine fast das angestrebte Verhältnis von zwei zu drei seiner Flotte gegenüber der britischen erreicht.

Großbritannien empfand den Aufbau der deutschen Seestreitmacht als direkte Bedrohung und Beweis für den Versuch, die britische Überlegenheit zur See infrage zu stellen. Tiefes Misstrauen gegenüber der deutschen Politik war die Folge.

Auch die Stärke ihrer Landstreitkräfte wurde von einem Land nach dem anderen hochgeschraubt. Doch es gab auch kritische Zeitgenossen, die den Rüstungswettlauf als gefährlich und sinnlos anklagten. Als 1889 das Buch „Die Waffen nieder!" der Österreicherin Bertha von Suttner erschien, verbreitete sich der Titel weltweit wie ein Lauffeuer. Dass das Wettrüsten den Frieden gefährden könne, fühlten offenbar viele Menschen, die Mehrheit der Politiker blieb jedoch dem durch Nationalismus und Imperialismus bestimmten Denken verhaftet.

Ein explosives Gemisch auf dem Balkan

Das Ziel „Nationalstaat", das sich seit dem 19. Jahrhundert viele Völker in Europa setzten, musste fast zwangsläufig auf dem Balkan zu Problemen führen, da dort sehr viele Völker zusammenlebten – unter der Regierung der habsburgischen Monarchie Österreich-Ungarn. In Serbien war in der 2. Hälfte des 19. Jahrhunderts eine nationale Bewegung entstanden, die von Russland unterstützt wurde. Durch die Großserbische Idee wurde der Balkan endgültig zum Pulverfass: Dieser neue serbische Nationalismus zielte auf eine weitere Zurückdrängung des Osmanischen Reichs. Vor allem wurde dem Vordringen der Habsburger Monarchie auf dem Balkan massiver Widerstand entgegengesetzt.

Als Österreich-Ungarn 1908 die ehemaligen Provinzen des geschwächten Osmanischen Reiches, Bosnien und die Herzegowina, annektierte, löste dies zunächst den Protest von Serbien und Russland und dann mehrere Kriege zwischen verschiedenen Balkanstaaten aus. Den Großmächten gelang es jedoch, die Gegner an den Verhandlungstisch zu holen und die Kriege zu beenden. Die Spannungen blieben vor allem zwischen Österreich-Ungarn und Serbien bestehen. Die Explosivkraft auf dem Balkan dauerte an, weil die einzelnen Völker „Schutzpatrone" in Gestalt miteinander rivalisierender und hochgerüsteteter europäischer Großmächte besaßen.

M1 **„Deutschland im europäischen Gleichgewicht".** Die Postkarte von 1914 zeigt Personen, die jeweils ein Land vertreten: auf der linken Waagschale Österreich und Deutschland, auf der rechten Frankreich, England, Russland und Belgien, Japan und China (hängend), auf dem Balken Serbien, in der Mitte Türkei, USA und Italien.

M2 **„Balkan Troubles“**, Karikatur von 1908 aus der englischen Satire-Zeitschrift „Punch“

M4 **Staaten auf dem Balkan 1913**

M3 Ursachen des zweiten Balkankrieges 1913

Aus einer Untersuchung über die Ursachen des zweiten Balkankrieges (19.6.–10.8.1913; 1. Balkankrieg: 6.10.1912–30.5 1913) aus dem Jahre 1914:

Der zweite Balkankrieg ist aus dem ersten entstanden. Seine Ursachen erklären sich aus drei Gesichtspunkten:

1. aus den verworrenen Rassenverhältnissen der christlichen Balkanvölker, die … aus der osmanischen Herrschaft befreit worden sind;

2. aus der Uneinigkeit der vier Balkanmächte (Bulgarien, Serbien, Griechenland, Montenegro) über die Teilung der Beute;

3. aus dem Streben dieser Mächte, sich selbst einen möglichst großen Machtzuwachs zu sichern, den bisherigen Verbündeten aber die Vorherrschaft und Überlegenheit auf der Balkanhalbinsel streitig zu machen …

Die Vermischung der einzelnen Volksrassen auf der Balkanhalbinsel bezieht sich besonders auf … Mazedonien … Als sich Griechen, Serben, Bulgaren mit der Zeit vom türkischen Joche losrangen und selbstständige Staaten bildeten, ging … ihr Streben dahin, noch unter Türkenherrschaft befindliche Volksgenossen an sich zu ziehen, um sie später bei gegebener Gelegenheit an ihr Vaterland anzugliedern.

Zit. nach Karl-Heinz Gräfe, Der Balkan – Pulverfass Europas?, Stuttgart (Klett) 1996, S. 21 f.

1 Erläutere anhand des Darstellungstextes, wie sich die Beziehungen der europäischen Mächte um 1913 darstellten.

2 Erarbeite M1 mithilfe der Arbeitsschritte S. 22 und beurteile die Einschätzung des „Gewichtsverhältnisses“ in Europa.

3 Formuliere die Aussageabsicht der Karikatur M2.

4 Erläutere die in M3 genannten Ursachen des zweiten Balkankrieges und versuche, sie nach ihrer Bedeutung zu gewichten.

5 Kläre mithilfe des Darstellungstextes, M2 und M4, warum vom Balkan als einem „Pulverfass“ gesprochen wurde.

6 Erläutere mit Bezug auf die Zeit vor dem Ersten Weltkrieg: Wer die Fäuste ballt, kann niemandem die Hand reichen.

7 Informiere dich genauer über Bertha von Suttner (Lexika, Internet).

Das Attentat von Sarajewo und die Julikrise 1914

Das Attentat von Sarajewo

Am 28. Juni 1914 besuchte das österreichische Thronfolgerpaar, Erzherzog Ferdinand und seine Gattin, Sarajewo, die Hauptstadt des 1908 während der ersten Balkankrise von Österreich annektierten Bosnien. Nach mehreren Attentatsversuchen erreichte ein Attentäter dort schließlich sein Ziel. Ferdinand und seine Frau starben unmittelbar nach dem Anschlag. Der Verdacht Österreichs richtete sich sofort gegen Serbien, das ein Großreich auf dem Balkan errichten wollte. Dem standen die Interessen Österreichs entgegen.

Die Julikrise

„Mit den Serben muss aufgeräumt werden, und zwar bald", schrieb Kaiser Wilhelm II. an den Rand des ersten offiziellen Berichts aus Wien vom 30. Juni 1914. Das Deutsche Reich sicherte Österreich-Ungarn seine bedingungslose Unterstützung zu. Dass Russland im Falle eines militärischen Vorgehens Österreichs gegen Serbien nicht tatenlos zusehen würde, war zu erwarten – und Frankreich wiederum sicherte Russland die Bündnistreue zu. Damit war der Krieg kaum mehr zu begrenzen.

Gestützt auf den „Blankoscheck" des Deutschen Kaisers stellte Österreich den Serben am 23. Juli 1914 ein auf 48 Stunden begrenztes Ultimatum. Nur der letzte Punkt, die Beteiligung österreichischer Beamter an der Aufklärung des Attentats auf serbischem Hoheitsgebiet, wurde von Serbien abgelehnt. Überall in Europa war man überzeugt, dass nun der Kriegsgrund entfallen sei. Wien hielt aber an seinem Vorhaben fest, gegen Serbien kriegerisch vorzugehen. Österreich erklärte Serbien am 28. Juli 1914 den Krieg. Als Russland mit einer Mobilmachung seiner Truppen reagierte, gab es kein Halten mehr: Am 1. August erklärte Deutschland Russland den Krieg, am 3. August Frankreich. Aus dem „begrenzten" Krieg war ein „europäischer" Krieg geworden. Was aber war mit Großbritannien? Die Stimmung in der britischen Öffentlichkeit und der Regierung war geteilt. Als jedoch am 3. August deutsche Truppen durch das neutrale Belgien marschierten, schlug die Stimmung um. Am 4. August erklärte die Londoner Regierung Deutschland und Österreich den Krieg.

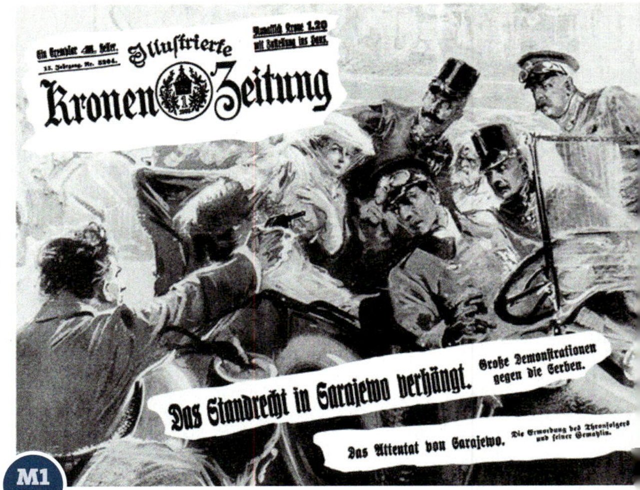

M1 **Attentat auf den österreichischen Erzherzog Franz Ferdinand,** Lithographie vom Juni 1914, Collage mit Zeitungsschlagzeilen

M2 Wilhelm II. verspricht volle Unterstützung

Graf von Szögyényi, 1892–1914 österreichisch-ungarischer Gesandter in Berlin, telegrafierte am 5.7.1914 an seinen Außenminister über eine Unterredung mit Wilhelm II.:

Als ich nochmals den Ernst der Situation mit großem Nachdruck betonte, ermächtigte mich Seine Majestät, unserem Allergnädigsten Herrn zu melden, dass wir … auf die volle Unterstützung Deutschlands rechnen können … Russlands Haltung werde jedenfalls feindselig sein, doch sei er hierauf schon seit Jahren vorbereitet und sollte es sogar zu einem Krieg zwischen Österreich-Ungarn und Russland kommen, so könnten wir davon überzeugt sein, dass Deutschland in gewohnter Bündnistreue an unserer Seite stehen werde. Russland sei übrigens … noch keineswegs kriegsbereit und werde sich noch sehr überlegen, an die Waffen zu appellieren. Doch werde es bei den anderen Mächten der Tripelentente[1] gegen uns hetzen … Er begreife sehr gut, dass es Seiner Majestät bei seiner bekannten Friedensliebe schwerfallen würde, in Serbien einzumarschieren; wenn wir aber die Notwendigkeit einer kriegerischen Aktion gegen Serbien erkannt hätten, so würde er es bedauern, wenn wir den jetzigen, für uns so günstigen Moment unbenützt ließen.

Zit. nach Asmut Brückmann, Die europäische Expansion, Stuttgart (Klett) 1993, S. 143.

1 Großbritannien und Frankreich. Siehe Lexikon: Entente cordiale

M3 England soll seine Flottenmacht zeigen

Der britische Staatssekretär im Außenministerium, E. A. Crow im Juli 1914:

Es ist klar, dass Frankreich und Russland entschlossen sind, den ihnen hingeworfenen Handschuh aufzuheben … Worauf es ankommt ist, ob Deutschland zu diesem Krieg jetzt absolut entschlossen ist oder nicht … Wenn Seiner Majestät Regierung in dem Augenblick, wo entweder Österreich oder Russland zu mobilisieren beginnen, Befehl erteilt, unsere ganze Flotte unverzüglich auf Kriegsfuß zu setzen, so mag dies … Deutschland die Augen über den Ernst der Gefahr öffnen, der es ausgesetzt wäre, wenn England am Kriege teilnähme … Sollte der Krieg ausbrechen und England unbeteiligt bleiben, dann muss sich Folgendes ergeben:
a.) Entweder siegen Deutschland und Österreich, sie erdrücken Frankreich und demütigen Russland.
b.) Oder Frankreich und Russland siegen. Wie werden sie sich dann gegen England verhalten? Und wie wird's mit Indien und dem Mittelmeer stehen? In diesem Kampf, der nicht um den Besitz Serbiens geht, sondern bei dem es sich um das Ziel Deutschlands, seine politische Vorherrschaft in Europa zu errichten, und um den Wunsch der Mächte handelt, ihre individuelle Freiheit zu erhalten – in diesem Kampf sind unsere Interessen mit denen Frankreichs und Russlands verknüpft. Wenn wir dazu beitragen können, den Konflikt zu verhüten, indem wir unsere maritime Stärke zeigen, … dann wäre es falsch, diesen Versuch nicht zu machen.

Zit. nach Asmut Brückmann, Die europäische Expansion, Stuttgart (Klett) 1993, S. 147.

M4 **Das europäische Bündnissystem vor dem Ersten Weltkrieg**

1. Kläre anhand des Darstellungstextes und M1 die Umstände, die Ursachen und die Folgen des Attentats von Sarajewo.
2. Notiere aus M2 die Aussagen Wilhelms II. über sein weiteres Vorgehen und versuche, Gründe für das Verhalten des Kaisers zu finden.
3. Liste die Argumente und Vorschläge auf, mit denen Crow in M3 zum Eingreifen in den Krieg rät.
4. Benenne die Bündnispartner Deutschlands und Großbritanniens vor dem Ersten Weltkrieg (M4) und weise sie einzelnen Verträgen zu.
5. Erarbeite auf der Grundlage der Seiten 164 bis 169 zusammenfassend die Faktoren, die zum Ersten Weltkrieg führten und formuliere, welche Erkenntnisse sich aus den Krisenfaktoren und der Abfolge der Krisen gewinnen lassen.

Grundwissen

Attentat von Sarajewo

Das Attentat auf den österreichischen Thronfolger Erzherzog Ferdinand am 28. Juni 1914 wurde zum Anlass für den Beginn des Ersten Weltkrieges. Aus regionalen Spannungen auf dem Balkan wurde eine kriegerische Auseinandersetzung zwischen den europäischen Großmächten.

Das „Augusterlebnis“ 1914

Eintracht und Begeisterung für den Krieg?

Als am 1. August 1914 Kaiser Wilhelm mit der Aussage zitiert wurde, er kenne keine Parteien mehr, er kenne nur noch Deutsche, löste das in Berlin eine Welle der Begeisterung aus: Nationale Lieder wurden gesungen. Hunderttausende Freiwilliger meldeten sich, um für Deutschland in den Krieg zu ziehen. Nationalflaggen schmückten die Straßen – sogar in den Arbeitervierteln. Am 4. August stimmte die SPD, die noch kurz zuvor in vielen Städten Anti-Kriegs-Demonstrationen organisiert hatte, im Reichstag fast geschlossen der Bewilligung von Kriegskrediten zu.

Deutschland erschien auf den ersten Blick in jenen Augusttagen national geeint, die Idee der Nation verwirklicht – am Beginn eines Krieges, der nach den Aufmarschplänen innerhalb weniger Wochen erst gegen Frankreich und dann gegen Russland zum Sieg führen sollte. Bei näherem Hinsehen zeigt sich jedoch, dass der Jubel keineswegs so ungeteilt war, wie die einsetzende Propaganda für den Krieg und die nachträglichen Lobgesänge auf das „Augusterlebnis“ glauben machen wollten. Wirksamer als alle Appelle an Vernunft und Gewissen erwiesen sich Schlagworte wie „Serbien muss sterbien“.

M2 In Gedenken an den 4. August 1914

1917 fand im Reichstag eine Gedenkveranstaltung statt, bei der Reichskanzler Georg Michaelis eine Rede hielt:

Wir stehen unter dem Eindruck der Größe des Tages, an dem vor drei Jahren das Volk aufstand, um in begeisterter Einmütigkeit den Riesenkampf aufzunehmen, der uns aufgezwungen worden war. Der 4. August wird in der Geschichte des deutschen Volkes zu allen Zeiten sein der Tag höchster vaterländischer, todesmutiger und siegesgewisser, entschlussfreudiger Bereitwilligkeit gegenüber der größten Gefahr, die je auf ein Volk hereinbrach … Heute kommt es darauf an, die Leuchtfeuer hell auflodern zu lassen, ein Ziel, ein Wille, ein Vaterland! Und dieses Vaterland ist größer und wichtiger als unser Einzelleben! Je größer die Opfer, desto herrlicher der Lohn. Wir geloben dem Kaiser und dem Reiche die Treue und was uns das Herz freimacht, das rufen wir aus: Vaterland, Kaiser und Reich hurra, hurra, hurra!

Zit. nach Jeffrey Verhey, Der „Geist von 1914“, Hamburg (Hamburger Edition HIS) 2000, S. 287, übers. v. J. Bauer/E. Nerke.

M1 Aufbruch zur Front, Foto, August 1914

M3 Pressemeldungen über die Stimmung zu Kriegsbeginn

Die „Norddeutsche Allgemeine Zeitung", das „Sprachrohr" der Reichsregierung, schilderte die Vorgänge in der ersten Augustwoche 1914 folgendermaßen:

3 A Was sich vom 30. Juli bis heute in Berlin abspielte, ist eine Offenbarung des starken nationalen Empfindens, das in unserm Volke lebt … Man war brüderlich: der Arbeiter, der in der Bluse barhäuptig die Fahne trug, der Akademiker, der neben ihm schritt, Kaufleute, Wandervogelscharen[1], Studenten mit Verbindungsband auf der Brust, Soldaten, die, zum Teil schon in der grauen Felduniform, sich singend in die Reihen der Marschierenden eingegliedert hatten. Oft ging man Arm in Arm, in Reihen zu 30 und 40 Menschen.

Zit. nach Jeffrey Verhey, Der „Geist von 1914", Hamburg (Hamburger Edition HIS) 2000, S. 121, übers. v. J. Bauer/E. Nerle.

1 Um 1895 gegründete Jugendbewegung, deren Begeisterung für ein ursprüngliches, naturnahes Leben 1914 teilweise in Kriegsbegeisterung umschlug.

Der sozialdemokratische „Volksfreund Braunschweig" stellte am 3. August 1914 fest:

3 B Ernste Stimmung trifft man überall nur in den Straßen, nichts von Fröhlichkeit, nichts von Abend-Bierbegeisterung der Halbstarken. Wer die Stimmung des Volkes kennen lernen will, der gehe dahin, wo das Volk sich bewegt. Wer die Szenen gestern Nachmittag auf dem kleinen Exerzierplatz[1], dem Sammelpunkt der Einberufenen, und vor der Kaserne wie auf dem Bahnhof beobachtet hat, dem krampfte sich das Herz zusammen vor Weh.

Zit. nach Wolfgang Kruse, Krieg und nationale Integration, Essen (Klartext) 1993, S. 58.

1 Truppenübungsplatz

M4 Wilhelm II. auf einer Postkarte des Jahres 1914

M5 Schweigend in den Krieg

Tagebucheintrag einer Augenzeugin vom 6. August 1914 in Freiburg:

Es war nach 6 Uhr, ein feiner Regen rieselte herunter, hinter dem Münster stand ein fahles Morgenrot – war da wohl einer in dem langen Zuge, der nicht gedacht hätte: „Morgenrot, Morgenrot, leuchtest mir zum frühen Tod?" Alle Soldaten waren mit Blumen geschmückt, aber sie zogen schweigend, ohne zu singen, dahin und die Offiziere ritten stumm und ernst vor ihnen her … Dann war alles wie ein Traum verschwunden und schweren Herzens fragte sich wohl jeder …: „Wer von diesen allen kommt einst wieder zurück?"

Zit. nach Christian Geinitz, Kriegsfurcht und Kampfbereitschaft, Essen (Klartext) S. 151.

1 Erarbeite anhand von M1, M3A, M3B und M5, wie die Menschen auf den Kriegsbeginn reagierten. Versuche, Gründe für die Aussagen zu finden.

2 Prüfe, ob der Darstellungstext weitere Informationen zur Frage in Aufgabe 1 anbietet.

3 Erkläre anhand von M2, welche Werte und Ziele dem „Geist von 1914" zugeschrieben wurden.

4 Analysiere M4 mithilfe der Arbeitsschritte „Entschlüsselung eines Bildes" im Anhang. Vergleiche die Bildaussage mit deinen Kenntnissen über die Julikrise 1914.

5 Diskutiert die Wirkung von Schlagworten wie „Serbien muss sterbien". Nennt weitere Beispiele.

M6 Die Kriegsziele

Nationalismus und die Unfähigkeit der Regierungen zum friedlichen Ausgleich standen am Beginn des Krieges. Überall in Europa wurden von Regierungen und Verbänden weitreichende Kriegsziele formuliert:

6 A *Im so genannten Septemberprogramm vom 9. September 1914 wurden die deutschen Kriegsziele festgehalten:*

Das allgemeine Ziel des Krieges: Sicherung des Deutschen Reiches nach West und Ost auf erdenkliche Zeit. Zu diesem Zweck muss Frankreich so geschwächt werden, dass es als Großmacht nicht neu erstehen kann, Russland von der deutschen Grenze nach Möglichkeit abgedrängt und seine Herrschaft über die nichtrussischen Vasallenvölker gebrochen werden. Die Ziele des Krieges im Einzelnen:

1. Frankreich: Von den militärischen Stellen zu beurteilen, ob die Abtretung von Belfort, des Westabhangs der Vogesen, die Schleifung der Festungen und die Abtretung des Küstenstrichs von Dünkirchen bis Boulogne zu fordern ist…

2. Belgien: Angliederung von Lüttich und Verviers an Preußen … Jedenfalls muss ganz Belgien, wenn es auch als Staat äußerlich bestehen bleibt, zu einem Vasallenstaat[1] herabsinken, in etwa militärisch wichtigen Hafenplätzen ein Besatzungsrecht zugestehen, seine Küste militärisch zur Verfügung stellen, wirtschaftlich zu einer deutschen Provinz werden.

Zit. nach Werner Basler, Deutschlands Annexionspolitik in Polen und im Baltikum 1914–1918, Berlin (Rütten & Loening) 1962, S. 383 f.

6 B *Der französische Botschafter in St. Petersburg nannte am 12. September 1914 folgende Kriegsziele der Ententemächte:*

1. Das Hauptziel der drei Verbündeten würde sein, die Macht Deutschlands und seinen Anspruch auf militärische und politische Herrschaft zu brechen.

2. Die territorialen Veränderungen müssen durch den Grundsatz der Nationalitäten bestimmt werden.

3. Russland würde sich den Unterlauf des Njemen und den östlichen Teil Galiziens aneignen. Es würde dem Königreich Polen das östliche Posen, Schlesien … und den westlichen Teil Galiziens angliedern.

4. Frankreich würde Elsass-Lothringen wieder nehmen, wobei es ihm freisteht, einen Teil Rheinpreußens und der Pfalz hinzuzufügen. Belgien würde … einen bedeutenden Gebietszuwachs erhalten.

12. England, Frankreich und Japan würden sich die deutschen Kolonien teilen.

13. Deutschland und Österreich würden eine Kriegskontribution[2] zahlen.

Asmut Brückmann, Die europäische Expansion, Stuttgart (Klett) 1993, S. 151.

1 abhängiger Untertanenstaat
2 Kriegssteuer, -entschädigung

Grundwissen

1914–1918: Erster Weltkrieg

Der Erste Weltkrieg unterscheidet sich grundlegend von bisherigen Kriegen durch: die Zahl seiner Opfer (etwa zehn Millionen Tote, 20 Millionen Verwundete und Invaliden), das Ausmaß der Zerstörung, die militärisch-territoriale Ausdehnung, den Einsatz von Millionenheeren und einer gewaltigen Militärmaschinerie mit Luft- und Panzerwaffen. Unmittelbarer Kriegsanlass war das Attentat von Sarajewo. Langfristige Ursachen liegen in machtpolitischen Gegensätzen und Interessenkonflikten im europäischen Staatensystem und Rivalitäten, die sich aus der imperialistischen Politik ergaben.

Museumstipp

Bayerisches Armeemuseum,
Paradeplatz 4, 85049 Ingolstadt.
www.bayerisches-armeemuseum.de
Unter anderem Ausstellung zum Ersten Weltkrieg mit Darstellung der Vorgeschichte, innerer und äußerer Entwicklung im Krieg. Umfangreiche Sammlung.

6 Vergleiche die deutschen Kriegsziele (M6A) mit denen der Alliierten (M6B).

7 Erörtere die möglichen Folgen der Kriegsziele beider Seiten jeweils aus der Sicht des Deutschen Reiches und aus der Perspektive seiner Kriegsgegner.

Kriegerdenkmäler erkunden

Stätten des Gedenkens

Ausdruck des ungeheuren Schocks, den der Erste Weltkrieg für alle Beteiligten bedeutete, ist die große Zahl der Totendenkmäler, die in allen Ländern nach Kriegsende errichtet wurden. Allein in Frankreich entstanden 30 000 Kriegsdenkmäler.
Neben großen Gedenkstätten wie z. B. in Verdun sind es vor allem kleinere dörfliche Erinnerungsstätten, die zumeist auf Initiative der Gemeindevertretungen errichtet wurden.
Auch in Bayern – wie in ganz Deutschland – gibt es zahlreiche Kriegerdenkmäler aus der Zeit, die bis heute an die Opfer erinnern, die aber damals auch die Betrachter auffordern sollten, dem Beispiel der „Helden für das Vaterland" zu folgen.

1 Analysiere M1 und M2 mithilfe der Arbeitsschritte.

Arbeitsschritte **Kriegerdenkmäler erkunden**

1. Schritt: Erkundigungen einziehen
– Informiert euch, ob es in eurer Gemeinde oder den Nachbargemeinden noch Kriegerdenkmäler zum Ersten Weltkrieg gibt.

2. Schritt: Die Bedeutung klären und Einzelheiten beschreiben
– Stellt fest, warum das Denkmal errichtet wurde: zur Mahnung, als Aufforderung zur Nachahmung, zur Verherrlichung der „Kriegshelden"?
– Schreibt dazu die Inschriften auf dem Denkmal ab oder fotografiert sie. Beachtet, aus welchem Material das Denkmal ist und welche Symbole verwendet wurden (Adler, Stahlhelme, Waffen, Ölzweig, Taube etc.)
– Beachtet ferner, wie die Figuren dargestellt wurden: sterbend, in aufrechter Haltung usw.
– Klärt, ob das Denkmal nach seiner Aufstellung verändert wurde (Restaurierung, Umsetzung, Verunstaltung usw.).

3. Schritt: Lokale Details festhalten
Häufig findet sich auf diesen Denkmälern auch ein Verzeichnis aller Gefallenen dieses Ortes. Dann könnt ihr zusätzlich noch folgende Fragen beantworten:
– Wie viele Männer dieses Ortes starben als Soldaten im Krieg?
– Wie alt war der Jüngste, wie alt der Älteste?
– Wenn auf dem Denkmal angegeben ist, wo die Soldaten gefallen sind, fertigt eine Karte an und tragt die Orte ein.

M1 **Kriegerdenkmal in Mauth im Bayerischen Wald,** Foto, 2001

M2 **Kriegerdenkmal in Furth im Wald,** Foto, 2000. Mit dem Bau wurde 1928 begonnen, die Einweihung erfolgte 1932.

Der Krieg des Industriezeitalters

Vom Bewegungs- zum Stellungskrieg

Für die deutschen Soldaten schien die Erwartung, nach wenigen Monaten siegreich in die Heimat zurückzukehren, gut begründet, denn schnell und planmäßig war Belgien überrannt worden, tief standen die Armeen in Frankreich. Aber die Front wurde mit dem weiteren Vormarsch immer länger, und immer schneller mussten die äußersten Truppen vorankommen. Unvorhergesehen mussten Heeresteile in Belgien bleiben und nach Osten abgezogen werden, wo eine Niederlage gegen Russland drohte. Dennoch: Anfang September war die Marne überschritten, Paris nur noch 50 Kilometer entfernt. Aber die Umfassung der französischen Hauptstadt wollte nicht gelingen. Im Gegenteil, am 4. September setzte der Gegenangriff von Franzosen und Engländern ein. An der Marne stieß das englische Expeditionskorps tief zwischen die deutschen Armeen. Die deutschen Truppen mussten sich zurückziehen. Für die Entente war das „Wunder an der Marne" geschehen; der Vernichtungskrieg war zum Stehen gebracht worden. Die aus deutscher Sicht „todsichere Siegesgarantie" war gescheitert. Die Heere gruben sich in festen Stellungen ein, die Fronten erstarrten. Dasselbe Bild bot sich seit 1915 auch an der Ostfront im Krieg gegen Russland. Die Zuversicht auf einen schnellen Sieg wich sowohl an der Front wie auch in der Heimat der Ernüchterung.

Materialschlachten an der Front

„Ein merkwürdiger Krieg: Flieger, Autos spielen eine ungeahnte Rolle, wie überhaupt die Technik, Brücken und Tunnels, deren Bau sonst Jahre gedauert hat, werden in vierzehn Tagen hergestellt." Diese Beobachtungen schrieb Großadmiral von Tirpitz am 11. Oktober 1914 in sein Tagebuch. Der „merkwürdige Krieg", der erst gut zwei Monate gedauert hatte, war offenbar ein ganz neuer, so nicht erwarteter Krieg. Im 19. Jahrhundert hatten nur selten Heere von mehr als 500 000 Mann gegeneinander gekämpft; nun waren es Armeen von mehreren Millionen. Erstmals standen sich hochgerüstete Industriestaaten gegenüber. Mit modernsten Waffen (Maschinengewehren, Hand- und Giftgasgranaten, Flammenwerfern, Minen, Panzern und Fugzeugen) setzte eine beispiellose Materialschlacht ein. Die Industrie machte sie mit ihrer ununterbrochenen Waffenproduktion möglich.

Die „Hölle von Verdun" wurde zum Inbegriff dieses Materialkrieges. Für diese französische Festung sollte nach den Plänen der deutschen Obersten Heeresleitung die Hauptmacht des französischen Heeres verbluten. Die Schlacht wurde mit gewaltigen Opfern bezahlt: 240 000 Deutsche und 275 000 Franzosen sind vom Februar bis Juni 1916 allein vor Verdun gefallen, wurden verwundet oder blieben vermisst. Eine Entscheidung wurde dadurch nicht herbeigeführt.

M1 Mächtegruppen im Ersten Weltkrieg

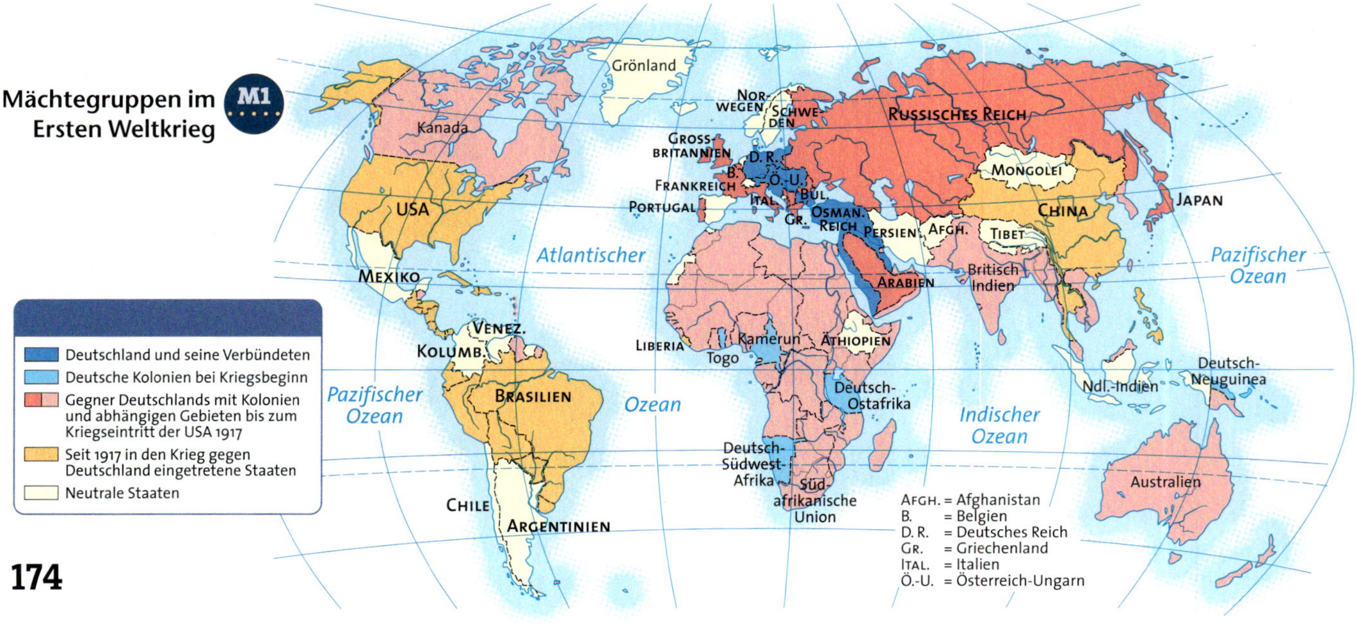

M2 **Deutsche Soldaten in einem Schützengraben an der Westfront**, Foto, 1915. Die Gasmasken sollten vor den erstmals eingesetzten Chlor- und Senfgasen schützen.

M3 Die Realität des Krieges

In dem Roman „Im Westen nichts Neues" schilderte der Schriftsteller und Kriegsfreiwillige Erich Maria Remarque 1929 die Situation in den Schützengräben:

Unsere Gesichter sind verkrustet, unser Denken ist verwüstet, wir sind todmüde: Wenn der Angriff kommt, müssen manche mit den Fäusten geschlagen werden, damit sie erwachen und mitgehen: Die Augen sind entzündet, die Hände zerrissen, die Knie bluten, die Ellbogen sind zerschlagen. Vergehen Wochen – Monate – Jahre? Es sind nur Tage …
Haie Westhus wird mit abgerissenem Rücken fortgeschleppt; bei jedem Atemzug pulst die Lunge durch die Wunde. Ich kann ihm noch die Hand drücken: „Is alle, Paul", stöhnt er und beißt sich vor Schmerz in die Arme. Wir sehen Menschen leben, denen der Schädel fehlt; wir sehen Soldaten laufen, denen beide Füße weggefetzt sind; sie stolpern auf den splitternden Stümpfen bis zum nächsten Loch.

Erich Maria Remarque, Im Westen nichts Neues, Berlin (Ullstein) 1972, S. 98 ff.

M4 **Kriegsverletzte des Ersten Weltkriegs**, Foto, um 1918. Zur erschütternden Bilanz des Krieges gehören Millionen von Verwundeten und Kriegskrüppeln, deren Verletzungen meist durch Granatsplitter verursacht wurden.

Lese- und Filmtipp

Erich Maria Remarque, Im Westen nichts Neues, Berlin (Ullstein TB) 1988.

Der Autor erzählt aus der Perspektive eines Soldaten, der mit seinen Klassenkameraden – zunächst noch voller Kriegsbegeisterung – von der Schule direkt aufs Schlachtfeld geschickt wurde. Der Antikriegsroman von 1929 wurde 1930 von dem Amerikaner Lewis Milestone verfilmt und ist auch als Videokassette erhältlich.

1. Stelle mithilfe von M1 eine Liste zusammen, in die du einträgst, welche Staaten sich dem Bündnis der Entente-Mächte anschlossen, welche Staaten neutral blieben und wer zu den Mittelmächten und ihren Verbündeten gehörte. Schätze die Kräfteverhältnisse ein.
2. Untersuche, wie Remarque (M3) seine Kriegserlebnisse literarisch umsetzt und stelle einen Bezug zu M2 und M4 her.
3. Bewerte anhand des Darstellungstextes die Bedeutung der Industrialisierung für die Kriegführung im Ersten Weltkrieg.

Die „Heimatfront“

Der Krieg bestimmt den Alltag

Während die deutsche Regierung noch die nationale Kriegsbegeisterung schürte, war ihr längst klar, dass in einem langen Krieg die Ernährung der Bevölkerung nicht gesichert werden könnte. Als die deutschen Truppen nach ersten Siegen in Belgien und Frankreich von der französischen und englischen Armee gestoppt wurden, kam es zu einem Stellungskrieg. Dadurch trat ein Versorgungsproblem in zweifacher Hinsicht auf: Zum einen musste der Nachschub für die Truppen an den Fronten bewerkstelligt werden, zum anderen wurde durch die „Hungerblockade“ (Blockade der Nordsee durch Großbritannien) die Notsituation der Zivilbevölkerung im Reich verschärft. Mit der propagandistischen Formel vom Aufbau einer „Heimatfront“ konnte man dieses Problem nicht lösen. Seit 1915 schränkte die Regierung immer mehr den freien Lebensmittelverkauf ein und regelte vor allem die Brot- und Getreideversorgung über Lebensmittelkarten. Da die Mengenzuweisungen nicht ausreichten, versuchten sich die Menschen selbst zu versorgen: So legten sich viele Städter Kleingärten oder „Fensterplantagen“ zu, hielten (sogar in den Wohnungen!) Hühner, Kaninchen und Schweine.

Auch die Versorgung der Truppen mit Waffen bereitete zunehmend Schwierigkeiten, da in den Rüstungsbetrieben Arbeitskräfte fehlten. Um dieses Problem zu lösen, versuchte man, diese Lücken immer mehr durch Arbeiterinnen zu schließen. Viele Frauen waren auf solche Verdienstmöglichkeiten angewiesen. Sie mussten, da ihre Männer an der Front kämpften, ihre Familien allein ernähren. Klagen über die Doppelbelastung von Beruf und Familie trafen auf wenig Verständnis: Für die Reichsregierung zählte nur der Rüstungsnachschub, für die Industriellen der finanzielle Gewinn. Auch die Frauenverbände orientierten ihr Engagement stärker am „Wohl des Vaterlandes“ als an dem der einzelnen Frau. Es kam zwar immer wieder zu Protestaktionen, aber ohne politische Wirkung, zumal Frauen noch kein Wahlrecht besaßen. Alle Probleme sollten durch nationale Durchhalteparolen überdeckt werden. Seit 1915 verschlechterte sich die Versorgungslage stetig. Im „Kohlrübenwinter“ 1916/17 verhungerten in Deutschland Hunderttausende. 1917 betrug die Getreideernte nur noch 50 Prozent der Vorkriegsjahre. Dessen ungeachtet hielten alle kriegführenden Staaten an ihren Kriegszielen fest.

M1

Schlange stehen vor einer Verteilungsstelle für Lebensmittel, Foto, um 1917

M2 **Frauen müssen ihren Lebensunterhalt verdienen,** Postkarte, 1917

M3 Männerarbeit – Frauenarbeit

Nach dem „Notgesetz" vom August 1914 konnten z. B. Arbeitsschutzbestimmungen den jeweiligen Bedürfnissen der Kriegswirtschaft angepasst werden. Für die in Rüstungsbetrieben tätigen Frauen legte deshalb die Militärführung in Hannover im Dezember 1916 fest:

Durch übertriebene Vorsicht dürfen die dringenden Aufgaben der Kriegswirtschaft nicht gefährdet werden. Wo jeweils die richtige Grenze liegt zwischen den Bedürfnissen der Industrie einerseits und guter Sitte andererseits, ist im Einzellfalle von der zuständigen Gewerbeaufsichtsbehörde zu prüfen … In besonderen Notfällen kann die Frauenarbeit, deren Verwendung möglichst zu fördern ist – auch vor dem Dampfkessel, im Fuhrbetrieb, bei der Montage und Installation –, vorübergehend noch weiter [über elf Stunden hinaus] ausgedehnt werden. Ausreichende Sitzgelegenheit ist für Frauen besonders wichtig. Arbeit in Arbeitshose ist zu gestatten.

Richtlinien des stellvertretenden Generalkommandos des X. Armeekorps, Hannover, für die Arbeit in Rüstungsbetrieben, Dezember 1916. Zit. nach Amrei Stupperich, „Arbeit in Arbeitshose ist zu gestatten", in: Praxis Geschichte, H. 3, 1995, S. 40.

M4 „Die Not wird schlimmer …"

Obwohl Militär- und Zivilbehörden den „nationalen Geist" beschworen, konnten sie Briefe wie diesen, den eine Frau aus Sachsen am 5. 3. 1917 ihrem kriegsgefangenen Mann schickte, nicht verhindern:

Die Not wird immer schlimmer, weil es hier bei uns nichts mehr gibt … Schlecht stehts mit uns, da wir nichts mehr zu essen haben … Seit 14 Tagen habe ich das Mittagessen von der Volksküche[1] und zwar zwei Portionen und da essen fünf Mann davon. Bei mir ist gerade wie wenn mir in Hals geschissen ist so hungert mich den ganzen Tag. Sollte nun der Mist nicht bald ein Ende nehmen oder muss man selbst noch Waffe in der Hand nehmen, damit die Kinder wenigstens aus der Welt kommen, denn das Elend kann ich nicht mehr ertragen. Mich dauern blos die armen Kinder, die sehen mich nur egal an und kann ihnen nicht helfen.

Zit. nach Ute Daniel, Arbeiterfrauen in der Kriegsgesellschaft, Göttingen (Vandenhoeck & Ruprecht) 1989, S. 149 f.

1 zentrale Essenausgabe, die der Gemeindeverwaltung unterstand

1 Überlege, welche gesellschaftlichen Gruppen unter den Auswirkungen des Krieges besonders schwer litten (Darstellungstext, M1, M4).

2 Erster Weltkrieg – „Schrittmacher der Frauenemanzipation"? Setze dich kritisch mit dieser These auseinander. Ziehe dafür M2, M3, und M4 heran.

3 Erarbeite, welche Kräfte dem „Geist von 1914" in den Kriegsjahren nach 1914 entgegenwirkten, und stelle Vermutungen über die Folgen für die Lage Deutschlands an.

„Alle Macht den Räten!“ – die Russische Revolution

Russland am Vorabend der Revolution

Bei Kriegsausbruch 1914 war Russland eine politische, aber keine wirtschaftliche Großmacht. Die Ursachen lagen in der politischen und gesellschaftlichen Entwicklung des Zarenreichs: Anders als in Westeuropa wurden die Bauern (ca. 80 Prozent der Gesamtbevölkerung) erst 1861 von der Leibeigenschaft befreit. Ausgestattet mit Freiheitsrechten, aber ohne Besitz, zogen viele in die neuen Industriezentren Petrograd (bis 1914: St. Petersburg; 1924–1991: Leningrad) und Moskau. In der Landwirtschaft fehlten diese Arbeitskräfte. Insofern hemmte die Verteilung des Landbesitzes zu Gunsten des Adels den Fortschritt. Im Bereich der Industrie ging die Entwicklung schneller voran. Es zeigten sich aber auch hier Probleme: Die Schwerindustrie dominierte alle anderen Industriezweige und hemmte deren Entfaltung. Außerdem gab es in Russland kein finanzkräftiges Bürgertum, das Interesse gehabt hätte, Betriebe zu gründen und gewinnorientiert auszubauen. Das Kapital stammte überwiegend von ausländischen Investoren.

Der Zar herrschte aus eigener Machtvollkommenheit, ohne jede Kontrolle von außen und ohne Beteiligung gesellschaftlicher Gruppen – gestützt auf die Geheimpolizei und die orthodoxe Kirche. Für liberal oder demokratisch orientierte politische Gruppen war in diesem Machtgefüge kein Freiraum vorgesehen. Sie verschafften sich ihn allerdings: Immer häufiger und lauter protestierten vor allem Studenten, Professoren und Schriftsteller gegen die rückständige Politik des Zaren. Aus den Reihen der radikalen Oppositionellen bildeten sich die beiden ersten Parteien Russlands, die Sozialdemokratische Arbeiterpartei (1898, 1903 in Bolschewiki* und Menschewiki* gespalten) und die Partei der Sozialrevolutionäre* (1901/02), die sich für die Bauern einsetzte.

Das Ende der Zarenherrschaft

Im Ersten Weltkrieg verschärften sich die wirtschaftlichen Probleme Russlands: Kleine Unternehmen machten Bankrott und wurden von Großbetrieben „geschluckt“. Die Produktion in Landwirtschaft und Industrie brach schon in den ersten Kriegsjahren zusammen. 1916/17 konnte die Bevölkerung in den Städten nicht mehr ausreichend mit Lebensmitteln versorgt werden. Die Preise stiegen, die Löhne sanken infolge der kriegsbedingten Geldentwertung. Anfang 1917 gingen tausende Bewohner der Hauptstadt Petrograd für Brot, höhere Löhne und Frieden auf die Straße. Bald forderten sie auch eine neue Regierung. Als Zar Nikolaus II. den Truppen den Befehl gab, auf die Demonstranten zu schießen, weigerten sich die Soldaten. Die Massen stürmten die Waffenarsenale, das Staatsgefängnis und den Sitz der Geheimpolizei. Am 2. März 1917 dankte Nikolaus ab, die Zarenherrschaft war zu Ende.

M1 Beim Korbflechten, Foto, um 1900.
Die russische Landbevölkerung stellte zusätzlich zur Feldarbeit Waren her, die sie auf den örtlichen Märkten verkaufte. Das Foto wurde im Auftrag der Regierung aufgenommen.

Kampf um die Macht

Noch zur Zeit des Zaren hatten sich Arbeiter-, Bauern- und Soldatenräte, die Sowjets* (Räte), gebildet, die sich als rechtmäßige Vertreter der breiten Massen verstanden. Da die Räte unmittelbar von den genannten Bevölkerungsgruppen gewählt wurden, beanspruchten sie für sich die gesamte Staatsgewalt. Neben ihnen gab es eine zweite – von der Duma*, dem Parlament, eingesetzte – Regierungsmacht: die von Bürgertum und Adel getragene „Provisorische Regierung". Diese lehnte das Rätesystem* ab, da sie befürchtete, dass es Russland wirtschaftlich und militärisch schwächen würde. Die so genannte Februarrevolution von 1917 hatte also zu einer Doppelherrschaft von bürgerlich-liberaler Provisorischer Regierung einerseits und den Sowjets andererseits geführt.

Auf dem Weg zur „Diktatur der Sowjets"

Die Menschewiki stimmten für soziale Reformen, wollen aber keine sozialistische Revolution. Dagegen bestanden die Bolschewiki auf einer radikalen Umgestaltung. Unter der Führung Lenins, der Anfang April 1917 mithilfe der deutschen Regierung aus seinem Schweizer Exil nach Petrograd zurückgekehrt war, steuerten sie einen revolutionären Kurs gegen die Provisorische Regierung, aber auch gegen die gemäßigten Sozialisten. Im Sommer 1917 verschlimmerte sich die Lage. Bewaffnete Massendemonstrationen fanden unter der Parole „Alle Macht den Sowjets!" statt. Es kam zu Straßenschlachten mit den Truppen der Provisorischen Regierung.

Bei den September-Wahlen zum Allrussischen Sowjetkongress erhielten die Bolschewisten in den wichtigen Städten Petrograd und Moskau die Mehrheit. In der Nacht vom 25./26. Oktober 1917 stürmten Truppen der Bolschewisten das Winterpalais, das Zentrum der zaristischen Macht. Strategisch wichtige Gebäude und Plätze wurden besetzt, die Regierungsmitglieder verhaftet.

Der von Lenin und Trotzki beherrschte „Rat der Volkskommissare" bildete nun die Regierung. Die im November 1917 gewählte verfassunggebende Versammlung wurde am 5./6. Januar 1918 von den Bolschewiki gewaltsam aufgelöst. Die sowjetische Regierung, wegen ihrer Revolution um jeden Preis an einem Frieden interessiert, unterzeichnete am 3. März 1918 den Friedensvertrag von Brest-Litowsk, der für Russland sehr verlustreich war.

M2 **Das gestürzte Denkmal Zar Alexanders III. in Moskau,** Foto, Februar 1917

M3 Aufruf an die Bewohner von Petrograd

Der Petrograder Arbeiterrat verkündete am 28. Februar/13. März 1917:

Das alte Regime hat das Land ruiniert und der Bevölkerung die Hungersnot gebracht. Es war unmöglich, sie länger zu ertragen … Der Kampf hat begonnen und muss bis zum Ende durchgekämpft werden. Das alte Regime muss vollständig beseitigt und der Weg für eine Volksregierung freigemacht werden. Das ist die Rettung für Russland. Um in diesem Kampf um die Demokratie erfolgreich zu sein, muss das Volk sein eigenes Regierungsorgan wählen. Gestern … wurde in der Hauptstadt ein Sowjet der Arbeiter-Deputierten gebildet, der aus Vertretern der Fabriken, der Werkstätten, der meuternden Truppen und aus demokratischen und sozialistischen Parteien und Gruppen besteht. Der Sowjet, der einen Sitz in der Duma hat, hat sich selbst zur Aufgabe gemacht, die Volkskräfte zu organisieren und für die Sicherstellung der politischen Freiheit und eine Volksregierung zu kämpfen.

Manfred Hellmann (Hg.), Russische Revolution 1917, München (dtv) 1964, S. 128 f.

1. Erarbeite aus dem Darstellungstext, M1, M2 und M6 Anlass, Ursachen und Verlauf der revolutionären Ereignisse von 1917.
2. Untersuche an M3, wie der Arbeiterrat die politische Lage beurteilte und welche Lösung er vorschlug.
3. Erläutere die in M3 erkennbare Auffassung von Demokratie. Nimm den Darstellungstext zu Hilfe.

M4

„W. I. Lenin ruft die Sowjetmacht aus" (25. Oktober 1917, Zweiter Allrussischer Sowjetkongress), Gemälde von Wladimir Serow, 1947. Die Darstellung zeigt Lenin, dahinter Stalin, Lenins Vertrauten Swerdlow und Dserschinskij, den späteren Chef der Geheimpolizei. Das Bild gibt nicht die exakte historische Situation wieder.

M6 Der Sturm des Winterpalais

Arkadi Petrowitsch Stolypin, Sohn des 1911 ermordeten Ministers Stolypin, wohnte mit Mutter und Geschwistern im Winterpalais. Über das Geschehen, das er als Zwölfjähriger erlebte, erinnerte er sich als Erwachsener:

Es war kein Sturmangriff in dem Sinn notwendig, denn es gab keinen Widerstand … Die paar Junker und Freiwilligen gingen bald auseinander, einige Truppen von Arbeitern und ein Teil der Garnison blieben neutral – so konnten die Truppen der Roten Garde in das Winterpalais eindringen und die Provisorische Regierung festnehmen. Wenn es wirklich eine organisierte Form des Widerstands gegeben hätte, wäre den Roten der Umsturz wahrscheinlich nicht gelungen. Aber allen war Kerenskij schon zuwider … Die Armee war aufgelöst, die Deutschen waren im Anmarsch, es herrschte keine Disziplin mehr, die Transporte waren desorganisiert, und niemand begriff, wer die Bolschewiken wirklich waren und was sie weiter tun würden.

Zit. nach Elisabeth Heresch (Hg.), Blutiger Schnee, Graz (Styria) 1987, S. 171.

M5 Lenins Aprilthesen

Nach seiner Rückkehr aus dem Exil trug Wladimir I. Lenin (1870–1924) seinen Genossen zehn Thesen zur Politik der Bolschewiki vor. In den so genannten Aprilthesen heißt es:

2. Die Eigenart der gegenwärtigen Lage in Russland besteht im Übergang von der ersten Etappe der Revolution, die infolge des ungenügend entwickelten Klassenbewusstseins und der ungenügenden Organisiertheit des Proletariats* der Bourgeoisie die Macht gab, zur zweiten Etappe der Revolution, die die Macht in die Hände des Proletariats und der ärmsten Schichten der Bauernschaft legen muss …

3. Keinerlei Unterstützung der Provisorischen Regierung, Aufdeckung der ganzen Verlogenheit aller ihrer Versprechungen …

4. Anerkennung der Tatsache, dass unsere Partei in der Mehrzahl der Sowjets der Arbeiterdeputierten in der Minderheit, vorläufig sogar in einer schwachen Minderheit ist … Solange wir in der Minderheit sind, leisten wir die Arbeit der Kritik und Klarstellung der Fehler …

5. Keine parlamentarische Republik – von den Sowjets der Arbeiterdeputierten zu dieser zurückzukehren, wäre ein Schritt rückwärts –, sondern eine Republik der Sowjets der Arbeiter-, Landarbeiter- und Bauerndeputierten im ganzen Lande, von unten bis oben … Abschaffung der Polizei, der Armee[1], der Beamtenschaft. Entlohnung aller Beamten, die durchweg wählbar und jederzeit absetzbar sein müssen, nicht über den Durchschnittslohn eines qualifizierten Arbeiters hinaus.

6. … Beschlagnahme der gesamten Ländereien der Gutsbesitzer … die Verfügungsgewalt über den Boden steht den örtlichen Sowjets der Landarbeiter- und Bauerndeputierten zu.

7. Sofortige Verschmelzung aller Banken des Landes zu einer Nationalbank und Einführung der Kontrolle über die Nationalbank durch den Sowjet der Arbeiterdeputierten.

8. Nicht „Einführung" des Sozialismus als unsere unmittelbare Aufgabe, sondern augenblicklich nur Übergang zur Kontrolle über die gesellschaftliche Produktion und Verteilung der Erzeugnisse durch den Sowjet der Arbeiterdeputierten.

Zit. nach Geschichte in Quellen, Bd. 5, bearb. v. Günter Schönbrunn, München (bsv) 1961, S. 71 f.

1 d. h. Ersetzung des stehenden Heeres durch die allgemeine Volksbewaffnung

M7 Die Auflösung der Verfassunggebenden Versammlung

Am 7. Januar 1918 wurde der Bevölkerung der von Lenin verfasste Erlass über die Auflösung der Verfassunggebenden Versammlung mitgeteilt, nachdem sich die Bolschewisten in der konstituierenden Sitzung am 5. Januar nicht durchsetzen konnten:

7 A Im Laufe der ganzen ersten Periode der Russischen Revolution mehrten sich die Sowjets, sie wuchsen und erstarkten, ... sie erkannten, dass die Fomen des bürgerlich-demokratischen Parlamentarismus trügerisch sind, und zogen praktisch die Schlussfolgerung, dass die Befreiung der unterdrückten Klassen unmöglich ist ohne den Bruch mit diesen Formen und jedwedem Paktieren ... Jeder Verzicht auf die uneingeschränkte Macht der Sowjets, auf die vom Volk eroberte Sowjetrepublik zu Gunsten des bürgerlichen Parlamentarismus und der Konstituierenden Versammlung wäre jetzt ein Schritt rückwärts, würde den Zusammenbruch der ganzen Oktoberrevolution der Arbeiter und Bauern bedeuten.

Wladimir I. Lenin, Werke, Bd. 26, Berlin (Dietz) 1979, S. 434 f.

Der Frontsoldat A. Bubnow schickte am 14. Januar 1918 folgenden Brief an „Delo Naroda“, die Zeitung der Sozialrevolutionäre:

7 B Wir haben keine Kraft mehr, in den feuchten Schützengräben zu sitzen. Wir verfluchen die Verräter der Revolution, die die Konstituierende Versammlung auseinandergejagt haben ... Versteht ihr denn wirklich nicht, Genossen, wer unser Feind und wer für uns Genosse ist? ... Genossen, unsere einzige Rettung ist die Konstituierende Versammlung. Herrin der russischen Erde! Und erst dann wird es für uns Land und Freiheit geben. Ja, Genossen, man macht uns Angst damit, dass allein die Bourgeoisie[1] in die Konstituierende Versammlung kommen könnte ... Feind ist für uns der, der die Konstituierende Versammlung auseinandergejagt hat.

Istočnik, 1995, Nr. 1, S. 44. Zit. nach Wladislaw Hedeler u. a. (Hg.), Die Russische Revolution 1917, Berlin (Dietz) 1996, S. 418 f.

1 Bürgertum

M8 Sieg des Proletariats?

Georgi W. Plechanow (1856–1918), Mitbegründer der Sozialdemokratischen Arbeiterpartei Russlands und Führer der Menschewiki, formulierte am 28. Oktober/11. November 1917 in einem offenen Brief an die Petrograder Arbeiter:

Von der Bevölkerung unseres Staates bildet das Proletariat nicht die Mehrheit, sondern die Minderheit ... Die Arbeiterklasse kann zwar damit rechnen, dass sie von den Bauern, die heute in Russland die Mehrheit der Bevölkerung ausmachen, unterstützt wird. Doch die Bauernschaft braucht Land ... Die wirtschaftliche Tätigkeit der Bauern, in deren Hände Gutsbesitzerland übergeht, wird nicht auf den Sozialismus, sondern auf den Kapitalismus gerichtet sein ... Die Bauern sind also für den Arbeiter beim Aufbau der sozialistischen Produktionsweise ein sehr unzuverlässiger Bündnispartner ... Hieraus folgt unvermeidlich: Würde unser Proletariat nach der Eroberung der politischen Macht dazu übergehen wollen, die „soziale Revolution“ durchzuführen, so würde es durch die Wirtschaft unseres Landes selbst zu einer vernichtenden Niederlage verurteilt werden.

Edinstwo, 28. 10. 1917. Zit. nach Wladislaw Hedeler u. a. (Hg.), Die Russische Revolution 1917, Berlin (Dietz) 1996, S. 403.

Grundwissen

Russische Revolution
Die Russische Revolution von 1917 stellt einen bedeutenden Einschnitt in der Geschichte des 20. Jahrhunderts dar. Sie führte zum Sturz des Zaren, zu einer radikalen Umwälzung der Machtverhältnisse in Russland und schließlich zur bolschewistischen Einparteienherrschaft. Sie wird als Ausgangspunkt des späteren Ost-West-Konflikts gesehen.

Lenin
Deckname von Wladimir Iljitsch Uljanow (1870–1924), russischer Revolutionär und Politiker, unter dessen Führung gemeinsam mit Leo Trotzki die Russische Revolution (Oktober 1917) durchgeführt wurde.

4 Vergleiche die Positionen zur Verfassunggebenden Versammlung in M7A und M7B. Nimm Stellung.

5 Analysiere M4 mithilfe der Arbeitsschritte „Entschlüsselung eines Bildes“ im Anhang. Beachte die Bildunterschrift.

6 Überprüfe anhand der Seiten 178 bis 181, ob sich Lenins Aprilthesen M5 an der realen Situation in Russland 1917 orientierten oder – wie seine Gegner behaupteten – wirklichkeitsfremd waren.

Das Deutsche Reich auf dem Weg in die Niederlage

Die USA greifen in den Krieg ein

Neben dem Sieg der bolschewistischen Revolutionäre in Russland beeinflusste im Jahre 1917 ein zweites Ereignis den Kriegsverlauf entscheidend: der Kriegseintritt der USA in Europa. Die Vereinigten Staaten von Amerika hatten sich bei Kriegsbeginn für militärisch neutral erklärt, lieferten jedoch kriegswichtige Güter nach Großbritannien und Frankreich. Um den amerikanischen Nachschub zu unterbinden, setzte die deutsche militärische Führung eine neuartige Waffe ein: U-Boote. Nach scharfem Protest der USA wurden die U-Bootangriffe im September 1915 eingestellt. Am 1. Februar 1917 wurde durch Entscheidung der Obersten Heeresleitung (OHL) der „uneingeschränkte" U-Bootkrieg wieder aufgenommen. Die USA brachen daraufhin am 3. Februar ihre diplomatischen Beziehungen zum Reich ab und erklärten am 6. April Deutschland den Krieg. Als Motive für das Verhalten der US-Regierung werden in der Geschichtsforschung gesehen:

1. die Verletzung des Völkerrechts und der militärischen Neutralität der USA durch das Deutsche Reich,
2. die Abwendung einer Hegemonie Deutschlands in Europa,
3. die Vermeidung einer Niederlage der Alliierten, um die Kriegskredite später wiederzubekommen und
4. die Durchsetzung der amerikanischen Grundüberzeugung, für Freiheit und Demokratie zu kämpfen.

M1 Allegorie* auf den gemeinsamen Kampf der Alliierten gegen Deutschland, Zeichnung, 1917

Alliierte Überlegenheit und Waffenstillstand

Der Eintritt der USA in den Krieg und von den Briten eingesetzte Panzer („Tanks") verschoben die Gewichte eindeutig zu Gunsten der Allierten. Die neue weltpolitische Rolle der USA zeigte sich, als der amerikanische Präsident Wilson im Januar 1918 ein 14-Punkte-Programm verkündete, das künftig den Weltfrieden sichern sollte. Gefordert wurden u. a.: Demokratie, Achtung des Selbstbestimmungsrechtes der Völker und ein Völkerbund, der zugleich Schlichter in Konflikten zwischen den Nationen sein sollte.

Angesichts des bevorstehenden militärischen Zusammenbruchs forderte die OHL am 29. September 1918 sofortige Waffenstillstandsverhandlungen. Die deutsche Regierung setzte große Hoffnungen in die Initiative Wilsons, der einen gegenseitigen Verzicht auf Gebietsabtretungen und Kriegskostenentschädigungen vorgeschlagen hatte, um künftig gewaltsame, durch Rache motivierte Auseinandersetzungen zu verhindern.

Vor dem Hintergrund der Misserfolge an der Front und der Forderungen des US-Präsidenten vollzog sich im Oktober 1918 im Reich ein Verfassungswandel: Auch die OHL sprach sich jetzt dafür aus, eine Regierung zu bilden, die nicht vom Kaiser, sondern vom Parlament abhängig sein sollte. Ihr gehörten der neu ernannte Reichskanzler Max von Baden und Vertreter mehrerer Parteien an. Als die Vertreter der deutschen Übergangsregierung in Nordfrankreich am 11. November 1918 das Waffenstillstandsabkommen unterschrieben, wurden die harten Bedingungen der Alliierten bereits erkennbar: sofortige Räumung der besetzten Gebiete, Abgabe des größten Teils der Kriegswaffen und der gesamten Hochseeflotte. Dass man den Waffenstillstand als Atempause nutzen könnte, um die Kämpfe wieder aufzunehmen, erwies sich schnell als Illusion. Enttäuschung und Selbstzweifel bestimmten das Klima in Deutschland. In diesen Tagen war im Land bereits die Revolution im Gange.

M2 „... ein Krieg gegen alle Nationen“

Aus der Rede des US-Präsidenten Wilson vor dem Kongress am 2. April 1917:

Der gegenwärtige deutsche Unterseebootkrieg gegen den Handelsverkehr ist ein Krieg gegen die Menschheit. Er ist ein Krieg gegen alle Nationen ... Unser Beweggrund soll nicht Rachsucht ... sein, sondern allein die Vertretung des Menschenrechtes, für das wir nur ein einzelner Streiter sind ... Unser Ziel ist, die Grundsätze des Friedens und der Gerechtigkeit im Leben der Welt gegen selbstsüchtige und autokratische Macht zu verteidigen ... Wir haben keinen Streit mit dem deutschen Volke. Wir haben gegen dieses nur ein Gefühl der Sympathie und der Freundschaft. Seine Regierung hat nicht auf sein Betreiben gehandelt, als sie in den Krieg eintrat ... [Wir werden kämpfen] ... für Demokratie, für das Recht derer, die einer Obrigkeit untertan sind, ... für die Rechte und Freiheiten der kleinen Nationen.

Zit. nach Geschichte in Quellen, Bd. 6, bearb. v. Günter Schönbrunn, München (bsv) 1961, S. 57 f.

M3 „Uns treibt nicht Eroberungssucht“

Am 19. Juli 1917 verabschiedete der Reichstag mit 212 gegen 126 Stimmen bei 17 Enthaltungen die so genannte Friedensresolution. Dafür: Zentrum, Mehrheitssozialdemokratie (abgespalten hatten sich am linken Flügel inzwischen die Unabhängigen Sozialdemokraten), Fortschrittliche Volkspartei, dagegen: Konservative, Nationalliberale, Unabhängige Sozialdemokratie. In der Resolution hieß es:

Wie am 4. August 1914 gilt für das deutsche Volk auch an der Schwelle des vierten Kriegsjahres das Wort der Thronrede: „Uns treibt nicht Eroberungssucht.“ Zur Verteidigung seiner Freiheit und Selbstständigkeit, für die Unversehrtheit seines territorialen Besitzstandes hat Deutschland die Waffen ergriffen. Der Reichstag erstrebt einen Frieden der Verständigung und der dauernden Versöhnung der Völker. Mit einem solchen Frieden sind erzwungene Gebietserwerbungen und politische, wirtschaftliche oder finanzielle Vergewaltigungen unvereinbar ... Der Reichstag wird die Schaffung internationaler Rechtsorganisationen tatkräftig fördern ... Solange jedoch die feindlichen Regierungen auf einen solchen Frieden nicht eingehen ... wird das deutsche Volk wie ein Mann zusammenstehen.

Zit. nach Geschichte in Quellen, Bd. 5, bearb. v. Günter Schönbrunn, München (bsv) 1961, S. 93 f.

M4 Werbeplakat für die US-Armee

M5 Der Moloch spuckt Kriegsmaterial aus, Karikatur aus dem „Simplicissimus“, 1917

1. Erarbeite die Bildaussage von M1.
2. Skizziere anhand des Darstellungstextes stichwortartig den Eintritt der USA in den Krieg.
3. Nimm zu den Motiven der USA für den Kriegseintritt Stellung. Ziehe M2 und M4 mit heran.
4. Bewerte die Aussage von M5. Berücksichtige deine bisherigen Ergebnisse zur Rolle der USA in jener Zeit (siehe S. 149).
5. Analysiere M3 und beurteile die Ziele und die Argumentation der Resolution.
6. Beschafft euch Informationen (Lexikon, Internet, Fachbücher) zur Rolle der USA heute und diskutiert mögliche Zusammenhänge zu damals.

Ein „unbewältigter Friede“? – Völkerbund und Vertrag von Versailles

Der Völkerbund – Instrument für den Frieden?

Weil die Gewaltanwendung zwischen den Staaten auch zu Beginn des 20. Jahrhunderts zugenommen hatte, schlug der amerikanische Präsident Wilson vor, künftig die Staaten in einem Völkerbund zusammenarbeiten und Konflikte am Verhandlungstisch regeln zu lassen. Druckmittel gegen Friedensstörer sollten gewaltfreie Mittel, wie zum Beispiel Wirtschaftssanktionen, sein. Der 1919 beschlossene und 1920 in Genf erstmalig zusammengetretene Völkerbund litt aber von Anfang an unter der Schwäche, dass ihm wichtige Staaten nicht angehörten. Dass zu diesen Staaten auch die USA zählten, überrascht insofern, als Präsident Wilson der Initiator der Organisation gewesen war. Im amerikanischen Senat, der Vertretung der Einzelstaaten, war aber inzwischen die Meinung verbreitet, dass eine starke Einflussnahme auf Europa für die USA nicht von Vorteil sein könne. Hier plädierte man für einen Rückzug aus Europa (Isolationismus). Wilsons Friedensinstrument war damit gescheitert. Weil die Verlierer des Krieges ausgeschlossen waren, konnte der Völkerbund leicht als Instrument der Siegermächte hingestellt werden.

Versailles – ein gerechter Friede?

Am 28. Juni 1919 unterzeichnete eine deutsche Delegation im Schloss von Versailles den Friedensvertrag. Seit Januar 1919 hatten die Siegermächte des Ersten Weltkriegs Friedenskonferenzen durchgeführt, in denen es um eine neue politische Ordnung für Mittel- und Osteuropa ging. Die unterlegenen Mächte waren an den Verhandlungen nicht beteiligt. Die auferlegten Friedensbedingungen lösten in Deutschland Entsetzen aus. Neben seiner Großmachtstellung verlor es seine Kolonien und seine Flotte sowie ein Siebtel seines Staatsgebiets und damit ein Zehntel seiner Bevölkerung. Vor allem sorgte der Artikel 231 des Friedensvertrages für allgemeine Empörung, denn Deutschland und seine Verbündeten sollten akzeptieren, dass sie „als Urheber für alle Verluste und Schäden verantwortlich“ seien. Zur Wiedergutmachung sollten Reparationen gezahlt werden. Die monarchische Herrschaft – verantwortlich für den Krieg – war zusammengebrochen, die Verantwortung fiel mit ihrer Unterschrift jetzt den demokratischen Politikern zu, eine schwere politische Last, wie sich bald daraufhin zeigte.

M1 **Der Friedenskuss.** Karikatur von Thomas Theodor Heine, Titelbild des „Simplicissimus“ vom 8. Juli 1919.

M2 **„Wir sind Brüder“**

Präsident Wilson (1856–1924), der den Völkerbund unbedingt im Vertragswerk des Versailler Friedens verankert haben wollte, sagte auf der Friedenskonferenz am 14.2.1919:

Wir erkennen in feierlichster Weise an, dass wir gegenüber den hilflosen und unterentwickelten Völkern der Welt, gerade weil sie sich in diesem Zustand befinden, die Verpflichtung haben, in erster Linie ihre Interessen zu wahren, ehe wir sie unseren Interessen dienstbar machen, und dass von nun an in allen derartigen Fällen es die Pflicht des Bundes ist, darüber zu wachen, dass die als Vormünder und Ratgeber und Leiter dieser Menschen bestellten Nationen die Interessen und die Entwicklung der Schützlinge berücksichtigen, ehe die eigenen Interessen und materiellen Wünsche der beauftragten Nationen berücksichtigt werden … Die großen Nationen … sind übereingekommen, dass sie sich nun vereinigen in dem Bemühen, ihre gemeinsame Kraft und ihre gemeinsame Überlegung und Einsicht diesem großen und menschlichen Vorhaben zu leihen.

Zit. nach Reden, die die Welt bewegten, 10. Aufl., Stuttgart (Mundus) 1989, S. 252 ff.

M3 Völkerbund – ein Machtinstrument der Großmächte?

Senator Borah (1865–1940), ein führender Vertreter der Isolationisten, äußerte sich zum Völkerbund am 19. November 1919 im Senat:

Sehen Sie sich die Situation an, wie sie sich jetzt darbietet. Schauen Sie sich die Aufgaben an, die wir übernehmen sollen, und dann betrachten Sie die Methode, mit der wir an sie herangehen sollen … Wenn dieser Bund, diese Vereinigung geschlossen wird, werden vier Großmächte, die die maßgebenden Völker repräsentieren, über die Hälfte der Bewohner der Welt wie über unterworfene Völker herrschen – mit Gewalt herrschen, und wir werden an der Gewaltherrschaft teilhaben. Es gibt keinen anderen Weg, auf dem Sie Völker in Untertänigkeit halten können. Sie müssen ihnen entweder Unabhängigkeit gewähren, ihr Recht anerkennen, als Nationen ihr eigenes Leben zu leben und ihre eigene Regierungsform einzurichten, oder Sie müssen ihnen diese Dinge mit Gewalt verweigern … Der Grundsatz der Freiheit wird bald der Herrschaft von Blut und Eisen weichen … Man sagt uns, dieser Vertrag bedeute Frieden. Selbst wenn dem so wäre, würde ich den Preis nicht zahlen … Frieden auf irgendeiner anderen Basis als nationaler Unabhängigkeit, Frieden, der um den Preis irgendeines Teils unserer nationalen Integrität erkauft wird, taugt allein für Sklaven, und selbst wenn er um solchen Preis erkauft wird, ist er Selbstbetrug, denn er kann nicht dauern.

Zit. nach Erich Angermann, Die Vereinigten Staaten von Amerika als Weltmacht, Stuttgart (Klett) 1987, S. 21 f.

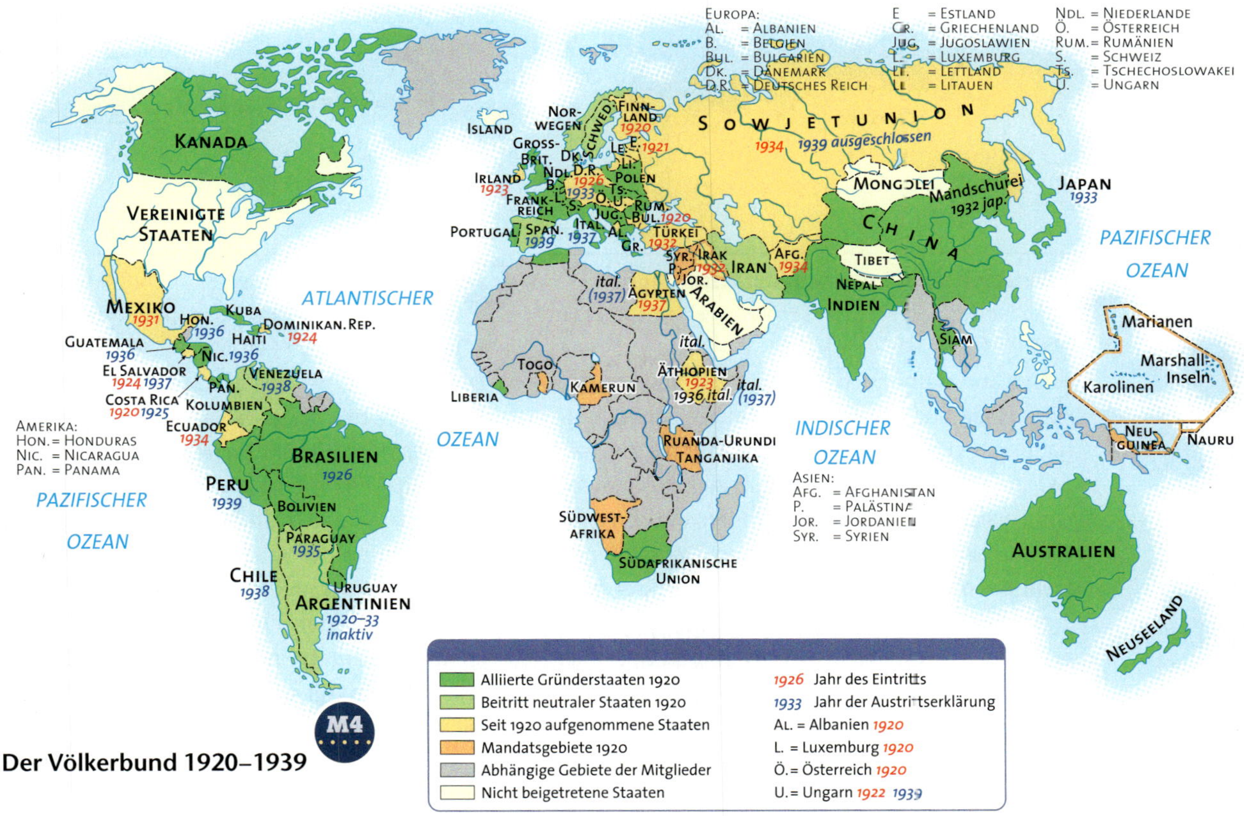

M4 Der Völkerbund 1920–1939

1. Untersuche anhand des Darstellungstextes, woran die Europapolitik Wilsons scheiterte.
2. Im Darstellungstext wird behauptet, dass der Völkerbund seine friedensstiftenden Aufgaben nur bedingt wahrnehmen konnte, weil wichtige Staaten fehlten. Prüfe dies anhand von M4.
3. Vergleiche M2 und M3 im Hinblick auf Argumentation und Wertung. Welche Wörter werden als Schlüsselbegriffe verwendet?
4. Erarbeite die Bildaussage von M1 (siehe Arbeitsschritte S. 22).

M5 Deutschland nach dem Versailler Vertrag von 1919

M6 Deutschland aus französischer Sicht

Der französische Marschall Foch schrieb am 10. Januar 1919 an die verbündeten Alliierten:

Deutschland bleibt noch für lange Zeit, bis zu einer völligen Wandlung seiner Politik und seiner Weltanschauung, eine furchtbare Drohung für die Zivilisation. Unter solchen Umständen gebietet die elementarste Vorsicht den alliierten Nationen, die den ersten Ansatz zu einem Völkerbunde bilden, Deutschland gegenüber eine Gesamtheit von reinen Abwehrmaßnahmen und von grundlegenden Vorbereitungsmaßregeln zu ergreifen … Wollen wir den Unternehmungen Deutschlands gegen den Westen Einhalt tun …, so müssen wir, um die Entscheidung durch die Waffen mindestens aufzuschieben, von vornherein zu allen von der Natur gebotenen Mitteln greifen. Die Natur hat nur eine Schranke über den Weg des einbrechenden Feindes gezogen: den Rhein.

Die französischen Dokumente zur Sicherheitsfrage 1919–1923. Amtliches Gelbbuch des Französischen Ministeriums der Auswärtigen Angelegenheiten, Berlin, 1924, S. 1 ff.

M7 Unterschreiben wir!

Reichskanzler Gustav Bauer (1870–1944), SPD, sagte am 23. Juni 1919 vor der Nationalversammlung:

Die Entente … will uns das Schuldbekenntnis auf die Zungen zwingen, sie will uns zu Häschern unserer angeschuldigten Landsleute machen; es soll uns nichts, gar nichts erspart bleiben …
Jetzt … kann und muss die ganze Welt sehen: Hier wird ein besiegtes Volk an Leib und Seele vergewaltigt wie kein Volk zuvor … Unterschreiben wir! Das ist der Vorschlag, den ich Ihnen im Namen des gesamten Kabinetts machen muss. Bedingungslos unterzeichnen! Ich will nichts beschönigen. Die Gründe, die uns zu diesem Vorschlag zwingen, sind dieselben wie gestern. Nur trennt uns jetzt eine Frist von knapp vier Stunden von der Wiederaufnahme der Feindseligkeiten. Einen neuen Krieg können wir nicht verantworten, selbst wenn wir Waffen hätten. Wir sind wehrlos. Wehrlos ist aber nicht ehrlos!

Verhandlungen der Verfassunggebenden Nationalversammlung. Stenographische Berichte, Berlin, 1919/20, Bd. 327, S. 1140 ff.

M8 Der Streit um die deutsche Verantwortung am Ersten Weltkrieg

Da die hohen Reparationen, die man Deutschland nach dem Versailler Friedensvertrag auferlegt hatte, mit der deutschen Schuld am Ersten Weltkrieg begründet wurden, versuchte die Geschichtsforschung nach 1919, die Alleinschuld Deutschlands zu widerlegen. Unter deutschen Historikern galt lange die Auffassung, Deutschland sei der Krieg „aufgezwungen" worden. Um 1960 brach der Streit um die Kriegsschuldfrage erneut aus:

8 A *Der deutsche Historiker Fritz Fischer (1961):*

Bei der angespannten Weltlage des Jahres 1914, nicht zuletzt als Folge der deutschen Weltpolitik – die 1905, 1909 und 1911 bereits drei gefährliche Krisen ausgelöst hatte –, musste jeder lokale Krieg in Europa, an dem eine Großmacht unmittelbar beteiligt war, die Gefahr eines allgemeinen Krieges unvermeidbar nahe heranrücken. Da Deutschland den österreichisch-serbischen Krieg gewollt und gedeckt hat und im Vertrauen auf die deutsche militärische Überlegenheit es im Juli 1914 bewusst auf einen Konflikt mit Russland und Frankreich ankommen ließ, trägt die deutsche Reichsführung den entscheidenden Teil der historischen Verantwortung für den Ausbruch des allgemeinen Krieges ... Die deutsche Politik im Juli 1914 darf nicht isoliert gesehen werden. Sie erscheint erst dann im rechten Licht, wenn man sie als Bindeglied zwischen der deutschen „Weltpolitik" seit Mitte der 90er-Jahre und der deutschen Kriegszielpolitik seit dem August 1914 betrachtet.

Fritz Fischer, Der Griff nach der Weltmacht, Düsseldorf (Droste-Verlag) 1967, S. 82 und 85.

8 B *Der deutsche Historiker Gerhard Ritter (1964):*

Der Große Krieg von 1914 ist nicht ... durch einen „Überfall" seiner Gegner auf die friedliche Mitte Europas entstanden. Er ist aber auch nicht als deutsche Offensive oder als deutscher „Hegemonialkrieg" in dem Sinne zu verstehen, dass unsere Nation, überschäumend von Kraftbewusstsein und politischem Ehrgeiz, ihre Nachbarn zum Zweikampf herausgefordert hätte, um sich mit Waffengewalt den schon lange ersehnten Aufstieg zur „Weltmacht" zu erkämpfen ... Im Übrigen unterschied sich die Politik Deutschlands nur dadurch von der seiner Rivalen, dass sie so weitgehend von rein militärtechnischen Erwägungen bestimmt wurde – zwar ähnlich wie die russische, aber doch noch weitergehend und noch einseitiger. Wir haben ... gesehen, dass letztlich nur die Angst der Militärs, mit ihren einmal festgelegten Offensivplänen zu spät zu kommen, das Bemühen der europäischen Diplomatie zum Scheitern brachte, auf dem Wege friedlichen Verhandelns und politischer Kompromisse die serbische Krise zu beschwören und einen Ausgleich zwischen Petersburg und Wien zu vermitteln. Die hilflose Abhängigkeit der deutschen politischen Führung von den Plänen der Militärs war der wesentliche Grund für ihr Versagen im entscheidenden Augenblick: am Abend des 30. Juli [1914]. Das war nicht einfach Schwäche, sondern Not: nur Deutschland hatte mit einem Zweifrontenkrieg zu rechnen, war also in jedem Fall darauf angewiesen, den Angriffsplänen seiner Gegner zuvorzukommen, wenn es siegen wollte.

Gerhard Ritter, Staatskunst und Kriegshandwerk, München (Oldenbourg) 1964, S. 15 und 19.

Grundwissen

Völkerbund

Staatenvereinigung von 1920 bis 1946 (Auflösung nach Gründung der UNO) zur Sicherung des Weltfriedens und zur wirtschaftlichen und kulturellen Zusammenarbeit. Erste Mitglieder: die Siegermächte des Ersten Weltkrieges (ohne USA) und 13 neutrale Staaten. Die Wirksamkeit des Völkerbundes wird allgemein als gering beurteilt.

Vertrag von Versailles

Der Versailler Vertrag vom 28. Juni 1919 beendete den Ersten Weltkrieg völkerrechtlich zwischen dem Deutschen Reich und den Siegermächten. Er sprach Deutschland die Alleinschuld am Ersten Weltkrieg zu, bestimmte die neuen Grenzen Deutschlands, legte den Anspruch der Sieger auf Reparationen fest und regelte Rüstungsbegrenzungen für Deutschland.

1 Erarbeite mithilfe von M5, M7 und des Darstellungstextes S. 184 den Zustand Deutschlands 1919 und erörtere den Handlungsspielraum der Regierung.

2 Untersuche die Auffassung, die Marschall Foch vertritt (M6) und prüfe, ob sich seine Position in M1 wiederfinden lässt.

3 Vergleiche die beiden Historikerurteile über die Kriegsschuldfrage (M8A, M8B).

Versailles – Symbol der deutsch-französischen Geschichte

M1

La Liberté, Gemälde von Nanine Vallin, 1793/94. Weibliche Verkörperung der Freiheit mit Lanze, Freiheitsmütze, Erklärung der Menschen- und Bürgerrechte von 1789.

M2

Germania auf der Wacht am Rhein, Gemälde von Lorenz Clasen, 1860. Die Inschrift auf dem Schild lautet: „Das deutsche Schwert beschützt den deutschen Rhein".

Versailles 1789–1871–1918/19

Versailles – Symbol der Freundschaft in der Gegenwart

Am 22. Januar 2003 trafen sich in Paris und Versailles die Regierungsmitglieder Frankreichs und Deutschlands sowie 900 deutsche und französische Parlamentsabgeordnete. Das ungewöhnliche Treffen fand aus Anlass des 40. Jahrestages des deutsch-französischen Freundschaftsvertrages von 1963 statt, in dem sich beide Länder – an der Spitze der deutsche Bundeskanzler Adenauer und der französische Staatspräsident de Gaulle – zu enger Zusammenarbeit verpflichtet hatten. Der Vertrag wird als Höhepunkt der Versöhnungspolitik in der Zeit nach dem Zweiten Weltkrieg (1939–1945) betrachtet. Er gilt auch als ein wichtiger Baustein für ein vereintes Europa, dessen Entwicklung und Gestaltung in den vergangenen Jahrzehnten stark von den deutsch-französischen Beziehungen abhängig war.

Versailles – Symbol der Menschen- und Bürgerrechte

Dass das feierliche Treffen von 2003 nicht nur in Paris, sondern auch im nahen Schloss Versailles stattfand, hat wichtige geschichtliche Gründe: Der Name Versailles steht sowohl für den Hof des so genannten Sonnenkönigs Ludwigs XIV., als Ausdruck unbegrenzter absolutistischer Macht, als auch für bedeutende politische Ereignisse, in denen sich die wechselvollen Beziehungen Deutschlands und Frankreichs widerspiegeln. 1789, dem Jahr des Ausbruchs der Französischen Revolution, gingen von Versailles Anstöße aus, die auch in der folgenden Zeit die deutsche Geschichte beeinflussten: Der Zusammentritt der Ständevertreter, die Konstituierung der Nationalversammlung und die Erklärung der Menschen- und Bürgerrechte wirkten auch auf die politische Entwicklung in Deutschland.

Versailles – Symbol der Feindschaft

1871, mit dem Sieg der deutschen über die französischen Armeen, wurde im Spiegelsaal von Versailles König Wilhelm I. von Preußen zum Deutschen Kaiser ausgerufen. Damit entstand der erste deutsche Nationalstaat. Die Ausrufung des Deutschen Reiches wurde von der deutschen Führung bewusst als Demütigung Frankreichs inszeniert. Nicht anders war es 1918/19 – mit umgekehrtem Vorzeichen: Im November 1918 sah sich die deutsche Regierung angesichts der Kriegsniederlage gezwungen, das Waffenstillstandsabkommen zu unterzeichnen. Die im Januar 1919 eröffnete Friedenskonferenz fand ohne Beteiligung der Besiegten in Versailles statt und erlegte den Deutschen mit dem Versailler Vertrag vom 28. Juni 1919 harte, von vielen Deutschen als „Diktat" empfundene Friedensbedingungen auf.

M3 **Vom europäischen „Gleichgewicht“,** Karikatur aus dem „Süddeutschen Postillion“, 1897. Die Nationalfiguren Deutschlands und Frankreichs: Germania mit Pickelhaube (auf einer Kanonenkugel), Marianne mit Hahnenkamm. Daneben ein Mädchen mit Freiheitsmütze und ein Arbeiter.

M4 **Marianne und Germania. Geschichte einer Mütze und eines Helms,** Titelbild einer französischen Satirezeitschrift, 1918

M5 „Es sieht nach Anklagebank aus …“

Der Journalist Friedrich Stampfer durfte bei der Unterzeichnung des Versailler Vertrags am 28. Juni 1919 dabei sein. Er berichtete in seinen Erinnerungen:

An hufeisenförmiger Tafel sitzen die Vertreter von siebenundzwanzig Nationen, die im Kriege unsere Feinde gewesen sind, und die sich vereinigt haben, uns ihre Gesetze des Friedens aufzuerlegen … Es ist wahrhaftig die Welt, die hier vertreten ist … Die Deutschen nehmen an zwei Tischen Platz, die quer zum Ende des Hufeisens, von den anderen getrennt, aufgestellt sind. Es sieht nach Anklagebank aus. Und nun erhebt sich der Mann, der in dieser Stunde die triumphale Genugtuung seines Lebens erfährt, Clemenceau. Er führt den Vorsitz dieser weltgeschichtlichen Versammlung, neben ihm sitzen Wilson und Lloyd George, die Vereinigten Staaten und das britische Weltreich … Frankreich aber ist Präsident dieses Kongresses der Sieger, und ihm gegenüber sitzt geschlagen, blass und fiebernd – Deutschland. Als Jüngling hatte Clemenceau das erste Versailles erlebt, ein gütiges Schicksal hat ihm gewährt, dass er als Greis das zweite erleben und in seinem Mittelpunkt stehen darf … Clemenceau hatte stehend gesprochen. Brockdorff [der deutsche Außenminister], der viel jüngere, bleibt sitzen … Der Graf hatte es später rein technisch erklärt. Er hatte ein umfängliches Dokument zu verlesen, das konnte er besser im Sitzen.

Zit. nach Georg Kotowski (Hg.), Historisches Lesebuch 3, Frankfurt a. M. (Fischer) 1968, S. 171 f.

Partnerarbeit:

1 Analysiert M1 bis M4 mithilfe der Methodenseiten 22 f. und „Entschlüsselung eines Bildes“ im Anhang. Informiert euch dazu über die beiden Nationalfiguren Marianne und Germania (Lexikon).

2 Fasst zusammen, was sich an beiden Figuren über die deutsch-französische Geschichte erkennen lässt. Tragt eure Ergebnisse vor.

Vorschlag für eine Gruppenarbeit

„Versailles als Symbol der deutsch-französischen Geschichte“ könnt ihr – ausgehend von den Darstellungstexten und Materialien auf dieser Doppelseite – in Gruppen erarbeiten. Jede Gruppe übernimmt eine der drei Jahreszahlen. Zieht die entsprechenden Kapitel im Schulbuch heran. Nutzt andere Schulbücher, Fachbücher und das Internet. Präsentiert eure Ergebnisse in einer kleinen Ausstellung.

Imperialismus und Erster Weltkrieg – ein Überblick

Triebkräfte des Imperialismus

In der Geschichtsforschung wird die Industrialisierung mit ihren technischen und finanziellen Möglichkeiten als die wesentliche Grundlage für eine imperialistische Politik gesehen. Als „Antrieb" gelten folgende Faktoren:

– Industrieunternehmen suchten nach Rohstoffen und Absatzmärkten.

– Die Kolonien boten Siedlungsraum für die schnell wachsende Bevölkerung in Europa.

– Militärische Interessen und Sicherheitsbedürfnisse gegenüber den anderen Großmächten verstärkten den Eroberungsdrang.

– Innenpolitische Spannungen wurden in nationalistische und imperiale Ziele „nach außen" abgeleitet.

– Die Behauptung von der Überlegenheit der „weißen Rasse" verstärkte die Einstellung der Europäer, die „armen Wilden" religiös missionieren und von der „Höherwertigkeit" der Kultur der Europäer überzeugen zu müssen.

– Staatliche, militärische und wirtschaftliche Schwächen der außereuropäischen Länder bzw. Völker verstärkten die Herrschaftsansprüche der Europäer.

Herrschaft in den Kolonien

Die Grenzen der eroberten Gebiete wurden im Wesentlichen nicht mit den Einheimischen abgestimmt, sondern in Verhandlungen der Kolonialmächte untereinander festgelegt. Traditionelle Rechte, Besitzungen von Volksgruppen und Großfamilien sowie kulturelle Bindungen blieben unberücksichtigt. Aufstände, z. B. der Hereros, wurden mit militärischer Gewalt niedergeschlagen.

Sowohl Formen direkter als auch indirekter Herrschaft zielten auf eine „effektive Nutzung" der Kolonien und ihrer Bewohner ab. Verwaltungsapparate wurden von europäischen Beamten geleitet, zum Teil unterstützt von Einheimischen, die Achtung und Ansehen genossen.

Die Folgen der massiven Eingriffe in Gesellschaft, Kultur, Wirtschaft und Lebens- und Naturräume waren so schwerwiegend, dass sie diese ehemaligen Kolonien teilweise noch heute prägen, wie z. B. Bürgerkriege durch „künstliche" Grenzziehungen.

Konflikt- und Schlachtfeld Europa

Die Rivalitäten der imperialistischen Staaten um Gebiete in Afrika und Asien verstärkten die Spannungen in Europa. Die Rüstungsausgaben stiegen; vor allem Großbritannien und das Deutsche Reich sahen sich als direkte Konkurrenten; dazu kam das durch den Krieg von 1870/71 schwer belastete deutsch-französische Verhältnis. Unter solchen Belastungen brach das nach 1871 aufgebaute Bismarcksche Bündnissystem zusammen. Die Politik Kaiser Wilhelms II. führte Deutschland immer mehr in die Isolation und die anderen Großmächte – in wechselnden Partnerschaften – enger zusammen.

Die Lage in Europa verschärfte sich durch die Nationalitätenkonflikte auf dem Balkan. Als im Juni 1914 das österreichisch-ungarische Thronfolgerehepaar in Sarajewo einem Attentat zum Opfer fiel und Österreich Serbien am 28. Juli den Krieg erklärte, schloss sich sein Bündnispartner, das Deutsche Reich, an. Machtpolitische Gegensätze und Interessenkonflikte im europäischen Staatensystem führten im August 1914 zum Ersten Weltkrieg.

1880–1918

IMPERIALISMUS

1881
- Tunesien wird französische Kolonie

1882
- Gründung des Deutschen Kolonialvereins
- Ägypten wird britische Kolonie

1884/85–1890
- Das Deutsche Reich erwirbt Kolonien (Südwestafrika, Togo, Kamerun, Ostafrika)

1885
- Kongo-Konferenz

1898
- Beginn des Wettrüstens zwischen dem Deutschen Reich und Großbritannien
- Faschoda-Krise

1900
- „Boxer"-Aufstand in China

Wir wiederholen Begriffe und Methoden

Der Krieg verändert die Welt

Bald zeichnete sich ab, dass der Krieg zu einer langwierigen mörderischen Materialschlacht werden würde, die keiner schnell gewinnen konnte.

Auch die verlustreichen Schlachten im Westen (1916) brachten kaum Geländegewinne und keine militärische Entscheidung.

An der „Heimatfront" forderten die katastrophale Versorgungslage und die unmittelbaren Kriegseinwirkungen große Opfer.

Der Kriegseintritt der USA am 6. April und die Oktoberrevolution in Russland machten das Jahr 1917 zu einem „Epochenjahr". Beide Ereignisse veränderten die Kräfteverhältnisse in Europa und der Welt grundlegend. Die USA, durch deren wirtschaftliche und militärische Überlegenheit der Krieg entschieden wurde, beanspruchten, bei politischen Entscheidungen in Europa mitzubestimmen.

In Russland ergriffen die Kommunisten (Bolschewiki) unter Lenins Führung die Macht. Im März 1918 unterzeichneten sie unter dem militärischen Druck Deutschlands den für Russland verlustreichen Friedensvertrag von Brest-Litowsk.

Ein „unbewältigter" Friede?

Im November 1918 musste Deutschland, das der militärischen Übermacht der Kriegsgegner im Westen nicht mehr widerstehen konnte, die Kapitulationsurkunde unterschreiben. Im Januar 1918 hatte der amerikanische Präsident Wilson in 14 Punkten ein Programm verkündet, das nach Kriegsende verwirklicht werden und einen Verständigungsfrieden auf der Basis des Selbstbestimmungsrechts der Völker ermöglichen sollte. Ein „Völkerbund" sollte zur Befriedung der Staatenbeziehungen beitragen.

Tatsächlich waren in Versailles an der Konferenz der Sieger die Verlierer nicht beteiligt. Deutschland und seine Verbündeten wurden zu alleinigen Urhebern des Krieges erklärt und zu hohen Reparationszahlungen verurteilt. In Deutschland stieß der Versailler Vertrag von 1919 auf heftige Ablehnung und stärkte nationalistische Revanchegelüste.

1 Erschließe M1 mithilfe der Arbeitsschritte „Entschlüsselung eines Bildes" im Anhang. Achte auf die Bildunterschrift. Ziehe deine Kenntnisse aus diesem Kapitel heran.

Grundwissen	
Imperialismus	S. 153
Wilhelm II. (1859–1941)	S. 157
Attentat von Sarajewo	S. 169
1914–1918: Erster Weltkrieg	S. 172
Russische Revolution	S. 181
Lenin	S. 181
Völkerbund	S. 187
Vertrag von Versailles	S. 187

Methoden	
Sachtexte exzerpieren	S. 158 f.
Kriegerdenkmäler erkunden	S. 173

M1 **Der Krieg als Subjekt – „Der Roboter"**, Federzeichnung von L. J. Jordan, 1917

1914–1918
ERSTER WELTKRIEG

1911
- Marokko-Krise

1912/13
- Krisen auf dem Balkan:
- Europäische Großmächte rüsten auf

Juni 1914
- Ermordung des österreichisch-ungarischen Thronfolgerehepaars in Sarajewo

1. August 1914
- Beginn des Ersten Weltkriegs

März 1917
- „Februarrevolution" in Russland

6. April 1917
- Kriegseintritt der USA

November 1917
- „Oktoberrevolution" in Russland

28. Juni 1919
- Versailler Vertrag

1920
- Der Völkerbund tritt erstmalig zusammen

5. Die Weimarer Republik

Bild oben: **Revolutionäre Demonstranten vor dem Brandenburger Tor in Berlin,** Foto, 9. November 1918

Kleine Abbildung: **Plakat zur Ausrufung des Regierungssturzes vom 8. November 1918 in Bayern**

Der Erste Weltkrieg war im Herbst 1918 für Deutschland und seine Verbündeten verloren, das Kaiserreich am Ende. Nicht nur in Berlin – siehe Foto – kam es zu Demonstrationen; auch an anderen Orten in Deutschland machte sich Unzufriedenheit breit. Insbesondere gingen ehemalige Frontsoldaten auf die Straße, die von der Obersten Heeresleitung mit Durchhalteparolen „gefüttert" worden waren. Sie zweifelten am Sinn einer Fortsetzung des Krieges, bei dem so viele ihrer Kameraden ihr Leben lassen mussten. Auch auf die Zivilbevölkerung in der Heimat wirkte die scheinbar plötzlich eingetretene Niederlage wie ein Schock. Für eine ihr versprochene bessere Zukunft hatte sie ebenfalls große Opfer gebracht.
Wie überall in Deutschland entluden sich Enttäuschung und eine allgemeine Kriegsmüdigkeit in den bayerischen Städten schon in den Januarstreiks 1918. Neben einer antipreußischen Haltung bewirkte auch der Autoritätsverlust der bayerischen Monarchie, dass sich Anfang November 1918 das innenpolitische Klima in Bayern zusehends verschärfte. Nach einer großen Friedenskundgebung auf der Münchner Theresienwiese am 7. November 1918 verkündete ein „provisorischer Arbeiter-, Soldaten- und Bauernrat" in der Nacht zum 8. November 1918 den Sturz der bayerischen Monarchie und erklärte Bayern zum „Freistaat", wie das nebenstehende Plakat zeigt.

– Welche politischen Kräfte standen sich in Deutschland in dieser Phase des Umbruchs gegenüber?
– Wie entstand die „Weimarer Republik"?
– Welche politischen Belastungen und Leistungen kennzeichneten die junge Demokratie?

Arbeiter! Soldaten! Bauern!

An alle! An alle!

Die Regierung ist gestürzt!

Die alten Machthaber sind geflohen!

Die Beauftragten des Volkes haben die öffentliche Gewalt in ihre Hände genommen.

Baiern ist Freistaat!

Das deutsche Volk hat auf der ganzen Linie gesiegt!
Der Präsident der Vereinigten Staaten Amerika sichert uns einen Frieden der Versöhnung und Verständigung zu, ohne Annektionen und Entschädigungen.

Der Weltfriede ist somit für die Zukunft gesichert.

Das französische und englische Volk beglückwünscht bereits das deutsche Volk zum Sturze seines Imperialismus.
Die englische Flotte hat die rote Fahne gehißt!

Werktätige aller Berufe und Stände! **Arbeiter, Soldaten und Bauern!**

Damit ist die Periode des Militarismus endgültig beendet.
Der allgemeinen Abrüstung steht hinfort kein Hindernis mehr im Wege.

Die Weltrevolution marschiert!

Die **Geheimdiplomatie** ist abgeschafft. Indem sich in Zukunft die Völker in aller Offenheit selbst regieren, herrscht nunmehr das Recht.
Der Kapitalismus gehört von jetzt ab einer überwundenen Zeit an.
Jeder Werktätige erhält gerechte Entlohnung.
Die Republik garantiert jedem Arbeit und Brot.

1 Beschreibt die beiden Quellen und setzt sie in Bezug zueinander. Nehmt den Darstellungstext und die Hinweise zur Frakturschrift S. 267 zu Hilfe.

2 Diskutiert über die Frage, welche Bedeutung die Niederlage für die politische Entwicklung gehabt haben könnte.

„Es lebe die deutsche Republik!" – aber welche?

Die Revolution beginnt

Mit den „Gesetzen zur Abänderung der Reichsverfassung" vom 28. Oktober 1918 wurde die Einführung der parlamentarischen Monarchie im Nachhinein durch eine Verfassungsänderung legalisiert. Der Reichskanzler, seit dem 2. Oktober Prinz Max von Baden, benötigte nun das Vertrauen des Reichstages und war ihm verantwortlich. Mit diesen politischen Reformen verstärkten sich im Herbst 1918 in der Bevölkerung die Forderungen, schnell zu einem Waffenstillstand zu kommen und den Krieg zu beenden.

Als sich am 28. Oktober 1918 in Wilhelmshaven Soldaten der deutschen Kriegsflotte weigerten, zu weiteren Einsätzen auszulaufen, gaben sie damit das Signal für die folgenden Matrosenaufstände und Streiks. „Sämtliche Linienschiffe und Panzerkreuzer meutern, ... der Friede muss bald kommen. Sonst machen wir ihn uns selber. Die Marine macht nicht mehr mit – wenn nur die Armee und das Volk bald folgt", schrieb ein Marinesoldat am 31. Oktober 1918 in einem Brief nach Hause.

Die Proteste breiteten sich in kürzester Zeit und ohne nennenswerten Widerstand in ganz Deutschland aus und führten zur spontanen Bildung von Arbeiter- und Soldatenräten, die einen deutlichen Bruch mit der „alten Ordnung" forderten. Ein Teil dieser Massenbewegung wollte eine Räterepublik errichten, eine Art direkte Demokratie, in der die Räte über die Regierung und Gesetzgebung bestimmen sollten. Diese Rätebewegung stand in einem Gegensatz zur parlamentarischen Regierung auf Reichsebene.

M1 **Die Ausrufung der Republik vor dem Reichstag durch Philipp Scheidemann (SPD),** Foto, 9. November 1918

Die Revolution eindämmen oder weitertreiben?

Am 9. November 1918 wurde als Übergangsregierung der „Rat der Volksbeauftragten" aus je drei Politikern der (Mehrheits-)SPD und der USPD, die sich Anfang 1917 von der SPD abgespalten hatte, unter der gemeinsamen Leitung von Friedrich Ebert (MSPD) und Hugo Haase (USPD) gebildet.

Am selben Tage floh Kaiser Wilhelm II. in die neutralen Niederlande. Anders als Teile der USPD war die MSPD-Führung zur Zusammenarbeit mit bürgerlichen Kräften und Vertretern der „alten Ordnung" bereit. Die bevorstehende Unterzeichnung der Waffenstillstandsbedingungen und die Rückführung des Heeres in die Heimat ließen diese Zusammenarbeit als unabdingbar erscheinen, denn sowohl in der Heeresleitung als auch in der MSPD-Führung gab es Befürchtungen vor einer weiteren Radikalisierung der Revolutionsbewegung. Eine grundlegende Verständigung mit der Obersten Heeresleitung erzielte Friedrich Ebert am 10. November 1918 bei einem Telefongespräch mit General Groener.

Die „Eindämmung" der Revolution durch die gemäßigte sozialdemokratische Führung rief mehrfach Reaktionen radikaler Kräfte hervor, die mithilfe von regulären Heereseinheiten und Freiwilligen-Verbänden (Freikorps*) niedergeschlagen wurden. Die Gegensätze innerhalb der deutschen Arbeiterbewegung, die schon während des Krieges deutlich geworden waren, traten jetzt unübersehbar hervor:

– mit dem radikalen Spartakusbund (um Karl Liebknecht und Rosa Luxemburg), der jedoch nur eine kleine Minderheit vertrat,
– mit der USPD, die die Revolution auf der Basis der Arbeiter- und Soldatenräte mit dem Ziel einer Räterepublik weitertreiben wollte, und
– mit der MSPD, deren politische Zielvorstellung eine parlamentarische Demokratie war.

M2 Die Ausrufung der Republik

Am 9. November 1918 gegen 14.00 Uhr sprach der sozialdemokratische Politiker Philipp Scheidemann (1865–1939), Reichstagsabgeordneter und Staatssekretär in der Regierung von Baden, zu einer Menschenmenge vor dem Reichstag:

2A Arbeiter und Soldaten!
Furchtbar waren die vier Kriegsjahre, grauenhaft waren die Opfer, die das Volk an Gut und Blut hat bringen müssen. Der unglückselige Krieg ist zu Ende. Das Morden ist vorbei … Der Kaiser hat abgedankt. Er und seine Freunde sind verschwunden. Über sie alle hat das Volk auf der ganzen Linie gesiegt! Der Prinz Max von Baden hat sein Reichskanzleramt dem Abgeordneten Ebert übergeben. Unser Freund wird eine Arbeiterregierung bilden, der alle sozialistischen Parteien angehören werden. Die neue Regierung darf nicht gestört werden in ihrer Arbeit für den Frieden, in der Sorge um Brot und Arbeit … Arbeiter und Soldaten! Seid euch der geschichtlichen Bedeutung dieses Tages bewusst … Seid einig und pflichtbewusst! Das Alte und Morsche, die Monarchie, ist zusammengebrochen. Es lebe das Neue! Es lebe die deutsche Republik!

Am 9. November 1918 gegen 16.00 Uhr hielt Karl Liebknecht, der Führer des Spartakusbundes, bei einer Massenversammlung vor dem Berliner Schloss eine Rede:

2B Der Tag der Revolution ist gekommen. Wir haben den Frieden erzwungen. Der Friede ist in diesem Augenblick geschlossen. Das Alte ist nicht mehr. Die Herrschaft der Hohenzollern, die in diesem Schloss jahrhundertelang gewohnt haben, ist vorüber … Parteigenossen, ich proklamiere die freie sozialistische Republik Deutschland, die alle Stämme umfassen soll, in der es keine Knechte mehr geben wird, in der jeder ehrliche Arbeiter den ehrlichen Lohn seiner Arbeit finden wird … Wir müssen alle Kräfte anspannen, um die Regierung der Arbeiter und Soldaten aufzubauen und eine neue staatliche Ordnung des Proletariats zu schaffen, eine Ordnung des Friedens, des Glücks und der Freiheit unserer deutschen Brüder und unserer Brüder in der ganzen Welt. Wir reichen ihnen die Hände und rufen sie zur Vollendung der Weltrevolution auf.

M2A und M2B zit. nach Geschichte in Quellen, Bd. 6, bearb. v. Günter Schönbrunn, 3. Aufl., München (bsv) 1979, S. 114 f.

2. Extraausgabe Sonnabend, den 9. November 1918.

Vorwärts

Berliner Volksblatt.

Zentralorgan der sozialdemokratischen Partei Deutschlands.

Der Kaiser hat abgedankt!

Der Reichskanzler hat folgenden Erlaß herausgegeben:

Seine Majestät der Kaiser und König haben sich entschlossen, dem Throne zu entsagen.

Der Reichskanzler bleibt noch so lange im Amte, bis die mit der Abdankung Seiner Majestät, dem Thronverzichte Seiner Kaiserlichen und Königlichen Hoheit des Kronprinzen des Deutschen Reichs und von Preußen und der Einsetzung der Regentschaft verbundenen Fragen geregelt sind. Er beabsichtigt, dem Regenten die Ernennung des Abgeordneten Ebert zum Reichskanzler und die Vorlage eines Gesetzentwurfs wegen der Ausschreibung allgemeiner Wahlen für eine verfassungsgebende deutsche Nationalversammlung vorzuschlagen, der es obliegen würde, die künftige Staatsform des deutschen Volk, einschließlich der Volksteile, die ihren Eintritt in die Reichsgrenzen wünschen sollten, endgültig festzustellen.

Berlin, den 9. November 1918. Der Reichskanzler.
Prinz Max von Baden.

Es wird nicht geschossen!

Der Reichskanzler hat angeordnet, daß seitens des Militärs von der Waffe kein Gebrauch gemacht werde.

Parteigenossen! Arbeiter! Soldaten!

Soeben sind das Alexanderregiment und die vierten Jäger geschlossen zum Volke übergegangen. Der sozialdemokratische Reichstagsabgeordnete Wels u. a. haben zu den Truppen gesprochen. Offiziere haben sich den Soldaten angeschlossen.

Der sozialdemokratische Arbeiter- und Soldatenrat.

M3 Aus dem Extrablatt der SPD vom 9. 11. 1918

1 Beschreibe mithilfe des Darstellungstextes, M1 und M3 die politische Situation am 9. November 1918 und die Vorstellungen über die künftige politische Ordnung.

2 Stelle fest, welcher Weg für die künftige staatliche Ordnung Deutschlands in dem Extrablatt der SPD (M3) angesprochen wird. Nimm die Hinweise zur Frakturschrift auf S. 267 zu Hilfe.

3 Schreibe auf der Grundlage von M2A und M2B einen Dialog zwischen Philipp Scheidemann und Karl Liebknecht zu ihren Auffassungen und Zielen von einer künftigen Republik.

M4 SPD gegen USPD: Demokratie – aber wie?

Aus einem Schreiben des SPD-Vorstandes an den Vorstand der Unabhängigen Sozialdemokraten (USPD) vom 9. November 1918, 20.30 Uhr:

Sie [die USPD] fordern:
1. Deutschland soll eine sozialistische Republik sein.
Antwort: Diese Forderung ist das Ziel unserer eigenen Politik. Indessen hat darüber das Volk durch die Konstituierende Versammlung zu entscheiden.
2. In dieser Republik soll die ... exekutive, legislative und ... jurisdiktionelle Macht ausschließlich in den Händen von gewählten Vertrauensmännern der ... werktätigen Bevölkerung und der Soldaten sein.
Antwort: Ist [damit] die Diktatur eines Teils einer Klasse gemeint, hinter dem nicht die Volksmehrheit steht, so müssen wir diese Forderung ablehnen, weil sie unseren demokratischen Grundsätzen widerspricht.
3. Ausschluss aller bürgerlichen Mitglieder aus der Regierung.
Antwort: Diese Forderung müssen wir ablehnen, weil ihre Erfüllung die Volksernährung erheblich gefährden, wenn nicht unmöglich machen würde.

Zit. nach Geschichte in Quellen, Bd. 6, bearb. v. Günter Schönbrunn, 3. Aufl., München (bsv) 1979, S. 115.

Die revolutionären Ereignisse 1918/19

24.–28. 10. Änderung der Reichsverfassung: Der Reichskanzler ist nicht mehr vom Vertrauen des Kaisers, sondern von einer Mehrheit des Parlaments abhängig (Parlamentarisierung).
28. 10. Beginn des Aufstandes von Matrosen der deutschen Kriegsflotte.
9. 11. Zweimalige Ausrufung der Republik; Bildung des Rates der Volksbeauftragten (SPD/USPD).
15. 11. Gewerkschaften als Vertreter der Arbeitnehmer offiziell anerkannt.
16.–20. 12. Versammlung der Arbeiter- und Soldatenräte (siehe Lexikon) auf dem Reichsrätekongress: Der Kongress entscheidet sich mit großer Mehrheit für die Wahl einer verfassunggebenden Nationalversammlung.
29. 12. USPD-Mitglieder scheiden aus dem Rat der Volksbeauftragten aus.
30. 12. Gründung der Kommunistischen Partei (KPD) in der Nachfolge des Spartakusbundes.
5.–16. 1. Von der Reichsregierung unter Befehl genommene Freikorpstruppen schlagen einen bewaffneten Aufstand von KPD- und USPD-Anhängern in Berlin nieder. Die KPD-Führer Rosa Luxemburg und Karl Liebknecht werden von Freikorpsmitgliedern ermordet (15. 1.).
19. 1. Wahlen zur Nationalversammlung.

Friedrich Ebert

Friedrich Ebert (1871–1925) war das neunte Kind einer Schneidermeisterfamilie. Nach seiner Ausbildung zum Sattler engagierte er sich in der SPD, wurde Redakteur und war seit 1912 Reichstagsabgeordneter. 1913 wurde Ebert zum SPD-Parteivorsitzenden gewählt.
Am 9. November 1918 übernahm er das Amt des Reichskanzlers. Von Februar 1919 bis zu seinem Tode am 28. Februar 1925 war Ebert Reichspräsident der Weimarer Republik.

Rosa Luxemburg

Rosa Luxemburg (1871–1919) wurde als Tochter einer jüdischen Kaufmannsfamilie in Polen geboren. Sie studierte Nationalökonomie und engagierte sich schon früh in der Arbeiterbewegung Polens. 1897 ging sie nach Deutschland, wo sie als Theoretikerin des linken SPD-Flügels 1917 mit Karl Liebknecht den Spartakusbund gründete und eine radikal-sozialistische Politik vertrat. Am 15. 1. 1919 wurden Luxemburg und Liebknecht von rechtsradikalen Freikorpsoffizieren ermordet.

M5 Eine „gebremste“ Revolution?

Aus der Rede Rosa Luxemburgs auf dem Gründungsparteitag der KPD am 31. Dezember 1918:

Was kann charakteristischer sein für die innere Schwäche des 9. November als ihr erstes Ergebnis, dass an die Spitze der Bewegung Elemente getreten sind, die zwei Stunden vor Ausbruch der Revolution ihr Amt darin erblickt haben, gegen sie zu hetzen, … sie unmöglich zu machen: die Regierung Ebert-Scheidemann mit Haase! Die Idee der Vereinigung der verschiedenen sozialistischen Strömungen unter dem allgemeinen Jubel der Einigkeit, das war das Motto der Revolution vom 9. November – eine Illusion … Nur dadurch kann man den Sieg der proletarischen Revolution herbeiführen, dass man … anfängt, die Regierung Ebert-Scheidemann zu unterminieren durch einen sozialen, revolutionären Massenkampf des Proletariats … Ich habe Ihnen darzulegen versucht, dass die Revolution des 9. November vor allem eine politische Revolution war, während sie doch in der Hauptsache noch eine ökonomische werden muss. Sie war aber auch nur eine städtische Revolution, das flache Land ist bis jetzt so gut wie unberührt geblieben. Es wäre ein Wahn, den Sozialismus ohne Landwirtschaft zu verwirklichen.

Rosa Luxemburg, Schriften zur Theorie der Spontaneität, hg. v. Susanne Hillmann, Reinbek (Rowohlt) 1970, S. 195 ff.

M7 Die weiblichen Abgeordneten der MSPD-Fraktion bei einer Kaffeepause, Foto, 1919. Von insgesamt 310 Frauen, die sich 1919 zur Wahl stellten, wurden 41 in den Reichstag gewählt (etwa 9 Prozent aller Abgeordneten; dieser Anteil wurde bis 1932 nicht wieder erreicht).

Grundwissen

1918: Novemberrevolution
Umsturz der politischen Machtverhältnisse in Deutschland am 9. November 1918 und in den folgenden Wochen: Sturz der Monarchie, Ausrufung der Republik, Zurückdrängen des Rätesystems zu Gunsten einer parlamentarischen Demokratie.

M6 Die Sicht einer MSPD-Politikerin

Aus der Rede von Marie Juchacz (MSPD) vor der Nationalversammlung, der ersten Parlamentsrede einer Frau in Deutschland (1919):

Die Frauen besitzen heute das ihnen zustehende Recht der Staatsbürgerinnen … Durch die politische Gleichstellung ist nun meinem Geschlecht die Möglichkeit gegeben zur vollen Entfaltung seiner Kräfte … Der politische Kampf, der immer bestehen bleiben wird, wird sich von nun an in anderen Formen abspielen. Innerhalb des durch Weltanschauung und selbst gewählte Parteigruppierung gezogenen Rahmens haben wir Frauen nunmehr Gelegenheit, unsere Kräfte auswirken zu lassen.

Die Gleichheit, 14. 3. 1919, S. 89 ff. Zit. nach Karen Hagemann, Frauenalltag und Männerpolitik, Bonn (Dietz) 1990, S. 530.

4 Analysiere M4 unter der Fragestellung, welche Auffassung von Demokratie bei SPD und USPD jeweils vorherrschte. Nimm den Kasten S. 205 zu Hilfe.

5 Erarbeite, welche Grundauffassungen einer künftigen politischen Ordnung zwischen November 1918 und Januar 1919 sich gegenüberstanden (Darstellungstext, M5, Kästen). Verwende die Begriffe „parlamentarische Republik“ und „Räterepublik“.

6 Beurteile die These Luxemburgs von der „innere(n) Schwäche des 9. November“ (M5, Z. 1/2). Vergleiche mit M6.

7 Stelle fest, inwiefern M7 eine ungewöhnliche Bildquelle darstellt. Ziehe M6 heran.

8 Erkundet in Gruppen, wie sich in eurem Wohn- bzw. Schulort die Lage im November 1918 darstellte (Museum, Stadtarchiv).

Politische Plakate untersuchen

Plakate – Mittel politischer Werbung

Ein Plakat ist ein öffentlich angebrachter Anschlag mit werbender Absicht. Die Zuordnung von Bild und Text sowie seine Gestaltung sind so angelegt, dass das Dargestellte auffällig, schnell zu erfassen und zu verstehen ist und möglichst lange in der Erinnerung haftenbleibt. Mit der Verbreitung des Buchdrucks seit dem 16. Jahrhundert wurden öffentliche Anschläge als Mitteilungen üblich. Neue Druck- und Gestaltungstechniken ermöglichten im 19. Jahrhundert eine vielfältige Verwendung, allerdings unterlag die politische – anders als die kommerzielle – Plakatwerbung bis zum Ende des Ersten Weltkriegs Einschränkungen und Verboten (politische Zensur). Die große Zeit der politischen Plakate begann in Deutschland in der Weimarer Republik, bedingt vor allem durch das Grundrecht auf Meinungsfreiheit und freie künstlerische Entfaltungsmöglichkeiten.

Die Wahlen zur Nationalversammlung 1919

Im Januar 1919 schien der Machtkampf um das politische System in Deutschland zu Gunsten einer parlamentarischen Demokratie entschieden. Die Wahl zur konstituierenden (verfassunggebenden) Versammlung wurde auf den 19. Januar 1919 festgesetzt. Mit der Herabsetzung des Wahlalters von 25 auf 20 Jahre und der Einführung des Frauenwahlrechts erhöhte sich die Zahl der Wahlberechtigten von 13,8 Mio. (1912) auf 36,8 Mio. (1919) Deutsche. Die Plakate auf dieser Doppelseite stammen aus dem Wahlkampf von 1919.

Arbeitsschritte: Politische Plakate untersuchen

1. Schritt: Erste Eindrücke und Informationen festhalten
Was fällt unmittelbar auf? Wer ist der „Autor" (Zeichner), wer der Auftraggeber?

2. Schritt: Einzelne Elemente analysieren
Welche Details sind zu erkennen? Welche besonderen Merkmale enthält die Darstellung (Farben, Größe, Proportionen, Statik, Dynamik)? Lassen sich Symbole, Stereotypen, bildhafte Vergleiche finden? In welchem Verhältnis stehen Bild und Text? Welcher Texttyp liegt vor, welche Schriftarten? Wie sind die Beziehungen der Elemente zueinander (z. B. Fotomontage, Collage)?

3. Schritt: Eine Gesamtaussage formulieren und kritisch bewerten
Welcher Gesamteindruck ergibt sich? Wie lässt sich die Analyse zusammenfassen? Welche vermutliche Wirkung soll erzielt werden (z. B. informierend, argumentierend, appellierend)? Wie lässt sich das Plakat in den historischen Zusammenhang einordnen?

M1 Wahlplakat der Regierung, Januar 1919

M2 Wahlplakat, Januar 1919

M4 Wahlplakat, Januar 1919

1 Analysiert in Partner- oder Gruppenarbeit M1 bis M5 mithilfe der Arbeitsschritte und stellt eure Ergebnisse der Klasse vor.

2 Übe deine Kenntnisse zur Plakatanalyse am Beispiel eines Wahlplakates aus unserer Gegenwart. Ortsverbände der Parteien sind bei der Suche sicher gerne behilflich.

M3 Wahlplakat, Januar 1919

M5 Wahlplakat, Januar 1919

Die Revolution in Bayern

Umsturz und Regierung Eisner

Während des Krieges war auch in Bayern der Unmut in der Bevölkerung gewachsen. Die Ursachen für die Unruhen waren dieselben wie im gesamten Reich. Vor allem die allgemeine Unzufriedenheit mit der schlechten wirtschaftlichen Situation, die in erster Linie durch die Kriegslasten begründet war, führte zu einer kritischen Haltung gegenüber der politischen Führung. Ein besonderer Grund verschärfte die Lage in Bayern: Das starke Eigenbewusstsein hatte während des gesamten Kaiserreichs unter dem preußischen Führungsanspruch gelitten. Die Misserfolge im Krieg boten jetzt die Gelegenheit, den Niedergang Deutschlands einem „preußischen Cäsarenwahn" zuzuschreiben und die Veränderung des politischen Systems zu fordern.

Schon Anfang 1918 war es immer wieder zu Streiks gekommen, bevor am 7. November im Anschluss an eine Massenkundgebung sozialistischer Kräfte auf der Münchner Theresienwiese tatsächlich ein Umsturz erfolgte: Etwa 2000 Anhänger der USPD zogen unter der Führung Kurt Eisners durch die Stadt und besetzten öffentliche Gebäude.

Im Mathäserbräu proklamierte Eisner einen Arbeiter- und Soldatenrat, der die politische Führung übernahm. Seine erste Sitzung hielt dieser Rat im ebenfalls besetzten Landtag ab. Kurt Eisner stellte dabei den Sieg der Revolution fest und wurde anschließend zum neuen Ministerpräsidenten einer von USPD und SPD gebildeten Koalitionsregierung ernannt. Am Morgen des 8. November rief Eisner den „freien Volksstaat Bayern" aus. König Ludwig III. wurde für abgesetzt erklärt. Er floh umgehend nach Salzburg. Damit war die Herrschaft der Wittelsbacher Dynastie über Bayern, die über 700 Jahre bestanden hatte, zu Ende.

Da die offizielle bayerische Regierung zu keiner wirksamen Gegenreaktion fähig war, schien der Umsturz in Bayern ohne Blutvergießen vollzogen. Auch in anderen bayerischen Städten wurden von Arbeitern, Soldaten und Bauern Räte gebildet, die nach der politischen Macht strebten.

Doch Eisner bekam in München die schwierigen Probleme nicht in den Griff: Die Zahl der Arbeitslosen nahm zu; die Versorgungslücken konnten nicht geschlossen werden, weil die meisten Bauern des Umlandes die Revolutionäre wegen ihrer kommunistischen Weltanschauung, aber auch wegen ihrer teilweise jüdischen Herkunft als „rotes Judenpack" abstempelten. Erschwerend kam hinzu, dass Eisners politisches Programm unklar blieb: Die Frage, ob kommunistische Räte oder gewählte Parlamentarier künftig die Politk bestimmen sollten, beantwortete er nicht eindeutig, während die Sozialdemokratie unter dem Realpolitiker Erhard Auer auf schnelle Landtagswahlen drängte.

M1 Wahlplakat der Bayerischen Volkspartei, 1919.
Am 12. Januar 1919, gut zwei Monate nach dem Umsturz, wurden in Bayern Landtagswahlen durchgeführt, bei denen die BVP mit diesem Plakat für sich warb. In Anlehnung an die kommunistischen Revolutionäre in Russland nannte man die Radikalen auch in Deutschland Bolschewiken.

M2 **Kurt Eisner, der erste bayerische Ministerpräsident,** zeitgenössisches Foto

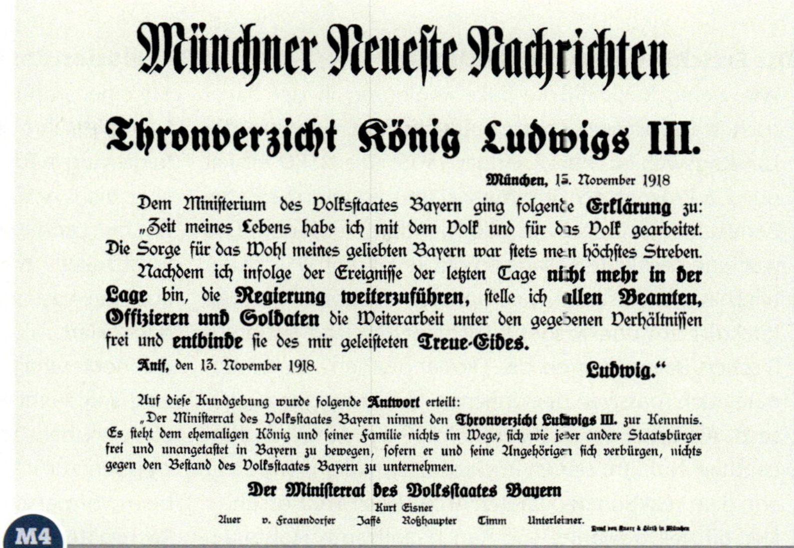

Münchner Neueste Nachrichten

Thronverzicht König Ludwigs III.

München, 13. November 1918

Dem Ministerium des Volksstaates Bayern ging folgende **Erklärung** zu:

„Zeit meines Lebens habe ich mit dem Volk und für das Volk gearbeitet. Die Sorge für das Wohl meines geliebten Bayern war stets mein höchstes Streben.

Nachdem ich infolge der Ereignisse der letzten Tage **nicht mehr in der Lage** bin, die **Regierung weiterzuführen,** stelle ich **allen Beamten, Offizieren und Soldaten** die Weiterarbeit unter den gegebenen Verhältnissen frei und **entbinde** sie des mir geleisteten **Treue-Eides.**

Anif, den 13. November 1918.

Ludwig.“

Auf diese Kundgebung wurde folgende **Antwort** erteilt:

„Der Ministerrat des Volksstaates Bayern nimmt den **Thronverzicht Ludwigs III.** zur Kenntnis. Es steht dem ehemaligen König und seiner Familie nichts im Wege, sich wie jeder andere Staatsbürger frei und unangetastet in Bayern zu bewegen, sofern er und seine Angehörigen sich verbürgen, nichts gegen den Bestand des Volksstaates Bayern zu unternehmen.

Der Ministerrat des Volksstaates Bayern

Kurt Eisner

Auer v. Frauendorfer Jaffé Roßhaupter Timm Unterleitner.

M4 **Plakat vom 13. November 1918**

M3 Die Revolution aus der Sicht eines Zeitzeugen

Aus den Tagebuchaufzeichnungen Josef Hofmillers im November 1918. Hofmiller war Professor an einem Münchner Gymnasium:

Freitag, 8. November. Wie an Fasching zog eine Menschenmenge stadtwärts … Die Hupen der Kraftwagen brachten auch etwas vom langweiligen Münchner Fasching herein. Bei der Rückfahrt traf ich F. H., der mir erzählte, er sei gestern an die Kirchenschule gegangen, als der Rummel losging. Die Soldaten hätten die Türen gesprengt, Gewehre geholt, die Kantine geplündert, Decken gestohlen, auch anderes, die Akten auf die Straße geworfen. Noch schlimmer hätten sie an der Türkenkaserne gehaust. Dort hätten sie alles geplündert und dann den Leuten auf der Straße Verschiedenes zum Kauf angeboten. Alle Geschäfte seien geschlossen, wer Rolläden hätte, hätte sie heruntergelassen. Es scheint nötig zu sein … Unsere jüdischen Mitbürger scheinen in Sorge zu sein, dass sich die Wut der Menge gegen sie richtet. Kurt Eisner … hat bisher vorwiegend literarische und sozialpolitische Kampfschriften veröffentlicht … Er spielt ein gewagtes Spiel. Wie lange kann er es spielen?

Samstag, 9. November. Heute früh sind die „Neuesten“ wieder in ihrem regelmäßigen Umfang erschienen, ebenso die „Augsburger Abendzeitung“. Die Revolution war offenbar von langer Hand geplant, nur die staatlichen und militärischen Behörden ließen sich allen Warnungen zum Trotz überrumpeln. Militär durchzog mit geschultertem Gewehr durch die Stadt und verlangte zunächst von allen Soldaten die Entfernung der schwarz-weiß-roten Kokarde[1]. Am Stachus sah Stemplinger, wie ein junger Strizzi einem verwundeten Offizier, der den Arm in der Schlinge trug, die Kokarde herunterreißen wollte. Ohne ein Wort zu sagen, gab ihm dieser eine saftige Watsche. Das Publikum brüllte Beifall.

Am Freitagmorgen war die Umwälzung vollzogen. München war als Hauptstadt des Königreichs zu Bett gegangen, um als Hauptstadt des bayerischen „Volksstaats“ zu erwachen.

Zit. nach Josef Hofmiller, Revolutionstagebuch 1918/19, Leipzig, o. J., S. 31 ff.

1 Abzeichen mit den Farben des Kaiserreichs

1 Bearbeite M1 unter der Fragestellung, wie die Bayerische Volkspartei die Revolution und den Bolschewismus darstellte und was sie damit erreichen wollte.

2 Klärt die Perspektive und die Position Hofmillers (M3). Überlegt, wodurch sich das Tagebuch von einem gewöhnlichen Tagebuch unterscheidet.

3 Werte die Meldungen der „Münchner Neuesten Nachrichten“ (M4) aus. Vergleiche die Haltung König Ludwigs III. mit der des Ministerrates.

4 Diskutiert, inwiefern man die Münchner Vorgänge im November 1918 als Revolution bezeichnen kann.

Die Errichtung einer Rätediktatur

Wie wenig Rückhalt die linke Regierung in der bayerischen Bevölkerung hatte, zeigten die Ergebnisse der Landtagswahlen am 12. Januar 1919. Die USPD erhielt nur 2,5 Prozent der Stimmen; damit konnte die Partei Eisners lediglich drei von 180 Mandaten erringen. Das war eine deutliche Absage an die Revolution. Für Eisner blieb nach diesem katastrophalen Ergebnis nur der Rücktritt. Im überwiegend katholischen und antipreußischen Bayern waren die „ausländischen" Revolutionäre auch massiven persönlichen Anfeindungen ausgesetzt. Als Eisner am 21. Februar 1919 auf dem Weg zum Landtag war, um seinen Rücktritt zu erklären, wurde er von dem reaktionären Grafen Arco-Valley erschossen.

Der offiziell gewählte Landtag beauftragte Hoffmann (SPD) mit einer Regierungsbildung. Der Aufbau einer stabilen demokratischen Staatsordnung gelang aber zunächst noch nicht, denn die Ermordung Eisners rief die radikalen Kräfte auf den Plan. Ein Revolutionärer Zentralrat, angeführt von Erich Mühsam und Gustav Landauer, proklamierte am 7. April 1919 eine Räterepublik. In dieser Bedrängnis floh die Regierung Hoffmann nach Bamberg. In München löste ein von linksextremen Spartakisten gebildeter Vollzugsrat den Zentralrat ab – die Landeshauptstadt versank im Chaos.

Eskalation der Gewalt und Sieg der „Weißen"

Mit einer „roten Armee" versuchten die Revolutionäre in München, ihre Herrschaft zu sichern und sich gegen die Regierung in Bamberg zu wappnen. Diese Ziele wurden aber nicht erreicht. Die Mitglieder der Räteregierung – Gustav Landauer, Erich Mühsam, Eugen Leviné und Ernst Toller –, die man zunächst als intellektuelle Spinner abgetan hatte, wurden zu bolschewistischen Todfeinden erklärt.

Dennoch schaffte es Ministerpräsident Hoffmann nicht, eine Volkswehr aufzustellen, um die Räte aus München zu vertreiben. So griff er auf Freikorps und Regierungstruppen zurück, die „Weiße" genannt wurden. Schon beim Vormarsch auf München kam es zu grauenhaften Racheakten. Nach heftigen Kämpfen, bei denen zahlreiche Rotarmisten, aber auch Zivilisten umgebracht wurden, gelang am 2. Mai die „Entsetzung" Münchens. Auf den „roten Terror" folgte jetzt der „weiße Terror". Mehr als 1000 Todesopfer haben diese revolutionären und gegenrevolutionären Gewaltakte gefordert.

Erst allmählich gelang nach der Rückkehr der Regierung aus dem Bamberger Exil eine Stabilisierung der politischen Verhältnisse. Im August verabschiedete der Landtag eine neue Verfassung. Bayern wurde damit ein demokratischer Freistaat.

M5 Demonstration gegen die Räterepublik in Würzburg, Foto, 22. April 1919

5 Setze das Foto M5 in Beziehung zur Textquelle M6 und vergleiche die Mittel, die Revolutionäre und Bürger einsetzten. Forsche nach, woher die Bezeichnung „Spartakist" kommt.

M6 Geiselnahme durch Räte

Auch in Würzburg nahmen die Radikalen Geiseln und veröffentlichten ein Plakat mit dem Wortlaut: „Wenn Proletarierblut fließt, werden Geiseln erschossen!" Der damalige Bürgermeister Andreas Grieser berichtete am 9. April 1919 über seine Erlebnisse:

Ich verlangte als Bürgermeister Aufklärung darüber, wer als Geisel verhaftet ist und aus welchem Grunde gegen Bürger Gewalt angewendet wird. Als Wortführer [der Räteregierung] trat mir Waibel entgegen. Er sprach lange über die Ziele des Kommunismus, wie wenn ich eine Volksversammlung darstellen würde. Ich habe ihm gesagt, dass ich für das Arbeiterwohl schon gehandelt habe, als er noch gar nicht auf der Welt war. Wegen der Geiseln erklärte er: Der Ausschuss habe die angesehenen Bürger festgenommen, um den Bestand der Räterepublik auf unblutige Weise zu sichern … Waibel führte aus, wenn gegen die Räterepublik Gewalt angewendet würde, werde er über die Geiseln verfügen. Ich verlangte die Freigabe der Geiseln. Waibel lehnte ab.

Zit. nach Bettina Köttnitz-Porsch, Novemberrevolution und Räteherrschaft 1918/19 in Würzburg, Würzburg (Freunde Mainfränkischer Kultur und Geschichte) 1985, S. 163 f.

M7 Der „Weiße Terror"

Viele Führer der Münchner Rätebewegung wurden ohne ordnungsgemäßes Verfahren hingerichtet. Bericht in der Münchner „Neuen Zeitung" vom 3. Juni 1919:

Am 2. Mai stand ich als Wache vor dem großen Tor zum Stadelheimer Gefängnis. Gegen 1.15 Uhr brachte ein Trupp Soldaten Gustav Landauer. Auf dem Gang vor dem Aufnahmezimmer versetzte ein Offizier dem Gefangenen einen Schlag ins Gesicht. Im Hof begegnete der Gruppe ein Major, der mit einer schlegelartigen Keule auf Landauer einschlug. Unter Kolbenschlägen sank Landauer zusammen. Er stand jedoch wieder auf und wollte zu reden anfangen. Da rief ein Vizewachtmeister: „Geht mal weg!" Unter Lachen und freudiger Zustimmung der Begleitmannschaften gab der Vizewachtmeister zwei Schüsse ab, von denen Landauer einer in den Kopf traf. Landauer atmete immer noch. Unter dem Ruf: „Geht zurück, dann lassen wir ihm noch eine durch!" schoss der Vizewachtmeister Landauer in den Rücken.

Zit. nach Weimarer Republik, hg. vom Kunstamt Kreuzberg u. a., 3. Auflage, Berlin (Elefanten Press) 1977, S. 166.

M8 „Der Revoluzzer"

Der Schriftsteller Erich Mühsam (1878–1934) verfasste 1919 folgendes Gedicht:

War einmal ein Revoluzzer,
im Zivilstand Lampenputzer;
ging im Revoluzzerschritt
mit den Revoluzzern mit.

Und er schreit: „Ich revolüzze!"
Und die Revoluzzermütze
schob er auf das linke Ohr,
kam sich höchst gefährlich vor.

Doch die Revoluzzer schritten
mitten auf der Straßen Mitten,
wo er ansonsten unverdrutzt
alle Gaslaternen putzt.

Sie vom Boden zu entfernen,
rupfte man die Gaslaternen
aus dem Straßenpflaser raus,
zwecks des Barrikadenbaus.

Aber unser Revoluzzer
schrie: „Ich bin der Lampenputzer
dieses guten Lampenlichts.
Bitte, bitte tut ihm nichts

Wenn wir ihn' das Licht ausdrehn,
kann kein Bürger nichts mehr sehn.
Lasst die Lampen stehn, ich bitt! –
Denn sonst spiel ich nicht mehr mit!"

Doch die Revoluzzer lachten,
und die Gaslaternen krachten,
und der Lampenputzer schlich
fort und weinte bitterlich.

Dann ist er zu Haus geblieben
und hat dort ein Buch geschrieben:
nämlich wie man revoluzzt
und dabei noch Lampen putzt.

Zit. nach Erich Mühsam, Gesamtausgabe, hg. von Gerhard Emig, Bd. 1, Berlin, 1983, S. 149.

6 Kläre, ausgehend von M7, warum es in München zur Eskalation der Gewalt kam.

7 Erich Mühsam hat das Gedicht „Der Revoluzzer" (M8) der deutschen Sozialdemokratie gewidmet. Erschließt die kritischen Aussagen in Partnerarbeit und tragt das Gedicht zu zweit wirkungsvoll vor.

Die politische Ordnung der jungen Demokratie

Eine neue Verfassung für die „Weimarer Republik“

Im November 1918 hatte Friedrich Ebert den liberalen Staatsrechtler Hugo Preuß beauftragt, eine Reichsverfassung zu entwerfen. Nach mehrmonatigen Beratungen nahm die Nationalversammlung am 31. Juli 1919 das Verfassungswerk schließlich an, und zwar mit 262 gegen 75 Stimmen aus USPD, DVP und DNVP. Mit der Unterschrift des Reichspräsidenten auf dem Verfassungswerk am 11. August 1919 wurde Deutschland zu einer parlamentarischen Republik, die als Weimarer Republik bezeichnet wird.

Weil der Reichstag ein getreues Abbild des Volkswillens sein sollte, gab es keine Sperrklausel gegenüber den kleinen Parteien und es konnten auch Splittergruppen ins Parlament einziehen. Die Verfassunggeber nahmen das bewusst in Kauf, denn dieser Wahlmodus galt als besonders gerecht und demokratisch.

M1 Sitzverteilung der Parteien nach der Wahl zur Nationalversammlung am 19. Januar 1919

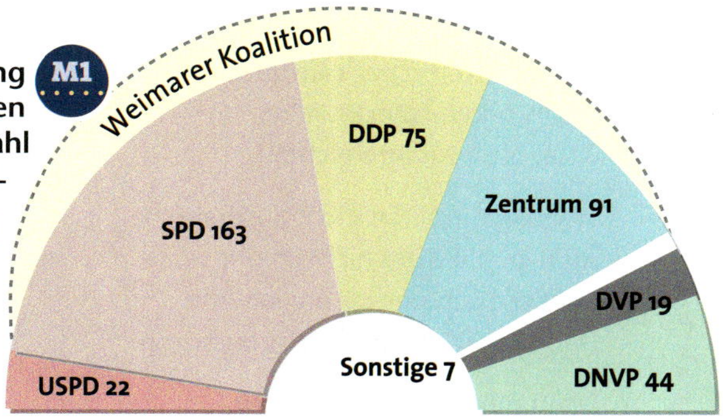

M3 Das deutsche Volk ist frei …

Aus der Eröffnungsrede Friedrich Eberts am 6. Februar 1919 vor der Nationalversammlung, die wegen der unsicheren politischen Lage in Berlin in der thüringischen Stadt Weimar zum ersten Mal zusammentrat:

Die Reichsregierung begrüßt durch mich die Verfassunggebende Versammlung der deutschen Nation. Besonders herzlich begrüße ich die Frauen, die zum ersten Mal gleichberechtigt im Reichsparlament erscheinen. Die provisorische Regierung verdankt ihr Mandat der Revolution; sie wird es in die Hände der Nationalversammlung zurücklegen. (Bravo!)
In der Revolution erhob sich das deutsche Volk gegen eine veraltete zusammenbrechende Gewaltherrschaft. (Zustimmung links. – Lebhafter Widerspruch rechts). Sobald das Selbstbestimmungsrecht des deutschen Volkes gesichert ist, kehrt es zurück auf den Weg der Gesetzmäßigkeit. Nur auf der breiten Heerstraße der parlamentarischen Beratung und Beschlussfassung lassen sich die unaufschiebbaren Veränderungen auch auf wirtschaftlichem und sozialem Gebiete vorwärtsbringen … Deshalb begrüßt die Reichsregierung in dieser Nationalversammlung den höchsten und einzigen Souverän in Deutschland. Mit den alten Königen und Fürsten von Gottes Gnaden ist es für immer vorbei … Das deutsche Volk ist frei, bleibt frei und regiert in alle Zukunft sich selbst.

Verhandlungen der Verfassunggebenden Nationalversammlung. Stenographische Berichte, Bd. 326, S. 1 ff., Berlin, 1919/20.

M2 Die Weimarer Verfassung von 1919

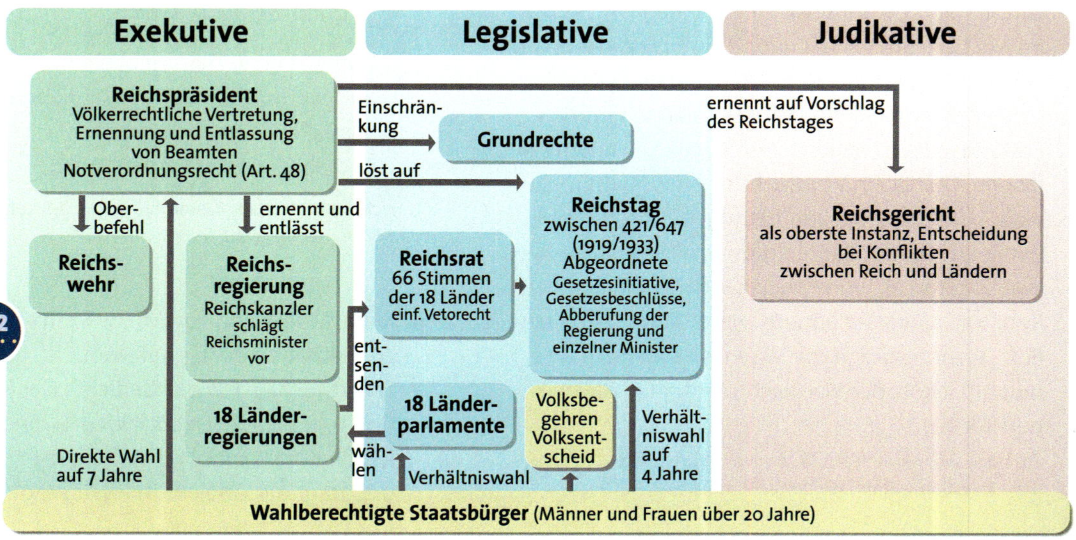

Die Parteien in der Weimarer Republik

Kernaussagen der Parteiprogramme:

Sozialdemokratische Partei Deutschlands (SPD)
- Bekenntnis zur parlamentarischen Demokratie
- gegen den Einfluss monarchistischer und militaristischer Kreise
- Räte nur im wirtschaftlichen Bereich (Betriebsräte)
- Verstaatlichung von Grund und Boden
- für „weltliche" Schulen (Schulen unter Staatsaufsicht, nicht unter Kirchenaufsicht)

Unabhängige Sozialdemokratische Partei Deutschlands (USPD)
- 1917 als Abspaltung von der SPD entstanden, 1920 trat die Mehrheit der USPD der KPD bei, der Rest 1922 der SPD
- Spaltung in Befürworter einer Rätedemokratie einerseits und Befürworter einer parlamentarischen Demokratie andererseits

Kommunistische Partei Deutschlands (KPD)
- Ablehnung der parlamentarischen Demokratie
- für ein Rätesystem*
- Sturz der „Kapitalisten" und Großgrundbesitzer
- Aufbau des Sozialismus, Bündnis mit Sowjetunion

Zentrum
- Bekenntnis zur parlamentarischen Demokratie
- für eine starke Exekutive
- Schutz des Privateigentums
- für Bekenntnisschulen, nach Konfessionen getrennt
- internationale Gleichberechtigung Deutschlands

Deutsche Demokratische Partei (DDP)
- Bekenntnis zur parlamentarischen Demokratie
- für Privatwirtschaft
- für das Selbstbestimmungsrecht Deutschlands

Deutsche Volkspartei (DVP)
- Ablehnung der parlamentarischen Demokratie, aber verantwortliche Mitarbeit im Parlament
- für eine gesetzmäßig einzurichtende Monarchie

Deutschnationale Volkspartei (DNVP)
- Ablehnung der parlamentarischen Demokratie
- für eine Monarchie mit starker Exekutive
- für „starkes deutsches Volkstum"

Nationalsozialistische Deutsche Arbeiterpartei (NSDAP)
- gegen Demokratie; Aufbau eines „Führerstaates"
- Großbetriebe und Warenhäuser in Gemeineigentum überführen
- Juden sollen keine Staatsbürgerschaft erhalten

M4 Die Staatsgewalt geht vom Volke aus

Auszüge aus der Weimarer Verfassung von 1919:

Art. 1 Das Deutsche Reich ist eine Republik. Die Staatsgewalt geht vom Volke aus …

Art. 20 Der Reichstag besteht aus den Abgeordneten des deutschen Volkes.

Art. 21 Die Abgeordneten sind Vertreter des ganzen Volkes. Sie sind nur ihrem Gewissen unterworfen und an Aufträge nicht gebunden.

Art. 22 Die Abgeordneten werden in allgemeiner, gleicher, unmittelbarer und geheimer Wahl von den über zwanzig Jahre alten Männern und Frauen nach den Grundsätzen der Verhältniswahl gewählt …

Art. 25 Der Reichspräsident kann den Reichstag auflösen, jedoch nur einmal aus dem gleichen Anlass. Die Neuwahl findet spätestens am sechzigsten Tag nach der Auflösung statt …

Art. 41 Der Reichspräsident wird vom ganzen deutschen Volke gewählt …

Art. 109 Alle Deutschen sind vor dem Gesetze gleich. Männer und Frauen haben grundsätzlich dieselben staatsbürgerlichen Rechte und Pflichten …

[Weitere Artikel sichern u. a. die Freizügigkeit und Berufsfreiheit (111), die Freiheit der Person (114), die Unverletzlichkeit der Wohnung (115), das Briefgeheimnis (117) und die Meinungsfreiheit (118) zu.]

Zit. nach Dieter Kakis (Hg.), Deutsche Verfassungen, München (Goldmann) 1965, S. 77 ff.

Grundwissen

Weimarer Verfassung

Die Weimarer Verfassung trat am 11. August 1919 in Kraft. Deutschland wurde damit eine parlamentarische Republik, in der die Staatsgewalt vom Volke ausging, repräsentiert durch die gewählten Abgeordneten des Reichstags.

1 Zeige, wie die Macht zwischen Exekutive, Legislative und Jurisdiktion verteilt war (M2, M4).

2 Erarbeite anhand von M3 die Demokratieauffassung Friedrich Eberts. Welche seiner Aussagen findest du in der Weimarer Verfassung (M2, M4)?

3 Erörtere die These, die Politik Eberts sei zugleich eine „Politik der Kontinuität" und der „Revolution" gewesen.

4 Prüfe die Einstellungen der Parteien zur Weimarer Demokratie (Kasten) und bewerte Möglichkeiten einer Zusammenarbeit/Koalitionsbildung.

Politische und wirtschaftliche Belastungen

Politische Krisen

Auf die Revolutionsphase 1918/19 folgten weitere vier Krisenjahre. Zu blutigen Zusammenstößen kam es, als im Januar 1923 französische und belgische Truppen wegen ausstehender Reparationszahlungen* das Ruhrgebiet besetzten. Der Widerstand gegen die Besetzung wurde wegen der katastrophalen Wirtschaftslage im September 1923 abgebrochen. Am 13. März 1920 besetzte auf Befehl des Generals von Lüttwitz die Marinebrigade Ehrhardt das Regierungsviertel in Berlin. Wolfgang Kapp, ein hoher Beamter und Politiker der äußersten Rechten, ernannte sich selbst zum Reichskanzler und von Lüttwitz zum Reichswehrminister. Die meisten Mitglieder der Regierung verließen Berlin. Die Reichswehrführung unter General von Seeckt befürchtete eine Spaltung der Truppe und lehnte ein militärisches Vorgehen ab. Damit hatte die Führung der Reichswehr der verfassungsgemäßen Regierung den Schutz verweigert. Der Putsch scheiterte nach einem von den Gewerkschaften ausgerufenen Generalstreik* und durch die passive Haltung der Ministerialbürokratie. In Sachsen und Thüringen wurde ein kommunistischer Putschversuch im Oktober 1923 durch Reichswehrtruppen niedergeschlagen. In München misslang am 8./9. November 1923 ein von dem NSDAP-Führer Adolf Hitler und dem General Ludendorff angeführter Putsch, der das Ziel einer diktatorischen Machtübernahme in Berlin hatte.

Inflation

Die junge Republik stand auch finanziell und wirtschaftlich vor größten Schwierigkeiten: Die Finanzierung des Krieges hatte das Kaiserreich 164 Milliarden Mark gekostet. Diese Summe war vorwiegend durch Kriegsanleihen aufgebracht worden, die nach Kriegsende den Bürgern verzinst wieder zurückgezahlt werden sollten. Die Steuereinnahmen deckten aber nur 14 Prozent der Reichsausgaben. Auf dem Arbeitsmarkt mussten innerhalb weniger Monate etwa sieben Millionen Männer – ehemalige Soldaten – wieder in den Wirtschaftsprozess eingegliedert werden. Schäden in der Infrastruktur, der Verlust von Industrie- und Rohstoffgebieten, mangelnde Finanzen für die Umstellung von der Kriegs- auf die Friedensproduktion und die Reparationszahlungen verschärften die Situation in den Jahren 1920 bis 1922 dramatisch. 1923 verfiel der Kurs der Mark immer schneller. Diese hyperinflationäre Entwicklung wurde erst durch die Einführung der Rentenmark am 15. November 1923, ein Jahr später durch die goldgedeckte Reichsmark, gestoppt.

M1 Verkündung des Militärputsches, 13. März 1920

Kundgebung!

Die bisherige Reichsregierung hat aufgehört zu sein. Die gesamte Staatsgewalt ist auf den mitunterzeichnenden Generallandschaftsdirektor Kapp-Königsberg i. Pr. übergegangen. Zum militärischen Oberbefehlshaber und gleichzeitig als Reichswehrminister wird vom Reichskanzler der General der Infanterie **Freiherr von Lüttwitz** berufen. Eine neue Regierung der Ordnung, der Freiheit und der Tat wird gebildet.

Freiherr von Lüttwitz
General der Infanterie

Kapp
Generallandschaftsdirektor

M2 **„Generalstreik auf der ganzen Linie"**

Aufruf der SPD am 13. März 1920:

Der Militärputsch ist da. Die Marinedivision Ehrhardt marschiert auf Berlin, um eine Umgestaltung der Reichsregierung zu erzwingen. Die Landsknechte, welche sich vor der befohlenen Auflösung fürchten, wollen Reaktionäre auf die Ministerposten bringen. Wir weigern uns, uns diesem militärischen Zwange zu beugen. Wir haben die Revolution nicht gemacht, um das blutige Landsknechtsregiment heute wieder anzuerkennen … Arbeiter, Genossen! Wir müssten uns vor euch schämen, wenn wir anders handeln würden. Wir sagen: Nein und noch einmal nein! Ihr müsst uns bestätigen, dass wir in eurem Sinne gehandelt haben. Wendet jedes Mittel an, um diese Wiederkehr der blutigen Reaktion zu vernichten. Streikt, legt die Arbeit nieder und schneidet dieser Militärdiktatur die Luft ab. Kämpft mit jedem Mittel um die Erhaltung der Republik. Lasst alle Spaltung beiseite. Es gibt nur ein Mittel gegen die Wiederkehr Wilhelms II.: … Generalstreik auf der ganzen Linie.

Wolfgang Michalka/Gottfried Niedhart, Die ungeliebte Republik, 3. Aufl., München (dtv dokumente), 1984, S. 79.

M3 Not und Elend überall

Aus einem Leserbrief der „Braunschweigischen Landeszeitung" (1923):

Aber nachgerade erstirbt auch hier das Großstadtleben; ... Schon zwischen 8 und 9 sieht man, wie das Licht eins nach dem anderen in den Häusern erlischt. Die Treppenhäuser der großen Mietskasernen und die besseren Wohnhäuser sind unbeleuchtet und in vielen Straßen kommt man schon in den frühesten Abendstunden vor verschlossene Haustüren, weil man sein Eigentum gegen Diebstahl auf jede mögliche Art und Weise schützen muss ... Not und Elend überall ... Die Konzertsäle sind leer, die Kunst geht betteln und mit ihr der Mittelstand ... In den letzten Wochen sind schon wieder über 20 Selbstmorde vorgekommen, die ihre Ursache in Hunger, Kummer, Not, Elend, Unzufriedenheit und Verzweiflung haben!

Braunschweigische Landeszeitung vom 27.10.1923. Zit. nach Praxis Geschichte, H. 2, 1992, S. 29.

M4 **In Wäschekörben werden Lohngelder von der Bank abgeholt**, Foto, 1923

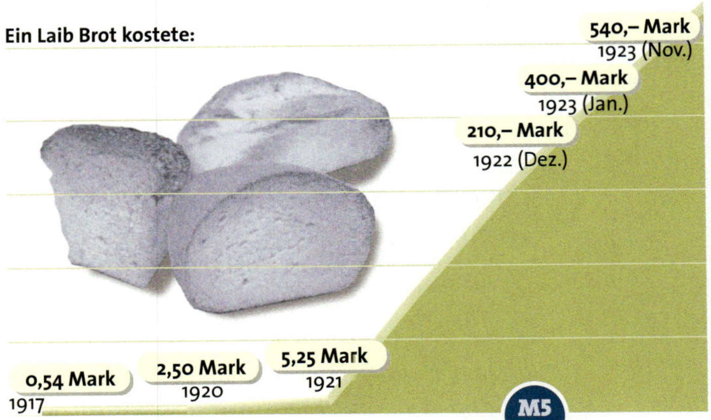

M5 **Die Entwicklung des Brotpreises**

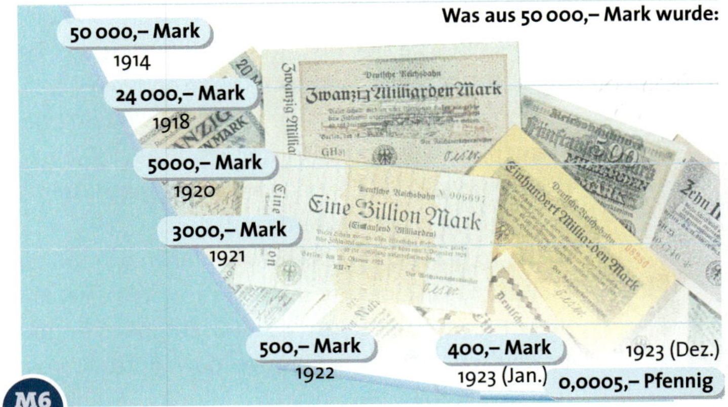

M6 **Die Wertentwicklung von Sparguthaben**

Grundwissen

Inflation

Inflation, lat. „Aufblähung", ist eine anhaltende Geldentwertung, die durch eine starke Vermehrung der umlaufenden Geldmenge gegenüber dem Güterumlauf entsteht. Als Folge steigen die Preise, es setzt eine Flucht in Sachwerte ein, wie z. B. in den Anfangsjahren der Weimarer Republik. Die Inflation wird am Anstieg des allgemeinen Preisniveaus gemessen. Bei über 50 Prozent Preisanstieg in einem Jahr wird von „Hyper-Inflation" gesprochen. Mit der Stabilisierung der Währung ab November 1923 war eine Billion Papiermark nur noch eine Goldmark wert.

1 Erarbeite mithilfe von M1, M2 und des Darstellungstextes Begründung, Verlauf und Ergebnis des Kapp-Lüttwitz-Putsches.

2 Beurteile den Putsch aus verfassungsrechtlicher Sicht. Ziehe die Seiten 204 f. mit heran.

3 Beschreibe M4, M5 und M6. Überlege, worin sich Krisensymptome zeigen und formuliere mögliche Folgen für die Menschen.

4 Erarbeite anhand von M3 und M7, S. 208, wie sich die Inflation auf den Alltag der Bevölkerung auswirkte.

M7 **Unser tägliches Brot,** Zeichnung von E. Schilling aus dem „Simplicissimus", 1923. „Wird das Brot nicht endlich billiger?" – „Dann müsst' ich's schlechter machen – und das ist nicht möglich."

M8 Die Wirtschaft nach „Versailles"

Der Wirtschaftswissenschaftler John Maynard Keynes (1883–1938) schrieb 1919 über wirtschaftliche Folgen des Versailler Vertrages:

Der Friedensvertrag enthält keine Bestimmungen zur wirtschaftlichen Wiederherstellung Europas, nichts, um die geschlagenen Mittelmächte wieder zu guten Nachbarn zu machen, nichts, um die neuen Staaten Europas zu festigen, nichts, um Russland zu retten … Wiedergutmachung war ihr [der Siegermächte] Hauptinteresse auf wirtschaftlichem Gebiet und sie behandelten sie als eine Frage der Theologie, der Politik, der Wahltaktik, kurz, von jedem anderen Gesichtspunkt als dem der wirtschaftlichen Zukunft der Staaten, deren Schicksal in ihrer Hand lag … Die bezeichnenden Züge der gegenwärtigen Lage lassen sich in drei Gruppen zusammenfassen:
1. das vollständige Nachlassen der inneren Produktivität Europas, 2. der Zusammenbruch des Verkehrswesens und des Austausches …, 3. Europas Mangel an Kaufkraft zur Beschaffung der gewohnten Waren von Übersee.

John Maynard Keynes, Die wirtschaftlichen Folgen des Friedensvertrages, München/Leipzig (Duncker & Humblot) 1920, S. 184 ff.

M9 Gewinner und Verlierer in der Inflation

Der Historiker Heinrich August Winkler schrieb 1993:

Die eigentlichen Opfer der Inflation waren … die Sparer … Hart betroffen waren auch jene Akademikerfamilien, die das Studium ihrer Kinder traditionell aus Ersparnissen zu finanzieren pflegten … Haus- und Grundbesitzer wurden schuldenfrei … Unter den Hausbesitzern befanden sich zahlreiche selbstständige Handwerker, die Kerngruppe des gewerblichen Mittelstandes …
Zu den Inflationsgewinnern gehörten die meist hochverschuldeten Großgrundbesitzer … Dasselbe galt von den Besitzern großer industrieller Vermögen … Ein anderer Gewinner der Inflation war der Staat … Für die Arbeiter begann die Stabilisierung im Zeichen eines niedrigen Lohnniveaus und hoher Arbeitslosigkeit. Zwar stiegen die durchschnittlichen Realwochenlöhne von November bis Dezember 1923 von 53 % auf knapp 70 % des Vorkriegsstandes, aber das war noch immer erheblich weniger, als die Arbeiter im März 1923 verdient hatten – nämlich rund 79 % des Standes von 1913.

Heinrich August Winkler, Weimar 1918–1933, München (C. H. Beck) 1993, S. 244 f.

M10 **Die Proklamation der Putschisten vom 8./9. November 1923 in München.** „Novemberverbrecher" war ein diffamierendes Schlagwort für die demokratischen Politiker der Weimarer Republik. Der Begriff wurde seit September 1922 von Adolf Hitler in seinen Reden und in Aufrufen und Plakaten verwendet.

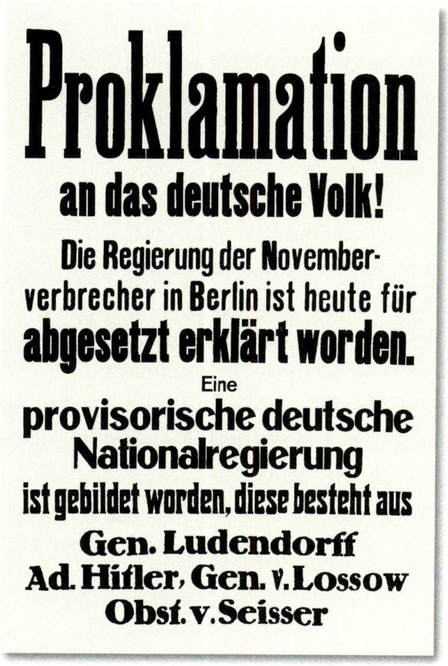

Proklamation
an das deutsche Volk!
Die Regierung der November-
verbrecher in Berlin ist heute für
abgesetzt erklärt worden.
Eine
provisorische deutsche
Nationalregierung
ist gebildet worden, diese besteht aus
Gen. Ludendorff
Ad. Hitler, Gen. v. Lossow
Obst. v. Seisser

M11 „... eine bewaffnete Horde“

Aus dem Aufruf der Reichsregierung vom 9. November 1923:

An das deutsche Volk!
In der Zeit größter außen- und innenpolitischer Bedrängnis haben sich Verblendete ans Werk gemacht, um das Deutsche Reich zu zerschlagen. In München hat eine bewaffnete Horde die bayerische Regierung gestürzt ... und sich angemaßt, eine Reichsregierung zu bilden ... Es bedarf keines Hinweises darauf, dass diese Putschbeschlüsse null und nichtig sind. Wer diese Bewegung unterstützt, macht sich zum Hoch- und Landesverräter. Statt unseren Brüdern im Rheinlande und an der Ruhr zu helfen, die für Deutschland kämpfen, stürzt man Deutschland ins Unglück, gefährdet die Ernährung, bringt uns die Gefahr eines feindlichen Einmarsches und zerrüttet alle Aussichten auf die Anbahnung wirtschaftlicher Gesundung ...
In der Schicksalsstunde des deutschen Volkes und Deutschen Reiches fordern wir alle Freunde des Vaterlandes auf, sich einzusetzen für die Bewahrung der Reichseinheit, deutscher Ordnung und Freiheit.

Zit. nach Wolfgang Michalka/Gottfried Niedhart, Die ungeliebte Republik, 3. Aufl., München (dtv) 1984, S. 93 f.

M12 „Die Tat ... ist nicht misslungen“

Aus der Schlussrede Hitlers am 27. März 1924 vor dem Münchner Volksgericht:

Deutschlands Schicksal liegt nicht in der Republik oder in der Monarchie. Was ich bekämpfe, ist nicht die Staatsform als solche, sondern der schmähliche Inhalt. Wir wollen in Deutschland die Voraussetzungen dafür schaffen, die allein es möglich machen, dass die eiserne Faust unserer Feinde von uns genommen wird ... Und da frage ich Sie: Ist das, was wir gewollt haben, Hochverrat? Endlich: Wir wollten, dass unser Volk zum Aufbäumen gebracht werde gegen die drohende Versklavung ... Wir sind der Strafe verfallen, weil das Unternehmen misslungen ist. Die Tat des 8. November ist nicht misslungen. Sie wäre misslungen dann, wenn eine Mutter gekommen wäre und gesagt hätte: Herr Hitler, Sie haben auch mein Kind am Gewissen. Aber das darf ich versichern, es ist keine Mutter gekommen. Im Gegenteil. Tausende anderer sind gekommen und haben sich in unsere Reihen gestellt.

Zit. nach Fridolin Wimmer, Der Hitler-Ludendorff-Putsch, in: Geschichte lernen, H. 77, 2000, S. 42.

M13 „... von rein vaterländischem Geiste ...“

Aus der Urteilsbegründung des Gerichts vom 1. April 1924:

Auch das Gericht ist zu der Überzeugung gelangt, dass die Angeklagten bei ihrem Tun von rein vaterländischem Geiste und dem edelsten Willen geleitet waren. Alle Angeklagten, die in die Verhältnisse genauen Einblick hatten – und die übrigen ließen sich von den Mitangeklagten als ihren Führern und völkischen Vertrauensmännern leiten –, glaubten nach bestem Wissen und Gewissen, dass sie zur Rettung des Vaterlandes handeln müssten und dass sie dasselbe täten, was kurz zuvor noch die Absicht der leitenden bayerischen Männer gewesen war. Das rechtfertigt ihr Vorhaben nicht, aber es gibt den Schlüssel zum Verständnis ihres Tuns.

O. Gritschneder, Bewährungsfrist für den Terroristen Adolf H. Der Hitler-Putsch und die bayerische Justiz, München, 1990, S. 92. Zit. nach: Praxis Geschichte, H. 2, 1992, S. 46.

Grundwissen

1923: Hitlerputsch

Der Hitlerputsch vom 8./9. November stellte eine starke Gefährdung der Weimarer Demokratie im Krisenjahr 1923 dar. Der Putsch scheiterte am Widerstand der bayerischen Landespolizei. Das milde Urteil – immerhin waren vier Polizisten erschossen, Banknoten geraubt und Geiseln genommen worden – zeugt von starker Voreingenommenheit des Gerichts gegenüber den Angeklagten.

5 Fasse anhand von M9 und M10 die Wirkungen des Versailler Vertrags zusammen. Achte auf die Zeitpunkte der Veröffentlichungen.

6 Ordne M10 mithilfe des Darstellungstextes S. 206 in die politische Situation der Anfangsjahre der Weimarer Republik ein und vergleiche mit M11.

7 Erarbeite anhand von M12 die Argumentation Hitlers und formuliere eine Gegenrede.

8 In der Geschichtsforschung über die Weimarer Republik wird von „politischer Justiz“ gesprochen. Kläre diesen Ausdruck und prüfe die Aussage an M13.

Im Archiv recherchieren

An sicherem Ort aufbewahren

Der Begriff „Archiv" ist von dem griechischen Wort „archeion" (= Regierungsgebäude in der griechischen Polis) abgeleitet, wo wichtige Schriftstücke aufbewahrt wurden. Auch in heutigen Archiven werden viele wichtige und für den Geschichtsforscher interessante Dokumente verwahrt. Sie lagern sicher in so genannten Magazinräumen. Wer mit ihnen arbeiten möchte, muss sie bestellen und kann sie im Lesesaal des Archivs lesen, aber nicht nach Hause entleihen.
Grundsätzlich wird zwischen privaten und öffentlichen Archiven unterschieden. Während bei privaten Archiven, z. B. einem Familienarchiv, eine besondere Erlaubnis für die Benutzung notwendig ist, hat bei öffentlichen Archiven jeder Zutritt. Oft drückt sich schon im Namen des Archivs aus, was dort gesammelt und aufbewahrt wird. In einem Stadtarchiv finden sich Urkunden und Dokumente zur Stadtgeschichte, z. B. Akten des städtischen Bauamtes, Ratsprotokolle, Städtpläne, Fotos und Zeitungen. Nicht immer sind die Sammlungen vollständig, etwa bedingt durch Kriegsschäden .
Es gibt auch Archivmaterialien, die für eine bestimmte Zeit für die Benutzung gesperrt sind, wenn sie z. B. diskrete Informationen über noch lebende Personen oder deren Nachkommen enthalten.
Ein Archiv-Dokument ist generell als Quelle zu betrachten und kann mit den entsprechenden methodischen Arbeitsschritten bearbeitet werden.
Beispiele für öffentliche Archive sind: Staatliche Archive, Kommunalarchive, Kirchliche Archive, Wirtschaftsarchive, Literaturarchive, Medienarchive, Universitätsarchive, Archive politischer Parteien und Verbände.
Bei M1 handelt es sich um einen Artikel aus der „Ingolstädter Zeitung". Er berichtet über den Hitlerputsch vom 8./9. November 1923 in München. In den Stadtarchiven sind meistens auch die Ausgaben der lokalen Zeitungen zu finden. Sie eignen sich besonders zur Einübung im Umgang mit Archivalien.

1 Stelle mithilfe des Arbeitsschrittes 4 die Quelle M1 vor. Nimm die Seiten 208/209 zu Hilfe.

2 Führt unter Beachtung der Arbeitsschritte eine Recherche im Stadtarchiv (eures Wohn- oder Schulortes) zum Thema „Das Krisenjahr 1923 in meinem Wohn(Schul-)ort" durch. Grenzt eure Fragestellung weiter ein.

Arbeitsschritte

Im Archiv recherchieren

1. Schritt: Genaue Eingrenzung des Themas
Vor dem Archivbesuch solltet ihr das Thema der Recherche inhaltlich und zeitlich genau eingrenzen, damit ihr im Archiv gezielt suchen könnt.

2. Schritt: Archivbesuch vorbereiten
Erkundigt euch nach den Öffnungszeiten des Archivs und fragt vor einem Besuch nach, ob dort Material zu eurem Thema zu finden ist. Vielleicht legt euch der Archivar oder die Archivarin die gesuchten Dokumente (Archivalien) zu einem bestimmten Thema heraus. Ansonsten könnt ihr im Archiv mithilfe von Findbüchern, in denen alle Akten aufgelistet sind, die Schriftstücke in den Lesesaal bestellen. Dafür wird aber Hilfe notwendig sein.

3. Schritt: Archivalien sichten und auswählen
Bei den Archivalien handelt es sich meistens um einmalige Originale, die ihr in den Händen haltet. Geht entsprechend sorgsam damit um. Fragt nach, ob ihr die für euch interessanten Schriftstücke kopieren dürft oder einen Kopierauftrag erteilen könnt (evtl. Kosten!). Bei Quellen aus dem 20. Jahrhundert ist das zum Teil möglich. Ansonsten notiert interessante Sachverhalte und Daten bzw. schreibt das Schriftstück wortwörtlich ab. Nutzt dazu die Methode „Sachtexte exzerpieren" (S. 158 f.). Notiert immer die vollständige Quellenangabe und den Fundort. Dabei sind euch die Archivmitarbeiter behilflich.

4. Schritt: Ergebnisse auswerten und präsentieren
Tragt die Ergebnisse eurer Archivrecherche zusammen und stellt die gefundenen Quellen der Klasse vor. Geht dabei ein auf:
– Fundort, Quellenart (z. B. Brief, Urkunde), Autor, Adressat, Entstehungszeit, Inhalt, Besonderheiten wie Unterstreichungen usw.
– Aussagewert der Quelle, bezogen auf euer Thema bzw. eure Untersuchungsfragen; bei einer Zeitung z. B. Parteizeitung oder überparteilich?
Berichtet auch, was bei der Suche ergiebig war und wo Probleme lagen (z. B. Lesbarkeit von Quellen).
Entscheidet über die Form der Präsentation, z. B. Wandzeitung, Ausstellungstafeln, Computerpräsentation.

Ingolstädter Zeitung

Die nationalen Wirren in München

Der Ludendorff-Hitlerputsch abgeschlagen. — Verhängung des Standrechts. — Hitler unbekannten Aufenthalts. — Ludendorff gegen Ehrenwort freigelassen. — Die Staatsautorität ist im Besitz der Gewalt. — Dr. v. Kahrs besonnene Handlungsweise. — Straßenkämpfe: 12 Tote und eine Anzahl Verletzte. — Dank an Reichswehr und Landespolizei. — Auflösung der Kampfverbände. — Die Münchener Presse verurteilt den Ehrenwortbruch Hitlers.

Authentische Erklärung über d. Hitler-Putsch.

Die Correspondenz Hoffmann veröffentlicht folgende authentische Erklärung über den Hitler-Putsch.

In den letzten Wochen hat Hitler in Besprechungen mit General von Lossow und Oberst von Seisser wiederholt freiwillig und ohne jeden Zwang zugesichert, daß er loyal sein und nichts unternehmen werde ohne vorher die genannten Herren in Kenntnis gesetzt zu haben. In gleicher Weise hat General Ludendorff dem General von Lossow und dem Obersten von Seisser in feierlicher Weise Loyalität zugesichert und hinzugefügt, wenn die Wege der Herren nicht mehr zusammen gehen könnten, so würde das Loyalitätsverhältnis vorher freundschaftlich aufgekündigt werden. Erst dann sollte jeder die Wege gehen können, die zu gehen er nach seinem Gewissen für notwendig halte. Am Dienstag, den 6. Novbr., nachmittags legte der Generalstaatskommissar vor versammelten Führern der vaterländischen Verbände, darunter auch den Führern des Kampfbundes seine Auffassung der Lage dar und zugleich den bestimmten Willen, denselben Zielen wie die vaterländischen Verbände zuzustreben. Dabei wurden die Führer ausdrücklich vor Putschen gewarnt mit dem Hinweis, daß gegen solche mit militärischen Mitteln eingeschritten werden müßte. Am 8. November, nachm. von 4—5 Uhr 30 Minuten fand eine Besprechung zwischen Exzellenz von Kahr, General Ludendorff, General von Lossow und Oberst von Seisser im Generalstaatskommissariat statt. In dieser Besprechung wurde Einheitlichkeit in Bezug auf die erstrebenswerten Ziele festgestellt, wenn auch General Ludendorff in Bezug auf das Tempo drängte angesichts der großen Notlage, in der sich weite Kreise des deutschen Volkes befänden.

Gleichwohl fand wenige Stunden später gegen ½9 Uhr abends in der überfüllten Versammlung im Bürgerbräukeller, während Exzellenz von Kahr seine angekündigte Rede hielt, ein erpresserischer Ueberfall durch Hitler mit einem starken, bewaffneten Anhang statt, wobei Kahr, Lossow und Seisser mit vorgehaltener Pistole gezwungen werden sollten, bei der Verwirklichung der von Hitler schon lange gehegten Pläne, nämlich der Aufstellung einer Reichsdiktatur Hitler-Ludendorff in Bayern mitzutun. Jedermann, der Zeuge dieses, an sich schon überaus häßlichen, in Anbetracht der gegebenen Versprechungen und Zusagen doppelt niederträchtigen Ueberfalles war, mußte das Verächtliche und Verabscheuungswürdige dieser Tat empfinden, soferne er über die hier klar gestellte Vorgeschichte unterrichtet war.

Wenn **Kahr, Lossow und Seisser** unter dem Zwang der Verhältnisse die von ihnen **erpreßten Erklärungen** abgaben, so geschah dies, weil die Herren von der Ueberzeugung erfüllt waren und sind, daß nur in einem **einheitlichen Zusammengehen und Vorgehen dieser drei Personen** noch die Möglichkeit gelegen war, **die Staatsautorität innerhalb Bayerns aufrecht zu erhalten** und das **Auseinanderfallen aller Machtmittel zu verhindern.** Aus diesen Erwägungen allein haben Kahr, Lossow und Seisser es über sich gebracht, die ihnen unter brutaler Vergewaltigung angesonnene Zumutung mit scheinbarer Zustimmung zu beantworten, um die Freiheit des Entschlusses und Handelns wieder zu gewinnen.

Die im Saal dicht gedrängte Menge benahm sich vom ersten bis zum letzten Augenblick mustergiltig. Der allgemeine Unwille, der beim Auftreten Hitlers im Saal deutlich wurde, legte sich erst, als die Parole ausgegeben wurde: Die Aktion richte sich nicht gegen Kahr. Da das Publikum über die Umstände, unter denen die Vergewaltigung in einem anderen Raum vor sich ging, nicht unterrichtet war, nahm es die späteren gemeinsamen Erklärungen zwar zum großen Teil mit Erstaunen, aber doch auch mit einer gewissen Befriedigung auf, da es an eine freiwillige Uebereinstimmung und Einigung glaubte.

M1 **Auszug eines Artikels aus der „Ingolstädter Zeitung" vom 10. November 1923.**
Zur Frakturschrift siehe Hinweise auf S. 267.

Gefahren für die Demokratie

Die gespaltene Gesellschaft

Der überraschende Tod des Reichspräsidenten Friedrich Ebert am 28. Februar 1925 machte eine vorzeitige Neuwahl notwendig. Ebert war nicht nur körperlich geschwächt, sondern auch seelisch angegriffen: Anhänger der deutschnationalen und völkischen Rechten wie auch Kommunisten hatten ihn wiederholt persönlich und politisch angegriffen. Für die extremistischen Gruppierungen galt Kompromissbereitschaft als Schwäche. Sie wollten ihre Auffassungen ohne Rücksicht auf andere Ansichten durchsetzen. Tatsächlich trug Eberts Einsatz für den Kompromiss zwischen den gesellschaftlichen Gruppen der Weimarer Republik, das heißt vor allem zwischen gemäßigter Arbeiterschaft und Bürgertum, entscheidend dazu bei, der Republik eine tragfähige Grundlage zu geben, die nun durch den plötzlichen Tod Eberts in Gefahr geriet.

Gegner der Demokratie

Die Reichpräsidentenwahlen brachten im ersten Wahlgang keinem Kandidaten eine absolute Mehrheit. Da sich der Vorsitzende der Zentrumspartei, Wilhelm Marx, als Kandidat des „Volksblocks" (SPD, Zentrum, DDP) nicht durchsetzen konnte, wurde am 26. April 1925 der vom „Reichsblock" (DVP, DNVP, Bayerische Volkspartei) im zweiten Wahlgang nominierte kaiserliche Feldmarschall Paul von Hindenburg zum zweiten Reichspräsidenten der Weimarer Republik gewählt. Die demokratische Mitte und die Linke betrachteten seine nationalkonservative Einstellung und seine Nähe zur Kaiserfamilie der Hohenzollern für die weitere Entwicklung der Weimarer Demokratie mit Misstrauen. Problematischer wog aber wohl, dass Hindenburg zu denen gehörte, die die so genannte Dolchstoßlegende mit geschürt hatten. Dabei ging es um die Behauptung, dass das angeblich bis zuletzt siegreiche Heer im Ersten Weltkrieg durch die politische Umwälzung in der Heimat „von hinten erdolcht" worden sei. Zu „Sündenböcken" wurden die so genannten „Erfüllungspolitiker" gemacht: die demokratischen Politiker, die nach der Kriegsniederlage des Kaiserreichs die politische Verantwortung übernahmen und den Versailler Vertrag unter dem Druck der Siegermächte unterzeichnen mussten. Antidemokratische, nationalistische und antisemitische Kräfte und Strömungen machten sich immer deutlicher bemerkbar.

M1 **„Stützen der Gesellschaft"**, Gemälde von George Grosz, 1926

1 Analysiere M1 (Methode „Bildquelle" s. Anhang).
2 Erarbeite mithilfe des Darstellungstextes, inwiefern von einer „gespaltenen" Gesellschaft gesprochen werden kann und untersuche den Text auf weitere Wertungen.
3 Stelle fest, was in M2 unter „deutschem Nationalismus" verstanden wird und wie Kurt Sontheimer (M4) die Wirkung des Buches bewertet.

M2 Neuer Nationalismus

Der Schriftsteller Arthur Moeller van den Bruck (1876 bis 1925) schrieb 1923 in seinem Buch „Das Dritte Reich":

Der deutsche Nationalismus ist Streiter für das Endreich … Und es ist die besondere Verheißung des deutschen Volkes, die ihm alle anderen Völker streitig machen. Sie haben im Weltkrieg das Reich um des Reiches willen bekämpft, um der Weltherrschaft willen, an der wir unseren materiellen Anteil haben wollten … Es gibt nur Ein Reich, wie es nur Eine Kirche gibt. Was sonst diesen Namen beansprucht, das ist Staat, oder das ist Gemeinde oder Sekte … Der deutsche Nationalismus kämpft für das mögliche Reich … Der deutsche Nationalist … hat erfahren, dass im Umkreis der Zivilisation dieser Völker, die sich mit Selbstgefälligkeit die westliche nennt, … der Mensch nicht stieg, sondern sank. In dieser sinkenden Welt, die heute die siegreiche ist, sucht der Nationalist das Deutsche zu retten.

Zit. nach Harry Pross (Hg.), Die Zerstörung der deutschen Politik, Frankfurt a. M. (Fischer) 1963, S. 354 f.

M4 Das „Dritte Reich" – ein Mythos

Der Historiker und Politikwissenschaftler Kurt Sontheimer stellte 1962 fest:

Das Buch Moellers hat in zwei verschiedenen Richtungen gewirkt. Der Titel des Werkes kam durch die Verwendung der Parole vom Dritten Reich* seitens der Nationalsozialisten zu einer besonderen Wirkung … Die andere bleibende und nachhaltige Wirkung des Buches lag in der Verachtung der demokratischen und liberalen Institutionen … Diese war mit der Wirksamkeit eines geschickt gehandhabten Propagandaslogans zwar nicht zu vergleichen, aber sie war von außerordentlicher Bedeutung für die politische Meinungsbildung eines großen Teiles der national eingestellten deutschen Intellektuellen[1], denn Moellers Drittes Reich war gleichsam die Bibel des jungen Nationalismus. Die Reichsidee … gewann als Idee vom Dritten Reich eine mythische[2] Kraft…; sie wurde zum Banner einer immer mächtiger anschwellenden nationalen Bewegung.

Kurt Sontheimer, Antidemokratisches Denken in der Weimarer Republik, München (dtv) 1978, S. 239 ff.

1 an geistigen Dingen interessierte Person, meist mit Universitätsausbildung   2 (griech.) Mythos = Wort, Sage. Eine nicht beweisbare Vorstellung mit dem Anspruch auf Wahrheit, z. B. Ursprungsgeschichten über Völker.

4 Erläutere M3. Überlege, welche Absicht mit der zeitgenössischen Karte verbunden war.

5 Vergleiche M3 mit M5, S. 186.

M3 Zeitgenössische Karte über die Folgen des Versailler Vertrages. Diese Karte wurde in Schulbüchern der Weimarer Republik abgedruckt.

M5 Kommunistische Demokratiekritik

Ernst Thälmann (1886–1944), Vorsitzender der KPD, 1933 verhaftet und 1944 im Konzentrationslager Buchenwald ermordet, schrieb 1925:

Arbeiter! Ausgebeutete!
Nicht mit der Bourgeoisie – nur im Kampf gegen ihre schwarz-rot-goldenen Agenten könnt ihr die stärkste Ausbeutung und Unterdrückung, die Auslieferung als Kanonenfutter für neue Imperialistenkriege verhindern.
Nur das revolutionäre Proletariat, das die Monarchie im November 1918 zerschlagen, das den Kampf für die sozialistische Republik geführt hat und von Ebert und Hindenburg blutig niedergeschlagen wurde, ... kann die Schlacht gegen die reaktionäre Bourgeoisie schlagen. Diese Schlacht wird nicht mit dem Stimmzettel geschlagen ... Heraus zur Massendemonstration gegen die monarchistische Reaktion, gegen ihre Schrittmacher, die schwarz-rot-goldenen Reaktionäre! Für die rote Klassenfront des Proletariats!

Die Rote Fahne, 12. April 1925. Zit nach Udo Margedant/Friedhelm Meyer zu Natrup (Hg.), Die Weimarer Republik, Frankfurt a. M. (Cornelsen Hirschgraben) 1988, S. 44 f.

M6 Nationalsozialismus und Weimarer Demokratie

Adolf Hitler (1889–1945), NSDAP-Vorsitzender, äußerte sich am 24. September 1930 als Zeuge beim Ulmer Reichswehrprozess[1] vor dem Reichsgericht in Leipzig zur „Legalität“:

Die nationalsozialistische Bewegung wird in diesem Staate mit den verfassungsgemäßen Mitteln das Ziel zu erreichen versuchen. Die Verfassung schreibt uns nur die Methoden vor, nicht aber das Ziel. Wir werden auf diesem verfassungsgemäßen Wege die ausschlaggebenden Mehrheiten in den gesetzgebenden Körperschaften zu erlangen versuchen, um in dem Augenblick, wo uns das gelingt, den Staat in die Form zu gießen, die unseren Ideen entspricht.

Zit. nach Udo Margedant/Friedhelm Meyer zu Natrup (Hg.), Die Weimarer Republik, Frankfurt a. M. (Cornelsen Hirschgraben) 1988, S. 92.

M7 Völkische Demokratiekritik

Der Schriftsteller Karl Nüse schrieb 1924:

Das Parteiwesen und der daraus resultierende Parlamentarismus sind durch und durch undeutsch und widervölkisch, weil sie nicht naturgesetzlich von unten heraufgewachsen sind, sondern gewaltsam nach fremden Vorbildern geschaffen wurden. Die Parteien zerreißen die Einigkeit der Volksgemeinschaft und lassen die Einheit von Volk und Staat nicht zu, weil jede nach Vorherrschaft und nach Besetzung von Ämtern strebt. Der auf dem Parteiwesen beruhende Parlamentarismus ist der verkörperte Volksbetrug, denn dem Volke wird vorgegaukelt, er verbürge die Volksherrschaft, während das Wesen des Parlamentarismus ... Parteiherrschaft übelster Art ist.

Karl Nüse, Der völkische Neuaufbau Deutschlands, Leipzig (Weicher) 1924, S. 71.

M8 Flugblatt des Reichsbundes jüdischer Frontsoldaten, um 1920

Walther Rathenau

Walther Rathenau wurde 1867 in einer jüdischen Industriellenfamilie geboren, sein Vater war der Gründer der AEG. 1921 wurde er Wiederaufbauminister, 1922 deutscher Außenminister.
Rathenau, der Mitglied der DDP war, verfasste auch einige Werke zur Wirtschaftspolitik und zu gesellschaftlichen Fragen. Am 24. Juni 1922 wurde er von zwei antisemitisch eingestellten ehemaligen Offizieren auf der Fahrt ins Auswärtige Amt erschossen.

1 Prozess gegen drei nationalsozialistische Offiziere wegen „Vorbereitung zum Hochverrat“. Im Prozess ging es auch um die Frage: gewalttätige bzw. legale Machtergreifung durch die NSDAP?

M9 Antisemitismus in der Weimarer Republik

Der Publizist und Historiker Harry Pross schrieb 1963:

So tief war die Moral der Rechten gesunken, dass sie begann, Leistungen in Literatur, Musik, Wissenschaft und Technik danach zu beurteilen, ob sie von „Juden" oder von „Deutschen" stammten ... Hier seien lediglich einige Namen hervorragender Juden in Erinnerung gerufen, deren Leistungen tatsächlich andere im deutschen Sprachbereich in den Schatten stellten ...: So die Physiker Einstein, Meitner, Heinrich Hertz und Reis, der das Telefon erfand. Die Maler Liebermann und Franz Marc, die Chemiker v. Baeyer, Willstätter, Wallach, Haber ... Die Medizin kann man sich ohne die Arbeiten Ehrlichs, Cohns, Wassermanns, Freuds ... nicht vorstellen ... Die Fortbildung der deutschen Sprache durch Hofmannsthal, Kafka, Buber ist ebenfalls „jüdisch" ... Die neue Verfassung [von 1919] hatte die demokratische Gleichheit verwirklicht, deren Idee die Antisemiten schon in den 1850er-Jahren bekämpft hatten ... Die „Judenrepublik" musste zerstört werden. So lautete der ständige Slogan einer einflussreichen Presse, die kurzerhand als „jüdisch" bezeichnete, was demokratisch, liberal oder sozialistisch war.

Harry Pross (Hg.), Die Zerstörung der deutschen Politik, Frankfurt a. M. (Fischer) 1963, S. 241 f.

M10 Synagogenschändungen

Aus einer Erhebung des Centralvereins deutscher Staatsbürger jüdischen Glaubens von 1932:

Zwischen 1923 und 1932 (1. Halbjahr) gab es in Deutschland 125 Schändungen (Beschmutzungen, Verwüstungen) von Synagogen. 1930:

– Spandau bei Berlin: Mit ätzender Flüssigkeit eingebrannt: „Schlagt die Juden, wo ihr sie trefft!" und mehrere große Hakenkreuze.

– Berlin: In der Nacht vom 16. zum 17. Februar wurde die Synagoge Kottbuser Tor in einer Weise besudelt, wie dies bisher weder in Berlin noch im Reich der Fall war. 20 Hakenkreuze in Höhe von je einem Meter bedeckten die ganze Front des Gotteshauses und seine Türen. Über die ganze Breite der Fassade erstreckten sich die Worte „Juda, verrecke, Judas den Tod, die Rache naht."

Zit. nach Harry Pross (Hg.), Die Zerstörung der deutschen Politik, Frankfurt a. M. (Fischer) 1963, S. 261 f.

M11 „Der Feind steht rechts!"

Reichskanzler Dr. Wirth (Zentrumspartei) erklärte am 25. Juni 1922 nach der Ermordung von Walther Rathenau (siehe Kasten S. 214) in einer Rede vor dem Reichstag:

Ist es eine Schande, wenn wir mit jenem gemäßigten Teil des französischen Volkes, der die Probleme nicht nur unter dem Gesichtspunkt sieht: „Wir sind die Sieger, wir treten die Boches [frz. Schimpfwort für die Deutschen] nieder, heraus mit dem Säbel, Einmarsch ins Ruhrgebiet", wenn wir durch persönliche Beziehungen mit allen Teilen der benachbarten Nationen zu einer Besprechung der großen Probleme kommen? Dr. Rathenau war wie kaum einer zu dieser Aufgabe berufen ... Wenn dann ein Mann wie Rathenau über trennende Grenzpfähle hinaus ... die großen Probleme der Kulturentwicklung Europas und der Wirtschaft organisatorisch durch seine Arbeiten in allen Ländern, dann als Staatsmann im Auswärtigen Amt ... gefördert hat, dann hat er damit dem deutschen Volke einen großen Dienst erwiesen ... In diesem Sinne müssen alle Hände, muss jeder Mund sich regen, um endlich in Deutschland diese Atmosphäre des Mordes, des Zankes, der Vergiftung zu zerstören! Da steht (nach rechts) der Feind, der sein Gift in die Wunden eines Volkes träufelt. – Da steht der Feind – und darüber ist kein Zweifel: Dieser Feind steht rechts!

Zit. nach Wolfgang Elben, Die Weimarer Republik, 7. Aufl., Frankfurt a. M. (Diesterweg) 1985, S. 50 f.

6 Vergleiche, wie die Autoren von M5 und M7 die parlamentarische Demokratie bewerten.

7 Formuliere anhand von M6 Hitlers Einstellung zur Weimarer Republik.

8 Analysiere M8. Formuliere die Kernaussage.

9 Erarbeite an M9 und M10, wie sich Antisemitismus in der Weimarer Republik zeigte, und untersuche, wie der Begriff „jüdisch" von den Antisemiten verwendet wurde.

10 Fertigt nach dem Beispiel des Personenkastens in Partnerarbeit Kurzbiographien der in M9 genannten Personen an und tragt sie vor.

11 Analysiere M11 mithilfe der Methode „Quellenanalyse" (Anhang).

Deutsche Außenpolitik in den 20er-Jahren

Rückkehr in die Völkergemeinschaft

Die deutsche Außenpolitik nach dem verlorenen Ersten Weltkrieg wurde vor allem durch die Folgen des Versailler Vertrages bestimmt. Dabei gingen die Diskussionen darum, auf welche Art und Weise die in Deutschland allgemein als hart empfundenen Friedensbedingungen, wie Heeresbeschränkungen, Reparationslasten und erhebliche Gebietsverluste, gemildert bzw. rückgängig gemacht werden konnten. Begriffe wie Ausgleich, Verständigung und Revision (siehe Revisionismus*) spielten eine wichtige Rolle.

Außenminister Gustav Stresemann (1878–1929), Mitglied der Deutschen Volkspartei, übte das Amt von 1923 bis zu seinem Tode 1929 aus und prägte die Außenpolitik der Weimarer Republik entscheidend. Ihm gelang es, einige für Deutschland wichtige internationale Verträge zu schließen und die junge Weimarer Demokratie in die Gemeinschaft des Völkerbundes zu führen.

M1 Der deutsche Außenminister Gustav Stresemann während seiner ersten Rede vor dem Völkerbund in Genf, Foto, 10. September 1926. Zusammen mit dem französischen Außenminister Aristide Briand (1862–1932) erhielt Stresemann 1926 den Friedensnobelpreis.

M2 Außenpolitische Ziele 1925

Aus der Reichstagsdebatte über den Vertrag von Locarno, 24. November 1925, die mit einer klaren Zustimmung zu den Verträgen endete:

Otto Wels (SPD): Die west- und mitteleuropäischen Staaten sind wirtschaftlich und politisch heute so eng miteinander verbunden, dass jede politische, jede wirtschaftliche Erschütterung in einem derselben in ihren Folgewirkungen allgemein schwer empfunden wird … Was … in Europa fehlte, das Bedürfnis nach europäischer Solidarität, das ist heute ein sichtbares Bedürfnis aller europäischen Völker geworden.

Kuno Graf von Westarp (DNVP): Die Grundgedanken unseres Widerspruchs gegen … Locarno: Jeder Verzicht auf deutsches Land, jede erneute freiwillige Anerkenntnis des Versailler Diktats sollte durch … Verträge ausgeschlossen sein … Wir müssen uns die Handlungsfreiheit nach Osten freihalten, auch im Hinblick auf die östlichen Grenzen Deutschlands.

Verhandlungen des Reichstags. Stenographische Berichte, Bd. 368, Berlin, 1925, S. 4485 ff.

Deutsche Außenpolitik 1922–1929

16. April 1922 Vertrag von Rapallo zwischen Deutschland und Sowjetrussland: außenpolitische und wirtschaftliche Annäherung; gegenseitiger Verzicht auf Ersatz von Kriegsschäden; Ausbau der Wirtschaftsbeziehungen.

29. August 1924 Dawesplan (nach dem amerikanischen Bankier Dawes): Festlegung von Höhe und Laufzeit der deutschen Reparationen nach dem Ersten Weltkrieg.

5.–16. Oktober 1925 Konferenz von Locarno: Anerkennung der Grenzen zu Frankreich und Belgien durch Deutschland, wie in Versailles festgelegt; Verzicht auf Gewalt; Durchbrechen der außenpolitischen Isolierung.

8. September 1926 Aufnahme Deutschlands in den Völkerbund.

21. August 1929 Youngplan (nach dem amerikanischen Unternehmer Young): Neuregelung der Reparationen; durch das Moratorium des US-Präsidenten Hoover (1931) und das Lausanner Abkommen (1932) werden die Zahlungen ausgesetzt.

M3 Die Aufgaben der deutschen Außenpolitik

Gustav Stresemann (1878–1929) schrieb im September 1925 dem ehemaligen deutschen Kronprinzen:

3 A Die deutsche Außenpolitik hat nach meiner Auffassung für die nächste absehbare Zeit drei große Aufgaben:
Einmal die Lösung der Reparationsfrage in einem für Deutschland erträglichen Sinne und die Sicherung des Friedens, die die Voraussetzung für eine Wiedererstarkung Deutschlands ist.
Zweitens rechne ich dazu den Schutz der Auslandsdeutschen, jener 10 bis 12 Millionen Stammesgenossen, die jetzt unter fremdem Joch in fremden Ländern leben.
Die dritte Aufgabe ist die Korrektur der Ostgrenzen: die Wiedergewinnung Danzigs, des polnischen Korridors und eine Korrektur der Grenze Oberschlesiens.
Im Hintergrund steht der Anschluss von Deutsch-Österreich, obwohl ich mir sehr klar darüber bin, dass dieser Anschluss nicht nur Vorteile für Deutschland bringt.

Aus der letzten Rede Stresemanns vor dem Völkerbund am 9. September 1929:

3 B Was erscheint denn an Europa, an seiner Konstruktion vom wirtschaftlichen Gesichtpunkte aus so außerordentlich grotesk? Es erscheint mir grotesk, dass die Entwicklung Europas nicht vorwärts-, sondern rückwärtsgegangen zu sein scheint … Ist es nicht grotesk, dass Sie aufgrund neuer praktischer Errungenschaften die Entfernung von Süddeutschland nach Tokio um 20 Tage verkürzt haben, sich aber in Europa selbst stundenlang mit der Lokomotive irgendwo aufhalten lassen müssen, weil eine neue Grenze kommt … Wo bleibt in Europa die europäische Münze, die europäische Briefmarke? … Wir … haben die nüchterne Aufgabe, die Völker einander näherzubringen, ihre Gegensätze zu überbrücken. Zweifeln wir nicht daran: … Es gibt Gegensätze. Es handelt sich um harte Arbeit: vorwärtszukommen, diese Gegensätze zu vermindern und uns jenem Zustand zu nähern, den wir alle erhoffen.

M3A und M3B zit. nach Geschichte in Quellen, Bd. 5, München (bsv) 1961, S. 216, 225 f.

M4 Polen – Kern des Ostproblems?

General von Seeckt, Chef der Heeresleitung von 1920 bis 1926, äußerte am 11. 9. 1922 über die deutsche Ostpolitik:

Eine Verbindung Deutschlands mit Russland ist der erste und bisher fast einzige Machtzuwachs, den wir seit dem Friedensschluss erreichten … Mit Polen kommen wir nun zum Kern des Ostproblems. Polens Existenz ist unerträglich … Es muss verschwinden … Polen ist für Russland noch unerträglicher als für uns … Mit Polen fällt eine der stärksten Stützen des Versailler Friedens, die Vormachtstellung Frankreichs.

Der Monat, Nr. 2, 1948/49, S. 44 ff. Zit. nach Geschichte in Quellen, Bd. 5, München (bsv) 1961, S. 180 f.

1. Vergleiche die in M2 vorgetragenen Positionen. Erarbeite, welche Haltungen zum Thema Ostpolitik in M2 und M4 deutlich werden.
2. Erarbeite die Aussagen von M3A/M3B und vergleiche. Wodurch unterscheiden sich die Äußerungen?
3. Erläutere, wie der Autor von M5 den Vertrag von Locarno für die deutsche Außenpolitik beurteilt.
4. Fasse zusammen: Ziele der deutschen Außenpolitik in der Weimarer Republik.

M5 Friedensfördernde Wirkungen?

Der Historiker Heinrich August Winkler urteilte 1993:

Die Westmächte hatten Deutschland Zugeständnisse gemacht, weil sie sich von seiner vertraglichen Einbindung mäßigende und friedensfördernde Wirkungen versprachen. Die Mitgliedschaft im Völkerbund erschien ihnen als ein besonders geeignetes Mittel, um den deutschen Revisionismus zu zügeln … Auch aus Stresemanns Sicht trug Locarno dazu bei, den Frieden sicherer zu machen. Aber zugleich waren die Verträge für ihn doch nur eine Etappe auf dem Weg zu einer umfassenden Abkehr von der Nachkriegsordnung. Das Vertragswerk vom Oktober 1925 bedeutete für Stresemann die Erreichung eines Nahziels: den Handlungsspielraum Deutschlands durch Verständigung mit dem Westen so zu erweitern, dass es, trotz verbleibender Beschränkungen seiner Souveränität, wieder die Politik einer Großmacht betreiben konnte. Dazu gehörte auch eine härtere Gangart gegenüber Polen, das seine Forderung nach einem „Ost-Locarno" nicht durchsetzen konnte.

Heinrich August Winkler, Weimar 1918–1933, München (C. H. Beck) 1993, S. 308.

Deutsche Außenpolitik – Kontinuität und Brüche

Deutsche Außenpolitik im Vergleich

Für die Folgen des verlorenen Ersten Weltkrieges wurden vielfach die demokratisch gewählten Regierungen der Weimarer Republik verantwortlich gemacht. Dass sie auch in der Außenpolitik 1918/19 nicht bei Null beginnen konnten, macht ein Blick zurück deutlich – vom Kaiserreich bis zur Weimarer Republik.

M1 Bismarcks Außenpolitik – vertanes Erbe?

Der Historiker Ernst Engelberg schrieb 1995:

Als Grundlage seiner Außenpolitik galt Bismarck nach 1871 die territoriale Saturiertheit[1] des Reiches und Nichteinmischung in fremde Angelegenheiten. Davon ausgehend, strebte er ohne Unterlass die Sicherheit des Reiches durch das Gleichgewicht sowohl gegen Frankreich als auch gegen Russland [an]. Seine diplomatischen Bemühungen gingen dahin, Frankreich an einem antideutschen Bündnis zu hindern ... Als der auf drei Jahre abgeschlossene Rückversicherungsvertrag 1890 von seinen Opponenten in Berlin nicht mehr erneuert wurde, förderten diese die französisch-russische Annäherung, die zum Bündnis von 1893 führte. Die gefürchtete Ost-West-Klammer erweiterte sich seit 1903 durch England zur Gefahr einer Einkreisung. Was Bismarck stets befürchtet hatte, zeigte sich jetzt in vollem, katastrophalen Ausmaß. Russland war allmählich bereit für ein antideutsches Einvernehmen mit der kriegsentscheidenden Weltmacht England. Noch ein halbes Jahr vor seinem Tode meinte der Altkanzler zur angekündigten Weltpolitik, Deutschland sollte sich auf überseeische Besitzungen nur einlassen, wenn dadurch kein Konflikt mit anderen Großmächten entstünde. Das Bedürfnis, überall dabei zu sein, widerspräche dem realen Interesse Deutschlands ... Die voraussehende Warnung Bismarcks, Umsicht und Vorsicht in internationalen Beziehungen walten zu lassen, wurde sowohl von seinen Nachfolgern wie auch vom liberalen Großbürgertum in sträflicher Weise missachtet: Damit wurde sein überaus wichtiges außenpolitisches Erbe in folgenschwerer Weise vertan.

Ernst Engelberg, Vom Preußisch-Konservativen zum Reichskanzler, in: Praxis Geschichte, Heft 5, 1995, S. 9.

1 Zufriedenheit mit der räumlichen Ausdehnung

M2 **Bismarck**, Zeichnung von Julius Dietz, 1915. Beispiel für den zunehmenden Kult und Mythos um den verstorbenen Bismarck zur 100. Wiederkehr seines Geburtstages.

M3 Außenpolitik unter Wilhelm II. – Geopolitik?

Der Historiker Dirk van Laak schrieb 2005:

Expansion war das Gebot der Stunde und wurde etwa vom Geographen Friedrich Ratzel „wissenschaftlich" untermauert. Seine politische Erdkunde erhob die „Raumbewältigung" eines Volkes zum zentralen Kriterium ... Sein Buch „Der Lebensraum" von 1901 half, den Begriff in Deutschland zu popularisieren. Er verknüpfte sich mit der Vorstellung von „jungen", in die Welt hinausstrebenden Völkern im Gegensatz zu „alten", die sich, etwa auf dem Bündnis- und Vertragswege, immer fester in ihren Grenzen einrichteten ... Vielen Deutschen, namentlich Wilhelm II., erschien es, als müsse Deutschland, das für einen Landkrieg bereits hochgerüstet war und über eine selbstbewusste Militärkaste verfügte, insbesondere seine Präsenz zur See verstärken, um weltpoltisch nicht ins Hintertreffen zu geraten.

Dirk van Laak, Über alles in der Welt, München (C. H. Beck) 2005, S. 75 f.

Deutsche Außenpolitik

I. Unter Bismarck
- Anspruch auf eine Großmachtrolle
- keine territoriale Ausdehnung in Europa
- Erhaltung des Gleichgewichts unter den Großmächten
- Vermittlerrolle Deutschlands zur Sicherung der eigenen Position
- Friedenssicherung durch ein System von Bündnisverträgen
- Kolonialpolitik zum Schutz wirtschaftlicher Unternehmungen

BÜNDNIS- UND GLEICHGEWICHTSPOLITIK IN EUROPA

II. Unter Wilhelm II.
- Aufholen der „Verspätung" des Reiches gegenüber den „alten" Mächten
- Streben nach einer Weltmachtrolle
- große Kriegsflotte als Instrument für eine imperialistische Politik
- weltweite Einmischung in Konflikte zur Vertretung eigener Interessen
- „Opferappell" an das deutsche Volk
- Kraftvolles Auftreten nach außen zur Verdeckung von Konflikten und Spannungen im Inneren

WELTPOLITIK

III. Unter Stresemann
- Lösung der Reparationsfrage
- Schutz der Auslandsdeutschen in den verlorenen Gebieten
- Verständigung mit dem Westen (Anerkennung der neuen Grenzen)
- Politik des Offenhaltens der Ostgrenze zu Polen
- Mitgliedschaft im Völkerbund
- Streben nach gleichberechtigter Großmachtrolle
- Zusammenarbeit in Europa

VERSTÄNDIGUNGS- UND REVISIONSPOLITIK

M4 Außenpolitik in der Weimarer Republik – Verständigung und Revision?

Der Historiker und Journalist Wolfgang Michalka schrieb 1988:

Die zentrale Aufgabe in dieser ersten Phase der Weimarer Außenpolitik bestand vor allem darin, eine akzeptable, d. h. erfüllbare Lösung des Reparationsproblems erreichen zu können. Diese Problematik bestimmte die internationalen Konferenzen der Jahre 1920 bis 1924 … Es war Stresemanns zentrales Ziel, dem Deutschen Reich zum Wiederaufstieg zur souveränen und im internationalen System gleichberechtigten Großmacht zu verhelfen. Voraussetzung dazu sollte … das deutsche Wirtschaftspotenzial sein … Damit verwarf er ausdrücklich machtpolitische Konzepte jener Gruppen in der Reichswehr, im Auswärtigen Amt und in der Industrie, die im Bündnis mit dem sowjetischen Russland mit kriegerischen Mitteln eine Revanchepolitik betreiben wollten, um letztlich wieder an die deutschen Kriegsziele anzuknüpfen.

Wolfgang Michalka, Deutsche Außenpolitik 1920–1933, in: Karl Dietrich Bracher u. a. (Hg.), Die Weimarer Republik 1918–1933, 2. Aufl., Bonn (BpB) 1988, S. 309, 314 f.

M5 Plakat der Deutschnationalen Volkspartei (DNVP) zur Reichstagswahl 1928

1 Erarbeite anhand von M2, wie der verstorbene Bismarck für politische Zwecke „verwendet" wurde. Achte besonders auf die Jahreszahl 1915.

2 Erläutere den Kasten und erarbeite in einem Vergleich der drei „Modelle" deutscher Außenpolitik Gemeinsamkeiten und Unterschiede.

3 Beantworte die Fragen in den Überschriften zu M1, M3 und M4. Gib jeweils eine ausführliche Begründung mit Belegen aus den Texten.

4 Stelle fest, welche Aussage mit dem Wahlplakat M5 gemacht werden sollte und formuliere, welches „Modell" von Außenpolitik dahintersteht.

Das Warenhaus – Schauplatz des Massenkonsums

Kaufhäuser – Kinder der Industriegesellschaft?

Die Geschichte der Industrialisierung wird häufig unter dem Gesichtspunkt der produzierenden Industrien betrachtet, wie der Eisen- und Stahl-, der Textil- und Maschinenbauindustrie. Dabei wird leicht übersehen, dass die Produktion von Gütern kein Selbstzweck ist – im Gegenteil: Sie ist nur sinnvoll, wenn der Absatz der Waren mit einiger Wahrscheinlichkeit gesichert ist. Neben der Produktion waren deshalb auch immer Verkauf und Konsum wichtig. Die industrielle Produktionsweise wäre im 19. Jahrhundert deshalb ohne das „Ladengeschäft" nicht durchsetzbar gewesen. Es ergänzte die Jahr- und Wochenmärkte sowie die Hausierer und Trödler, die ohne eigentliche Verkaufsräume ihre Waren absetzten. Das Ladengeschäft ermöglichte an einem von Jahreszeit und Wetter unabhängigen Ort, die Ware zu betrachten, zu prüfen und zu erwerben. Noch stärkere Kaufanreize in einem besonderen Ambiente boten seit dem Ende des 19. Jahrhunderts die ersten Warenhäuser. Sie sprachen alle gesellschaftlichen Schichten an und wurden zu einem wichtigen Baustein der entstehenden Industriegesellschaft.

In Bayern entstanden Warenhäuser in nennenswertem Umfang erst nach 1900. Das hatte vor allem städtebauliche und denkmalschützerische Gründe.

M1 **Warenhaus H. Tietz & Co., Nürnberg, Ludwigstraße,** zeitgenössisches Foto. Eröffnet 1913, mit 500 Beschäftigten. Das Gebäude setzt, trotz zahlreicher Veränderungen, heute noch einen städtebaulichen Akzent.

M2 **Warenhaus Schocken, Nürnberg, Aufseßplatz,** zeitgenössisches Foto. Eröffnet 1926 als „Billigwarenhaus" in einem großflächigen Arbeiterviertel; „Zweckbau", einmalig in Bayern in den 20er-Jahren; im Zweiten Weltkrieg zerstört.

M3 Mehr als nur einkaufen?

Der spätere Reichskanzler und Außenminister Gustav Stresemann schrieb 1900 in einem wissenschaftlichen Aufsatz über die Berliner Warenhäuser:

Inzwischen haben es die Warenhäuser sich angelegen sein lassen, immer mehr zur Bequemlichkeit der Kunden zu thun … Wenn man heute in einer Familie hört: Wir gehen zu Wertheim, so heißt das nicht in erster Linie, wir brauchen irgendetwas Besonderes notwendig für unsere Wirtschaft, sondern man spricht wie von einem Ausfluge, den man etwa nicht nach irgendeinem schönen Orte der Umgebung macht. Man wählt sich dazu einen Nachmittag, an dem man möglichst viel Zeit hat, verabredet sich womöglich noch mit Bekannten. In der Leipziger Straße angekommen, bewundert man erst eine ganze Zeit lang die Schaufenster, … sieht sich die verschiedensten Auslagen an, kauft vielleicht hier und da, lässt sich durch den Fahrstuhl nach dem ersten Stock befördern und nimmt womöglich eine Tasse Chocolade nebst dem obligaten Stück Torte oder Apfelkuchen … Und wenn man an der Uhr plötzlich sieht, dass es höchste Zeit sei, heimzukehren, so macht man oft wohl gleichzeitig die Wahrnehmung, dass man anstatt der einen Cravattenschleife, die man anfänglich kaufen wollte, mit einem ganzen Bündel der verschiedenartigsten Sachen beladen ist.

Gustav Stresemann, Die Warenhäuser. Zit. nach Praxis Geschichte, H. 4, 1998, S. 38.

M4 Verderbliche Einflüsse auf die Jugend

In der Zeitung „Deutsches Blatt" war 1903 über die Auswirkungen der Warenhäuser auf die Jugend zu lesen:

Noch gefährlicher gestaltet sich dieses „Umherbummeln" in den Warenhäusern für die heranwachsende Jugend. Sie gewöhnt sich schon frühzeitig an dieses gewissermaßen so spielend vor sich gehende Einkaufen und wird wohl in neunzig von hundert Fällen es vorziehen, ihre Einkäufe hier zu machen als in mittleren Geschäften, in denen es so ehrbar und demnach „langweilig" vor sich hergeht. Die Jugend ... wird hier systematisch zur „Oberflächlichkeit" herangebildet ... Der Geschmack wird verdorben, denn woher soll eine künstlerische, nur wirklich echten Dingen den Vorzug gebende Geschmacksrichtung herkommen, wenn man tagtäglich minderwertige Schundware, allerdings in bestechendem buntem Gewande, vor sich sieht. In jeder Weise zeigt sich der verderbliche Einfluss der Warenhäuser.

E. H. Nickel, Die Warenhäuser als Zerstörer des Familienlebens. Zit. nach Praxis Geschichte, H. 4, 1998, S. 39.

M6 **Innenansicht des Warenhauses Wertheim in Berlin,** Foto, 1906

M5 „Keinen Schritt ins Warenhaus!"

In einer „Aufklärungsschrift über die Warenhäuser" hieß es 1904:

Warum ist es unverständig und unrecht, im Warenhause zu kaufen?

Wie kommt es ..., dass die Kundschaft in großen Massen in diese Warenhausbetriebe hineinläuft? ... Das Warenhaus bietet zur Täuschung der Käufer in den Schaufenstern und in den Anzeigen vielfach Lockmittel zu und unter Einkaufspreis an. Kommen nun, angelockt durch diese Dinge, die Käufer in großen Massen dahin, so sind die Lockartikel entweder grade ausverkauft oder schwer aus dem Schaufenster herauszubekommen und was all dergleichen Ausreden mehr sind ... Unrecht begeht die Frau, welche in die Warenhäuser hineinläuft, durch den verhältnismäßig vielfach zu teuern Einkauf ihrer Familie, ihren Kindern gegenüber, weil sie ihre Gelder, die meistens von dem Manne unter sauren Anstrengungen erworben werden mussten, leichtsinnig und gedankenlos verschwendet. Der Arbeiterstand und vor allen Dingen die Arbeiterfrau sollte bedenken, dass Einkauf in den Warenhäusern meistens eine Unterstützung der so genannten Basarindustrie bedeutet, die ihren Arbeitern vielfach die allerelendesten Schundlöhne bezahlt. Die Frau aus dem Mittelstande (denn auch diese laufen leider manchmal in die Warenhäuser) muss beachten, dass sie die Existenz des Standes, dem ihr Mann und sie selber angehört, mit untergraben hilft, dass sie wirtschaftlichen Selbstmord und damit ein gewaltiges, himmelschreiendes Unrecht begeht. Aber auch die Frauen der Reichen möchten wir noch belehren, dass Reichtum in gewaltiger Weise dazu verpflichtet, den Reichtum in würdiger Weise anzuwenden, das geschieht nicht durch den Einkauf in den großkapitalistischen Warenhausbetrieben, sondern durch Unterstützung der soliden kleinen und mittleren Gewerbetreibenden.

Schutzverein zur Bekämpfung der Warenhäuser Hamburg (Hg.), Aufklärungsschrift über die Warenhäuser, Presseabteilung/Archiv, Karstadt AG, Essen, Pfingst-Nummer 1904.

1 Erkläre mithilfe des Darstellungstextes und M1, M2, M3 und M6 die Entstehung und Funktion von Warenhäusern und ihre Anziehungskraft auf die Menschen.

2 Untersuche an M4 und M5 die Kritik an den Warenhäusern. Nimm Stellung.

M7 Warenhäuser in der Weimarer Republik

Der Historiker Claus Pese schrieb 1985:

Wie alle wirtschaftlichen Neuerungen, so hatten auch die Warenhäuser viele Feinde. Dies war … [auch] nach dem Ersten Weltkrieg so, als die typischste Partei des Mittelstands in Deutschland, die Nationalsozialistische Deutsche Arbeiter-Partei, gegen die Warenhäuser wetterte, weil sie angeblich als Einrichtung „volksfremder Hetzer" und Angehöriger des „internationalen Judentums" den „deutschen Kaufmann" vernichteten … Freilich konnte niemand und nichts die Entfaltung der Warenhäuser verhindern. Ihr ebenso einfaches wie geniales Prinzip musste zum Erfolg führen … Mit der Entwicklung der öffentlichen Verkehrsmittel wurden den Warenhäusern auch die Bewohner der entfernter gelegenen Stadtteile erschlossen. Dank der extrem langen Öffnungszeiten [ab 7.00 bis 20.00, samstags auch bis 22.00 Uhr] war es auch den berufstätigen Menschen möglich, nach Feierabend noch im Warenhaus einzukaufen.

C. Pese, Das Warenhaus, in: Leben und Arbeiten im Industriezeitalter, hg. vom Germanischen Nationalmuseum Nürnberg, Stuttgart (Theiss) 1985, S. 571 f.

M8 Umsatz und Anteil der Warenhäuser am Gesamtumsatz des deutschen Einzelhandels 1900–1927

1900	rund 50 Millionen Mark	rund 0,5 %
1913	500–600 Millionen Mark	2,5 %
1926	rund 1500 Millionen Mark	5,0 %
1927	über 1600 Millionen Mark	rund 5,5 %

Zusammengestellt nach G. Bach, Die Entstehung und volkswirtschaftliche Bedeutung der Warenhäuser, in: Industrie-Bibliothek, Bd. 36, Berlin (Max Schröder) 1929.

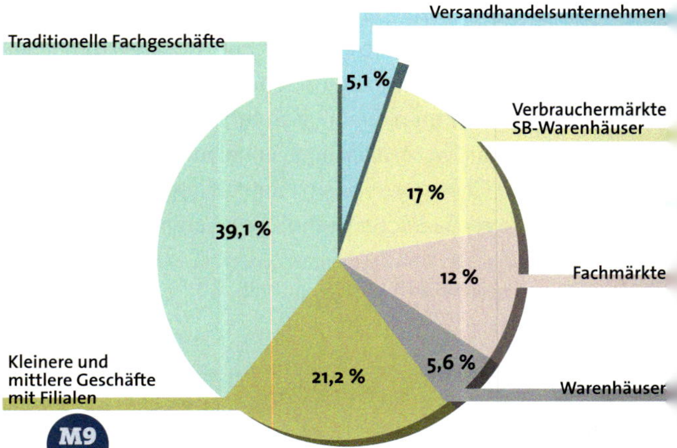

M9 Marktanteile am deutschen Einzelhandel 1992 (Schätzung)

Daten zur Geschichte des Warenhauses

1835 Aus einem kleinen Stoffhandel entwickelt sich in Manchester das „Kendals" zum ersten Kaufhaus Europas.

1852 Aristide Boucicaut führt in seinem Kurzwarenladen in Paris neue Geschäftsprinzipien ein: kleinere Gewinnspannen zur Umsatzsteigerung, Festpreise, Barzahlung, kein Kaufzwang, Umtausch, kostenlose Warenzustellung, zugkräftige Reklame.

1853 Charles Henry Harrod, Inhaber von Tee- und Lebensmittelläden, gründet in London eines der später berühmtesten Kaufhäuser der Welt.

1881 Rudolph Karstadt eröffnet in Wismar ein „Tuch-, Manufactur- und Confectionsgeschäft".

1896 Mit dem Bau des Kaufhauses „Wertheim" in Berlin beginnt in Deutschland die Ära der großen Einkaufspaläste.

1920 Fusion der Karstadt AG mit der Althoff AG (zusammen mit 34 Verkaufshäusern).

1933 Boykottaufrufe und Zwangsmaßnahmen der Hitlerregierung gegen Kaufhäuser in jüdischem Besitz. Die Söhne von Hermann Tietz (Hertie) gehen ins Exil.

3 Bewerte mithilfe von M8 den in M4, M5 und M7 angesprochenen Widerstand der mittelständischen Konkurrenz. Stelle einen Bezug zu M9 her.

4 Zeige anhand des Datenkastens zur Geschichte des Warenhauses, wo und in welchen Branchen sie entstanden und welche Innovationen gegenüber dem bisherigen Einzelhandel festzustellen sind.

5 Erläutere und bewerte die These, die Warenhäuser hätten zur „Demokratisierung des Konsums" beigetragen. Nimm die Seiten 220 bis 222 zu Hilfe und ziehe auch deine Kenntnisse zur Weimarer Republik mit heran.

6 Erkundet in Partnerarbeit, wie sich an eurem Wohnort bzw. Schulort die Situation der Warenhäuser in unserer Zeit geändert hat.

Die Fabrik – Schauplatz der Massenproduktion

„Rationalisierung" der Arbeitsabläufe

Die Fabrik als Ort der Produktion war bereits seit dem 18. Jahrhundert ein wichtiges Element der in England beginnenden Industrialisierung. Vom Handwerksbetrieb und der Manufaktur unterschied sie sich vor allem durch die umfangreichere Ausstattung mit Maschinen. Steigende Bevölkerungszahlen, verbunden mit einer größeren Nachfrage nach Produkten des täglichen Lebens, führten in den ersten Jahrzehnten des 20. Jahrhunderts zu einer starken Ausdehnung der Großindustrie. Die Automobil- und die Elektroindustrie bildeten die „Leitbranchen" des Aufschwungs in den 1920er-Jahren. Davon profitierten viele Zulieferindustrien wie Eisen- und Stahlwerke, Erdölindustrie, Gummiproduktion und Lackindustrie. Die Bemühungen, kostengünstig zu produzieren, richteten sich dabei nicht nur auf den Einsatz immer leistungsfähigerer Maschinen, sondern auch darauf, die menschliche Arbeitskraft im Prozess der Massenproduktion „rationeller" einzusetzen. Neue Formen der Arbeitsteilung und Arbeitsorganisation, wie die Fließbandarbeit und die Untersuchung von Arbeitsabläufen und -verrichtungen im Betrieb, „wissenschaftliche Betriebsführung" genannt, veränderten die traditionelle Fabrik. Arbeitsplanung und -kalkulation wurden in besonderen Büros durchgeführt. Die hohe Beschäftigtenzahl in den Großbetrieben machte eine Ausweitung der Verwaltung notwendig. So stieg die Anzahl der Angestellten zum Beispiel in Deutschland seit 1880 kontinuierlich an.

M1 **Montage von Karosserie und Fahrgestell in Fließfertigung im amerikanischen Ford-Werk Highland Park**, Foto, 1914

M2 **Preis und Produktion des Ford-Tourenwagens Modell T (1910–1921)**

Geschäftsjahr	*Preis (in $)*	*Produktion*
1910/11	780,–	34 528
1912/13	600,–	168 220
1914/15	490,–	308 213
1916/17	360,–	785 432
1918/19	525,–	533 706
1920/21	440,– bis 355,–	1 250 000

M3 **„… das Vierfache von dem zu leisten"**

Das Modell T (20 PS, 4 Zylinder, Höchstgeschwindigkeit 40 Meilen pro Stunde) wurde das erfolgreichste Auto des Autoproduzenten Henry Ford (1863–1947). Über die Prinzipien seines Unternehmens schrieb er in seinen Memoiren 1922:

Der Ford-Wagen besteht aus rund 5000 Teilen … Bei den ersten Wagen, die wir zusammensetzten, begannen wir, das Fahrzeug an einem beliebigen Teil auf dem Fußboden zusammenzufügen, und die Arbeiter schafften die dazu erforderlichen Teile in der Reihenfolge zur Stelle, in der sie verlangt wurden – ganz so, wie man ein Haus baut … Der erste Fortschritt in der Produktion bestand darin, dass wir die Arbeit zu den Arbeitern hinschafften, statt umgekehrt … – einen Arbeiter, wenn irgend möglich, niemals mehr als nur einen Schritt tun zu lassen … Ungefähr am 1. April 1913 machten wir unsern ersten Versuch mit einer Montagebahn … Kurz ausgedrückt ist das Ergebnis folgendes: Mithilfe der Ergebnisse wissenschaftlicher Experimente ist ein Arbeiter heute im Stande, das Vierfache von dem zu leisten, was er vor noch verhältnismäßig wenigen Jahren zu leisten vermochte.

Henry Ford, Erfolg im Leben. Mein Leben und Werk, München (List) 1963, S. 49 f.

M4 „… setzedieunterlegscheibeauf“

Der amerikanische Schriftsteller John Dos Passos (1896–1970) schrieb in seinem Roman „The Big Money“ über die Arbeit bei Ford (zuerst 1936):

Bei Ford wurde die Produktion ständig verbessert: Weniger Ausschuss, mehr Aufseher, mehr kontrollierende Vorarbeiter, mehr Überwacher (15 Minuten Frühstückspause, drei Minuten auf den Gang zur Toilette, überall die tayloristische[1] Antreiberei, greife darunter, setze die Unterlegscheibe auf, ziehe die Schraube fest, schlage den Bolzen fest, greife darunter, setzedieunterlegscheibeauf, ziehedieschraubefest, greifedaruntersetzeaufschraubefestgreifedaruntersetzeauf, bis jeder Funke Leben für die Produktion aufgesaugt wurde und die Arbeiter in der Nacht nach Hause gehen wie graue, zitternde, leere Hülsen.

John Dos Passos, The Big Money, New York 1969, S. 73, 75, übers. von H. Wunderer.

1 Arbeitsorganisation nach Taylor (siehe M6)

M5 Zeit und industrielle Produktion

Der Historiker Wolfgang Ruppert schrieb 1983 über die Bedeutung der Zeit in der industriellen Gesellschaft:

Seit dem 14. Jahrhundert verbreitete sich in Europa die mechanische Zeitmessung in Form großer Uhrwerke … Seit dem 18. Jahrhundert begann die Taschenuhr als individuell verfügbare Zeitmessung sich stärker zu verbreiten … Pünktlichkeit gewann in der industriellen Gesellschaft den Wert einer individuellen Tugend, denn Pünktlichkeit wurde zunehmend mit Zuverlässigkeit assoziiert[1] … Einer der entscheidenden Vorteile der Fabrik lag … in der Synchronisation[2] verschiedener Arbeitsgänge. Die war schon allein aus dem technischen Ineinandergreifen von Antriebs- und Arbeitsmaschinen unumgänglich … Seit etwa 1900 begann die Zeitkontrolle an den Fabriktoren, zunächst mit Kontrollmarken, die der Arbeiter in einen Messapparat einlegen musste. Seit etwa 1910 wurden dann Stechuhren eingeführt, an denen jeder Arbeiter sein Kommen und Gehen auf eine Arbeitszeitkarte aufstempeln lassen musste.

Wolfgang Ruppert, Die Fabrik, München (Beck) 1983, S. 53, 58.

1 verknüpft 2 Gleichlauf

M6 Die „Pensumidee“

Der amerikanische Ingenieur Frederick Winslow Taylor (1846–1915) schuf die Grundlagen der „wissenschaftlichen Betriebsführung“, die durch Arbeits- und Zeitstudien im Betrieb und am Arbeitsplatz die Effektivität der Produktion erhöhen sollte. Taylor schrieb 1913:

Vielleicht der hervorstechendste Grundzug beim neuen System ist die „Pensumidee“. Die zu leistende Arbeit eines jeden Arbeiters ist von der Leitung wenigstens einen Tag vorher aufs Genaueste ausgedacht und festgelegt. Der Arbeiter erhält … eine ausführliche schriftliche Anleitung, die ihm bis ins Detail seine Aufgabe, seine Werkzeuge und ihre Handhabung erklärt. Die so im Voraus festgelegte Arbeit stellt somit ein Pensum … dar.

Frederick W. Taylor, Die Grundsätze wissenschaftlicher Betriebsführung, hg. von Walter Volpert/Richard Vahrenkamp, Weinheim/Basel (Beltz) 1977, S. 41. Deutsche Übersetzung von Rudolf Roesler (1913).

M7 Werbung für Stechuhren, 1922

1 Beschreibe anhand von M1, M8 und M10 Produktion und Verwaltung in einer Fabrik nach 1900.

2 Erarbeite mithilfe von M3 und M5 bis M7 die neue Art der Produktion und Arbeitsorganisation in den Fordwerken und in den Studien von Taylor.

M8 **Schreibsaal,** Foto, 1929. Zentrale Schreibbüros für Maschinenschreiberinnen gehörten zu den Maßnahmen der Rationalisierung in Großbetrieben der Zwanzigerjahre.

M9 Massenproduktion und ihre Folgen

Der britische Wirtschaftshistoriker Dudley E. Baines schrieb 1977 über die wirtschaftliche Entwicklung der 1920er-Jahre in den USA:

Die wichtigsten Merkmale des Wirtschaftsaufschwungs waren die Massenfabrikation von Kraftfahrzeugen, besonders von Personenwagen, und die Erzeugung und Verwendung von Elektrizität. Diese beiden Neuerungen haben entscheidend dazu beigetragen, dass auch weiterhin große Kapitalmengen investiert wurden und die Wirtschaft expandierte. Sie haben die Wirtschaft aus vier Gründen beherrscht. Sie waren neu. Ihre Herstellung, besonders die von Kraftfahrzeugen, hatte das Entstehen zahlreicher Zubringer- und Nebenindustrien zur Folge … Das Auto und die billige elektrische Energie erlaubten es dem Verbraucher, sein Einkommen auf neue Art auszugeben. Und schließlich beeinflusste der Erfolg dieser neuen Produkte die Wertvorstellungen und Auffassungen vieler Menschen, die jetzt eine von der Wirtschaft beherrschte Gesellschaft als durchaus wünschenswert akzeptierten … [Es zeigte sich aber auch] das Problem der Massenproduktion: Der niedrige Preis hing davon ab, dass ein standardisiertes Produkt auf einem großen Markt verkauft wurde. Auf die Dauer ließ sich diese Nachfrage nur aufrechterhalten, wenn man das Produkt verbesserte, es dem sich wandelnden Geschmack anpasste und wenn man neue Bedürfnisse im Verbraucher weckte.

Dudley E. Baines, Die Vereinigten Staaten zwischen den Weltkriegen 1914–1941, in: Willi Paul Adams (Hg.), Die Vereinigten Staaten von Amerika, Frankfurt a. M. (Fischer) 1977, S. 291 f.

M10 **Auswirkungen der Elektrifizierung auf industrielle Arbeitsplätze.** Oben: Mechanische Werkstätte der Firma Schuckert & Co., Nürnberg, Foto um 1900. Unten: Motormontage bei der Firma Opel, Rüsselsheim, Foto, 1927

3 Analysiere M4. Achte besonders auf die Textart und die verwendeten sprachlichen Mittel.

4 Beurteile anhand der Materialien auf den Seiten 220 bis 225 Folgen des Massenkonsums und der Massenproduktion aus der Perspektive der Unternehmer, der Arbeiter und Angestellten, des Handels und der Konsumenten. Achte besonders auf M2 und M9.

Zwischen Tradition und Moderne

Die Zwanzigerjahre – schneller Wandel

Die Zeit nach dem Ersten Weltkrieg war nicht nur politisch und wirtschaftlich, sondern auch sozial und kulturell eine Phase des schnellen Wandels. Im „Zeitalter der Moderne" veränderten sich die Arbeits- und Wohnwelt, das Alltagsleben, die Kunst und die Architektur. Nicht alle Menschen und gesellschaftlichen Gruppen waren bereit, die Veränderungen zu akzeptieren oder sich den veränderten Lebensverhältnissen anzupassen. Sehnsüchte nach der „alten" (Vorkriegs-)Gesellschaft und Abwehrhaltungen gegenüber den Neuerungen führten zu gesellschaftlichen Konflikten. Worauf beruhten beide Einstellungen und welche Spannungen zeigten sich? An den Bereichen Sozialpolitik, Bildung und Schule, Architektur und Wohnen sowie Kunst und Literatur könnt ihr diese Fragen untersuchen. Vorschläge für eine Gruppenarbeit findet ihr auf S. 231.

M1 Sozialpolitik und Wirtschaft

Der Wirtschafts- und Sozialhistoriker Volker Hentschel schrieb 1988:

Die Erweiterung und Verdichtung des Netzes der sozialen Sicherung war wohltuend, aber auch teuer gewesen. Die Beiträge zu den drei überlieferten Sozialversicherungen stiegen von acht Prozent des Bruttolohns in den letzten Vorkriegsjahren auf 12,5 Prozent im Jahr 1929. Dazu kamen drei Prozent Arbeitslosenversicherungsbeitrag. Überdies nahmen die Staatszuschüsse kräftig zu ... Die gesamte soziale Sicherung kostete die Volkswirtschaft ... über neun Milliarden Reichsmark. Das war real fünfmal so viel wie 1913 und entsprach knapp 13 statt gut zwei Prozent des Volkseinkommens. Dieser außerordentliche Anstieg hatte sich in einer Volkswirtschaft vollzogen, die unterdessen nicht gewachsen war, sondern kaum das Volkseinkommensniveau des letzten Vorkriegsjahres wiedererlangt hatte ... [Als erste Folge] brachte es die Unternehmer gegen die soziale Sicherung, das Tarif- und Schlichtungswesen und das gesamte politische System auf. Und zweitens schwächte es die Erholungs- und Wachstumskräfte der erschütterten Wirtschaft.

Volker Hentschel, Die Sozialpolitik in der Weimarer Republik, in: Karl Dietrich Bracher u. a. (Hg.), Die Weimarer Republik, 2. Aufl., Bonn (Bundeszentrale für politische Bildung) 1988, S. 214 f.

M2 **Die Hufeisensiedlung Berlin-Britz (erbaut 1925–1931)**, Foto, 1976. Die Wohnsiedlung Britz, entworfen von den Architekten Bruno Taut und Martin Wagner, galt als wegweisende Form des sozialen Wohnungsbaus in der Weimarer Republik.

M3 Wohnbedingungen 1923

Aus der Zeitschrift „Soziale Praxis", Berlin, 1923:

Familie M.: 2 Dachzimmer und Küche, 10 Personen. Die Wohnung ist eng und feucht, doch sauber gehalten. Ein Mädchen von 15 Jahren und ein Knabe von 11 Jahren teilen ein Bett. Je zwei Mädchen und zwei Buben gleichfalls. Säugling und Kleinkind haben eigene Schlafgelegenheit. Mehrere Kinder sind wegen Tuberkulose in Behandlung bzw. vom Schulbesuch ausgeschlossen.

Zit. nach Torsten Palmér/Hendrik Neubauer, Die Weimarer Zeit in Pressefotos und Fotoreportagen, Köln (Könemann) 2000, S. 167.

Sozialpolitische Reformen 1918–1927

1918 Acht-Stunden-Arbeitstag wird eingeführt.
1919 Gewerkschaften werden als gleichberechtigte Tarifpartner der Arbeitgeberverbände anerkannt.
1920 Das Betriebsrätegesetz regelt die Mitsprache der Beschäftigten in Betrieben mit mehr als 20 Beschäftigten; das Grundschulgesetz führt die gemeinsame Schule in den Klassen 1 bis 4 ein.
1923 Ein Mieterschutzgesetz schützt vor ungerechtfertigten Kündigungen durch die Vermieter.
1924 Die staatliche Fürsorge ersetzt die Armenpflege der Städte und Gemeinden.
1927 Arbeits- und Kündigungsschutz für werdende und stillende Mütter wird eingeführt; gesetzliche Arbeitslosenversicherung wird eingerichtet.

M4 **„Berlin – 13 Uhr“**, Zeichnung von Hans Baluschek, 1931

M5 „Das ist jetzt Modefarbe“

Aus dem Roman „Das kunstseidene Mädchen“ (1932) der damals 22-jährigen Schriftstellerin Irmgard Keun:

Ich hatte einen angenehmen Tag, weil der Letzte ist und Geldkriegen einem mit am meisten guttut, trotzdem ich von 120 … 70 abgeben muss, was mein Vater doch nur versäuft, weil er jetzt arbeitslos ist und nichts anders zu tun hat. Aber von meinen 50 Mark hatte ich mir gleich einen Hut mit Feder gekauft – dunkelgrün – das ist jetzt Modefarbe und steht mir herrlich zu meinem erstklassigen rosa Teint. Und ist schief auf der Seite zu tragen – kolossal fesch – und ich hatte mir bereits einen dunkelgrünen Mantel machen lassen – streng auf Taille und mit Fuchsbesatz – ein Geschenk von Käsemann, der mich durchaus beinahe heiraten wollte. Aber ich nicht. Weil ich doch auf die Dauer zu schade bin für kleine Dicke, die noch dazu Käsemann heißen. Und nach dem Fuchs hab ich Schluss gemacht … Und nu sitz ich hier in einem Kaffee – Tasse Kaffee kann ich mir heute auf eigne Faust leisten. Die Musik spielt, was ich gern höre: Zigeunerbaron oder Aida – kommt ja nich so drauf an.

Irmgard Keun, Das kunstseidene Mädchen, Bergisch Gladbach (Lübbe) 1980, S. 101 f.

M6 Eine „Neue Frau“?

Die Historikerin Karen Hagemann schrieb 1990 über Arbeiterfrauen in der Weimarer Republik:

Teil des noch heute vorherrschenden Bildes von der Weimarer Republik ist die „Neue Frau“ als Prototyp[1] der … Emanzipation* des weiblichen Geschlechts in der damaligen Zeit … Die Analyse des Frauenalltags … in dieser Zeit zeigt, dass dieses Bild nur einen kleinen Ausschnitt der Realität trifft. Der Handlungsspielraum der Masse der Mädchen und Frauen aus der Arbeiterschaft blieb in der Weimarer Republik trotz aller rechtlichen und sozialen Reformen außerordentlich beschränkt … Insgesamt scheinen [aber] die Handlungsspielräume der jüngeren Frauengenerationen, die seit der Jahrhundertwende geboren worden waren, größer gewesen zu sein als die der älteren Frauengenerationen … [Ältere] Frauen stellten … unverändert die größte Gruppe der Armen, die auf die öffentliche Fürsorge angewiesen waren.

Karen Hagemann, Frauenalltag und Männerpolitik, Bonn (Dietz) 1990, S. 639 ff.

1 Muster, Inbegriff

M7 **Frauen in bis dahin nicht üblicher Sportmode,** Foto, 1927. Fotos wie diese galten als Beleg für die „Neue Frau“ in der Gesellschaft der Zwanzigerjahre.

M8 Erwerbstätige Frauen und ihre Tätigkeiten 1882–1933

	1882	1907	1925	1933
Anteil der erwerbstätigen Frauen an der Gesamtzahl der Frauen	33,8	31,2	35,6	34,2
davon tätig als				
mithelfende Familienangehörige	40,7	35,2	36,0	36,1
Dienstmädchen/Hausangestellte	17,9	16,1	11,4	10,5
Arbeiterinnen				
in Industrie und Handel	11,8	18,3	23,0	22,9
in der Landwirtschaft	15,5	14,5	9,2	7,5
Angestellte und Beamtinnen	1,7	6,5	12,6	14,8
Selbstständige	12,3	9,2	7,7	8,0

Zusammengestellt nach Ute Frevert, Frauen-Geschichte zwischen bürgerlicher Verbesserung und neuer Weiblichkeit, Frankfurt a. M. (Suhrkamp) 1986, S. 290.

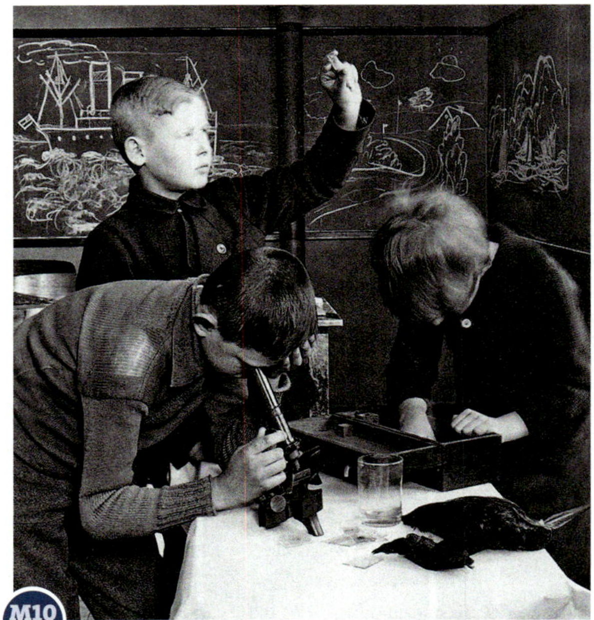

M10 **Schülerarbeit mit dem Mikroskop.** Neue Unterrichtsmethode in der Versuchsvolksschule Hellerau bei Dresden, Foto, 1928

M9 Ein Mädchen im Knabengymnasium?

Erika Fuchs, die deutsche Übersetzerin von „Donald Duck" und anderen Comics von Walt Disney, erinnerte sich an ihre Schulzeit in Belgard (Hinterpommern; im heutigen Polen), wo sie 1927 Abitur machte:

Für Mädchen gab es nur die Töchterschule, die ein schlichtes Bildungsniveau hatte … Eines Tages bekamen wir eine richtige Studienrätin, bei der wir Geschichte hatten. Dieser Unterricht war für uns eine Offenbarung. Wirklich. Wir haben diese Lehrerin geliebt. Und mir wurde zum ersten Mal klar, dass Frauen auch etwas werden können. Da beschloss ich, die Töchterschule nicht länger zu besuchen, sondern aufs Knabengymnasium zu gehen, das gleich nebenan lag. Mein Bruder war dort, obwohl er zum Lernen keine Lust hatte. Mein Wunsch nach Schulwechsel wurde dann ein richtiges Politikum[1]. Zwar waren meine Eltern auf meiner Seite, doch musste der Stadtrat zu dieser unerhörten Sache seine Einwilligung geben. Es war ein städtisches Gymnasium. Die deutschnationalen[2] Freunde meines Vaters waren ganz dagegen. Sie malten sich die schlimmsten Situationen aus. Ein Mädchen unter lauter Jungen. Die Sozialdemokraten, die in der Mehrheit waren, dachten fortschrittlicher. Sie erlaubten mir, obwohl ich die Tochter eines Bürgerlichen war, den Übertritt in das Knabengymnasium.

Zit. nach A. Scheib, Die Dolmetscherin des schrägen Vogels, in: Süddeutsche Zeitung, 13./14. Dezember 1986.

1 Vorgang von politischer Bedeutung
2 Anhänger der DNVP

M11 Verachtung für die Gegenwart?

Der Schriftsteller Herbert Günther (geboren 1906) erinnerte sich 1957 an seine Schulzeit:

Und die Schule? Sie tat, als berühre sie das alles nicht. Krieg, Revolution, Aufstände, Straßenkämpfe, Massenstreiks, Hungersnot, Inflation – alles prallte an diesen Wänden ab, als sei nichts geschehen … Wir trugen als Primaner[1] Milliarden in der Tasche, sollten uns aber für die Zahlen der Logarithmentafel interessieren … Eine überalterte Lehrergeneration war weder willens noch fähig, der heranwachsenden Jugend das Verständnis ihrer unruhigen Zeit zu erleichtern … Sie lebte in den Begriffen der vergangenen Epoche. Alles, was danach kam, war ihr verachtungswürdig. Sie war blind für das Bemühen der Republik, aus dem schweren Erbe eines nicht von ihr verlorenen Krieges zu neuer Lebensform zu finden, freute sich hämisch jeder Niederlage der neuen Männer, ohne zu ahnen, was sie einmal verdrängen würde.

Herbert Günther, Drehbühne der Zeit – Freundschaften, Begegnungen, Schicksale. Zit. nach Historisches Lesebuch 3, 1914–1933, hg. von Georg Kotowski, Frankfurt a. M. (Fischer) 1968, S. 245 f.

1 Prima: 12./13. Klasse im Gymnasium

Das Bauhaus – Symbol der Moderne

1919 gründete der Architekt Walter Gropius (1883 bis 1969) in Weimar das Staatliche Bauhaus – eine Schule für Architekten, Künstler und Designer. 1925 wurde die Schule wegen Querelen mit der neuen konservativen Regierung in Thüringen nach Dessau verlegt. Vom Bauhaus gingen nachhaltige Wirkungen auf die moderne Architektur, Wohnraumgestaltung, Industrieformen und Kunstpädagogik aus. Hier konnten Künstler mit ihren Zukunftsvisionen experimentieren. Die Architektur, geprägt von Klarheit, Helligkeit und Funktionalität, setzte neue Maßstäbe, die auch anregend auf den sozialen Wohnungsbau wirkten. 1933 wurde das Bauhaus von den Nationalsozialisten zerschlagen.

M14 **Doppelwohnhaus der Bauhaus-Meistersiedlung Dessau,** Postkarte der Fotografin Lucia Moholy, 1926

M12 **Wohnküche,** Foto, um 1929

M13 Die Moderne am Beispiel des „Bauhauses"

Wolfgang Thöner, wissenschaftlicher Mitarbeiter der heutigen Stiftung Bauhaus Dessau, schrieb 2002 über die Architektur der jetzt unter Denkmalschutz stehenden Meisterhäuser (= Wohnhäuser mit Ateliers der damaligen Lehrer – „Meister" – der Bauhaus-Schule):

Die Meisterhäuser waren ein Bekenntnis zu Typisierung und Normierung eines industrialisierten Bauens … So kamen z. B. so genannte „Jurko-Steine" zum Einsatz, aus Zement, Schlacke und Sand gepresste Bauelemente von solcher Größe und Gewicht, dass sie noch von Hand versetzt werden konnten. Typisierung und Normierung waren eher am Grundriss und an Teilen der Inneneinrichtung auszumachen, zu der Heizungsradiatoren von Junkers, Türgriffe von Walter Gropius, Möbel von Marcel Breuer und Lampen von Marianne Brandt gehörten … die Meisterhäuser [sind] das Ergebnis eines Suchprozesses nach dem zeitgemäßen einzelstehenden Wohnhaus zwischen Landhaus und Villa.

Wolfgang Thöner, Das Bauhaus wohnt, Dessau/Leipzig (Stadt Dessau/E. A. Seemann Verlag) 2002, S. 9.

M15 **Die „Frankfurter Küche"**. Foto, 1926. Die Modellküche wurde 1926 von ihrer Schöpferin, Grete Schütte-Lihotzky (1900–2000), auf einer Ausstellung des Hausfrauenbundes in Frankfurt vorgestellt. Sie sollte die alte Wohnküche, die teilweise auch als Schlafstätte diente, ablösen und nur als „Arbeitsküche" dienen. In ähnlichen Formen setzte sie sich erst nach dem Zweiten Weltkrieg durch, als in kurzer Zeit viel Wohnraum geschaffen werden musste und der Küchenteil auf etwa acht Quadratmeter beschränkt wurde.

M16 **„Berliner Straßenszene“**, Gemälde von Nikolaus Braun, 1921

M17 „Rumm rumm haut die Dampframme ...“

Der Schriftsteller Alfred Döblin beschrieb in seinem Roman „Berlin Alexanderplatz“ 1929 die Vorgänge und die Atmosphäre auf dem Alexanderplatz:

Rumm rumm wuchtet vor Aschinger[1] auf dem Alex die Dampframme. Sie ist ein Stock hoch und die Schienen haut sie wie nichts in den Boden.

Eisige Luft, Februar. Die Menschen gehen in Mänteln. Wer einen Pelz trägt, trägt ihn, wer keinen hat, trägt keinen. Die Weiber haben dünne Strümpfe und müssen frieren, aber es sieht hübsch aus. Die Penner haben sich vor der Kälte verkrochen. Wenn es warm ist, stecken sie wieder ihre Nasen raus. Inzwischen süffeln sie doppelte Ration Schnaps, aber was für welchen, man möchte nicht als Leiche drin schwimmen.

Rumm rumm haut die Dampframme auf dem Alexanderplatz. Viele Menschen haben Zeit und gucken sich an, wie die Ramme haut. Ein Mann oben zieht immer eine Kette, dann pafft es oben und ratz hat die Stange eins auf den Kopf ... Wie die Bienen sind sie über den Boden her. Die basteln und murksen zu Hunderten rum den ganzen Tag und die Nacht. Ruller ruller fahren die Elektrischen. Gelbe mit Anhängern, über den holzbelegten Alexanderplatz, Abspringen ist gefährlich. Der Bahnhof ist breit freigelegt, Einbahnstraße nach der Königstraße an Wertheim vorbei ... Über den Damm, sie legen alles hin, die ganzen Häuser an der Stadtbahn legen sie hin, woher sie das Geld haben, die Stadt Berlin ist reich, und wir bezahlen die Steuern ... Frühmorgens kommen die Arbeiter angegondelt, von Reinickendorf, Neukölln, Weißensee. Kalt oder nicht kalt, Wind oder nicht Wind, Kaffeekanne her, pack die Stullen ein, wir müssen schuften, oben sitzen die Drohnen, die schlafen in ihren Federbetten und saugen uns aus.

Alfred Döblin, Berlin Alexanderplatz, 24. Aufl., München (dtv, ©Walter-Verlag, Olten) 1980, S. 144 f.

1 Café und Restaurant auf dem Alexanderplatz

M18 **„Fünf Frauen vor dem Schaufenster" in einer Großstadt,** Gemälde von Richard Ziegler, 1927/28

M20 **Ohne Titel,** Gemälde von George Grosz, 1920

M19 „Städter"

Der Schriftsteller Alfred Wolfenstein (1888–1945) in einem Gedicht:

Nah wie die Löcher eines Siebes stehn
Fenster beieinander, drängend fassen
Häuser sich so dicht an, dass die Straßen
Grau geschwollen wie Gewürgte stehen.

Ineinander dicht hineingehakt
Sitzen in den Trams wie zwei Fassaden
Leute, wo die Blicke eng ausladen
Und Begierde ineinander ragt.

Unsre Wände sind so dünn wie Haut,
Dass ein jeder teilnimmt, wenn ich weine,
Flüstern dringt hinüber wie Gegröle:

Und wie stumm in abgeschlossner Höhle
Unberührt und ungeschaut
Steht doch jeder fern und fühlt: alleine.

Menschheitsdämmerung, hg. von Kurt Pinthus, Reinbek (Rowohlt) 1959, S. 45.

Vorschläge für Gruppenarbeit

1. Beschreibt die Entwicklungen in den folgenden Bereichen und fasst sie zusammen:
I. Sozialpolitik (S. 226)
II. Die „Neue Frau" (S. 227 und S. 228, M8)
III. Bildung und Schule (S. 228, M9 bis M11)
IV. Architektur und Wohnen (S. 229).
V. Kunst und Literatur (S. 230/231)

2. Bereitet Diskussionen zu folgenden Fragestellungen vor und führt sie durch:
a) Arbeitet Ansätze der „Moderne" einerseits und der Tradition bzw. des Widerstandes gegen die „Moderne" andererseits heraus (S. 226–231).
b) Was erscheint euch heute an der „Moderne" der Weimarer Zeit noch „modern", was nicht? Was hat sich weiter verändert in den Bereichen I. bis V. (siehe Vorschlag 1)?

Die Weimarer Republik – ein Überblick

Novemberrevolution und Gründung der Republik

Die Weimarer Republik „begann" im Bewusstsein der Öffentlichkeit am 9. November 1918, dem Tag der „Novemberrevolution", an dem in Berlin die Republik zweimal ausgerufen wurde und Kaiser Wilhelm II. in die Niederlande floh. Dieser Tag hat jedoch eine bedeutende Vor- und Nachgeschichte, die zeigt, dass die Weimarer Republik nicht an einem Tag „entstand":

– Im Oktober 1918 war aus der konstitutionellen Monarchie eine parlamentarische geworden mit der Verantwortung des Reichskanzlers nicht mehr gegenüber dem Kaiser, sondern gegenüber dem Parlament. Ausgelöst durch Proteste der Matrosen gegen die Fortführung des offensichtlich verlorenen Krieges, kam es seit Ende Oktober 1918 zu einer Aufstandsbewegung, die sich innerhalb weniger Tage über ganz Deutschland ausbreitete und in der Forderung nach einer Räterepublik auf der Basis von Arbeiter- und Soldatenräten gipfelte.

– Auch die Wahlen zur verfassunggebenden Nationalversammlung am 19. Januar 1919 oder der 14. August 1919, an dem die Weimarer Verfassung in Kraft trat, könnten als „Gründungsdaten" der Republik gesehen werden.

Die „Eindämmung" der Revolution vom November 1918 gelang der SPD-Führung, die mit Friedrich Ebert seit dem 9. November den Reichskanzler einer aus SPD und USPD gebildeten Übergangsregierung stellte, mithilfe von regulären Heeresverbänden und Freikorps, die linksradikale Aufstände im Januar 1919 niederschlugen.

Das Wahlergebnis zur Nationalversammlung bestätigte, was sich schon seit dem Herbst 1918 abgezeichnet hatte: die Mehrheit (Regierung) bildeten politisch gemäßigte Kräfte, nämlich die so genannte Weimarer Koalition aus SPD, DDP und Zentrum. Mit ihren Stimmen wurde auch die Verfassung angenommen, die Deutschland zu einer parlamentarischen Republik machte – mit einem Reichspräsidenten an der Spitze, der über große Machtbefugnisse verfügte.

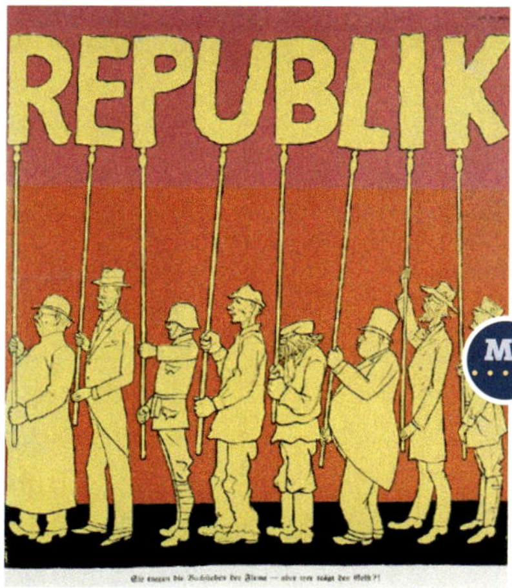

M1 **Karikatur von Thomas Theodor Heine** aus der Zeitschrift „Simplicissimus" von 1927. Die Bildunterschrift lautet: „Sie tragen die Buchstaben der Firma – aber wer trägt den Geist?"

Die Revolution in Bayern

In Bayern verlief die Revolution nach ähnlichem Muster wie im Reich. Verschärfend kam das Gefühl hinzu, im Kaiserreich unter einer preußischen Dominanz gestanden zu haben. Die auf einen Arbeiter- und Soldatenrat gestützte Regierung Eisner aus USPD und SPD stürzte die Wittelsbacher Monarchie, scheiterte jedoch an ihrem unklaren politischen Kurs, was sich bei den Landtagswahlen im Januar 1919 zeigte. Mit der Ermordung Eisners durch einen reaktionären Attentäter radikalisierte sich die Lage, sodass es dem mit der Regierungsbildung beauftragten SPD-Politiker Hoffmann nicht gelang, eine stabile demokratische Ordnung aufzubauen. Erbitterte Kämpfe zwischen linksradikalen Revolutionären („Roten") und Freikorps sowie Truppen der Reichsregierung („Weißen") forderten mehr als 1000 Todesopfer. Erst allmählich gelang eine Stabilisierung der Lage im Sinne der Gemäßigten. Mit der Verabschiedung der neuen Verfassung im August 1919 wurde Bayern ein demokratischer Freistaat.

9.11.1918
- Ausrufung der Republik

15.1.1919
- Mord an Rosa Luxemburg und Karl Liebknecht

19.1.1919
- Wahlen zur Nationalversammlung

14.8.1919
- Weimarer Verfassung

13.3.1920
- Kapp-Lüttwitz-Putsch

Wir wiederholen Begriffe und Methoden

Innenpolitische Belastungen und Gefahren

Die Weimarer Demokratie war nicht nur in ihrer Entstehungsphase, sondern auch in den folgenden Jahren durch politische und wirtschaftliche Krisen belastet. Verschärft wurde die Lage durch den Versailler Vertrag, der in Deutschland weithin als Diktatfrieden empfunden wurde und für den fälschlicherweise die junge Demokratie und ihre Politiker verantwortlich gemacht wurden. Im März 1920 kam es zum so genannten Kapp-Lüttwitz-Putsch, der am Generalstreik und am passiven Verhalten der Ministerialbürokratie scheiterte. Die Reichswehrführung verweigerte der Regierung den militärischen Schutz. Das Krisenjahr 1923 zeigte dann die instabile Lage in voller Schärfe: Im Januar 1923 besetzten französische und belgische Truppen wegen ausstehender Reparationszahlungen das Ruhrgebiet. In Sachsen und Thüringen kam es zum Aufstand kommunistischer Kräfte, der durch Reichswehrtruppen niedergeschlagen wurde. In München misslang im November 1923 der so genannte Hitlerputsch. Nahezu alle Schichten der Bevölkerung waren von der Inflation betroffen, die 1923 zum völligen Verfall der Währung führte. Eine andauernde Gefahr für die Republik stellten ihre Gegner dar: antiparlamentarische Gruppen der radikalen Rechten und Linken, nationalistische, monarchistische und antisemitische Kräfte.

Deutsche Außenpolitik – Kontinuität und Wandel

Die deutsche Außenpolitik wandelte sich vom Kaiserreich zur Weimarer Republik von einer „Bündnis- und Gleichgewichtspolitik“ unter Bismarck über den Anspruch einer „Weltpolitik“ unter Kaiser Wilhelm II. zu einer „Verständigungs- und Revisionspolitik“ in der Weimarer Republik. Gemeinsam war allen „Modellen“ das Ziel, Deutschland eine Rolle als europäische Großmacht zu sichern.

Gesellschaft im Auf- und Umbruch

Massenkonsum und Massenproduktion veränderten die Lebens- und Arbeitsverhältnisse, für die als Beispiele das Warenhaus und der industrielle Großbetrieb (die Fabrik) stehen können. Die Spannungen zwischen Tradition und Moderne lassen sich am Wandel der Frauenrolle, an den sozialpolitischen Reformen der Zwanzigerjahre, am Wandel der Wohnverhältnisse und der Bildung sowie an der Entwicklung von Architektur, Kunst und Literatur erkennen.

Grundwissen

1918: Novemberrevolution	S. 197
Weimarer Verfassung	S. 205
Inflation	S. 207
1923: Hitlerputsch	S. 209

Methoden

Politische Plakate untersuchen	S. 198 f.
Im Archiv recherchieren	S. 210 f.

1 Interpretiere M1 mithilfe der Methode „Karikaturen entschlüsseln“ S. 22.

2 Prüfe, ob sich die Aussage der Karikatur in der Zusammenfassung wiederfinden lässt.

1922
- Vertrag von Rapallo

1923
- Besetzung des Ruhrgebiets
- Inflation, Währungsreform

8./9.11.1923
- Hitlerputsch

1925
- Vertrag von Locarno

Die Jugendbewegung nach 1900

Auf der Suche nach Lebenssinn und Identität

Am 11./12. Oktober 1913 trafen sich etwa 3000 junge Menschen zu einem „Freideutschen Jugendtag" auf dem Hohen Meißner, einem Berg bei Kassel. Dort wollten sie zur Erinnerung an den Sieg über Napoleon vor einhundert Jahren ein Fest feiern, das sie als Gegenveranstaltung zu den vaterländischen Jubiläumsfeierlichkeiten verstanden. In einer berühmt gewordenen Selbstverpflichtungsformel gelobten sie unter anderem: „Die Freideutsche Jugend will aus eigener Bestimmung, vor eigener Verantwortung, mit innerer Wahrhaftigkeit ihr Leben gestalten. Für diese innere Freiheit tritt sie unter allen Umständen geschlossen ein." Die sich hier versammelt hatten, waren ein Teil der deutschen Jugendbewegung, deren Anfänge in den „Wandervogel"-Gruppen liegen. Sie organisierten sich seit etwa 1900 als Jungen- und seit 1905 auch als Mädchengruppen. Bis zum Ersten Weltkrieg waren etwa 25 000 Jugendliche in Deutschland Mitglied in Wandervogelgruppen. Sie entstammten zumeist Familien der Oberschicht. Ihre Begeisterung für ein naturnahes Leben schlug 1914 teilweise in Kriegsbegeisterung um.

Die Jugendbünde der Weimarer Republik (1919 bis 1933) bildeten größere Organisationen, trugen einheitliche Fahrtenkleidung und kritisierten in großen Teilen die junge Weimarer Demokratie mit ihrer Parteien- und Interessenvielfalt, indem sie ihr das Streben nach „Gemeinschaft" und „Unterordnung" entgegensetzten.

M1 **Wandern in der Natur,** Foto, 1926

M2 Das Lagerleben als „Schmelztiegel"

Aus dem Bericht über das Arbeitslager der Jungmannschaft des „Bundes der Wandervögel und Pfadfinder", 1926:

Körperarbeit war … die entscheidende Grundlage des Zusammenlebens … Das Lager war ein großer Schmelztiegel, in dem sich die meisten schon als Glieder von Gruppen, nur wenige als einzelne Privatmenschen zusammenfanden … Das gemeinsame Singen und die Musikübungen im Lager stellten das geformte und daher Formungskraft ausstrahlende Tönen mitten in das Leben der Lagergemeinschaft hinein … Das falsche Bild einer blassen Universitätsgeistigkeit wurde langsam und sicher zurückgedrängt gegen das frische Bild des deutschen Burschen, der wieder in seinem Volke steht und ihm fröhlich zugewandt lebt. Körperarbeit, Sprache, Musik, Bewegungsspiel und durch gewissenhaften Lagergehorsam praktisch geübter „Staat" waren die Einkleidungen unserer Geistigkeit.

Zit. nach Werner Kindt (Hg.), Die deutsche Jugendbewegung 1920 bis 1933. Die bündische Zeit, Düsseldorf (Diederichs) 1974, S. 1061 f.

M3 Wandervogelmädchen lernen fliegen

Erste Versuche, das „Mädchenwandern" zu organisieren, gab es um 1905 mit dem „Bund der Wanderschwestern". Stärker als die Jungen mussten sich Mädchen ihr Recht auf Wanderungen und Fahrten erkämpfen. Eine unbekannte Frau erzählt im Rückblick:

Aber – die Mädchen werden so eigensinnig im Wandervogel! Sie wollen sich nicht mehr kleiden, wie die Mutter es wünscht. Sie haben ihre eigenen Ansichten über Ernährung. Sie wollen keine Tanzstunden mitmachen. Sie setzen sich nicht in das Kaffeekonzert: Ja, Korsett und Stöckelschuhe, Hutungetüme und enge Röcke haben die Wandervogelmädchen mit einer Selbstverständlichkeit beiseite gesetzt, gegen die alle mütterlichen Einsprüche nichts verschlagen.

Das Wandervogelbuch (1923). Zit. nach Praxis Geschichte, H. 1, 1997, S. 35.

M4 „Jungdeutsch heißt stark und echt sein“

In der Jugendorganisation der „Jungdeutschen“ sammelten sich von 1919 bis 1923 die bürgerlichen „bündischen“ Anhänger der Jugend- und Wandervogelbewegung, vor allem Gymnasiasten und Studenten:

Jungdeutsch heißt stark und echt sein
in Wort und Tun!
Jungdeutsch heißt keines Knecht sein
und nimmer ruhn!
Jungdeutsch: in völkisch Wesen
verwurzelt stehn!
Für seines Volkes Genesen
den Dompfad gehn!
Da sprenget jede Schranke,
die hemmend trennt,
der einende Gedanke,
der in uns brennt!
So wollen wir in Treue
fest vorwärts schaun,
unseres Volkes neue
Gemeinschaft baun!

Wahlspruch der „Jungdeutschen“ von Reinhard Neubert

M6 Zahl der in Verbänden organisierten Jugendlichen in der Weimarer Republik, 1927

Evangelische Verbände	595 000
Katholische Verbände	881 000
Jüdische Verbände	4 000
Sozialistische Verbände	56 000
Berufsverbände	401 000
Politische Verbände	44 000
Bündische Gruppen	29 000
Sportverbände	1 577 000
Sonstige Verbände	544 000

M7 **Der Krieg – als „große Fahrt“?** Scherenschnitt, 1914

M5 Die Jugendbewegung – Teil der Moderne?

Der Historiker Jürgen Reulecke schrieb 1996 über die Bedeutung der Jugendbewegung im ersten Drittel des 20. Jahrhunderts:

Ihre tatsächliche Bedeutung scheint … vor allem in dem Bereich zu liegen, der grob mit den Begriffen Menschenbild und Menschenbildung beschrieben werden kann. Die jungen Menschen, die sich einige Zeit ihres Lebens den Lebensformen und Idealen der Jugendbewegung verschrieben und gleichzeitig diese Bewegung durch ihr Mitmachen aktiv gefördert haben, waren keine … elitären Sonderlinge mit einer antimodernen Grundeinstellung. Im Gegenteil: Sie leisteten auf ihre Weise einen wichtigen Beitrag zur Moderne. Die im Wesentlichen mit den geläufigen Begriffen Rationalität, Bürokratisierung, Zweckhaftigkeit, technisch-ökonomischer Fortschritt, Massenkonsum u. Ä. beschriebene Modernität besitzt ja … an sich ein ausgeprägtes Janusgesicht[1].

Jürgen Reulecke, Was bewegte(n) die Bewegten?, in: Geschichtsbuch, Bd. 2, hg. von Hilke Günther Arndt u. a., Berlin (Cornelsen) 1996, S. 59.

1 nach dem altrömischen Gott Janus, der als Gott des Torbogens nach außen und innen schauend mit einem Doppelantlitz dargestellt wurde

1 Erarbeite anhand des Darstellungstextes und M1 bis M3 Anfänge, Merkmale und Ziele der Jugendbewegung.
2 Vergleiche das Lagerleben und seine Ziele in M2 mit den Anfängen der Wandervogelbewegung. Achte besonders darauf, wogegen sich der Bund richtete.
3 Erläutere und problematisiere: Der Krieg – als „große Fahrt“ (M7).
4 Analysiere M4 und erörtere, welches Selbstverständnis bei den „Jungdeutschen“ erkennbar wird.
5 Untersuche anhand von M5, wie der Autor die Jugendbewegung beurteilt. Ziehe die Seiten 226 bis 231 heran, kläre das „Janusgesicht der Moderne“ und nimm zur Position des Autors Stellung.

Kapitel 1: Die Französische Revolution und Europa

M1 Erklärung der Rechte der Frau und Bürgerin

1791 legte die französische Schriftstellerin Olympe de Gouges der Nationalversammlung folgende Erklärung vor:

Präambel: Wir, Mütter, Töchter, Schwestern, Vertreterinnen der Nation, verlangen, in der Nationalversammlung vertreten zu sein …

1. Die Frau ist frei geboren und bleibt dem Manne gleich an Rechten …

2. Ziel und Zweck jedes politischen Zusammenschlusses ist der Schutz der natürlichen und unveräußerlichen Rechte sowohl der Frau als auch des Mannes. Diese Rechte sind: Freiheit, das Recht auf Eigentum, Sicherheit und besonders das Recht auf Widerstand gegen Unterdrückung …

4. Freiheit und Gerechtigkeit bestehen darin, den anderen das zurückzugeben, was ihnen zusteht. So hat die Ausübung der natürlichen Rechte der Frau ihre Grenze allein in der fortdauernden Tyrannei, die der Mann ihr entgegensetzt. Diese Schranken müssen durch Gesetze der Natur und Vernunft revidiert werden …

6. Das Gesetz sollte Ausdruck des allgemeinen Willens sein. Alle Bürgerinnen und Bürger sollen persönlich oder durch ihre Vertreter an seiner Gestaltung mitwirken. Es muss für alle das gleiche sein. Da alle Bürgerinnen und Bürger gleich sind vor den Augen des Gesetzes, müssen sie gleichermaßen nach ihren Fähigkeiten, ohne andere Unterschiede als die ihrer Tugenden und Talente zu allen Würden, Ämtern und Stellungen im öffentlichen Leben zugelassen werden.

Zit. nach Paul Noack, Olympe de Gouges 1748–1793. Kurtisane und Kämpferin für die Rechte der Frau, München (dtv) 1992, S. 164 ff.

M2 „Bicentenaire de la Révolution“, Gemälde des französischen Künstlers Eric Rouvre zum 200. Jahrestag der Französischen Revolution

1 Beschreibe, inwieweit die in M1 formulierten Rechte Merkmale der Aufklärung wiedergeben.

2 Bringe die folgenden Begriffe in eine sinnvolle zeitliche Reihenfolge, ergänze die passenden Daten und gib jeweils eine kurze Erläuterung: Kaisertum Napoleons, Beginn der Französischen Revolution, Ende des Heiligen Römischen Reiches.

3 Erläutere die Ursachen der Französischen Revolution. Welche Bedeutung hatte in dem Zusammenhang die Einberufung der Generalstände 1789?

4 Skizziere den Verlauf der Französischen Revolution. Nutze dazu die Informationen des Kapitels.

5 Entschlüssele das Gemälde M2 (siehe Methodenschritte im Anhang). Wie beurteilt der Künstler die Revolution aus heutiger Sicht?

6 Erläutere auf der Grundlage deines Wissens über die Französische Revolution die Formulierung „Die Revolution frisst ihre Kinder“.

7 Beurteile die Aussage: „Am Anfang des modernen Bayern stand Napoleon.“

Kapitel 2: Einigkeit und Freiheit – Deutschland 1815 bis 1849

M1 **Totentanz, Holzschnitte von Alfred Rethel, 1848.** Den Bilderzyklus, der aus insgesamt sechs Holzschnitten besteht, hat der Künstler aus Anlass der 1848er-Revolution geschaffen. Auf allen Bildern nimmt die Symbolfigur für den Tod einen wichtigen Platz ein. Die Titel der Bilder lauten:
a) „Der Tod reicht dem Volk das Schwert."
b) „Auf der Barrikade."
c) „Der Tod als Sieger."

M2 Das Lied der Deutschen

Nicht die erste, sondern die dritte Strophe des Deutschlandliedes, das Hoffmann von Fallersleben 1841 dichtete, ist seit 1952 die offizielle Hymne der Bundesrepublik Deutschland:

1. Deutschland, Deutschland über alles,
Über alles in der Welt,
Wenn es stets zu Schutz und Trutze
Brüderlich zusammenhält;
Von der Maß bis an die Memel,
Von der Etsch bis an den Belt:
Deutschland, Deutschland über alles,
Über alles in der Welt
2. Deutsche Frauen, deutsche Treue,
deutscher Wein und deutscher Sang,
sollen in der Welt behalten ihren alten
schönen Klang.
Uns zu edler Tat begeistern unser
ganzes Leben lang.
Deutsche Frauen, deutsche Treue,
deutscher Wein und deutscher Sang.
3. Einigkeit und Recht und Freiheit
Für das deutsche Vaterland!
Danach lasst uns alle streben
Brüderlich mit Herz und Hand!
Einigkeit und Recht und Freiheit
Sind des Glückes Unterpfand:
Blüh im Glanze dieses Glückes,
Blühe, deutsches Vaterland!

Zit. nach Theodor Echtermeyer, Deutsche Gedichte, hg. von Benno von Wiese, Düsseldorf (Schwann-Bagel) 1982.

1 Fasse die Gründe zusammen, die 1848 zu Revolutionen in den deutschen Staaten führten.

2 Welche Ereignisse wiesen seit 1815 auf eine Revolution hin? Welche Gegenmaßnahmen wurden ergriffen?

3 Analysiere die Bilder des Totentanzes (M1). Erschließe dabei insbesondere die Intention des Künstlers und stelle einen Bezug zum historischen Verlauf der Revolution her.

4 Erläutere, welche Rolle im Vormärz die Literatur der Jungdeutschen spielte. Gib Beispiele an.

5 Beurteile, warum die dritte und nicht die erste Strophe des Deutschlandliedes (M2) heute unsere Nationalhymne ist.

Kapitel 3: Leben in Deutschland 1850–1914

M1 Wahlergebnisse der Reichstagswahlen seit 1871 (in Prozent und Anzahl der Mandate)

Wahljahr	*Wahlbeteiligung*	*SPD*	*Linksliberale Parteien*	*Zentrum*	*Rechtsliberale Parteien*	*Konservative Parteien*	*Minderh., sonst., regional. Gruppen*
1871	52,0	3,2	9,3	18,6	37,3	23,0	8,6
1874	61,2	6,8	9,0	27,9	30,7	14,1	11,4
1877	61,6	9,1	8,5	24,8	29,7	17,6	10,1
1881	56,3	6,1	23,1	23,2	14,7	23,7	9,1
1887	77,5	10,1	14,1	20,1	22,3	25,2	8,1
1890	71,5	19,8	18,0	18,6	16,3	19,8	7,6
1893	72,4	23,3	14,8	19,1	13,0	22,7	7,7
1898	68,1	27,2	11,1	18,8	12,5	18,8	11,5
1903	76,1	31,7	9,3	19,8	13,9	16,1	9,5
1907	84,7	28,9	10,9	19,4	14,5	17,5	8,8
1912	84,2	34,8	12,3	16,4	13,6	15,1	7,7

Zusammengestellt nach G. A. Ritter (Hg.), Gesellschaft, Parlament und Regierung, Düsseldorf (Droste) 1974, S. 220f., und G. Hohorst u. a. (Hg.), Sozialgeschichtliches Arbeitsbuch, Bd. 2, München (C. H. Beck) 1978, S. 173ff.

M2 Soziale Frage und Kirche

Aus der Enzyklika „Rerum novarum" Papst Leos XIII., 1891:

Ein Grundfehler in der Behandlung der sozialen Frage ist, dass man das gegenseitige Verhältnis zwischen der besitzenden und der unvermögenden, arbeitenden Klasse so darstellt, als ob zwischen ihnen von Natur ein unversöhnlicher Gegensatz Platz griffe, der sie zum Kampfe aufrufe. Ganz das Gegenteil ist wahr. Die Natur hat vielmehr alles zur Eintracht, zu gegenseitiger Harmonie hingeordnet … Das Kapital ist auf die Arbeit angewiesen, und die Arbeit auf das Kapital … Die Kirche, als Vertreterin und Wahrerin der Religion, hat zunächst in den religiösen Wahrheiten und Gesetzen ein mächtiges Mittel, die Reichen und die Armen zu versöhnen und einander nahezubringen; ihre Lehren und Gebote führen beide Klassen zu ihren Pflichten … Von diesen Pflichten berühren folgende die arbeitenden Stände: vollständig und treu die Arbeitsleistung zu verrichten, zu welcher sie sich frei und mit gerechtem Vertrage verbunden haben … Die Pflichten, die hinwieder die Besitzenden und Arbeitgeber angehen, sind die nachstehenden: die Arbeiter dürfen nicht wie Sklaven angesehen und behandelt werden; ihre persönliche Würde, welche geadelt ist durch die Würde als Christen, werde stets heilig gehalten … Es ist also nur eine Forderung strengster Billigkeit, dass der Staat sich der Arbeiter in der Richtung annehme, ihnen einen entsprechenden Anteil am Gewinne der Arbeit zuzusichern; die Arbeit muss ihnen für Wohnung, Kleidung und Nahrung so viel abwerfen, dass ihr Dasein kein gedrücktes ist. Wenn der Staat somit, wie es seine Pfllicht ist, zur Hebung der Lage des arbeitenden Standes alles Tunliche ins Werk setzt, so fügt er dadurch niemand Nachteil zu; er nützt aber sehr der Gesamtheit, die ein offenbares Interesse daran hat, dass ein Stand, welcher dem Staate so notwendige Dienste leistet, nicht im Elend seine Existenz friste.

Die Enzyklopädie Leos XIII. Rerum novarum und die Enzyklika Pius' XI. Quadrogesimo anno. Amtlicher deutscher Text, hrsg. vom Erzbischöflichen Seelsorgeamt, Köln, Düsseldorf, 1946, Abschnitt 15–17.

1 Werte M1 mithilfe der Methode „Statistiken auswerten" (S. 94f.) aus. Ziehe die Seiten 116 bis 119 mit heran.

2 Stelle ausgewählte Daten aus M1 graphisch dar, an denen die Wahlbeteiligung und die Entwicklung der Parteien im Reichstag zwischen 1871 und 1912 deutlich wird.

3 Vergleiche die Faktoren der englischen und deutschen Industrialisierung (S. 90 bis 93 und 96/97).

4 Erarbeite M2 mithilfe der Methode „Schriftliche Quellen entschlüsseln" und vergleiche die Position des Papstes mit anderen Ansätzen zur Lösung der sozialen Frage. Ziehe die Seiten 102 bis 105 heran.

5 Erläutere und beurteile die These: Das Deutsche Kaiserreich hatte zwei Gesichter.

Kapitel 4: Imperialismus und Erster Weltkrieg

M1 Widerstand – ein Akt der Selbsterhaltung

Joseph Ki-Zerbo (geboren 1922 in Obervolta), einer der bekanntesten Historiker Afrikas, schrieb über die Reaktion der Afrikaner auf die Kolonisierung 1979:

Abgesehen von einigen blutgierigen … [kleinen Fürsten], die die Afrikaner unterdrückten, haben diese die europäischen Eroberer mit offenen Armen oder zumindest fast ohne Widerstand empfangen. Seitdem aber die ersten Versuche unternommen wurden, ins Landesinnere vorzudringen, kam der afrikanische Nationalismus bis zur endgültigen Wiedererlangung der Freiheit immer wieder zum Ausbruch. Unter der Asche des Kolonialismus schwelte eine Glut, die von Zeit zu Zeit hell aufloderte. Das Verhalten der Afrikaner war sehr unterschiedlich, als im 19. Jahrhundert die Europäer auf ihrem Kontinent eintrafen. Sicherlich waren seit Jahrhunderten Gerüchte bis in den letzten Winkel des Kontinents vorgedrungen, die davon erzählten, dass weiße Menschen … hin und wieder über das große Wasser kämen …
Doch sehr schnell, schon Ende des 19. Jahrhunderts, wurde den Afrikanern bewusst, dass diese neuen weißen Fremden nicht wie die anderen waren. Das Bewusstwerden einer tödlichen Gefahr für die afrikanischen Gemeinschaften war der Ursprung des Widerstandes. Er entwickelte sich zunächst aus der Reaktion der Häuptlinge oder von Minderheiten, die in dem europäischen Eindringen eine Bedrohung ihrer Privilegien sahen. Es war gleichsam ein Akt der Selbsterhaltung. Später entstand angesichts des installierten Kolonialsystems mit seinen Schikanen und gelegentlichen Verbrechen ein allgemeiner Widerstand, der mehr aus dem Volk kam. Er … reichte von Flucht bis zum bewaffneten Aufstand … Dieser Widerstand war überlegt, während der erste eher ein Reflex war. Überall verteidigten die Afrikaner ihr Land, nicht selten Meter für Meter. Sie kämpften Tausende von Schlachten, zu Tausenden brachten sie sich lieber mit ihren eigenen Händen um, als in Unfreiheit zu überleben. Die Zahl der Opfer stieg auf mehrere Hunderttausend. In der Regel nannten die Schwarzen die Kolonialzeit „die Zeit der Gewalt“. Denn dieses System etablierte sich tatsächlich mit Gewaltakten, Zwängen und Macht.

Zit. nach Peter Alter, Der Imperialismus, Stuttgart (Klett) 1985, S. 65 f.

M2 „Die vier Kreuze“, Ansichtskarte aus dem Ersten Weltkrieg

1 Erarbeite M1 mithilfe der Methode „Sachtexte exzerpieren“ S. 158 f. und halte die wesentlichen Aussagen schriftlich fest.

2 Überprüfe die Stichhaltigkeit der Darstellung in M1 an Kapitel 4. Ziehe dazu die Seiten 144 bis 163 heran.

3 Nenne und erläutere: Triebkräfte des Imperialismus.

4 Beschreibe und bewerte die Herrschaftsformen der europäischen Mächte in Afrika.

5 Analysiere M2 mithilfe der Methoden „Entschlüsselung eines Bildes“ und „Symbole deuten“ (Anhang). Nimm zur Art der Bild-Text-Komposition Stellung.

6 Beurteile: Deutschland – eine „verspätete“ Weltmacht?

7 Stelle in einer Tabelle zusammen: Ursachen/Verlauf/Ergebnisse des Ersten Weltkrieges. Berücksichtige: Versailler Vertrag, Völkerbund.

Kapitel 5: Die Weimarer Republik

M1 Ein Blick auf Deutschland im Jahre 1923

Aus der Tagebuchaufzeichnung des britischen Botschafters, Lord d'Abernon, Berlin am 20. Januar 1923:

1A Von Tag zu Tag erstarkt bei allen Klassen in Deutschland das Bewusstsein, dass man nicht nachgeben soll und darf. Ich kann mich nicht erinnern, dass es je so wenig Parteifeindschaft und Klassenhass gab wie heute. Die Rechte und die Linke in Deutschland ist sonst gewohnt, sobald ein Druck auf ihr lastet, sich gegenseitig anzugreifen, aber bei dieser Gelegenheit ist dieser natürliche Hang unterdrückt worden, und selbst die unabhängigen Sozialisten unterstützen zuverlässig die Regierung.

Zit. nach Geschichte in Quellen, Bd. 5, bearb. v. Günter Schönbrunn, München (bsv) 1961, S. 184.

Lord d'Abernon in einer Tagebuchaufzeichnung vom 31. Dezember 1923:

1B Nun geht das Krisenjahr zu Ende. Die inneren und äußeren Gefahren waren so groß, dass sie Deutschlands ganze Zukunft bedrohten. Eine bloße Aufzählung der Prüfungen, die das Land zu bestehen hatte, wird einen Begriff davon geben, wie schwer die Gefahr, wie ernst der Sturm war. Obwohl ich diesen ganzen Zeitraum miterlebte und mich an manchen Ereignissen aktiv beteiligte, habe ich nicht immer im Augenblick erfasst, wie schicksalsschwer die Lage war. Wenn man zurückblickt, sieht man klarer, wie nah dieses Land am Abgrund stand.
In den zwölf Monaten vom Januar bis heute hat Deutschland die folgenden Gefahren überstanden:
die Ruhrinvasion;
den kommunistischen Aufstand in Sachsen und Thüringen[1];
den Hitlerputsch in Bayern;
eine Wirtschaftskrise ohnegleichen;
die separatistische Bewegung im Rheinlande[2].
Jeder einzelne dieser Faktoren, falls er sich ausgewirkt hätte, würde eine grundlegende Veränderung entweder in der inneren Struktur des Landes oder in seinen Beziehungen nach außen herbeigeführt haben. Jeder dieser Gefahrenmomente, falls er nicht abgewendet worden wäre, hätte jede Hoffnung auf eine allgemeine Befriedung vernichtet. Politische Führer in Deutschland sind nicht gewohnt, dass ihnen die Öffentlichkeit Lorbeeren spendet, und doch haben diejenigen, die das Land durch diese Gefahren hindurchgesteuert haben, mehr Anerkennung verdient, als ihnen zuteil werden wird.

Zit. nach Wolfgang Michalka und Gottfried Niedhart, Die ungeliebte Republik, 3. Aufl., München (dtv) 1984, S. 95.

1 Konflikt der sächsischen und thüringischen KPD-Minister mit der Reichsregierung, die die SPD-KPD-Landesregierung am 29. 10. 1923 absetzte.
2 Die Ausrufung einer von Frankreich unterstützten „Rheinischen Republik" am 21. Oktober 1923 scheiterte am Widerstand der Reichsregierung.

M2 **Werbeplakat des Rates der Volksbeauftragten zur Nationalversammlung am 19. Januar 1919**

1. Fasse zusammen, wie der britische Botschafter zu Beginn und am Ende des Jahres 1923 die Lage in Deutschland sieht (M1A, M1B).
2. Erläutere die von d'Abernon angeführten Gefahren und deren Bewältigung durch die Reichsregierung. Lies auf den Seiten 206 bis 215 nach.
3. Erläutere den letzten Satz in M1B. Suche Beispiele aus dem Kapitel, die die Aussage d'Abernons stützen.
4. Analysiere M2 mithilfe der Arbeitsschritte S. 198. Lies im Kapitel S. 194 bis 215 nach.
5. Erläutere: Gesellschaft zwischen Tradition und Moderne. Nimm evtl. die Seiten 220 bis 231 zu Hilfe.

Kapitel 1–5: Das „lange 19. Jahrhundert“ in der Karikatur

M1 **Der König im Käfig der Verfassung,** Karikatur aus der Zeit der Französischen Revolution

M3 **Industriearbeit,** französische Karikatur, um 1910

M2 **Das Ende des Deutschen Kaiserreichs,** Karikatur von Th. Th. Heine, um 1917. Kommentar der Krüppel, Witwen und Waisen zum fliehenden Kaiser: „Wir weinen ihm keine Träne nach, er hat uns keine zu weinen übrig gelassen.“

M4 **„So kolonisiert der Deutsche“,** Karikatur von Th. Th. Heine in der satirischen Zeitschrift „Simplicissimus“, 1905

1 Entschlüssele M1 bis M4 mithilfe der Methode S. 22.

2 Ordne M1 bis M4 jeweils in den geschichtlichen Zusammenhang ein. Ziehe dazu die entsprechenden Kapitel bzw. Kapitelteile heran.

3 Erörtere auf der Grundlage deiner Ergebnisse aus den Aufgaben 1 und 2, worin jeweils der „wahre Kern“ der Abbildungen liegen könnte.

4 Beurteile den folgenden „Kriegsspruch“ des österreichischen Volksschriftstellers Peter Rosegger (1843–1918):
Je mehr der Stahl geglutet,
Je besser ist das Schwert.
Je mehr das Herz geblutet,
Je größer ist sein Wert.

1. Einführung: Der Mensch als Teil der Geschichte

Quelle

Geschichtliche (historische) Quellen sind Überlieferungen, aus denen wir Kenntnisse über das Vergangene gewinnen können. Mithilfe der so genannten „Quellenkritik" wird geprüft, ob eine Textquelle oder ein Gegenstand echt ist. Gibt es zum Beispiel von einer überlieferten Handschrift mehrere Exemplare, muss untersucht werden, ob sie sich unterscheiden und welche als die erste Fassung gelten kann und warum sie vielleicht geändert wurde. Es werden verschiedene Arten von Quellen unterschieden:
- Überreste, z. B. Gebäude, Schmuck, Werkzeuge
- schriftliche Quellen, z. B. Urkunden, Akten, Rechtssammlungen, Briefe, Großmutters Kochbuch
- mündliche Quellen, z. B. erzählte Lebenserinnerungen, Sagen, Volkslieder
- Bildquellen, z. B. Gemälde, Zeichnungen, Drucke, Fotos, Filme, Videos, CD-ROMs
- Traditionen, z. B. religiöse Feste, Volksfeste, Bräuche

---

2. Menschen in vorgeschichtlicher Zeit

Vor etwa 2 Millionen Jahren: Auftreten des Frühmenschen

Frühmenschen bzw. Urmenschen, wie Homo habilis und Homo erectus, traten vor etwa 2 Millionen Jahren auf. Sie stellten einfache Werkzeuge her. Der Homo erectus nutzte das Feuer.

Seit etwa 10 000 v. Chr.: Übergang zur Sesshaftigkeit

Der Ursprung der Sesshaftigkeit liegt im Vorderen Orient. Der Beginn des Ackerbaus war mit dem Übergang zur sesshaften Lebensweise verbunden. Mit der Sesshaftigkeit war auch die Entwicklung unterschiedlicher sozialer Gruppen und Besitzverhältnisse verbunden, d. h., die Menschen ließen sich an einem Ort nieder und bauten feste Häuser.

Altsteinzeit

Die Altsteinzeit (= Paläolithikum) ist die älteste und längste Epoche in der Geschichte der Menschen. Sie begann vor etwa 2 Millionen Jahren in Afrika und dauerte bis zum Ende der letzten Eiszeit um 10000 v. Chr. Die Menschen der Altsteinzeit entwickelten eine wildbeuterische, nicht dauerhaft sesshafte Lebensweise, die durch Jagd und Sammeltätigkeit gekennzeichnet war. Sie stellten einfache Werkzeuge her – vorwiegend aus Stein (Feuerstein, Quarz, Quarzit).
Der Faustkeil gilt als das am weitesten verbreitete Steinwerkzeug.

Archäologie

Die Archäologie (griech. Altertumskunde) ist eine Wissenschaft, die sich mit Überresten aus Ausgrabungen beschäftigt. Erst seit etwa 5000 Jahren gibt es schriftliche Quellen. Wenn wir über die Zeit davor etwas erfahren wollen, sind wir auf Erkenntnisse der Archäologen angewiesen. In der Archäologie werden die Forschungserkenntnisse auch mithilfe naturwissenschaftlicher Methoden und moderner Technik gewonnen.

Bronzezeit

Die neuen Werkstoffe aus Metall veränderten das Leben der Menschen gewaltig. Deshalb benennen wir geschichtliche Zeiträume nach dem bevorzugten Metall: zwischen 1800 und ca. 1000 v. Chr. Bronzezeit in Mitteleuropa.
Ab ca. 1000 v. Chr. wurden Werkzeuge, Geräte und Waffen aus Eisen üblich: Eisenzeit.

Jungsteinzeit

Die Epoche der Jungsteinzeit (= Neolithikum) begann nach dem Ende der letzten Kaltzeit im Vorderen Orient um 9000 v. Chr., in Mitteleuropa um 5500 v. Chr., und endete um 1800 v. Chr. Merkmale der Jungsteinzeit: verfeinerte Steinwerkzeuge und -geräte, befestigte Siedlungen, Haustierhaltung, Ackerbau mit vom Rind gezogenen Pflug, Tongefäße- und Keramikproduktion.

3. Ägypten – eine frühe Hochkultur

Ab 3000 v. Chr.: Hochkultur in Ägypten
Die ersten Hochkulturen entstanden ab etwa 3000 v. Chr. in Ägypten und den sumerischen Stadtstaaten in Mesopotamien. Merkmale einer Hochkultur sind: ein Staat mit zentraler Verwaltung und Regierung, Religion, Arbeitsteilung, Kenntnis einer Schrift, Zeitrechnung, Kunst, Architektur, Anfänge von Wissenschaft und Technik. Hochkulturen entwickelten sich häufig an großen Flüssen (Nil, Euphrat und Tigris, Indus, Hwangho).

Hieroglyphen/Papyrus
Als Schriftzeichen benutzten die Ägypter Hieroglyphen. Das sind kleine Bilder und Symbole, die mit Pinsel und Tinte auf Papyrusblätter gezeichnet oder in andere Materialien (z. B. Leder, Holz oder Stein) eingeritzt wurden. Erst vor etwa 200 Jahren gelang es, die Hieroglyphenschrift zu entschlüsseln.

Pharao
Die königlichen Herrscher Ägyptens wurden Pharaonen genannt. Ihre besondere Stellung an der Spitze des Staates wurde mit außergewöhnlichen Fähigkeiten begründet. Nach der Vorstellung der Ägypter galt ein Pharao als übermenschliches Wesen. Deshalb wurde er wie ein Gott verehrt (Gottkönig).

Polytheismus/Monotheismus – Judentum
Mit Polytheismus bezeichnet man Religionen, in denen mehrere Götter verehrt werden. Ihnen wurden unterschiedliche Aufgaben zugeschrieben. Die ägyptische Religion ist ein Beispiel für diese Glaubensauffassung. Dagegen wird in monotheistischen Religionen nur ein Gott anerkannt. Das Judentum ist die erste dieser monotheistischen Religionen. Das Christentum und der Islam haben diesen Grundsatz vom Judentum übernommen.

Pyramide
An erster Stelle der sieben Weltwunder werden allgemein die ägyptischen Pyramiden genannt. Es handelt sich dabei um Grabmäler für die Pharaonen. Die Cheopspyramide ist mit einer Höhe von heute 137 Metern die mächtigste Steinkonstruktion der Welt. Bisher ist nicht genau geklärt, mit welchen Techniken die Ägypter diese gewaltigen Bauwerke errichtet haben.

4. Die griechisch-hellenistische Welt

5. Jahrhundert v. Chr.: Blütezeit Athens
Die Ausformung der Demokratie machte Athen zu einem Staat, der auch für die modernen Staaten unserer Zeit als Vorbild dienen kann. Nicht umsonst stammen die Begriffe Politik (von Polis) und Demokratie aus dem Griechischen. Politik und Wirtschaft schufen beste Voraussetzungen für ein Staatswesen, das für viele Menschen beste Entfaltungsmöglichkeiten bot. In Kunst und Kultur, Staatslehre, Geschichtsschreibung und Philosophie wurden Werke hervorgebracht, die wir als „klassisch" bezeichnen.

Antike
Mit dem Ausdruck Antike bezeichnet man allgemein die politische Geschichte des klassischen Altertums. Damit werden aber nicht nur die besonderen Ereignisse der griechischen (und römischen) Geschichte angesprochen, sondern auch die hervorragenden kulturellen Leistungen dieser Völker, wie z. B. deren Literatur und Philosophie, die bis in unsere Gegenwart hereinwirken.

Aristokratie
Nach dem griechischen Wort aristoi (= die Besten) und kratein (= herrschen) die Bezeichnung dafür, dass die Herrschaft in einem Staat von einer adligen Oberschicht ausgeübt wird.

Demokratie
Nach den griechischen Wörtern demos (= Volk) und kratein (= herrschen) Bezeichnung für eine Staatsform, in der das Volk über die Politik eines Staates entscheidet. In vielen griechischen Stadtstaaten nahmen alle männlichen Bürger an den Beratungen und Beschlüssen der Polis teil. In den meisten modernen demokratischen Staaten dagegen wählen alle erwachsenen Männer und Frauen ein Parlament, das ihre Interessen vertritt.

Hellenismus
Der Begriff Hellenismus (griech. Hellas = Griechenland) bezeichnet eine Epoche der griechischen Geschichte. Sie begann mit der Regierung Alexanders des Großen und dauerte bis zur Eroberung der Diadochenreiche durch die Römer (1. Jh. v. Chr.). In einigen Bereichen beeinflusste die griechische Kultur das Leben in den Städten von Ägypten bis zur Grenze Indiens und vermischte sich mit der Lebensweise der einheimischen Bevölkerung. Diese Mischkultur wird als hellenistische Kultur bezeichnet. Weil die Griechen auf teilweise wesentlich ältere Kulturen trafen, die sehr eigenständig waren, setzten sie sich nicht völlig durch.

Ilias und Odyssee
Der Dichter Homer gilt als der älteste Dichter in Europa. Er lebte in der Zeit zwischen ca. 750 und 650 v. Chr. Als Geburtsort wird die Stadt Smyrna in Kleinasien vermutet. Seine bekanntesten Werke sind die beiden Epen „Ilias" und „Odyssee". Die darin beschriebenen Helden dienten besonders der griechischen Oberschicht als Vorbild.

Kolonisation
Mangel an fruchtbarem Boden und Übervölkerung in ihrer Heimat führten zur Ausbreitung der Griechen an den Küsten des Mittelmeeres und des Schwarzen Meeres. Dieser Vorgang begann bereits im 8. Jahrhundert v. Chr. und dauerte mehrere Jahrhunderte. Trotz der räumlichen Entfernung blieben die Kolonien durch Handelsbeziehungen und die gemeinsame Kultur mit ihrer Heimat verbunden.

Olympische Spiele
Sportliche Wettkämpfe von griechischen Männern aus allen Landesteilen, die seit 776 v. Chr. alle vier Jahre zu Ehren des Göttervaters Zeus stattfanden und für das Zusammengehörigkeitsgefühl eine große Bedeutung hatten. Im 5. Jahrhundert n. Chr. wurden die „heidnischen" Spiele abgeschafft; erst 1896 kam es zu den ersten Olympischen Spielen der Neuzeit.

Polis
Das griechische Wort Polis (Pl.: Poleis) heißt übersetzt „Stadtstaat". Im Gegensatz zu einem Flächenstaat (zum Beispiel dem alten Ägypten) bezeichnet die Polis einen Staat im Altertum, der auf eine Stadt und ihre nähere Umgebung begrenzt war. Ihre Einwohner verstanden sich als eine Gemeinschaft. Jede Polis war wirtschaftlich und politisch selbstständig. Eine übergeordnete Regierung gab es nicht.

Sklaventum
Nach griechischem Recht waren Sklaven eine „Sache", über die ihr Besitzer frei verfügen konnte. Sie wurden als Kriegsgefangene in das Land gebracht und konnten gekauft werden (Sklavenmarkt). Meist wurden sie in besonders belastenden Arbeitsbereichen eingesetzt. Ihre Kinder erwartete dasselbe Schicksal.

5. Das Imperium Romanum

753 v. Chr.: der Sage nach Gründung Roms
Nach der Überlieferung der alten römischen Geschichtsschreiber wird die Gründung Roms auf das Jahr 753 v. Chr. datiert. In diesem Jahr soll die Stadt der Sage nach durch Romulus, der als erster König Roms gilt, gegründet worden sein. Da die Stadtgründung nicht wissenschaftlich exakt nachweisbar ist, sondern auf einer Mischung von Wahrem und Erfundenem beruht, spricht die Geschichtsforschung von einem Gründungsmythos.

Übergang Roms von der Republik zur Monarchie im 1. Jh. v. Chr.: der Prinzipat
„Prinzipat" bedeutet Vorherrschaft und ist abgeleitet von lateinisch „princeps": der Erste im Staat. Der Prinzipat wurde als Herrschaftsform von Augustus eingeführt und war nach außen eine Republik, tatsächlich aber eine Monarchie. Augustus beendete den Machtkampf in Rom und setzte dem zerstrittenen Senat den „ersten Bürger" als politische Führung entgegen. Für Augustus und seine Nachfolger wird auch der Begriff „Kaiser" (abgeleitet von „Caesar") verwendet.

Um Christi Geburt: Zeitalter des Augustus
Augustus (63 v. Chr. – 14 n. Chr.) wird wegen der Sicherung des Friedens im Römischen Reich als Garant einer stabilen Staats- und Gesellschaftsordnung angesehen (Pax Augusta). Dennoch blieben die Spannungen zwischen Friedenserhalt und Weltherrschaft bestehen. Er förderte Kunst und Literatur und bemühte sich, altrömische Lebensart und Religiosität zu bewahren. Begünstigt durch die Selbstdarstellungen auf Münzen und das Statuen- und Reliefbauprogramm, erscheint Augustus als Begründer eines nach ihm benannten Zeitalters.

Diktator
In besonderen Krisenfällen (Krieg, Unruhen) konnte auf Vorschlag des Senats ein Diktator ernannt werden. Seine Amtszeit, die Diktatur, war auf sechs Monate beschränkt.
Die Herrschaft der Diktatoren in der späten Republik, wie Sulla und Caesar, ging jedoch weit über das ursprüngliche Amt hinaus, denn Amtsdauer und Machtfülle waren nicht mehr beschränkt. Unter Diktatur wird in unserer Zeit die Ausübung uneingeschränkter Macht durch eine oder mehrere Personen in einem Staat verstanden.

Kaiserzeit (Christi Geburt – 500 n. Chr.)
Die Kaiserzeit, beginnend mit Augustus, war in den ersten beiden nachchristlichen Jahrhunderten gekennzeichnet von dem Ziel der Herrscher, Eintracht im Inneren und Frieden nach außen zu sichern. Das Zusammenwachsen des Reiches wurde vor allem durch die Rechtssicherheit und die Ausweitung des römischen Bürgerrechts gefördert.

Konsul
Die Konsuln waren die obersten Beamten. Sie führten die Regierungsgeschäfte und hatten im Krieg den Oberbefehl. Konsul konnte nur werden, wer über lange politische Erfahrung verfügte.

Limes
(lat. Grenze). Während der römischen Kaiserzeit wurde die Grenze des Reiches durch Wehrbauten, wie Wälle, Gräben, Wachttürme und Kastelle, gesichert. Der obergermanisch-rätische Limes, der die Donau mit dem Main und dem Rhein verbindet, ist mit einer Länge von etwa 550 km das größte europäische Bodendenkmal.

Patrizier
Die Patrizier bildeten wie die Plebejer einen eigenen Stand, eine gesellschaftliche Gruppe, die durch rechtliche Bestimmungen klar von anderen Gruppen getrennt war. Die Patrizier gehörten dem Geburtsadel an und besaßen nach dem Sturz des Königs zunächst die alleinige Macht.

Republik
In der Geschichte Roms wurde die etruskische Königsherrschaft um 510 v. Chr. durch die Herrschaft des Adels abgelöst. Rom wurde zu einer Republik (lat. res publica = öffentliche Sache, im Gegensatz zur res privata = Sache des Einzelnen). Der Begriff „Republik" bezeichnet eine Staatsform, in der kein König herrscht. Die Macht wird vom Volk oder von einem Teil des Volkes, zum Beispiel von Adligen, ausgeübt.

Senat
Der Begriff ist von lat. „senex" = Greis abgeleitet und bedeutet „Rat der Alten". Er hatte in der römischen Republik praktisch die Leitung des Staates in der Hand, rechtlich aber kaum Befugnisse.

6. Von der Antike zum Mittelalter

Um 500 n. Chr.: Ende des Weströmischen Reiches

476 n. Chr. erlosch mit der Absetzung des letzten Kaisers Romulus Augustulus durch den germanischen Truppenführer Odoaker das Weströmische Reich. Für manche Historiker endet mit diesem Datum die Antike. Allerdings verdeckt diese Zeitgrenze, dass vieles aus dem Römischen Weltreich weiterlebte. So blieb die lateinische Sprache; Grundsätze des römischen Rechts wurden später wieder aufgenommen. Auch waren die römischen Kaiser Vorbilder für spätere Herrscher. Und bis heute nennt sich eine christliche Konfession römisch-katholisch.

Christentum

Die auf Jesus Christus (= „der Gesalbte"), sein Leben und seine Lehre gegründete Religion.

Islam

(arab. islam = Hingabe an Gott, Ergebung in Gottes Willen). Ein Gläubiger wird Muslim genannt, das heißt übersetzt „Der sich Gott unterwirft". Der Islam bekennt sich wie Judentum und Christentum zu einem Gott. Grundlage des Islams ist der Koran („Verkündigung"), der in 114 Suren (= Abschnitte) geteilt ist und Erzählungen, Lobpreisungen und Gleichnisse enthält. Wer fromm leben will, hat die fünf Grundpflichten des Islams zu erfüllen:
1. das Glaubensbekenntnis: „Es ist kein Gott außer Allah, und Mohammed ist sein Prophet!",
2. die täglichen Pflichtgebete: am Morgen, Mittag, Nachmittag, bei Sonnenuntergang und in der Nacht mit Blick gen Mekka,
3. das gesetzliche Almosengeben für die Armen,
4. das Fasten im Monat Ramadan – von Sonnenaufgang bis Sonnenuntergang,
5. die Pilgerfahrt nach Mekka, die jeder Muslim einmal im Leben zur Kaaba unternehmen soll, sofern er sie sich finanziell leisten kann.

Mittelalter

Bezeichnung für den Zeitraum zwischen Antike und Neuzeit. Das Ende des Weströmischen Reichs 476 n. Chr. und die Gründung des Frankenreichs um 500 bedeutet für viele Historiker den Beginn des Mittelalters. Es endet um 1500 in einer Zeit religiöser Umwälzungen (1517 Reformation), wichtiger Erfindungen und der Entdeckung Amerikas (1492).

Reichsbildung der Franken

Als das Weströmische Reich in der Völkerwanderung zerfiel, entstanden auf seinem Gebiet mehrere Germanenreiche. Aber nur das Reich der Franken, die seit dem 3. Jahrhundert n. Chr. in Gallien eingedrungen waren, konnte sich dauerhaft behaupten. Zunächst waren die Franken Verbündete der Römer, doch König Chlodwig I. (482–511) aus der Familie der Merowinger gelang es, den letzten römischen Herrscher Galliens sowie die übrigen Frankenkönige auszuschalten und andere germanische Reiche zu besiegen. Durch den Übertritt zum Christentum gewann Chlodwig in der Kirche eine wichtige Herrschaftsstütze. Er schuf so die Grundlage für die Verschmelzung der germanischen und der christlich-römischen Kultur. Das fränkische Großreich wurde zur Keimzelle der heutigen Staaten Frankreich und Deutschland.

Staatsreligion

Religion, die im ganzen Staat als verbindlich gilt. Gläubige anderer Religionen werden benachteiligt oder verfolgt. 391 wurde das Christentum durch Kaiser Theodosius zur alleinigen Staatsreligion im Römischen Reich erhoben.

1. Wer herrschte im mittelalterlichen Europa?

800: Kaiserkrönung Karls des Großen

Am Weihnachtstag des Jahres 800 krönte Papst Leo III. in Rom Karl den Großen zum Kaiser. Die römischen Adligen bestätigten die Krönung. Karl verstand sich als Diener und Beschützer der römischen Kirche. Erst nach jahrelangen Verhandlungen akzeptierte der oströmische Kaiser Karl den Großen als gleichberechtigten Herrscher.

1077: Heinrich IV. in Canossa

Heinrich IV. (1053–1106) unternahm den „Gang nach Canossa", um die Lösung vom Kirchenbann des Papstes zu erreichen. Nach Vermittlung durch die Markgräfin Mathilde erreichte Heinrich sein Ziel. Ein Kompromiss wurde 1122 mit dem Wormser Konkordat gefunden. Der Grundkonflikt zwischen Kirche und weltlicher Macht war damit jedoch noch nicht gelöst.

Herzog

Bei den germanischen Stämmen war ein Herzog der erwählte Heerführer, später wurde daraus ein dauerhaftes Amt, z. B. der Anführer eines Stammes (Stammesherzogtum).

Investitur/Investiturstreit

Als Investitur (von lat. investire = bekleiden) wird die feierliche Einsetzung von hohen Geistlichen in ihr Amt im Mittelalter bezeichnet. Der König wies die Bischöfe, Äbte und Äbtissinnen mit den Investitursymbolen Ring und Stab in ihre Ämter und damit in ihre Machtbefugnisse ein. Die Könige begründeten ihre Mitwirkung damit, dass die Bischöfe mit der Verwaltung des königlichen Besitzes betraut waren. Mit der Kirchenreform im 11. Jahrhundert versuchte die Kirche, den Einfluss der Könige auf kirchenpolitische Angelegenheiten erheblich einzuschränken. Der Investiturstreit zwischen Papst und weltlichen Herrschern dauerte mehrere Jahrzehnte an. Seinen Höhepunkt hatte er in der Auseinandersetzung zwischen Kaiser Heinrich IV. und Papst Gregor VII. (s. S. 38).

Kaiser

Karls Krönung zum Kaiser (entstanden aus dem lateinischen Beinamen „Caesar" der römischen Kaiser) begründete das mittelalterliche Kaisertum, indem es an das antike römische Kaisertum anknüpfte und zugleich an den Krönungsort Rom und die Krönung durch den Papst gebunden war.

König

Adliger, der gegenüber den Herzögen über die höheren Herrschaftsrechte verfügte. Die Ursprünge des Königtums liegen im „Heerkönigtum" (Heerführer).

Kreuzzug

Im weiteren Sinne ist unter einem Kreuzzug ein von der Kirche im Mittelalter geförderter Kriegszug gegen „Heiden" (Ungläubige) und Ketzer (vom rechten Glauben Abgewichene) zu verstehen. Ziel war die Ausbreitung oder Wiederherstellung des katholischen Glaubens. Vom Ende des 11. (1095 Kreuzzugsaufruf Papst Urbans II.) bis zum Ende des 13. Jahrhunderts (1291 völlige Vertreibung der Kreuzritter aus Palästina) waren die Kreuzzüge kriegerische Unternehmungen, um das Heilige Land zurückzuerobern. In der Kreuzzugsidee verband sich der Gedanke der Pilgerfahrt und des Kampfes gegen die „Heiden" mit dem Ziel, das Heilige Grab in Jerusalem zu befreien. Militärische Gewalt und der „Opfertod" wurden dabei als Akt der Buße gerechtfertigt.

Lehnswesen: Lehnsherr und Vasall

Das Lehen war ein vom Herrn an den Lehnsmann (Vasall) lebenslang geliehenes Gut, für das der Vasall dem Herrn Dienste zu leisten hatte. Lehnsherr und Vasall begaben sich in ein gegenseitiges Pflicht- und Treueverhältnis: Der Herr nahm den Vasallen unter seinen Schutz, verlangte dafür aber im Frieden Rat und im Kriegsfall militärische Hilfe. Als Gegenleistung belohnte der Herr den Vasallen mit einem Lehen. Das Lehen konnte Land sein, aber auch ein Amt oder ein bestimmtes Recht. Grafen, Markgrafen, Herzöge, Bischöfe und Äbte waren Vasallen des Königs (Kronvasallen), die Ämter in der Reichsverwaltung ausübten.
Die Kronvasallen konnten Königsgüter, Ämter und Eigenbesitz an kleinere Vasallen weitergeben, die dann ihrem unmittelbaren Lehnsherrn, aber nicht mehr dem König zu Treue verpflichtet waren.

Reichskirche

Otto I. stärkte die Verbindung des Königtums mit der Kirche, indem er Bistümer und Abteien fast nur noch Geistlichen übertrug, die zuvor am Königshof tätig waren. Sie stützten, wie zum Beispiel sein Bruder Brun, die Macht des Königs. Als Gegenleistung erhielten sie Lehnsgebiete, die sie verwalteten. Die enge Verbindung von Königtum und Kirche wird heute als „Reichskirchensystem" bezeichnet.

Staufer

Schwäbisches Geschlecht, benannt nach der Stammburg Hohenstaufen. Die Staufer gelangten 1138 mit Konrad III. auf den deutschen Königsthron. Bis 1254 folgten u. a. Friedrich I. und Friedrich II. (siehe S. 123). Ihre Macht im Reich war vor allem durch den reichen Grundbesitz im Elsass, in Schwaben und Franken begründet.

2. Lebensformen und Lebensräume im Mittelalter

Adel

(von ahd. edili = die Edelsten). Bezeichnung für die Schicht mächtiger Familien, die im Mittelalter durch ihre Abstammung und durch Grundbesitz besondere Rechte gegenüber der übrigen Bevölkerung beanspruchte. Die Adligen genossen ein hohes Ansehen in der Gesellschaft und übernahmen oft militärische Dienste und Verwaltungsaufgaben für den König. Sie zahlten keine Steuern. Zum Adel zählten z. B. die Grafen, die Herzöge und später die Ritter. Die Vorrechte des Adels wurden in Europa schrittweise mit der Entwicklung der Demokratie in England und mit der Französischen Revolution (1789) abgeschafft.

Bürger

Der Begriff Bürger bezog sich im Mittelalter auf eine städtische Bevölkerungsgruppe. Bürger hatten das Recht auf Grundbesitz und konnten ihren Wohnsitz frei wechseln. Alle Bürger unterstanden dem Stadtrecht. Dies galt für Männer und Frauen.

Nur die männlichen Vollbürger waren berechtigt, den Rat der Stadt zu wählen und Ämter zu besetzen. Juden waren meist vom Bürgerrecht ausgeschlossen, ebenso Gesellen, Mägde und Tagelöhner. Heute werden alle mit vollen politischen Rechten, z. B. dem Wahlrecht, ausgestatteten Einwohner eines Staates Bürger genannt – unabhängig davon, ob sie auf dem Land oder in einer Stadt leben.

Getto

Abgegrenztes Stadtviertel der Juden; oft erinnern noch heute Straßennamen wie „Judengasse" daran. Im Laufe des Mittelalters wurde der jüdische Wohnbereich in vielen Städten durch Mauern und Tore umgeben, die man abends verschloss. Juden und Christen lebten dadurch weitgehend isoliert voneinander.

Grundherrschaft

Der Grundherr, z. B. ein Adliger, ein Kloster oder ein Bischof, verfügte über das Obereigentum an Grund und Boden. Er überließ abhängigen Bauern, den Grundholden (= Hörigen), Land zur Bewirtschaftung. Für den Schutz, den der Grundherr gewährte, waren die Hörigen zu Abgaben und Frondiensten verpflichtet. Gänzlich unfreie Bauern, die Leibeigenen, arbeiteten auf dem Herrenland bzw. auf Fronhöfen, die den Mittelpunkt einer Grundherrschaft bildeten. Zwar änderten sich die Form der Abhängigkeit und die Art der Abgaben im Lauf des Mittelalters, doch die Grundherrschaft bestimmte die Wirtschaftsweise und das Leben der Bauern bis ins 19. Jahrhundert.

Patrizier

Patrizier waren Angehörige der städtischen Oberschicht im mittelalterlichen Europa. Zum Patriziat gehörten einflussreiche bürgerliche und adlige Familien, meistens Kaufleute und Großgrundbesitzer. Die Patrizier fühlten sich den Adelsfamilien auf dem Land ebenbürtig. Bis ins 14. Jahrhundert waren allein die Patrizier berechtigt, hohe städtische Ämter zu bekleiden und sich in den regierenden Rat der Stadt wählen zu lassen. Der Anteil der Patrizier betrug in den meisten Städten nicht mehr als 5 bis 10 Prozent der Gesamtbevölkerung.

Reichsstadt

Im alten Deutschen Reich (bis 1806) gab es Städte, die unmittelbar dem König bzw. Kaiser unterstanden. Diese Reichsstädte zahlten zwar Steuern und sollten die Politik des Herrschers unterstützen, die inneren Angelegenheiten konnte der Rat der Stadt jedoch selbst regeln. Reichsstädte entstanden häufig aus Siedlungen um eine Königspfalz oder -burg, z. B. Nürnberg. Einigen Städten, deren Stadtherr ursprünglich ein Bischof war, gelang es, die Reichsunmittelbarkeit zu erkämpfen, z. B. Augsburg und Regensburg. Da der König nur selten anwesend war, empfanden sich die Reichsstädte oft als frei.

Ritter

Die Ritter waren die beritten und gepanzert in den Kampf ziehenden Krieger des Mittelalters. Der Ritterstand bildete sich aus dem alten, Grund besitzenden Adel und den ursprünglich unfreien Dienstmannen, die für ihre Herren kämpften. Ab dem 12. Jahrhundert verband die Ritter, vom einfachen Ministerialen bis hinauf zum König, ein gemeinsames Ideal: Kriegsdienst und Treue gegenüber dem Herrn, Schutz der Kirche und der Armen sowie eine kultivierte, „ritterliche" Lebensart.

Stadtrecht

Durch die Verleihung des Stadtrechts an eine Siedlung schuf der Stadtgründer einen eigenen Rechtsbezirk. In der Gründungsurkunde wurden die in der Stadt geltenden Privilegien, z. B. das Recht, einen Markt abzuhalten, sowie Rechtsgrundsätze für das Zusammenleben der Bürger und die Pflichten gegenüber dem Stadtherrn festgelegt.

Ständewesen

Im Mittelalter und in der frühen Neuzeit bestimmte die Geburt, zu welchem gesellschaftlichen Stand ein Mensch gehörte. Während sich im frühen Mittelalter die Gesellschaft in Adlige sowie Freie und Unfreie teilte, setzte sich die Kirche seit dem 11. Jahrhundert mit ihrer „Dreiständelehre" (Klerus, Adel und Bauern) durch. Im Laufe des Mittelalters kamen die Bürger in den entstehenden Städten zum dritten Stand hinzu. Zu keinem Stand gehörten z. B. Arme, Tagelöhner und die Minderheit der Juden. Die Zugehörigkeit zu einem Stand galt als gottgewollt. Sie bestimmte den Zugang zu Berufen, Rechten und Bildungsmöglichkeiten, aber auch die Möglichkeiten politischer Macht. Nur in seltenen Ausnahmefällen konnte man in einen anderen Stand wechseln. Ein wichtiges Merkmal einer ständischen Gesellschaft ist die politische und soziale Ungleichheit zwischen den einzelnen Ständen.

Zunft

Im Mittelalter schlossen sich Menschen oft zu Hilfsgemeinschaften, so genannten Gilden, zusammen. Häufig taten dies Menschen, die in einer Stadt dasselbe Gewerbe ausübten. Ein Beispiel für eine Gilde ist die Zunft, der die Handwerksmeister eines Berufs beitreten mussten (= Zunftzwang). Die Zunft regelte die Arbeitsverhältnisse und sicherte die wirtschaftliche Existenz der einzelnen Handwerker durch die Verhinderung von Konkurrenz. Die Zunftmitgliedschaft prägte aber auch die alltägliche Lebensführung. Zünfte entstanden im 12. Jh. und wurden im 19. Jh. abgeschafft. Heute schließen sich Handwerker zur Förderung gemeinsamer gewerblicher Interessen in Innungen zusammen.

3. Die Herausbildung der frühneuzeitlichen Staatenwelt

1453: Eroberung Konstantinopels

Die Eroberung der Hauptstadt des Byzantinischen Reiches bedeutete das Ende des Oströmischen Reiches. Sie sicherte den Herrschern des Osmanischen Reiches die Kontrolle des Zugangs zum Schwarzen Meer und des Landweges nach Indien.

Goldene Bulle

Reichsgesetz zur Königswahl, das 1356 von Kaiser Karl IV. erlassen wurde und bis 1806 gültig war. Das königliche Goldsiegel („Bulle") gab der Urkunde ihren Namen.
In dem Gesetz wurde u. a. festgelegt:
1. die Zusammensetzung des Kurfürstenkollegs (drei geistliche und vier weltliche Fürsten),
2. das Wahlverfahren,
3. die Rechte der Kurfürsten,
4. die Durchführung der Reichstage.

Kurfürsten

Den Kurfürsten (Kur = Wahl) stand das Recht der Königswahl zu. Ab 1257, später bestätigt durch die Goldene Bulle von 1356, war es der feste Kreis der drei geistlichen und vier weltlichen Kurfürsten. Die Wahl war ein wesentlicher Bestandteil der politischen Anerkennung des neuen Herrschers.

Ostsiedlung

Deutsche Siedler folgten dem Ruf deutscher und polnischer Fürsten und gründeten seit dem 11. Jahrhundert Dörfer und Städte zwischen Elbe und Oder sowie auf polnischem Herrschaftsgebiet. Die gewaltsame Gründung eines deutschen Ordensstaates belastete die zumeist friedlichen Beziehungen zwischen Deutschen und Polen.

Territorialstaat

Der spätmittelalterlich-frühneuzeitliche Territorialstaat, ein möglichst geschlossenes Herrschaftsgebiet, löst den auf das Lehnswesen gegründeten „Personenverbandsstaat" ab. Herrschaft wird nun zur umfassenden obrigkeitlichen Gewalt, die andere Herrschaftsträger (Adel, Geistlichkeit, Städte) zurückdrängt.

4. Neue geistige und räumliche Horizonte

1492: Entdeckung Amerikas

Im Jahr 1492 unternahm der Genueser Christoph Kolumbus im Auftrag des spanischen Königs eine Expedition, um den Seeweg nach Indien zu suchen. Als Kolumbus am 12. Oktober 1492 an Land ging, betrat er nicht – wie er irrtümlich annahm – Indien, sondern einen bis dahin nicht bekannten Kontinent, den man später Amerika nannte. Diese Entdeckung war so bedeutend, dass sie als Beginn eines neuen Zeitalters (Neuzeit) bezeichnet wird.

1517: Beginn der Reformation

(von lat. reformatio = Umgestaltung, Erneuerung). Unter Reformation wird heute zumeist Luthers Kritik an der Kirche verstanden, die er im Jahr 1517 durch die Veröffentlichung seiner 95 Thesen zum ersten Mal öffentlich äußerte. Eigentlich ist mit dem Begriff Reformation die Wiederherstellung eines ursprünglichen Zustands gemeint. Die Reformation im 16. Jahrhundert hatte das Ziel, die Reinheit des Glaubens und die Form der Kirche wiederherzustellen. Sie führte am Ende zu einer Spaltung der Kirche in Katholiken und Protestanten. Aus der Reformationsbewegung entstanden die lutherischen Kirchen.

1618–1648: Der Dreißigjährige Krieg

Was man 1618 noch als einen Krieg um Glaubensfragen ansehen konnte, entwickelte sich zu einem europäischen Machtkampf in zweierlei Hinsicht: Einerseits wollten protestantische Reichsfürsten ihre Unabhängigkeit gegenüber dem Kaiser durchsetzen, andererseits kämpften die Länder zunehmend um ihre Machtstellung in Europa.

Humanismus

Mit dem Begriff wird eine Lebensanschauung bezeichnet, die unter den Gelehrten im Zeitalter der Renaissance vorherrschte. Die Humanisten traten für eine umfassende Bildung des Menschen ein. Sie studierten die Quellen der antiken Schriftsteller und beschäftigten sich wissenschaftlich mit Sprachen, Geschichte und Philosophie. Der Humanismus begann im 14. Jahrhundert in Italien und breitete sich von dort im Laufe der beiden folgenden Jahrhunderte nach Frankreich, Spanien, England und Deutschland aus.

Martin Luther

Die Lehre von Martin Luther (1483–1546) richtete sich darauf, die Bibel (das Wort Gottes) zur Grundlage des Glaubens und der Theologie zu machen (innere Kritik) und die sittlichen Schwächen der Kirche zu beseitigen (äußere Kritik).

Neuzeit

Die Fortschritte, die im 14. und 15. Jahrhundert erreicht wurden, veranlassten Historiker im 19. Jahrhundert dazu, die Zeit ab etwa 1500 als Neuzeit zu bezeichnen. Es handelt sich hier um die Benennung der Epoche, die auf die Antike und das Mittelalter folgt. Dabei geht man von der Auffassung aus, dass die Entwicklung eines neuen Menschenbildes (Renaissance und Humanismus), die Erfindung des Buchdrucks, die Entdeckungen und die Reformation (siehe S. 178 ff.) die Grundlagen der modernen Zeit darstellen.

Renaissance

Bezeichnung für die Wiederentdeckung der antiken Sprache und Kultur. Die Entwicklung begann im ausgehenden 13. Jahrhundert in Italien und breitete sich über 300 Jahre lang in ganz Europa aus. Maler, Bildhauer und Architekten schufen einen neuen Kunststil, nach dem Körper und Bewegungen möglichst wirklichkeitsnah dargestellt wurden. Diese Zeitspanne wird heute als Übergang vom Mittelalter zur Neuzeit gesehen.

Westfälischer Friede

Mit dem Westfälischen Frieden von 1648 wurde der Dreißigjährige Krieg beendet. Katholiken, Lutheraner und Calvinisten waren jetzt gleichberechtigt: Das Prinzip, wonach sich die Untertanen nach der Konfession des Fürsten richten mussten, wurde abgeschwächt. Dieses Friedensabkommen zeigt weitere wesentliche Veränderungen an: Die Rangordnung der europäischen Mächte hat sich zu Ungunsten des Deutschen Reiches verschoben.
Innerhalb des Reiches bildeten die Reichsstände (Kurfürsten, weitere weltliche und geistliche Fürsten sowie Reichsstädte, die unmittelbar dem Kaiser unterstellt waren) ein starkes Gegengewicht zum Kaiser. Sie herrschten in ihren Gebieten weitgehend selbstständig. Im „Immer währenden Reichstag" tagten die Ständevertreter seit 1663 in Regensburg.

5. Die Zeit des Absolutismus

Absolutismus
(von lat. legibus absolutus = von den Gesetzen losgelöst). Bezeichnung für eine Regierungsform, die ihren Höhepunkt im 17. und 18. Jahrhundert fand. Der Monarch beanspruchte die uneingeschränkte Macht ohne Mitwirkung der Stände, weil er sich als Stellvertreter Gottes auf Erden verstand. Der Herrscher leitete die Verwaltung, gleichzeitig gingen von ihm die Gesetzgebung und die Rechtsprechung aus.

Gleichgewichtspolitik
Außenpolitische Zielsetzung seit dem 18. Jahrhundert, nach der ein Gleichgewicht der europäischen Mächte (balance of power) sichergestellt werden sollte. Vor allem England vertrat dieses Prinzip, um die Vormacht eines Staates auf dem europäischen Kontinent zu verhindern.

Hegemoniestreben
Streben nach einer Vorrangstellung vor anderen Staaten in politischer, wirtschaftlicher und kultureller Hinsicht. Seit dem 17. Jahrhundert ein wichtiges Prinzip in der europäischen Außenpolitik.

Konstitutionelle Monarchie
Die konstitutionelle Monarchie ist eine Form der Staatsverfassung, in der die absolute Macht des Monarchen durch eine Verfassung (Konstitution) beschränkt wird. Sie wurde zuerst in England mit der Bill of Rights von 1689 verwirklicht. Der Monarch wurde in der Gesetzgebung und in der Aufstellung des Staatshaushaltes vom Parlament abhängig.

Merkantilismus
Der Merkantilismus war die vorherrschende Wirtschaftspolitik in der Zeit des Absolutismus. Er hatte das Ziel, die Ausfuhr des Staates zu erhöhen und die Einfuhr zu beschränken. Die Überschüsse aus dem Handel – vor allem durch die Ausfuhr hochwertiger Fertigwaren – wurden als entscheidend für die Erhöhung des Reichtums des Staates betrachtet. Kritiker des Merkantilismus bemängelten die einseitige Ausrichtung auf den Export von Fertigwaren.

Parlament
(von franz. parler = reden). Bezeichnung für eine Volksvertretung, die aus einer oder zwei Kammern besteht. Das erste Parlament entstand in England im ausgehenden 13. Jahrhundert – als eine Folge der Magna Charta. Die Königsmacht wurde durch diese Versammlung eingeschränkt.

Stehendes Heer
Das stehende Heer bildete eine wichtige Säule der absolutistischen Herrschaft. Es bestand auch in Friedenszeiten und machte den König unabhängig von einer Unterstützung des Adels.

1. Die Französische Revolution und Europa

14. 7. 1789: Beginn der Französischen Revolution

Die Erstürmung der Bastille am 14. Juli 1789 sahen Zeitgenossen und Nachwelt als Auftakt und Symbol der Französischen Revolution.
Eine Revolution (lat. revolutio = Umwälzung) ist ein absichtlicher, meist gewaltsamer und rascher Umsturz einer bestehenden politischen und gesellschaftlichen Ordnung.
Ein solch tiefgreifender Wandel beschränkt sich nicht nur auf ein Ereignis. So kamen in Frankreich verschiedene Entwicklungen zusammen: 1. Die Revolution der Nationalversammlung, die eine Verfassung ausarbeitet und die Privilegien von Adel und Klerus aufhebt. 2. Die Revolution in Paris mit dem Sturm auf die Bastille. 3. Die Revolution der Bauern, die zum Ende der Leibeigenschaft führt.

1806 Ende des Heiligen Römischen Reichs

1806 verbündeten sich 16 deutsche Staaten politisch und militärisch mit Napoleon im „Rheinbund" und erklärten ihren Austritt aus dem Heiligen Römischen Reich Deutscher Nation. Der deutsche Kaiser Franz I. legte deshalb die Kaiserkrone nieder und nannte sich nur noch „Kaiser von Österreich". Damit endete das Reich, das seit der Kaiserkrönung Ottos des Großen (962) bestanden hatte.

Aufklärung

Bezeichnung für eine Denkrichtung in Europa im 17. und 18. Jahrhundert. Die Aufklärer wollten „das Licht der Vernunft" gegen kirchliche, feudale und absolutistische Traditionen verbreiten. Zentrale Gedanken waren die Auffassung von der Freiheit und Gleichheit aller Menschen und von der Toleranz gegenüber anderen Meinungen. Mittel zur Durchsetzung der Aufklärung waren vor allem Wissenschaft und Erziehung. Mit der Aufklärung verbindet sich ein optimistischer Glaube an den Fortschritt und die Kraft der Vernunft. Die Aufklärung war kein geschlossenes Denksystem, hatte jedoch enorme Auswirkungen: Die Ideen der Aufklärer haben entscheidend zum Umsturz der politischen und gesellschaftlichen Verhältnisse in Frankreich und anderen Ländern um 1800 beigetragen.

Bürgertum

In Mittelalter und Früher Neuzeit die freien, vollberechtigten Stadtbewohner, meist Kaufleute und Handwerker; ab dem 18. Jahrhundert Angehörige einer durch Besitz, Bildung und Einstellungen gekennzeichneten Schicht, die sich von Adel, Klerus, Bauern und Arbeitern abhebt. Im 19. und 20. Jahrhundert gelten Unternehmer und Geschäftsleute als Besitzbürger, zu den Bildungsbürgern zählen Freiberufler, höhere Beamte oder Angestellte mit akademischer Bildung; Kleinbürger sind Handwerker oder Kleinhändler. Der Begriff „Staatsbürger" meint dagegen alle Einwohner eines Staates mit gleichen „bürgerlichen" Rechten, z. B. vor Gericht oder bei Wahlen.

Code civil

Französisches Gesetzbuch von 1804, nach dem Auftraggeber auch „Code Napoléon" genannt. Der Code civil garantierte wichtige Errungenschaften der Französischen Revolution, wie die persönliche Freiheit und die Gleichheit vor dem Gesetz, und beeinflusste viele bis heute gültige Gesetzbücher, z. B. das Bürgerliche Gesetzbuch der Bundesrepublik Deutschland.

Gewaltenteilung

Aufteilung der staatlichen Gewalt in
- gesetzgebende Gewalt (Legislative)
- gesetzesvollziehende, ausführende Gewalt (Exekutive)
- rechtsprechende Gewalt (Judikative)

Die Gewaltenteilung soll die Machtkonzentration in einer Person oder einer Institution verhindern.

Kaisertum Napoleons

Nach einer Volksabstimmung krönte sich Napoleon Bonaparte 1804 zum „Kaiser der Franzosen". Frankreich wurde damit nach den Revolutionsjahren wieder Monarchie. Napoleon sah sich als Nachfolger Kaiser Karls des Großen und wollte mit dem Kaisertitel auch seine Macht nach außen demonstrieren. Nach militärischen Niederlagen wurde Napoleon 1814 als Kaiser abgesetzt und nach Elba, später nach St. Helena verbannt, wo er auch starb.

Menschenrechte

Kernstück der Naturrechtslehre sind die Menschenrechte, also Rechte, die jeder Mensch unabhängig von seiner Stellung in Staat, Gesellschaft, Familie, Beruf, Religion und Kultur allein schon durch seine Geburt besitzt. Menschenrechte gelten ohne Rücksicht auf Hautfarbe, Geschlecht, Sprache, politische oder weltanschauliche Vorstellungen, nationale oder soziale Herkunft. Zu den Menschenrechten zählen das Recht auf Leben, die Gleichheit aller Menschen, die Freiheit des Glaubens und das Recht auf freie Meinungsäußerung.

Montgelas
Maximilian Joseph Graf von Montgelas (1759–1838) stammte aus einer bayerisch-savoyischen Adelsfamilie. Während seines Studiums in Frankreich kam er mit den Ideen der Aufklärung in Berührung. Als wichtigster Berater und Staatsminister des Kurfürsten und späteren Königs Max Josef war er verantwortlich für die inneren Reformen in Bayern am Anfang des 19. Jahrhunderts. Montgelas gilt als Schöpfer des modernen bayerischen Staates.

Nation
Eine große Gruppe von Menschen, die sich durch ihre Sprache, Kultur, Geschichte oder durch eine Verfassung verbunden fühlt. Nationen haben oder wollen eine gemeinsame staatliche Organisation und grenzen sich von anderen Nationen ab.

Nationalversammlung
Bezeichnung für eine gewählte Volksvertretung, die eine Verfassung für den Staat erarbeiten soll.

Verfassung
Eine Verfassung beschreibt die grundlegende Ordnung eines Staates und legt die Rechte und Pflichten der Bürger sowie die Aufgaben der verschiedenen Staatsorgane, z. B. des Parlaments und der Regierung, fest. Eine demokratische Verfassung wird meist schriftlich festgehalten, garantiert die Menschenrechte und regelt die Aufteilung der staatlichen Gewalt.

Volkssouveränität
Ein Grundprinzip der Demokratie: Alle Staatsgewalt geht vom Volk aus, das seinen Willen direkt oder indirekt über gewählte Abgeordnete zur Geltung bringt. Die Volkssouveränität wird nur durch die in der Verfasssung festgelegten Menschenrechte beschränkt.

2. Einigkeit und Freiheit – Deutschland 1815 bis 1849

1815 Wiener Kongress
Nach dem Ende der napoleonischen Herrschaft wurde eine Neuordnung Europas erforderlich. Diese bewerkstelligten führende Staatsmänner Europas auf dem Wiener Kongress (1814/15).
Drei Prinzipien bestimmten die Beschlüsse:
1. Restauration: Damit ist die Wiederherstellung der politischen Verhältnisse gemeint, wie sie vor der Französischen Revolution herrschten.
2. Legitimität: Damit versuchten die ehemaligen aristokratischen Herrscherhäuser, ihren Herrschaftsanspruch zu begründen.
3. Solidarität: Um gegen die neuen Ideen (Freiheitsstreben und Nationalismus) wirksam vorgehen zu können, schlossen sich die Fürsten zusammen (Heilige Allianz zwischen Österreich, Russland und Preußen).

1832 Hambacher Fest
Das Hambacher Fest erlangte als „deutsches Nationalfest" und politische Demonstration einen beachtlichen Zulauf. Die Verbindung der Forderungen nach einem starken Nationalstaat und nach Zusicherung weitreichender Freiheitsrechte erwies sich als eine Klammer für alle oppositionellen Kräfte. Auch in der Ablehnung der Fürstenmacht waren sich die Teilnehmer einig, was die alten Herrschaftsträger in Unruhe versetzte.

1848/49 Revolution in Deutschland
In mehreren deutschen Staaten kam es im März 1848 zu revolutionären Unruhen. In Wien und Berlin starben bei Barrikadenkämpfen zahlreiche Revolutionäre, die sich für Freiheit und nationale Einheit einsetzten. Die Paulskirchenversammlung – das erste gewählte gesamtdeutsche Parlament – sah sich vor die Aufgabe gestellt, eine Verfassung zu erarbeiten und die Einzelstaaten zu einer Einheit zusammenzuführen. Als die Entscheidung für eine konstitutionelle Monarchie ge-

fallen war, lehnte der als Staatsoberhaupt vorgesehene preußische König die ihm angetragene Kaiserkrone ab. Damit war die Paulskirchenversammlung gescheitert. Die alten Herrschaftsträger konnten in der Folgezeit durch den rücksichtslosen Einsatz des Militärs ihre Macht zurückerobern.

Deutscher Bund
Lockerer Zusammenschluss der deutschen Staaten seit 1815; es fehlte eine einheitliche Regierung ebenso wie eine Verfassung. Zentrales Organ war die Bundesversammlung in Frankfurt, von der allerdings keine starke politische Wirksamkeit ausging.

Liberalismus
Mit dem Begriff Liberalismus wird eine politische Bewegung bezeichnet, die sich in Deutschland nach dem Wiener Kongress herausbildete. Das zentrale Anliegen war die Sicherung der Freiheitsrechte des Einzelnen. Insofern wandten sich die Liberalen gegen jede Bevormundung durch den Staat. Um die persönlichen Rechte gewährleisten zu können, drängten sie auf den Erlass einer Verfassung, in der die Grundrechte verbrieft sein sollten. Im Laufe des 19. Jahrhunderts spielten die Liberalen in den politischen Auseinandersetzungen eine wichtige Rolle, ohne jedoch ihre Ziele vollständig durchsetzen zu können.

Nationalismus
Politische Bewegung, die darauf beruht, dass sich die in einem bestimmten Gebiet zusammenlebenden Menschen ihrer Gemeinsamkeiten als Nation bewusst werden (z. B. Sprache, Kultur, Geschichte) und sich von anderen „Nationen" abgrenzen. In Deutschland erwachte das Nationalbewusstsein im Zusammenhang mit den Befreiungskriegen gegen die napoleonische Fremdherrschaft.

3. Leben in Deutschland 1850–1918

1871 Reichsgründung
Die Gründung des Deutschen Reiches im Januar 1871 erfolgte durch die Proklamation (amtliche Verkündigung, Ausrufung) des preußischen Königs Wilhelm I. zum Deutschen Kaiser. Nach längeren Verhandlungen mit den süddeutschen Staaten gelang damit die Gründung eines Nationalstaates – als „kleindeutsche" Lösung.

Arbeiterbewegung
Gesamtheit der Organisationen der Industriearbeiter, die mit der Industrialisierung und dem kapitalistischen Wirtschaftssystems seit Beginn des 19. Jahrhunderts in Europa entstanden. Die Arbeiterbewegung entwickelte sich zu einer Massenbewegung mit Arbeiterparteien und Gewerkschaften. Sie verstand sich als „Klassenbewegung", in sich jedoch stark differenziert, mit z. B. traditionellen Handwerkern und „modernen" Industriearbeitern. Hauptziele der Arbeiterbewegung waren die Verbesserung der wirtschaftlichen und sozialen Lage der Arbeiterschaft sowie die politische Emanzipation in einem demokratischen Staat.

Bismarck
Otto von Bismarck (1815–1898) entstammte einer alten preußischen Landadelfamilie und wurde im Sinne konservativer, monarchisch geprägter Werte erzogen. Als konservativer Abgeordneter im preußischen Landtag tat er sich dort als Kämpfer gegen die Revolution von 1848 hervor. 1862 berief ihn König Wilhelm I. zum preußischen Ministerpräsidenten. Bismarcks aggressive Kriegspolitik nach außen und seine geschickte Diplomatie gegenüber den deutschen Fürsten führten 1871 zur Gründung des Deutschen Kaiserreichs, dessen Politik er als Reichskanzler bis 1890 bestimmte.

Deutsches Kaiserreich
Unter dem amtlichen Namen „Deutsches Reich“ wurde mit der Gründung eines deutschen Staates 1871 an die Tradition des „alten“ (deutschen) Reiches vom Mittelalter bis 1806 angeknüpft. Innerhalb der Grenzen des Deutschen Reiches („Kaiserreich“ 1871–1918) lebten etwa 42,5 Millionen Einwohner. Das Kaiserreich, unter der Dominanz des preußischen Staates (Bismarck) begründet, war schon zur Zeit seiner Gründung politisch umstritten.

Industrielle Revolution
Als „Industrielle Revolution“ werden die tiefgreifenden technischen, wirtschaftlichen und sozialen Veränderungen bezeichnet, die in der zweiten Hälfte des 18. Jahrhunderts in England und im übrigen Europa im 19. Jahrhundert begannen. Wesentliche Merkmale waren der Einsatz von Maschinen, die Arbeitsteilung und die Massenproduktion in den entstehenden Fabriken. Der Begriff „Revolution“ wird wegen des für zeitgenössische Beobachter schnellen Verlaufs und der drastischen Veränderung der Arbeits- und Lebensweise vieler Menschen verwendet. Mit „Industrialisierung“ wird der längerfristige Wandel seit dem 18. Jahrhundert in Europa und weltweit bezeichnet.

„Kulturkampf“
Bezeichnung des liberalen Abgeordneten Virchow von 1873 für den grundlegenden Konflikt zwischen dem Deutschen Reich und der katholischen Kirche um die (Neu-)Bestimmung des Verhältnisses von Staat und Kirche. Bismarck scheiterte am Widerstand der katholischen Kirche.

Parteien
(lat. pars = Teil). In der Politik der Zusammenschluss von Menschen mit gemeinsamen politischen Vorstellungen und Zielen. Merkmale einer Partei sind: 1. dauerhafte Organisation, 2. Parteiprogramme, 3. Wille zur Einflussnahme, z. B. durch Wahlen und Teilnahme an der Regierungsgewalt. Parteien im modernen Sinne entstanden mit dem Parlamentarismus seit der Mitte des 19. Jahrhunderts aus Wahlvereinen und politischen Klubs.

Reichstag
Der Reichstag von 1871 wurde als Volksvertretung nach dem gleichen, geheimen, direkten Mehrheitswahlrecht von Männern über 25 Jahre gewählt. Er hatte in der Verfassung gegenüber dem Kaiser und dem Bundesrat eine schwache Stellung. Alleiniger Inhaber der Souveränität blieb der Kaiser. Die Regierung war dem Parlament gegenüber nicht verantwortlich. Lediglich der Staatshaushalt (ohne Militäretat) wurde von ihm allein beschlossen.

Soziale Frage
Unter sozialer Frage wird die wirtschaftliche und soziale Notlage der entstehenden Industriearbeiterschaft in der frühen Industrialisierung verstanden, vor allem: unsichere Arbeitsplätze, häufige Arbeitslosigkeit, niedrige Löhne, überlange Arbeitszeiten, fehlende soziale Sicherung und Wohnungselend.

Sozialgesetzgebung
Von Bismarck 1883 bis 1889 als „Antwort“ auf die „soziale Frage“ und die Arbeiterbewegung eingeführte Gesetze zur Kranken-, Unfall- und Rentenversicherung. Beginn moderner staatlicher Sozialpolitik.

Sozialismus
(von lat. socius = Genosse). Sozialismus wurde als politisches „Gegenmodell“ zum „bürgerlichen Liberalismus“ entworfen und stellt die Interessen der Gemeinschaft und Gesellschaft über die Rechte des Individuums. An die Stelle des Privateigentums an Produktionsmitteln tritt das Volkseigentum. Die Gleichheit aller Menschen innerhalb der Gesellschaft gilt als eines der obersten Ziele. Sozialistische Ideen wurden als Ziele einer Reform des Liberalismus/Kapitalismus von der europäischen Arbeiterbewegung des 19. und 20. Jahrhunderts aufgenommen, z. B. in der Sozialdemokratie und den Gewerkschaften, jedoch mit der Idee der Demokratie verbunden. Die Verwirklichung sozialistischer Ideen in Herrschaftssystemen im 20. Jahrhundert (z. B. in der Sowjetunion) scheiterte vor allem an mangelnder Freiheit für die Menschen und an wirtschaftlicher Ineffektivität des sozialistischen Systems. Als Kommunismus* wurde – vereinfacht formuliert – die „Endstufe“ der sozialistischen Gesellschaft verstanden.

Sozialistengesetz
Von Reichskanzler von Bismarck 1878 durchgesetztes „Sondergesetz“ zur Unterdrückung der Sozialdemokratie (Auflösung von Vereinen, Ausweisungen, Druckverbote). Das Gesetz wurde 1890 aufgehoben.

4. Imperialismus und Erster Weltkrieg

1914–1918 Erster Weltkrieg

Der Erste Weltkrieg unterscheidet sich grundlegend von bisherigen Kriegen durch: die Zahl seiner Opfer (etwa zehn Millionen Tote, 20 Millionen Verwundete und Invaliden), das Ausmaß der Zerstörung, die militärisch-territoriale Ausdehnung, den Einsatz von Millionenheeren und einer gewaltigen Militärmaschinerie mit Luft- und Panzerwaffen. Unmittelbarer Kriegsanlass war das Attentat von Sarajewo. Langfristige Ursachen liegen in machtpolitischen Gegensätzen und Interessenkonflikten im europäischen Staatensystem und Rivalitäten, die sich aus der imperialistischen Politik ergaben.

Attentat von Sarajewo

Das Attentat auf den österreichischen Thronfolger Erzherzog Ferdinand am 28. Juni 1914 wurde zum Anlass für den Beginn des Ersten Weltkrieges. Aus regionalen Spannungen auf dem Balkan wurde eine kriegerische Auseinandersetzung zwischen den europäischen Großmächten.

Imperialismus

Als Imperialismus wird die Herrschaft eines infolge seiner industriellen Entwicklung weiterentwickelten Staates über weniger entwickelte Länder bezeichnet. Die Epoche des Imperialismus umfasst den Zeitraum zwischen 1880 und 1918. Während dieser Zeit betrieben die europäischen Großmächte eine Politik des expansiven (sich ausdehnenden) Nationalismus. Imperiale Herrschaft wurde „direkt" (Besetzung und Einrichtung einer Kolonialregierung) oder „indirekt" (Kontrolle über die eingesetzte einheimische Regierung) ausgeübt.

Lenin

Deckname von Wladimir Iljitsch Uljanow (1870–1924), russischer Revolutionär und Politiker, unter dessen Führung gemeinsam mit Leo Trotzki die Russische Revolution (Oktober 1917) durchgeführt wurde.

Russische Revolution

Die Russische Revolution von 1917 stellt einen bedeutenden Einschnitt in der Geschichte des 20. Jahrhunderts dar. Sie führte zum Sturz des Zaren, zu einer radikalen Umwälzung der Machtverhältnisse in Russland und schließlich zur bolschewistischen Einparteienherrschaft. Sie wird als Ausgangspunkt des späteren Ost-West-Konflikts gesehen.

Vertrag von Versailles

Der Versailler Vertrag vom 28. Juni 1919 beendete den Ersten Weltkrieg völkerrechtlich zwischen dem Deutschen Reich und den Siegermächten. Er sprach Deutschland die Alleinschuld am Ersten Weltkrieg zu, bestimmte die neuen

Grenzen Deutschlands und regelte Reparationszahlungen und Rüstungsbegrenzungen.

Völkerbund

Staatenvereinigung von 1920 bis 1946 (Auflösung nach Gründung der UNO) zur Sicherung des Weltfriedens und zur wirtschaftlichen und kulturellen Zusammenarbeit. Erste Mitglieder: die Siegermächte des Ersten Weltkrieges (ohne USA) und 13 neutrale Staaten. Die Wirksamkeit des Völkerbundes wird allgemein als gering beurteilt.

Wilhelm II. (1859–1941)

Deutscher Kaiser und König von Preußen (1888 bis 1918), ältester Sohn Kaiser Friedrichs III. (1888), Enkel von Wilhelm I., Deutscher Kaiser 1871–1888. Wilhelm II. geriet nach seiner Thronbesteigung rasch in Konflikt mit Bismarck. Forsches Auftreten nach außen („Säbelrasseln") und äußerer Pomp überspielten die inneren Spannungen und Konflikte der deutschen Gesellschaft. Wilhelm II. wurde nach Auffassungen in der Geschichtsforschung seinem selbst auferlegten Führungsanspruch nicht gerecht, seine Politik führte in den Ersten Weltkrieg. Nach dem Sturz der Monarchie 1918 ging er ins Exil in die Niederlande.

5. Die Weimarer Republik

1918 Novemberrevolution

Umsturz der politischen Machtverhältnisse in Deutschland am 9. November 1918 und in den folgenden Wochen: Sturz der Monarchie, Ausrufung der Republik, Zurückdrängen des Rätesystems zu Gunsten einer parlamentarischen Demokratie.

1923 Hitlerputsch

Der Hitlerputsch vom 8./9. November stellte eine starke Gefährdung der Weimarer Demokratie im Krisenjahr 1923 dar. Der Putsch scheiterte am Widerstand der bayerischen Landespolizei. Das milde Urteil – immerhin waren vier Polizisten erschossen, Banknoten geraubt und Geiseln genommen worden – zeugt von starker Voreingenommenheit des Gerichts gegenüber den Angeklagten.

Inflation

Inflation, lat. „Aufblähung", ist eine anhaltende Geldentwertung, die durch eine starke Vermehrung der umlaufenden Geldmenge gegenüber dem Güterumlauf entsteht. Als Folge steigen die Preise, es setzt eine Flucht in Sachwerte ein, wie z. B. in den Anfangsjahren der Weimarer Republik. Die Inflation wird am Anstieg des allgemeinen Preisniveaus gemessen. Bei über 50 Prozent Preisanstieg in einem Jahr wird von „Hyper-Inflation" gesprochen. Mit der Stabilisierung der Währung ab November 1923 war eine Billion Papiermark nur noch eine Goldmark wert.

Weimarer Verfassung

Die Weimarer Verfassung trat am 11. August 1919 in Kraft. Deutschland wurde damit eine parlamentarische Republik, in der die Staatsgewalt vom Volke ausging, repräsentiert durch die gewählten Abgeordneten des Reichstags.

Informationen beschaffen

Benutzung einer Bibliothek (Bd. 1)

1. Schritt: Besuch vereinbaren
Am besten sprecht ihr eine Führung ab. Dabei werden häufig auch Übungen zur Benutzung der Kataloge und Ausleihe der Bücher angeboten.

2. Schritt: Katalog suchen
Der „Katalog" ist ein Verzeichnis, in dem alle Bücher der Bibliothek aufgezeichnet sind. Meist sind es Schränke, in denen in vielen Schubladen tausende von Karteikarten stecken. Sie enthalten alle Angaben zu den Büchern, die auch zur Ausleihe nötig sind. Inzwischen ist die Suche nach Buchtiteln in den meisten Bibliotheken auch mit dem Computer möglich.

3. Schritt: Katalog benutzen
Es gibt immer einen Autoren- und einen Schlagwortkatalog. Der Autorenkatalog hilft, wenn euch der Autor des Buches bekannt ist. Der Schlagwortkatalog erleichtert den Einstieg in ein Thema.

4. Schritt: Informationen festhalten
Bücher müsst ihr nach einer bestimmten Zeit zurückgeben. Notizen aus den Büchern, Fotokopien, Skizzen usw. solltet ihr deshalb nach Stichwörtern ordnen und zum Beispiel in einem Hefter sammeln.

Im Archiv recherchieren (S. 210 f.)

1. Schritt: Genaue Eingrenzung des Themas
Vor dem Archivbesuch solltet ihr das Thema der Recherche inhaltlich und zeitlich genau eingrenzen, damit ihr im Archiv gezielt suchen könnt.

2. Schritt: Archivbesuch vorbereiten
Erkundigt euch nach den Öffnungszeiten des Archivs und fragt vor einem Besuch nach, ob dort Material zu eurem Thema zu finden ist. Vielleicht legt euch der Archivar oder die Archivarin die gesuchten Dokumente (Archivalien) zu einem bestimmten Thema heraus. Ansonsten könnt ihr im Archiv mithilfe von Findbüchern, in denen alle Akten aufgelistet sind, die Schriftstücke in den Lesesaal bestellen. Dafür wird aber Hilfe notwendig sein.

3. Schritt: Archivalien sichten und auswählen
Bei den Archivalien handelt es sich meistens um einmalige Originale, die ihr in den Händen haltet. Geht entsprechend sorgsam damit um. Fragt nach, ob ihr die für euch interessanten Schriftstücke kopieren dürft oder einen Kopierauftrag erteilen könnt (evtl. Kosten!). Bei Quellen aus dem 20. Jahrhundert ist das zum Teil möglich. Ansonsten notiert interessante Sachverhalten und Daten bzw. schreibt das Schriftstück wortwörtlich ab. Nutzt dazu die Methode „Sachtexte exzerpieren" (S. 158 f.). Notiert immer die vollständige Quellenangabe und den Fundort. Dabei sind euch die Archivmitarbeiter behilflich.

4. Schritt: Ergebnisse auswerten und präsentieren
Tragt die Ergebnisse eurer Archivrecherche zusammen und stellt die gefundenen Quellen der Klasse vor. Geht dabei ein auf:
– Fundort, Quellenart (z. B. Brief, Urkunde), Autor, Adressat, Entstehungszeit, Inhalt, Besonderheiten wie Unterstreichungen usw.
– Aussagewert der Quelle, bezogen auf euer Thema bzw. eure Untersuchungsfragen; bei einer Zeitung z. B. Parteizeitung oder überparteilich?
Berichtet auch, was bei der Suche ergiebig war und wo Probleme lagen (z. B. Lesbarkeit von Quellen).
Entscheidet über die Form der Präsentation, z. B. Wandzeitung, Ausstellungstafeln, Computerpräsentation.

Das Internet nutzen (Bd. 1)

1. Schritt: Suche durchführen
Du lässt zunächst eine Internet-Suchmaschine nach dem gewünschten Stichwort suchen. Solche Suchmaschinen sind zum Beispiel Altavista (www.altavista.de), oder Google (www.google.de). Wenn du die Internetadresse eingibst, erscheint eine Startseite mit einem Suchfeld, in das du den Begriff schreibst, über den du dich informieren möchtest.

2. Schritt: Suchabsicht festlegen, Überblick über das Suchergebnis bekommen
Damit du nicht planlos im Internet surfst, solltest du vorher genau festlegen, worüber du Informationen finden möchtest. Deine Fragen könnten z. B. lauten: Welche neuen Erkenntnisse haben Archäologen über die Kelten? Welche Museen informieren über die Kelten? Wo gibt es in der Nähe meines Wohnortes Spuren der Kelten? Du erhältst mithilfe der Suchmaschine eine Auswahl von Internetadressen. Meist ist aber die Zahl der „Treffer" sehr hoch, sodass du zuerst einmal einen Überblick bekommen musst, welche Internetseiten für dich Interessantes bieten.
Lies also zuerst die Überschriften und die Kurzerläuterungen in der Liste und überlege, welche Adressen für dich brauchbar sind.

3. Schritt: Ergebnisse ordnen
Wenn du entschieden hast, dass eine Webseite für dich interessant sein könnte, liest du dort die angebotenen Informationen. Achte dabei aber nicht nur auf die Bilder und Texte, sondern prüfe auch, wer die Seite verfasst hat. Handelt es sich um ein Unternehmen, das nur ein Produkt verkaufen will? Stehen die Informationen auf einer privaten Homepage oder sind es Veröffentlichungen einer Gemeinde, einer staatlichen Einrichtung (z. B. Museum, Universität)?

4. Schritt: Informationen speichern
Wenn du über das Wissen, das du durch deine Internetsuche neu erworben hast, länger verfügen willst, musst du die Informationen in geeigneter Weise speichern: Du kannst z. B. auf deinem PC die Adressen interessanter Webseiten als Favoriten sammeln, Texte und Bilder als Dateien speichern oder ausdrucken. Manchmal ist es auch sinnvoll, sich handschriftliche Notizen zu machen.

Orte erkunden

Eine Exkursion durchführen (Bd. 1)

1. Schritt: Informationen besorgen
Beschafft euch zunächst Informationen bei der Verwaltung der Institution, die ihr besuchen wollt.

2. Schritt: Organisation
Klärt, welcher Termin infrage kommt, und ermittelt Fahrzeiten und Fahrpreise der günstigsten Verkehrsmittel. Stellt vor der endgültigen Entscheidung fest, was die Fahrt wohl insgesamt kosten wird.

3. Schritt: Themen in der Schule vorbereiten
Sichtet das Informationsmaterial, entscheidet euch, ob ihr ein vom Museum eventuell angebotenes Projekt durchführen oder eigene Schwerpunkte erarbeiten wollt. Teilt euch in Gruppen ein, die vor Ort „Forschungsfragen" nachgehen werden. Diese Fragen solltet ihr vor eurem Besuch bereits formulieren. Ihr solltet euch aber auch offen halten für Themen oder Fragen, auf die ihr erst dort stoßt bzw. die ihr während des Besuchs als interessant erkennt.

4. Schritt: Orientierung und Entdeckungen
Verschafft euch vor Ort gemeinsam bei einem Rundgang einen ersten Überblick. Die einzelnen Gruppen können als Experten schon Informationen geben. Anschließend gehen die Gruppen an die Arbeit: Notizen, Skizzen, Fotos, eventuell auch ein Video anfertigen.

5. Schritt: Befunde auswerten und dokumentieren
Wertet eure Arbeitsergebnisse in der Schule aus. Jede Gruppe berichtet. Entscheidet, wie ihr eure Ergebnisse dokumentieren wollt. Einige Anregungen:
- ein Exkursionsbuch anlegen,
- eine Wandzeitung erstellen,
- Spielszenen (Hörspiel) produzieren,
- eine Reportage für die Schülerzeitung erstellen.

Interviews führen

Experten befragen (Bd. 1)

1. Schritt: Fragen sammeln
- Notiert alle Fragen, die euch einfallen.
- Stellt sie zu einem Fragenkatalog zusammen. Überlegt dabei, welche sich einem gemeinsamen Thema zuordnen lassen.

2. Schritt: Kontakt aufnehmen
- Besprecht, wen und wie viele Personen ihr einladen wollt.
- Nehmt telefonisch oder brieflich Kontakt auf und übergebt euren Fragenkatalog, damit die Experten sich vorbereiten können.

3. Schritt: Befragung vorbereiten
- Einigt euch mit den Experten auf Termin und zeitlichen Rahmen des Treffens (eine Befragung sollte nicht länger als zwei Stunden dauern!).
- Legt vorher fest, wer die Gesprächsführung übernimmt (Schüler/-in oder Lehrkraft).
- Bereitet den Raum vor (Stuhlkreis, Anordnung der Tische in U-Form)

4. Schritt: Befragung durchführen
- Die Gesprächsleitung begrüßt die Gäste und stellt sie vor. Jeder von euch stellt ein Namensschild vor sich oder nennt seinen Namen, wenn er sich zum ersten Mal meldet.
- Die Gesprächsleitung achtet darauf, dass der Fragenkatalog beantwortet wird. Wenn etwas unklar bleibt, könnt ihr nachfragen.
- Am Ende dankt ihr dem Experten (evtl. mit einem kleinen Geschenk).
- Wenn der Gast einverstanden ist, könnt ihr das Gespräch auf Tonband oder Video aufzeichnen. Für die Auswertung genügt es allerdings, wenn zwei von euch Protokoll führen.

5. Schritt: Antworten auswerten
Überprüft anhand des Fragenkatalogs, welche Antworten ihr erhalten habt. Sind Lücken geblieben? Warum? Diskutiert anschließend in der Klasse, ob sich der Expertenbesuch gelohnt hat.

Gegenstände, Texte, Bilder, Karten, Kunstwerke untersuchen

Entschlüsselung eines Bildes (Bd. 1)

1. Schritt: Die Einzelheiten des Bildes erfassen
Beschreibe die Einzelheiten des Bildes, indem du folgende Fragen beantwortest:
- Welche Personen sind dargestellt?
- Wie sind sie gekleidet?
- Welche weiteren Gegenstände oder Tiere sind zu sehen?
- Wo befinden sich die Personen und Gegenstände?

2. Schritt: Die Zusammenhänge erklären
Überlege, in welcher Beziehung die abgebildeten Personen, Tiere oder Gegenstände zueinander stehen. Findest du Merkmale, die auf bestimmte Eigenschaften, Beruf, gesellschaftliche Stellung der dargestellten Personen hinweisen?

3. Schritt: Zusätzliche Informationen über das Bild heranziehen
In der Bildlegende findest du wichtige Hinweise. Sie gibt dir Auskunft darüber, wer wann für wen warum ein Bild gemalt hat. Manchmal hat das Bild auch einen Titel.
Weitere Fragen lassen sich oft durch eine zusätzliche Textquelle klären.

Bilder vergleichen (Bd. 2)

1. Schritt: Einzelne Bildelemente erfassen
Sieh dir jedes Bild genau an und erarbeite die Einzelheiten nach den folgenden Arbeitsschritten:
- Welche Personen werden gezeigt? Wie sind sie dargestellt (im Profil, von vorne, als Porträt, Brustbild usw.)? Wie sind sie ausgestattet (Kleidung, Schmuck, evtl. Rangabzeichen, Herrschaftszeichen usw.)?
- Welche Gegenstände sind abgebildet?
- Wo befinden sich die Personen und Gegenstände?
- Wie ist der Hintergrund gestaltet (Farben, Text usw.)?

– Welches Material wurde zur Herstellung verwendet?

2. Schritt: Bildelemente zusammenfügen

– Wie gehören die Bildelemente zusammen?
– Welche erste Deutung ergibt sich beim Zusammenfügen der Elemente?
– Welche Fragen bleiben offen?

3. Schritt: Gemeinsamkeiten und Unterschiede erarbeiten

Notiere die Unterschiede, die du zwischen beiden Bildern gefunden hast (Tabelle).

4. Schritt: Die Aussage der Bilder erschließen

Um die unterschiedliche Aussage der Bilder zu verstehen, stellst du Wer-, Wann-, Warum-, Wozu-Fragen:
– Wer sind die Personen, die dargestellt sind? Waren sie z. B. arm, berühmt, mächtig oder reich?
– Wie zeigt sich die Einstellung des Künstlers zu den abgebildeten Personen?
– Lebten die abgebildeten Personen wirklich?
– Unter welchen Bedingungen sind die Bilder entstanden? Informationen über Künstler, Auftraggeber und Absicht findest du z. B. in der Bildlegende.

5. Schritt: Gesamtaussage vergleichen

Versuche, mithilfe des ersten und dritten Arbeitsschrittes jeweils die Aussage der beiden Bilder wiederzugeben. Mache deutlich, was der Künstler jeweils ausdrücken wollte. Weise insbesondere auf Unterschiede zwischen beiden Bildern hin und finde eine Erklärung.

Historiengemälde deuten (S. 114 f.)

1. Schritt: Das Bild beschreiben

– Welches Ereignis ist dargestellt?
– An welchem Ort spielt sich das Geschehen ab?
– Welche Personen sind zu sehen? Welche stehen im Mittelpunkt?

2. Schritt: Die Entstehung des Bildes untersuchen

– Wer hat es gemalt?
– Wer hat es in Auftrag gegeben?
– Für welchen Zweck wurde es geschaffen?
– Welcher Zeitraum liegt zwischen dem Ereignis und der Entstehung des Bildes?
– Hat der Maler das Geschehen selbst miterlebt?

3. Schritt: Bild und Wirklichkeit vergleichen

– Suche nach Abbildungen (Fotos, Gemälde, Zeichnungen usw.), die das gleiche Ereignis zeigen.
– Ziehe gegebenenfalls schriftliche Informationen und Quellen heran.

4. Schritt: Die Aussage des Bildes erschließen

– Was wollte der Maler dem Betrachter zeigen? Berücksichtige, ob es Abweichungen zwischen Bild- und weiteren Quellenaussagen gibt.
– Welche Wirkung wollte der Künstler beim Publikum erreichen?
– Welche Informationen erhalten wir über das zentrale Thema des Bildes hinaus, die z. B. Aufschluss geben über politische, gesellschaftliche Verhältnisse oder über die Kultur (zur Zeit des dargestellten Ereignisses bzw. des Künstlers)?

Karikaturen entschlüsseln (S. 22 f.)

1. Schritt: Den ersten Eindruck festhalten

Notiere, was dir bei der Betrachtung der Karikatur zuerst auffällt. Wie ist deine erste Reaktion?

2. Schritt: Ideen sammeln („Brainstorming")

Sammle alle Ideen und Gedanken, die dir beim Betrachten der Karikatur einfallen.

3. Schritt: Die Einzelheiten beschreiben

Welche Personen und Sachverhalte sind erkennbar? Achte auf Gesichtsausdruck, Körperhaltung, Kleidung und kennzeichnende Gegenstände. Welche Symbole werden verwendet? Achte auf einzelne Wörter und/oder die Bildunterschrift.

4. Schritt: Die Bedeutung klären

Welche Bedeutung haben die Personen und Gegenstände? Auf welche Bildteile bezieht sich der Text? (Evtl. in einer Tabelle notieren.)

5. Schritt: Die Aussage der Karikatur formulieren

Fasse in wenigen Sätzen zusammen: Auf welche Situation, auf welches Ereignis bezieht sich die Karikatur? Was sagt die Karikatur über das Thema aus? Wie beurteilt der Zeichner das Thema? Welche Wirkung könnte die Karikatur haben?

Politische Plakate untersuchen (S. 198 f.)

1. Schritt: Erste Eindrücke und Informationen festhalten

Was fällt unmittelbar auf? Wer ist der „Autor" (Zeichner), wer der Auftraggeber?

2. Schritt: Einzelne Elemente analysieren

Welche Details sind zu erkennen? Welche besonderen Merkmale enthält die Darstellung (Farben, Größe, Proportionen, Statik, Dynamik)? Lassen sich Symbole, Stereotypen, bildhafte Vergleiche finden? In welchem Verhältnis stehen Bild und Text? Welcher Texttyp liegt vor, welche Schriftarten? Wie sind die Beziehungen der Elemente zueinander (z. B. Fotomontage, Collage)?

3. Schritt: Eine Gesamtaussage formulieren und kritisch bewerten

Welcher Gesamteindruck ergibt sich? Wie lässt sich die Analyse zusammenfassen? Welche vermutliche Wirkung soll erzielt werden (z. B. informierend, argumentierend, appellierend)? Wie lässt sich das Plakat in den historischen Zusammenhang einordnen?

Ein Flugblatt analysieren (S. 71)

1. Schritt: Das „Bildprogramm" erschließen (falls vorhanden)

– Welche Personen sind dargestellt? Wen verkörpern sie?
– Welche Gegenstände sind zu erkennen? Welche Bedeutung haben sie?
– In welcher Beziehung stehen

Personen und Gegenstände zueinander?

2. Schritt: Textstellen inhaltlich erfassen
- Welche zentralen Botschaften werden vermittelt (Schlagworte, Überschriften, Hervorhebungen)?
- Welche Detailinformationen werden gegeben?
- Welche sprachlichen Mittel werden eingesetzt?

3. Schritt: Die politische Intention klären
- Welche politischen Ziele sollen vermittelt werden?
- Gegen wen richten sich die Forderungen?
- Können die Verfasser einem politischen Lager zugeordnet werden?

4. Schritt: Die historische Bedeutung beurteilen
- Treffen die politischen Aussagen wichtige Probleme der Zeit?
- Wie ist der Wahrheitsgehalt der zentralen Aussage zu bewerten?
- Welche Wirkung könnte das Flugblatt ausgelöst haben?

Ein Denkmal untersuchen (Bd. 2)

1. Einzelheiten erfassen
- Was ist dargestellt? Welche Einzelheiten sind zu erkennen?
- Aus welchen Teilen besteht das Denkmal?
- Aus welchem Material ist es gefertigt?
- Mit welchen Gegenständen stehen die dargestellten Personen in Beziehung?
- Gibt es Darstellungsweisen, die für ein Denkmal typisch sind?

2. Zusammenhänge erklären
- In welcher Haltung (Pose) wird die Figur dargestellt?
- In welchem Verhältnis stehen die Figuren zueinander? Wird durch die Zuordnung eine Rangordnung zum Ausdruck gebracht?
- Welche Informationen werden durch die Darstellung vermittelt? Welche Anhaltspunkte weisen auf geschichtliche Ereignisse hin?

3. „Aussagen" beurteilen
- Wann, wo und für welchen Zweck wurde das Denkmal erstellt? Inwiefern spiegelt sich in der Gestaltung die Entstehungszeit (Kunstepoche) wider?
- Welches Bild soll den Nachkommen präsentiert werden? Entspricht dieses Bild den historischen Ereignissen? Vergleiche dazu die Entstehungszeit mit den geschichtlichen Ereignissen.

Kriegerdenkmäler erkunden (S. 173)

1. Schritt: Erkundigungen einziehen
- Informiert euch, ob es in eurer Gemeinde oder den Nachbargemeinden noch Kriegerdenkmäler zum Ersten Weltkrieg gibt.

2. Schritt: Die Bedeutung klären und Einzelheiten beschreiben
- Stellt fest, warum das Denkmal errichtet wurde: zur Mahnung, als Aufforderung zur Nachahmung, zur Verherrlichung der „Kriegshelden"?
- Schreibt dazu die Inschriften auf dem Denkmal ab oder fotografiert sie. Beachtet, aus welchem Material das Denkmal ist und welche Symbole verwendet wurden (Adler, Stahlhelme, Waffen, Ölzweig, Taube etc.)
- Beachtet ferner, wie die Figuren dargestellt wurden: sterbend, in aufrechter Haltung usw.
- Klärt, ob das Denkmal nach seiner Aufstellung verändert wurde (Restaurierung, Umsetzung, Verunstaltung usw.).

3. Schritt: Lokale Details festhalten
Häufig findet sich auf diesen Denkmälern auch ein Verzeichnis aller Gefallenen dieses Ortes. Dann könnt ihr zusätzlich noch folgende Fragen beantworten:
- Wie viele Männer dieses Ortes starben als Soldaten im Krieg?
- Wie alt war der Jüngste, wie alt der Älteste?
- Wenn auf dem Denkmal angegeben ist, wo die Soldaten gefallen sind, dann fertigt eine Karte an und tragt die Orte ein.

Ein Bauwerk als Quelle (S. 56 f.)

1. Schritt: Die Lage und das Erscheinungsbild erfassen
- An welchem Ort befindet sich das Bauwerk (im Zentrum einer Stadt, in der freien Landschaft; auf einer Anhöhe etc.)?
- Wie „verhält" sich das Bauwerk zu seiner Umgebung? (Passt es sich an? Dominiert es die Umgebung? Muss es erst „entdeckt" werden?)
- Aus welchen Materialien ist das Bauwerk gefertigt? (Unterscheidet es sich in diesem Punkt von den Bauwerken im Umfeld?)
- Welche architektonischen Merkmale und Besonderheiten sind festzustellen?

2. Schritt: Die Baugeschichte klären
- Wer ist der Initiator des Bauwerks? Woher stammen die finanziellen Mittel?
- In welchem Zeitraum wurde das Bauwerk errichtet? Welche Rückschlüsse lassen sich aus der Bauzeit ziehen?
- Welcher technische Aufwand war nötig? Welche Mittel standen den Menschen damals zur Verfügung?

3. Schritt: Das Geschichtsbild ergründen
- Aus welchem Grund ließ der Bauherr das Bauwerk errichten? Handelt es sich dabei um ein persönliches oder um ein öffentliches Anliegen?
- Welche geschichtlichen Ideen werden durch die Architektur bzw. die Ausgestaltung vermittelt?
- In welchem Verhältnis steht der Baustil zum Thema des Bauwerks?

4. Schritt: Die spezifische Absicht erörtern
- Welche Antworten gibt das Bauwerk auf die Fragen der Zeit?
- Welche Botschaften will es vermitteln? Sind diese gerechtfertigt?
- Welches Selbstverständnis des Erbauers wird dokumentiert?
- Welche Verbindungen zwischen dem Bauherrn und dem Denkmal werden hergestellt?

Einen historischen Sachverhalt klären (Bd. 2)

1. Schritt: Material zusammentragen und suchen

– Lege fest, worüber du Informationen finden willst (z. B. Gründungsdatum deiner Stadt, Geschichte einer besonderen Sehenswürdigkeit).

– Schul- und Stadtbibliotheken bieten immer Literatur über die eigene Stadt und die Heimatregion an. Informationen über Städte findest du auch in Lexika und Reiseführern. Wie man in einer Bibliothek recherchiert, kannst du im Anhang nachlesen.

– Viele Städte haben eine Internetseite, von der aus man sich durch weitere Informationen klicken kann. Die Internetadressen sind meist nach folgendem Muster aufgebaut:
www.nuernberg.de;
www.augsburg.de.
Du kannst aber auch eine Suchmaschine nutzen. Wie du bei einer Internet-Recherche vorgehst, kannst du im Anhang nachlesen.

– Wer Geschichte anschaulich erfahren will, kann sich auch im Stadtmuseum, im Stadtarchiv oder bei Informationsstellen der Stadt, z. B. im Fremdenverkehrsbüro, auf die Suche machen. Oft gibt es hier Broschüren oder Ausstellungskataloge zur Geschichte der Stadt.

2. Schritt: Material sichern

– Sichere die gefundenen Materialien, indem du Texte kopierst oder wichtige Aspekte stichpunktartig notierst, Internet-Dateien herunterlädst und auf dem PC speicherst oder sofort ausdruckst.

– Wenn du viele Informationen gesammelt hast, empfiehlt es sich, die Materialien in einem Schnellhefter oder Ordner aufzuheben.

3. Schritt: Materialien auswählen

– Überprüfe, welche Informationen doppelt, unwichtig, veraltet oder vermutlich fehlerhaft sind. Sortiere diesen „Infomüll" aus.

– Überlege, welche Informationen sich für dein Vorhaben (Referat, Aufsatz o. Ä.) eignen.

4. Schritt: Ergebnisse vergleichen und bewerten

– Bewerte nach der Recherche die verschiedenen Informationsquellen:
Wie lange hat die Suche jeweils gedauert?
Hast du die Antworten auf die Fragen bekommen, die du gestellt hast?
Wo siehst du Vorteile, wo Nachteile der jeweiligen Informationsquelle?

Einen Historienfilm untersuchen (Bd. 2)

1. Schritt: Beobachtungshinweise klären

– Was wird in der Szene dargestellt?
– Welche Personen treten auf?
– In welcher Beziehung stehen die Personen zueinander?
– In welcher Umgebung handeln die Personen?
– Welche Handlung wird durch die Abfolge der Bilder erzählt?
– Wie wird etwas dargestellt?
Welche Position nimmt die Kamera ein (z. B. Nahaufnahme)?
– An welchen Stellen wird ein Schnitt (Unterbrechung einer Aufnahme) gemacht?
– Welche Musik wird eingesetzt?

2. Schritt: Beobachtungen zusammenfassen

Legt eine Tabelle an:
Bildebene
– Handlungsort
– Personen
– Geschehen
– Kameraführung
– Farbgebung
– Licht
– Schnitte
Sprache
– inhaltliche Aussagen der Personen
– Sprechweise (z. B. aggressiv, fordernd, belehrend, eingeschüchtert, sachlich erzählend)
Ton
– Wirkung der Musik (z. B. untermalend, dramatisierend)
– Hervorhebung von Geräuschen (z. B. Prasseln eines Feuers)

3. Schritt: Vergleich mit historischen Quellen

– Wie verhält sich die Darstellung zu historisch belegten Quellen?
– Welche Ausschnitte werden gezeigt, welche werden ausgespart?
– Welche Mittel werden im Film eingesetzt, um Aufmerksamkeit und Spannung zu erregen?

Auswertung einer Geschichtskarte (Bd. 1)

1. Schritt: Das Thema einer Karte ermitteln

In der Regel haben Karten eine Überschrift, die das Thema der Karte angibt. Die Überschrift enthält fast immer eine Angabe über den dargestellten Zeitpunkt oder Zeitraum. Manche Karten zeigen zum Beispiel, wie die Landschaft ausgesehen hat, andere geben Auskunft über Städtegründungen, die Landwirtschaft oder die Bevölkerung eines Gebietes.
Wenn du dich über das Thema und die Zeitangabe orientiert hast, stellst du eine Frage, die du mit der Karte beantworten möchtest. Zum Beispiel: Wie haben die Griechen in dieser Landschaft gelebt?

2. Schritt: Die Kartenlegende deuten

In der Kartenlegende werden alle Farben, Schattierungen und Zeichen erklärt, die auf der Karte zu sehen sind. Kartenlegenden sind nicht immer gleich ausführlich. Einige erklären sämtliche Kartenelemente, andere nur die Besonderheiten der gerade abgebildeten Karte.

3. Schritt: Den Maßstab feststellen

Wichtig für den Umgang mit Karten ist eine genaue Vorstellung von den dargestellten Entfernungen. Hier hilft die Maßstableiste weiter. Mit diesem Kartenelement kannst du zum Beispiel ermitteln, wie groß die Entfernung zwischen zwei Städten ist. Bei Geschichtskarten ist der Maßstab oft in Form einer Entfernungsleiste mit Kilometerangaben dargestellt.

4. Schritt: Die Aussagen der Karte zusammenfassen
Beschreibe die Zeichen und die Farbgebung der Karte. Damit erhältst du eine Vorstellung von den Bedingungen in dem abgebildeten Gebiet.
Überlege, wie die Geschichtskarte deine Frage aus dem 1. Schritt beantwortet. In unserem Beispiel kannst du Aussagen über die Wohnmöglichkeiten und Verkehrsverbindungen in Griechenland machen.

5. Schritt: Weitere Informationen beschaffen
Am Ende der Kartenarbeit solltest du kritisch prüfen, ob deine Frage ausreichend beantwortet ist. Um beispielsweise genaueres Wissen über das Leben in der griechischen Landschaft zu erhalten, kannst du dich in Reiseführern aus deiner Stadtbibliothek und im Internet informieren.

Eine Geschichtskarte lesen (Bd. 2)

1. Schritt: Grundelemente erkennen
Orientiere dich auf der Karte und erschließe die dargestellten Themen. Beachte den Maßstab!
Kläre mithilfe der Legende, welche Farben und Symbole verwendet werden und welche Bedeutung sie haben.

2. Schritt: Veränderungen untersuchen
Prüfe, welcher Zeitraum dargestellt und in welche Phasen er gegliedert ist. Werden Gründe für die Veränderung deutlich (z. B. Kriege, Katastrophen, Wanderungen, Stadtgründungen o. Ä.)?

3. Schritt: Glaubwürdigkeit prüfen
Wie Textquellen oder Bilder sind auch Karten mit einer bestimmten Absicht verfasst. Prüfe mithilfe ergänzender Informationen, ob die verwendeten Symbole, Farben, Ortsbezeichnungen oder Begriffe geeignet sind, die geschichtliche Entwicklung deutlich zu machen.

4. Schritt: Ergänzende Informationen beschaffen
Sammle Informationen über die abgebildete Region (Lexika, Schul- und Sachbücher, Internet). Du kannst dir auch eine moderne Karte von dem Gebiet beschaffen und z. B. Vermutungen anstellen, wie die Vergangenheit sich auf die Gegenwart auswirkt.

Historische Karten lesen und vergleichen (Bd. 2)

1. Schritt: Jede Karte einzeln erschließen
Untersuche jede Karte einzeln:
– Was ist das Thema der Karte (Inhalt, Raum und Zeit)?
– Welche Informationen gibt die Bildunterschrift?
– Ist die Karte genordet?
– Welches Gebiet ist dargestellt, wo ist z. B. Land oder Wasser?
– Welche Zeichen, Symbole, Farben sind zu erkennen? Was könnten sie bedeuten?
– Zu welchem Zweck könnte die Karte angefertigt worden sein; gab es z. B. Auftraggeber?
– Welche Gesamtaussage hat die Karte?
– Welche Fragen sind nur mithilfe weiterer Informationen zu beantworten?

2. Schritt: Gemeinsamkeiten und Unterschiede feststellen
Vergleiche die Einzelheiten der beiden Karten, z. B. die Datierung, die Art der Darstellung, das Land-Wasser-Verhältnis, die Küstenverläufe, die Lage von Inseln.
Vergleiche dann die Gesamtaussage beider Karten.

3. Schritt: Ergebnisse auswerten
– Gibt es Veränderungen (z. B. im geographischen Kenntnisstand)?
– Was bedeuten die Veränderungen für das Weltbild in der damaligen Zeit?
– Welche Folgen hatte der veränderte Kenntnisstand (z. B. für die Politik, für die Seefahrt, für die Wirtschaft, die Wissenschaft)?
– Welche weiteren Informationen über die Karten hinaus sind noch vorhanden (z. B. in Begleittexten zu den Karten, in Sachbüchern)?

Textquellen vergleichen (Bd. 2)

1. Schritt: Jede Quelle einzeln erschließen
Nimm dazu die Anleitungen im Anhang zu Hilfe.

2. Schritt: Glaubwürdigkeit der Texte überprüfen
Kläre folgende Fragen
– Wann sind die Texte geschrieben worden? Wie groß ist der zeitliche Abstand zwischen Ereignis und Bericht? Waren die Autoren Augenzeugen? Wenn nicht: Wen geben sie als Informanten an?
– Ist eine Wertung (durch die Autoren oder deren Informanten) zu erkennen?

3. Schritt: Inhalte vergleichen
Stelle fest,
– welche Informationen übereinstimmen,
– ob es Einzelheiten gibt, die nicht in allen Texten erscheinen bzw. unterschiedlich genau oder ausführlich wiedergegeben werden,
– ob das, was berichtet wird, logisch ist oder Unstimmigkeiten enthält.

4. Schritt: Weitere Informationen sammeln
Um die Aussagen der Texte zu überprüfen bzw. Fragen zu klären, musst du weitere Quellen und wissenschaftliche Informationen (z. B. Lexika, Sachbücher) heranziehen.

5. Schritt: Ergebnisse formulieren
Vergleiche die Notizen aus den einzelnen Arbeitsschritten miteinander. Ergänze dann die Ergebnisse durch Sachinformationen. Nenne die Widersprüche und Unklarheiten, die du bei der Textarbeit festgestellt hast und nicht beseitigen konntest. Prüfe, ob sie für die Wertung der Ergebnisse von Bedeutung sind.

Eine Textquelle analysieren (S. 36 f.)

Textquelle
– Welche Quellenart liegt vor?
– Wie lautet die Datierung?
– Gibt es eine Überschrift (ein Thema)?
– Wie lässt sie sich gliedern?
– Was ist aus der Quelle zu erfahren?
– Wie lautet die Kernaussage?

– Lassen sich Schlüsselbegriffe finden?
– Werden die Aussagen begründet?
– Sind die Aussagen schlüssig/widersprüchlich?
– Ist die Quelle glaubwürdig?
– Für wen, in welcher Absicht wurde der Text verfasst?

Autor
– Wer hat den Text verfasst?
– In welchem Verhältnis steht er zum Ereignis?
– Was konnte er wissen (nicht wissen)?
– Lässt sich ein bestimmter Standpunkt des Autors feststellen?

Geschichtlicher Hintergrund
– In welche geschichtliche Situation lässt sich die Quelle einordnen?
– Ist ein Vergleich mit anderen Quellen und Darstellungen möglich?
– Welche weiteren Informationen sind zum besseren Verständnis notwendig?

Adressat
– An wen ist der Text gerichtet (Privatperson, Machthaber, Amt, Öffentlichkeit, Nachwelt)?
– In welchem Verhältnis steht der Adressat zum Autor?
– Könnte die Art des Adressaten Einfluss auf den Inhalt des Textes haben?

Gegenwärtige Situation
– Auf welche Frage(n) suchen wir eine Antwort?
– Welches Wissen bringen wir in die Analyse und Beurteilung ein?
– Beeinflussen Faktoren unserer Zeit unser Urteil?

Politische Dichtung deuten und vergleichen (S. 66 f.)

1. Schritt: Den Text in einen historischen Kontext einordnen
– Welche biographischen Hinweise zum Dichter könnten wichtig sein?
– In welcher gesellschaftlichen Stellung befand sich der Autor?
– Wodurch ist die Entstehungszeit gekennzeichnet? (Frage nach wichtigen politischen Ereignissen.)

2. Schritt: Konkrete historische Bezugspunkte des Textes klären
– In welche Sinneinheiten kann man den Text gliedern?
– Werden allgemeine Probleme oder Einzelheiten angesprochen?
– Welche historischen Hintergründe oder Einzelheiten müssen zum Verständnis geklärt werden?

3. Schritt: Politische Zielrichtungen und Absichten klären
– Gegen wen richten sich die einzelnen Aussagen?
– Mit welchen (sprachlichen) Mitteln wird der Gegner attackiert?
– Welche Wirkung soll von dem Text ausgehen? Welche Adressaten sind angesprochen?

4. Schritt: Versuch einer kritischen Textbewertung
– Handelt es sich um einen typischen Text der Zeit bzw. des Autors?
– Sind die kritischen Vorwürfe berechtigt?
– Weist der Text über die Problematik der Zeit hinaus?

Sachtexte exzerpieren (S. 158 f.)

1. Schritt: Überblick gewinnen
– Bibliographische Angaben des Textes (Buches) festhalten: Autor/Herausgeber, Titel, Erscheinungsort, Erscheinungsjahr, ggf. Auflage, Fundort (Bibliothek und Signatur). Angaben auch auf Kopien notieren!
– In einem ersten Leseschritt klären, ob der Text für die eigenen Zwecke geeignet ist.
– Das Thema des Textes (Absatzes) feststellen.

2. Schritt: Textstellen markieren
– Beim zweiten Lesen Textstellen markieren:
– Zentrale Begriffe
– Gedanken und Ideen
– Zusammenhänge
– Widersprüche
– Sprachliche Auffälligkeiten, z. B. Schlagwörter, Metaphern, Ironie
– Verweise auf andere Texte (Textstellen)

3. Schritt: Exzerpieren
– Markierte Textstellen und Notizen am Textrand notieren:
a) als wörtliches Zitat (auf Rechtschreibung, Zeichensetzung und wörtlich genaue Übernahme achten, da später das Original oft nicht mehr zur Verfügung steht),
b) als sinngemäßer Auszug (Paraphrase), bei dem der Inhalt (Gedanke) in knapper Form festgehalten wird.

Symbole deuten (Bd. 2)

1. Schritt: Einzelne Elemente beschreiben
– Was ist dargestellt (Personen, Gegenstände)? Wie sind sie dargestellt?
– Wie lässt sich die Situation beschreiben?

2. Schritt: Zusätzliche Informationen heranziehen
– Welche Hinweise gibt die Bildunterschrift?
– Evtl. Symbollexikon heranziehen.

3. Schritt: Symbolische Bedeutung der Bildelemente klären
– Welche Gegenstände und Handlungen lassen sich symbolisch deuten? Was sollen sie bedeuten?

4. Schritt: Eine Gesamtdeutung formulieren
– Welche Gesamtaussage lässt sich formulieren? Gibt es mehrere Deutungen?

Texte aus Jugendbüchern erarbeiten (Bd. 2)

1. Schritt: Den Text inhaltlich erschließen
– Wovon handelt der Text?
– Wer sind die Hauptpersonen? Vertreten sie bestimmte Berufs- oder Bevölkerungsgruppen oder gesellschaftlich wichtige Ämter?
– Handeln die Personen selbstständig oder führen sie Anweisungen aus?
– Wird das Geschehen aus Sicht der Hauptpersonen dargestellt oder kommen andere Sichtweisen dazu?

2. Schritt: Den historischen Hintergrund prüfen
– Wird die Handlung mit geschichtlichen Daten, Plätzen, Personen oder Ereignissen verbunden?
– Wird die Handlung in größere geschichtliche Zusammenhänge oder Entwicklungen eingebunden?

3. Schritt: Die Darstellungsweise kritisch hinterfragen

– Wird deutlich, welche Vorgeschichte ein Ereignis hat, aus welchen Motiven eine Person handelt, welche Ziele sie verfolgt?
– Wie werden Lebensformen erklärt und gewertet, die in jener Zeit ungewöhnlich waren?
– Sind die Erklärungen für andere Lebensformen überzeugend, können sie (von dir) überprüft werden?

4. Schritt: Die Nähe zu eigenen Erfahrungen messen

– Lassen sich Verbindungen herstellen zwischen den geschilderten Ereignissen und Situationen, die du selbst erlebt hast?
– Kannst du dich in die Personen hineinversetzen und überlegen, wie du in der entsprechenden Situation handeln würdest?
– Fordert der Text dich auf, dein eigenes Denken und Handeln kritisch zu überprüfen?
– Gibt der Text Anlass, sich mit aktuellen Themen auseinanderzusetzen?

Entschlüsselung eines Kunstwerkes (Bd. 1)

1. Schritt: Künstlerische Auswertung

a) Was ist dargestellt? Aus welchem Material wurde das Kunstwerk geschaffen?
b) Wie wirkt das Dargestellte auf mich? Warum gefällt es mir (nicht)? Was wirkt fremd, was kommt mir bekannt vor?
c) Wie bildet der Künstler die Personen bzw. Gegenstände ab? Achte auf Einzelheiten des menschlichen Körpers und der abgebildeten Gegenstände.

2. Schritt: Historische Auswertung

d) Wann, wo und für welchen Zweck ist das Kunstwerk entstanden? Beachte die Bildlegende.
e) Welche Informationen vermittelt das Dargestellte über den Alltag der damaligen Zeit? Beachte z. B. die Kleidung, Frisur und Einrichtungsgegenstände.
f) In welcher Beziehung stehen die dargestellten Personen zueinander? Durch die Anordnung könnte eine Rangordnung zum Ausdruck gebracht werden.

Informationen auswerten und darstellen

Informationen präsentieren (Bd. 2)

1. Schritt: Thema, Ziel und Form des Vortrags klären

– Welches Ziel soll das Referat haben?
– Welche Informationen/Inhalte sollen dargestellt werden?
– Für wen wird präsentiert?
– Welche Medien können/sollen benutzt werden?
– Welche Zeitvorgabe muss beachtet werden?

2. Schritt: Informationen sammeln und ordnen

– Sammle Material zum Thema (Schul- und Sachbücher, Lexika, Internet).
– Wähle die Informationen aus, die die Vorgaben von Schritt 1 erfüllen.
– Ordne die Informationen so, dass die Zuhörer sie leicht nachvollziehen und eigene Überlegungen anschließen können.
– Bilde Themenblöcke mit Behauptungen oder Fragen als Überschriften.

3. Schritt: Vortrag strukturieren

Jedes Referat, jede Präsentation hat eine Einleitung, einen Hauptteil und einen Schluss. Gliedere deine Präsentation nach den Vorgaben von M2.

4. Schritt: Aussagen und Zusammenhänge visualisieren

– Notiere die wichtigsten Aussagen deines Vortrags.
– Überlege, welches Medium sich anbietet, um die Aussagen den Zuhörern zu verdeutlichen (z. B. Wandtafel, Plakat, OHP-Folie, Beamer).
– Gestalte die Visualisierung so, dass der Inhalt schnell erfasst wird. Wichtige Tipps gibt dir die Abbildung M3.

5. Schritt: Entwurf überprüfen und Präsentation vorbereiten

Bevor du dein Referat hältst, solltest du die Präsentation üben.
– Schreibe für den freien Vortrag Stichwörter auf Merkzettel. Notiere auch, an welchen Stellen du etwas visualisieren möchtest.
– Überprüfe, ob Thema und Ziel deutlich werden, d. h. die Vorgaben von Schritt 3 und 4 beachtet sind.
– Suche dir eine andere Person, die deine Präsentation vorher ansieht und dir noch ein paar Tipps für die Durchführung gibt. Stoppe die Zeit.
– Plane genügend Zeit für Änderungen ein.
– Sorge dafür, dass alle Materialien und Geräte, die du für die Visualisierung brauchst, bereitstehen.

6. Schritt: Präsentation

– Prüfe, ob alle Medien und Materialien in der richtigen Ordnung sind.
– Trage deinen Vortrag möglichst ruhig vor und halte Blickkontakt mit den Zuhörern.
– Gib deinem Publikum nach dem Vortrag Zeit für Fragen oder für eine Diskussion.

Software zur Geschichte nutzen (S. 136 f.)

1. Schritt: Art und Thema der CD-ROM feststellen

Was liegt vor? Zum Beispiel:
– Text- und Quellensammlungen, Geschichslexika, z. B. eine Weltgeschichte mit interaktiven Karten;
– Lernprogramme, Trainingsprogramme, z. B. mit Übungen, Zeichen- bzw. Malprogramm;
– Dokumentationen, z. B. über eine historische Person oder über die Stadt im Mittelalter, ohne eigene Aktivitätsmöglichkeiten;
– Computerspiele als Ereignis- oder Abenteuerspiele, z. B. über das Geheimnis einer Burg.

2. Schritt: Anforderungen an Programm und Technik klären

– Gibt es eine Anleitung für die Bedienung?
– Ist ein Inhalts- oder Themenverzeichnis vorhanden?
– Ist der Aufbau der CD-ROM verständlich dargestellt?

– Muss man Vorwissen für die Bedienung mitbringen?

3. Schritt: Inhaltliche und methodische Verwendung untersuchen

– Geht es um einen engeren oder weiteren Themenkreis aus der Geschichte?
– Geht es um eine Aufzählung und Darstellung von Ereignissen?
– Werden Zusammenhänge und übergreifende Fragen behandelt?
– Wird Geschichte „erfunden" oder nahe an den Quellen dargestellt?
– Ist eine Gewichtung und Wertung bei der Aufbereitung der Fakten erkennbar?
– Sind die Darstellungen sehr stark vereinfacht, sodass sie zu vorschnellen Bewertungen und Urteilen führen können?
– Werden Probleme und offene Fragen genannt?
– Erscheint die Darstellung als abgeschlossen und endgültig?
– Werden auch „Fragen an die Geschichte" gestellt?
– Gibt es Nachweise zur Literatur, zu Quellen, Abbildungen, Tonträgern?

4. Schritt: Leistung der Software beurteilen

Fragen, die bei der Beurteilung der Software zu Art und Programm, Inhalt und Methode helfen können:
– Sind Anleitung und Führung durch das Programm klar und verständlich?
– Wird zur weiteren Auseinandersetzung mit dem Thema angeregt?
– Wird Interesse für Geschichte geweckt?
– Werden selbstständiges Arbeiten und Denken gefordert?
– Werden bestimmte „Bilder" von Geschichte als gegeben vermittelt und nicht problematisiert?

Ein Verfassungsschema interpretieren (S. 31)

1. Schritt: Einzelne Elemente der Abbildung erfassen

– Welche (Fach-)Begriffe werden genannt (z. B. Wahlmänner)?
– Welche Symbole sind zu erschließen (z. B. Farben, Pfeile)?

2. Schritt: Den Aufbau untersuchen

– Wie ist das Schaubild zu lesen: von unten nach oben, von links nach rechts – oder umgekehrt?
– Gibt es einen inhaltlich logischen „Einstieg"? Verändert sich die Aussage des Schemas für den Betrachter, je nachdem, welchen Zugang und Weg er wählt?

3. Schritt: Den Inhalt erschließen

– Welche Informationen enthält das Verfassungsschema?
– Gibt es Hilfen, um diese Informationen zu verstehen?
– Wird deutlich, wie die einzelnen Elemente der Verfassung in Beziehung zueinander stehen? (z. B. Wer kann politisch (mit-)bestimmen und wie? Sind alle Elemente einander gleichgestellt oder gibt es z. B. ein „Oben" und „Unten" – mit welchen Konsequenzen?)
– Was bleibt unklar bzw. ungenau, sodass weitere Recherchen notwendig sind?

4. Schritt: Die Aussagekraft bewerten

– Lassen sich anhand des Schemas die Grundprinzipien der Verfassung formulieren?
– Ist es möglich, aus dem Schema „Stärken" und „Schwächen" der Verfassung zu erkennen?

5. Schritt: Den historischen Zusammenhang einbeziehen

– Da ein Verfassungsschema keine Quelle, sondern deren wissenschaftliche Interpretation ist, muss es anhand von weiteren Materialien bzw. Informationen überprüft werden.

Mit Graphiken und Schaubildern arbeiten I. (Bd. 2)

1. Schritt: Formale Analyse

Im Unterricht wird – abgesehen von eigenen Archivarbeiten – meistens bereits bearbeitetes und gedrucktes Material verwendet. Deshalb kannst du die Analyse darauf beschränken, Vollständigkeit und erstes Verständnis der Daten zu überprüfen.

2. Schritt: Inhaltliche Analyse

Folgende Fragen kannst du an das Material stellen:
– Was ist Thema der Statistik?
– Wie ist sie aufgebaut?
– Was ist im Einzelnen dargestellt?
– Welche Aussagen lassen sich formulieren?
– Sind sie untereinander stimmig?
– Lässt sich eine Hauptaussage erschließen?
– Bleiben Fragen offen?

3. Schritt: Historischer Zusammenhang

Thema und Aussagen der Statistik solltest du in den geschichtlichen Zusammenhang einordnen.
– Gibt es einen Bezug zu anderen Informationen (Materialien)?
– Ergänzen oder widersprechen sie sich?
– Welche weiteren Informationen werden benötigt?

4. Schritt: Bewertung der Aussagekraft

Hier sollten die vorliegenden statistischen Daten insgesamt bewertet werden.
– Ist der Ausschnitt der Daten zu gering?
– Wird der Sachverhalt zu stark vereinfacht, verzerrt oder vielleicht verfälscht?

Statistiken auswerten und graphisch umsetzen II. (S. 94 f.)

1. Schritt: Formale Analyse

Zuerst muss nach der Echtheit des Zahlenmaterials und seiner korrekten „Überlieferung" gefragt werden. Im Unterricht wird – abgesehen von eigenen Archivarbeiten – meistens bereits „bearbeitetes" (ausgewähltes und gedrucktes) Material vorgelegt. Deshalb kann sich die Analyse darauf beschränken, Vollständigkeit und erstes Verständnis der Daten in der Darstellung zu überprüfen.

2. Schritt: Inhaltliche Analyse

– Was ist Thema der Statistik?
– Wie ist sie aufgebaut?
– Was ist im Einzelnen dargestellt?

– Welche Aussagen lassen sich formulieren?
– Sind sie untereinander stimmig? (Durch Rundungen können sich Differenzen ergeben.)
– Lässt sich eine „Hauptaussage" finden?
– Bleiben Fragen offen?

3. Schritt: Historischer Zusammenhang

Ausgehend vom Thema der Statistik erfolgt eine Einordnung in den geschichtlichen Zusammenhang.
– Gibt es einen Bezug zu anderen Informationen (Materialien)?
– Ergänzen oder widersprechen sie sich?
– Welche weiteren Informationen werden benötigt?

4. Schritt: Bewertung der Aussagekraft

– Ist der Ausschnitt der statistischen Daten zu gering?
– Wird der Sachverhalt zu stark vereinfacht, verzerrt oder vielleicht verfälscht?
– Ist die graphische Darstellung angemessen?

Frakturschrift lesen

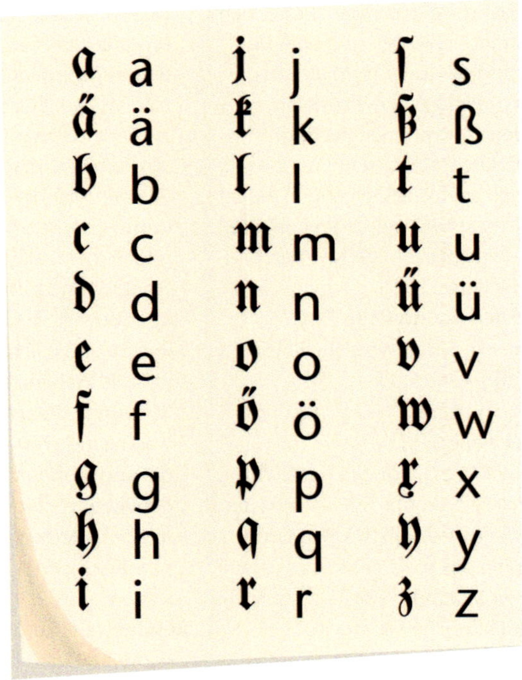

Im Lexikon werden Fremdwörter, historische Begriffe und Ereignisse erläutert, die in den Darstellungstexten dieses Buches vorkommen und mit einem * versehen sind. Die Begriffe, die auf den Themenseiten in den Grundwissenkästen erklärt sind, haben einen Verweis auf die jeweilige Seite.

Allegorie Bildhafte, gleichnishafte Darstellung eines Begriffs oder Vorgangs.

Annexion Meist gewaltsame, widerrechtliche Eingliederung fremden Gebietes in einen Staat.

Antisemitismus Das Hebräische und das Arabische gehören zu einer gemeinsamen Sprachgruppe, die im 18. Jahrhundert nach Sem, dem ältesten Sohn Noahs, benannt wurde. Das Wort „Antisemitismus" erfand 1879 der Publizist Wilhelm Marr. Er bezeichnete damit die Ablehnung oder Bekämpfung des Judentums aus rassischen, religiösen oder sozialen Gründen. Obwohl sich der Begriff schnell durchsetzte, ist er irreführend, da er sich ausschließlich gegen Juden und nicht gegen Araber oder andere Angehörige der semitischen Sprachgruppe richtet.

Arbeiterbewegung siehe S. 107

Attentat von Sarajewo siehe S. 169

Aufklärung siehe S. 15

Bismarck siehe S. 111

Bolschewiki (russ. bolsche = mehr) Auf dem Parteikongress von 1903 kam es bei der Frage der zukünftigen Organisation der Sozialdemokratischen Partei zur Spaltung. Eine knappe Minderheit (Menschewiki) trat für eine demokratisch organisierte Massenpartei ein und wollte verschiedene Formen der politischen Entwicklung zulassen. Die Mehrheit der Abgeordneten (Bolschewiki) entschied sich für den revolutionären Kurs Lenins. Danach musste eine revolutionäre Partei eine Kaderpartei sein, d. h. streng von oben nach unten gegliedert, mit dem Anspruch, dass ihre Mitglieder wichtige Posten in allen Massenorganisationen innehaben, um die verschiedenen gesellschaftlichen Gruppen (Arbeiter, Bauern, Jugend, Frauen usw.) auf den Weg zum Sozialismus zu führen. Innerhalb der russischen Arbeiterbewegung (Sozialrevolutionäre*, Menschewiki*, Bolschewiki u. a.) blieben die Vertreter des Bolschewismus allerdings in der Minderheit.

Bourgeoisie Im Mittelalter und in der Frühen Neuzeit vor allem die freien und vollberechtigten Stadtbewohner; im Wesentlichen die städtischen Kaufleute und Handwerker; im 19. und 20. Jh. die Angehörigen einer durch Besitz, Bildung und Einstellungen gekennzeichneten Bevölkerungsschicht, die sich von Adel und Klerus, Bauern und Unterschichten (einschließlich der Arbeiter) unterscheidet. Zu ihr gehören Besitz- und Wirtschaftsbürger (= Bourgeoisie, also größere Kaufleute, Unternehmer, Bankiers, Manager), Bildungsbürger (Angehörige freier Berufe, höhere Beamte und Angestellte zumeist mit akademischer Bildung), am Rande auch die Kleinbürger (kleinere Handwerker, Kleinhändler, Wirte). Der Begriff „Staatsbürger" dagegen meint alle Einwohner eines Staates ungeachtet ihrer sozialen Stellung, soweit sie gleiche „bürgerliche" Rechte und Pflichten haben (vor Gericht, in Wahlen, in der öffentlichen Meinung). Staatsbürger im vollen Sinn waren lange nur die Männer und nur die Angehörigen der besitzenden und gebildeten Schichten, im 19. Jh. allmähliche Ausweitung auf nichtbesitzende Schichten, im 20. Jh. auch auf Frauen.

Bundesstaat Zusammenschluss von selbstständigen Einzelstaaten zu einem Gesamtstaat, wobei die Einzelstaaten einen Teil ihrer Rechte in der Gesetzgebung und Verwaltung an den Gesamtstaat übertragen, z. B. die Außen- und Finanzpolitik, einen anderen Teil aber weiter behalten, z. B. die Schul- und Kulturpolitik. Man bezeichnet dieses Gestaltungsprinzip von Staaten als Föderalismus.

Bürgertum siehe S. 21

Code civil siehe S. 39

Deutscher Bund siehe S. 59

Deutsches Kaiserreich: siehe S. 113

„Drittes Reich" Bezeichnung des „Reichs" der Nationalsozialisten, die ihre Herrschaft als Vollendung nach dem Heiligen Römischen Reich Deutscher Nation (962–1806) und dem Bismarck-Reich (1871–1918) sahen. Das Mittelalter übernahm den Begriff der christlichen Prophetie und bezeichnete damit eine Welt, in der der Zwiespalt von Idee und Wirklichkeit aufgehoben ist.

Duma 1905 vom Zaren bewilligte Volksvertretung, die praktisch ohne politische Rechte blieb, seit 1993 wieder Parlament Russlands.

Emanzipation Befreiung aus einem Zustand der rechtlichen, politischen und/oder gesellschaftlichen Ungleichheit oder Abhängigkeit. In der Neuzeit wurde Emanzipation aus der Gleichheit aller Bürger vor dem Gesetz begründet und im 19. und 20. Jh. auf die politische und soziale Gleichstellung aller Bürger ausgedehnt.

Entente cordiale Zu deutsch „Das herzliche Einvernehmen": Kolonialer Interessenausgleich zwischen Großbritannien und Frankreich 1904 schafft die Grundlagen für das Bündnis beider Länder gegen die Mittelmächte. 1907 entsprechender kolonialer Ausgleich zwischen Großbritannien und Russland, das damit der Entente beitritt.

Erbuntertänigkeit Völlige Abhängigkeit der Bauern von ihren Grundherren. In Preußen wurde die Erbuntertänigkeit 1807, in Österreich erst 1848 abgeschafft.

Freikorps Bewaffneter Kampfverband, der nicht zur regulären Armee eines Staates gehört. Freikorpsverbände spielten nach 1919 eine wichtige Rolle: Die Reichsregierung setzte sie zur Grenzsicherung im Osten und zur Bekämpfung kommunistischer Umsturzversuche ein. Die Mitglieder

der Freikorpsverbände standen der Weimarer Republik feindselig gegenüber. Sie beteiligten sich an politischen Morden gegen linksgerichtete Politiker wie Rosa Luxemburg und Karl Liebknecht.

Generalstände in Frankreich vor 1789 die ständige Vertretung des Königreichs durch Geistliche, Lehnsfürsten und Abgeordnete königlicher Städte. Die wichtigsten Aufgaben waren Steuerbewilligung und Vorlage von Beschwerden. Nach 1614 wurden sie erst wieder 1789 einberufen.

Generalstreik schärfste Form des Streiks. Durch Arbeitsniederlegung aller oder doch der meisten Arbeitnehmer wird das wirtschaftliche Leben eines Landes lahm gelegt. Dadurch wird der Generalstreik zu einem wirkungsvollen politischen Druckmittel (z. B. bei der Niederwerfung des Kapp-Putsches in Deutschland 1920).

Gewaltenteilung siehe S. 16

Gewerbefreiheit bedeutet, dass jeder grundsätzlich jeden Gewerbebetrieb, in welchem Umfang und mit welchen Produktionsmethoden auch immer, betreiben kann. In vorindustrieller Zeit wurde die gewerbliche Produktion vor allem durch das Zunftwesen stark reguliert. Die Gewerbefreiheit wurde in Europa im 18. und 19. Jh. schrittweise eingeführt. Wichtigste Maßnahme war die Aufhebung der Zünfte.

Identität Bedeutet völlige Gleichheit, bzw. Übereinstimmung.

Imperialismus siehe S. 153

Industrielle Revolution siehe S. 93

Inflation siehe S. 207

Kaisertum Napoleons siehe S. 39

Kolonialismus, Kolonialmacht Die Einrichtung von Handelsstützpunkten und Siedlungskolonien in schwächeren Ländern (vor allem außerhalb Europas) sowie deren Inbesitznahme durch überlegene Staaten (vor allem Europas) seit dem Ende des 15. Jahrhunderts bezeichnet man als Kolonialismus. Die Kolonialmächte verfolgen dabei vor allem wirtschaftliche und militärische Ziele.

Kommunismus Seit dem 19. Jh. Bezeichnung für eine politische Ideologie und Bewegung, die durch eine Revolution die bürgerliche Gesellschaft beseitigen und durch eine klassenlose Gesellschaft ohne Privatbesitz an Produktionsmitteln ersetzen wollen. Die Lehre des Kommunismus wurde vor allem von Karl Marx und Friedrich Engels begründet und stimmt in Teilen mit dem Sozialismus überein.

Konjunktur Periodisch wiederkehrende Schwankungen einer Volkswirtschaft oder der Weltwirtschaft. Ein Konjunkturzyklus besteht in der Regel aus vier Phasen: 1. Aufschwung (Gewinne, Investitionen und Beschäftigung steigen); 2. Hochkonjunktur (hohe Gewinne und Vollbeschäftigung); 3. Abschwung (sinkende Gewinne und Investitionen, mehr Arbeitslose); 4. Konjunkturkrise oder Depression (wenig Investitionen, hohe Arbeitslosigkeit).

„Kulturkampf" siehe S. 121

Lenin siehe S. 181

Liberalismus siehe S. 62

Menschenrechte siehe S. 15

Menschewiki Zahlenmäßig stärkerer Flügel der russischen Sozialdemokratischen Arbeiterpartei. Nach einer zufälligen Abstimmungsniederlage 1903 so benannt: Minderheitler, im Gegensatz zu den Bolschewiki (siehe dort). Endgültige Spaltung 1912.

Merkantilismus (von lat. mercatus = Handel) Der Merkantilismus ist die vorherrschende Wirtschaftspolitik im Zeitalter des Absolutismus, die den Handel als entscheidend für die Stärkung der staatlichen Macht betrachtet. Die Überschüsse aus dem Handel mit anderen Staaten sollten dazu dienen, den Reichtum eines Staates zu vergrößern. Im Merkantilismus war man bestrebt, die Ausfuhr zu erhöhen und die Einfuhr zu beschränken. Später hielt man eine zahlreiche, gewerblich geschulte Bevölkerung, die für die Ausfuhr produzieren konnte, für wichtiger als Goldbesitz. Man versuchte deswegen, Menschen aus anderen Ländern im eigenen Staat anzusiedeln und warb besonders qualifizierte Arbeitskräfte an.

Militarismus bedeutet die Durchdringung und das Vorherrschen militärischer Grundsätze und Wertvorstellungen im öffentlichen und privaten Leben.

Mobilität/mobil Mit der Einführung des öffentlichen Nahverkehrs (Pferdeomnibusse, Straßenbahnen, Untergrundbahnen usw.) gegen Ende des 19. Jh. wurden die Menschen in den Städten mobiler. Seit der Jahrhundertwende kamen individuelle Beförderungsmittel wie Krafträder, Automobile, Lastkraftwagen usw. hinzu.

Montgelas siehe S. 45

Nation siehe S. 25

Nationalismus siehe S. 55

Nationalversammlung siehe S. 25

Offene Tür Vor allem von den USA betriebene Form der Außen- und Wirtschaftspolitik. Sie soll den Freihandel für alle Länder garantieren und richtet sich somit gegen die formelle Kolonialreichsbildung durch die europäischen Mächte.

Parlament In parlamentarischen Regierungssystemen ist das Parlament das oberste Staatsorgan. Es entscheidet mit Mehrheit über die Gesetze und den Haushalt und kontrolliert oder wählt die Regierung. Das Parlament kann aus einer oder zwei Kammern (Häusern) bestehen. Im Einkammersystem besteht das Parlament nur aus der Versammlung der vom Wahlvolk gewählten Abgeordneten (Abgeordnetenhaus). Im Zweikammersystem tritt dazu ein nach ständischen oder regionalen Gesichtspunkten gewähltes oder ernanntes Haus. Im demokratischen Parlamentarismus herrscht allgemeines und gleiches Wahlrecht. Im Deutschen Reich bestand seit 1871 ein

Zweikammersystem: Reichstag und Bundesrat, heute Bundestag und Bundesrat.

Parteien siehe S. 119

Pauperismus (von lat. pauper = arm). Bezeichnung für Massenarmut, insbesondere in der ersten Hälfte des 19. Jh. Der Pauperismus wurde hervorgerufen durch das schnelle Bevölkerungswachstum, dem eine zunächst nur langsam steigende Nahrungsmittelproduktion und ein Mangel an Arbeitsplätzen bzw. Verdienstmöglichkeiten gegenüberstanden. Er endete mit der Industriellen Revolution.

Privilegien Sonderrechte, die ein Herrscher Einzelnen oder Gruppen verlieh. Dazu gehörten z. B. die vollständige oder teilweise Befreiung von Steuern und Zöllen oder die Besetzung hoher Posten in Heer, Verwaltung oder Wirtschaft. Privilegien galten als Auszeichnung und wurden mit der Zeit erblich.

Proletariat (von lat. proles = Nachkomme). Im Römischen Reich Angehöriger der unteren (rechtlosen) Schicht, deren Aufgabe es war, Nachkommen zu zeugen, z. B. für den Militärdienst. Im 19. Jahrhundert (nach Marx und Engels) die Klasse der Lohnarbeiter in einer auf dem Privateigentum an Produktionsmitteln (Fabriken, Maschinen usw.) begründeten industriellen Gesellschaft. Das Proletariat besaß keine Produktionsmittel und lebte vom Verkauf seiner Arbeitskraft.

Propaganda Werbungs- und Beeinflussungsversuche für eine bestimmte Idee, Ideologie, aber auch für Konsumartikel. Propaganda bedient sich der Massenmedien (Presse, Rundfunk, Fernsehen) und will bestimmte politische Meinungen, Einstellungen, Verhaltensweisen oder soziale Leitbilder erzeugen. In modernen Diktaturen verfügt der Staat über die Gesamtheit der Propagandamittel und setzt sie zur Stabilisierung der Herrschaft ein.

Rassismus, „Rassenlehre" Pseudowissenschaftliche Anwendung der biologischen Unterscheidungen von menschlichen Gruppen gleicher erblicher Merkmale (z. B. der Hautfarbe) auf das gesellschaftlich-politische Leben, wobei die Höher- bzw. Minderwertigkeit verschiedener „Rassen" unterstellt wird. Meist mit Verherrlichung der eigenen und teilweise aggressiver Ablehnung anderer „Rassen" verbunden, mit einem Höhepunkt im nationalsozialistischen Rassenwahn (Antisemitismus).

Rätesystem Regierungssystem, bei dem die in Fabriken und Kasernen gewählten Vertreter der Arbeiter und Soldaten direkt regieren. Die übrige Bevölkerung ist nicht an der Regierung beteiligt, siehe Sowjet.

Reparationen seit dem Ersten Weltkrieg Bezeichnung für Wiedergutmachungsleistungen, die dem Besiegten zum Ausgleich für im Krieg erlittene Schäden der Sieger auferlegt werden in Form von Zahlungen und Warenlieferungen, auch Demontagen (Abbau von Maschinen und Industrieanlagen). Oft dienen sie auch der Schwächung der wirtschaftlichen und militärischen Leistungsfähigkeit des besiegten Staates.

Revisionismus das Bemühen, bestehende Zustände durch Verhandlungen zu ändern. In der Weimarer Republik z. B. das Bestreben, die Regelungen des Versailler Vertrages für Deutschland abzumildern bzw. rückgängig zu machen.

Reichstag siehe S. 117

Reichsunmittelbarkeit Reichsunmittelbar bzw. reichsfrei hießen im Deutschen Reich des Mittelalters und bis 1806 die Reichsfürsten und Städte und Dörfer, die keinem Territorialfürsten unterstanden, sondern nur dem Kaiser.

Restauration Frühere Zustände – z. B. die Ordnung eines Staates – werden wiederhergestellt. Als Epochenbezeichnung für die Jahre 1815–1848 betont der Begriff, dass die staatliche Politik dieser Jahre einige wichtige vor der Französischen Revolution in der Politik geltende Grundsätze wieder zur Geltung bringen wollte.

Russische Revolution siehe S. 181

Schutzzoll Als wirtschaftspolitische Maßnahme ein Zoll, der die heimische Wirtschaft und ihren Absatz schützen soll. Schutzzollpolitik steht im Gegensatz zur liberalen Freihandelspolitik. Schutzzölle können zum Ziel haben: 1. als vorübergehende Maßnahme den Aufbau eigener Wirtschaftszweige vor zu früher Konkurrenz abzuschirmen und 2. ausländische Konkurrenz eigener bereits entwickelter Wirtschaftszweige zu bekämpfen.

Selbstbestimmungsrecht Das Recht von Völkern und Nationen, ihre Staatszugehörigkeit frei und ohne fremde Einmischung zu bestimmen (Autonomie). Selbstbestimmung schließt Selbstregierung ein. Hervorgegangen ist das Selbstbestimmungsrecht aus den Forderungen der Französischen Revolution 1789, in deren Folge das individuelle Recht des Einzelnen auf Nationen übertragen wurde. Diese Forderungen beherrschten das 19. und beginnende 20. Jh. als politisches Programm.

Souveränität Höchste Herrschaftsgewalt in einem Staat und rechtliche Unabhängigkeit eines Staates nach außen. Volkssouveränität ist ein Grundprinzip demokratischer Herrschaft. Alle Staatsgewalt geht vom Volke aus, das seinen Willen direkt oder indirekt durch gewählte Abgeordnete zur Geltung bringt. Die Idee der Volkssouveränität setzte sich zuerst in der Amerikanischen und Französischen Revolution durch. Sie wird nur durch die in der Verfassung festgelegten Menschenrechte beschränkt.

Sowjet russ., Rat, urspr. spontan gewählte Arbeitervertretungen, deren Ausschüsse die gesetzgebende und vollziehende Gewalt ausübten. Erstmalig in der russischen Revolution von 1905. Arbeiter-, Soldaten- und Bauernräte bildeten den wichtigsten Faktor in den beiden russischen Revolutionen von 1917, sanken dann aber zu Instrumenten der kommunistischen Parteiführung herab. Die staatliche Gewalt auf höchster, d. h. Landesebene wurde in der Sowjetunion offiziell bis zu ihrer Auflösung von dem aus zwei Kammern bestehenden Obersten Sowjet ausgeübt.

Sozialdemokratie Politische Bewegung der Arbeitnehmer, die in der zweiten Hälfte des 19. Jh. aus der Arbeiterbewegung als einer politischen Richtung des Sozialismus hervorging. Die Sozialdemokratie strebt die Verwirklichung einer gerechten und solidarischen Gesellschaft an. Durch eine umfassende Demokratisierung aller wirtschaftlichen, sozialen und staatlichen Bereiche sollen grundlegende Rechte des Menschen verwirklicht werden.

Soziale Frage siehe S. 107

Sozialgesetzgebung siehe S. 123

Sozialimperialismus Besondere Form des Imperialismus, der seine Triebkraft vor allem in dem Versuch herrschender Eliten von Adel, Bürokratie, Militär und Wirtschaft findet, ihre Machtpositionen im Staat zu behaupten und von inneren Auseinandersetzungen um diese Stellung abzulenken.

Sozialismus siehe S. 107

Sozialistengesetz siehe S. 123

Sozialrevolutionäre 1901 gegründete und 1922 von den Bolschewiki ausgeschaltete russische Partei, die den Zarismus bekämpfte und für einen bäuerlichen Sozialismus eintrat.

Staatenbund Zusammenschluss von Staaten, wobei die einzelnen Staaten ihre eigenständige Staatsgewalt vollständig behalten. Es gibt aber gemeinsame Einrichtungen, in denen eine gemeinschaftliche Politik für alle Mitgliedsstaaten verbindlich festgelegt wird. Diese zentralen Einrichtungen sind aber eher schwach im Vergleich zur Macht der Einzelstaaten oder auch zu einem Bundesstaat. Beispiel für einen Staatenbund ist der Deutsche Bund 1815–1866.

Toleranz Forderung, die politischen, religiösen und moralischen Meinungen und Handlungen Andersdenkender anzuerkennen, soweit sie nicht die verfassungsmäßigen Rechte anderer einschränken. Toleranz setzte sich seit der Reformation zunächst in religiösen Fragen durch und wurde in der Aufklärung zum Prinzip in politischen und gesellschaftlichen Auseinandersetzungen erklärt.

Verfassung siehe S. 16

Vertrag von Versailles siehe S. 187

Völkerbund siehe S. 187

Volkssouveränität siehe S. 16

Wahl, Wahlrecht Recht des Volkes, in regelmäßigen Abständen durch Wahl von Abgeordneten an der staatlichen Herrschaftsausübung teilzunehmen und diese zu kontrollieren. Unter passivem Wahlrecht versteht man das Recht, als Abgeordneter wählbar zu sein, unter aktivem Wahlrecht das Recht zu wählen. Beim direkten Wahlrecht bestimmt der Wähler unmittelbar den zu Wählenden, etwa den Abgeordneten des Wahlkreises, beim indirekten Wahlrecht werden Wahlmänner gewählt, die dann erst den zu Wählenden bestimmen, etwa bei der Wahl des amerikanischen Präsidenten. Der Kampf um die Ausweitung des Wahlrechts auf alle erwachsenen Bürger, unabhängig von Geschlecht, Rasse oder Einkommen, bestimmte das 19. Jahrhundert, da das Wahlrecht meistens an eine bestimmte Steuerleistung gebunden (Zensus) und auf die Männer beschränkt war. Das allgemeine und gleiche Wahlrecht für Männer und Frauen wurde in vielen Ländern erst nach 1918 eingeführt.

Weimarer Verfassung siehe S. 205

Wilhelm II. siehe S. 157

Zensur/Zensor Historisch leitet sich der Begriff Zensur vom Amt des römischen Zensors ab. Der Zensor überprüfte im Auftrag des Staates oder der Kirche, ob eine Druckschrift den politischen oder moralischen Vorstellungen derer entsprach, die die Macht ausübten. Aufgrund der Zensur wurden missliebige Bücher verboten oder ihre Verbreitung eingeschränkt. Die Zensur steht im Gegensatz zur Pressefreiheit. Ihre Beseitigung war ein wichtiges Ziel der liberalen, demokratischen und sozialistischen Kräfte seit der Aufklärung.

Zensus siehe Wahl, Wahlrecht

14. 07. 1789: Beginn der Französichen Revolution siehe S. 27

1806: Ende des Heiligen Römischen Reiches siehe S. 43

1815: Wiener Kongress siehe S. 59

1832: Hambacher Fest siehe S. 64

1848/49: Revolution in Deutschland siehe S. 83

1871: Reichsgründung siehe S. 113

1914–1918: Erster Weltkrieg siehe S. 172

1918: Novemberrevolution siehe S. 197

1923: Hitlerputsch siehe S. 209

Die mit → Lex. versehenen Begriffe werden im Lexikon näher erklärt.

Abbeville Press, New York, © 1984 Cross River Press Ltd.: 191
Adam Opel AG: 225/M10 u.
akg-images: 3 u., 34/M1, 34 o., 38, 47/M2, M3, 51, 53 o., 55, 56, 59, 61, 63, 66, 67, 68, 86/M1, M2, 119/M4, 124, 126, 167, 168, 188/M2, 200, 212, 216, 237/M1, 242 o., 245, 249, 250, 251
Archiv der deutschen Jugendbewegung: 234
Archiv der sozialen Demokratie der Friedrich-Erbert-Stiftung, Bonn: 107, 123, 195, 197
Archiv Westermann, Braunschweig: 178, 21
Associated Press: 87/M5
Badisches Landesmuseum Karlsruhe: 79
Baeck Institute, N. Y.: 135
aus: W. Ballhause, Zwischen Weimar und Hitler. Sozialdemokratische Fotografie 1930-1933, München 1981: 229/M12
Dr. Frank Bauer, privat: 54
Bauer & Lutz, Regensburg: 173
Bauhaus-Archiv, Berlin, Repro nach Glasdia aus dem Nachlass Hans Hildebrandt: 229/M15
Bayerische Staatsbibliothek, München: 189/M3
Bayerisches Hauptstaatsarchiv: 77 (MInn46054), 85 (MInn25114bl)
Berliner Illustrierte Zeitung: 207/M4
Berlinische Galerie: 230
Besitzer Berlin, Stadtmuseum Berlin, Fotografie: Hans-Joachim Bartsch: Titelbild
Bildarchiv Preußischer Kulturbesitz: 8, 9/M4, 11/M9, 18, 25, 26, 51, 72, 73, 87/M4, 88/89, 114, 115, 119/M3, 125, 130, 139, 154, 164, 182, 183/M5, 184, 192/193, 208, 221, 232, 243, 246, 254, 257
Bridgemanart.com: 39/M3, 51
Bridgeman Giraudon: 3 o., 23/M4, 24, 27, 29, 30, 35, 51
Bundesarchiv Koblenz: 240
Christoph & Friends/Das Fotoarchiv: 228/M10
Cliché Bibliothèque nationale de France, Paris: 12/13, 23/M2, 150, 252
Collection Raymond Bachollet, Paris: 189/M4
CORBIS: 57 (© Massimo Listri)
Deutsches Historisches Museum, Berlin: 87/M6, 106, 120, 146, 177, 198, 199/M2, 214/M8, 241/M4
Deutsches Museum, München: 90/M1 (Hintergrund), 104
Deutsches Technikmuseum, Berlin: 14
Donaukurier, Archiv: 211
dpa: 244
FOCUS/John Reader/Science Photo Library: 242 u.
Frankenwaldmuseum, Kronach: 141
aus: E. Fuchs, Der Weltkrieg in der Karikatur, Band 1, 1916: 163
GEHAG, Berlin: 226
Peter Gendolla, Siegen: 224
Germanisches Nationalmuseum, Nürnberg: 76, 80, 83, 112, 117, 220/M1, M2
aus: B. Hamann, Der Erste Weltkrieg, Piper, München 2004: 183/M4, 241/M2
HamburgMuseum: 81
Haus der Bayerischen Geschichte: 44 (Bayerisches Pressebild), 113
Haus der Geschichte, Bonn: 102
Dieter Hecht, Aschaffenburg: 78
Heinemann Education, Oxford: 92/M6
Historisches Archiv der MAN AG, Augsburg: 128, 129/M2, M3
Historisches Museum, Frankfurt am Main: 10 (Inv.-Nr. C9723, Foto: Horst Ziegenfusz), 52/53, 64, 71 (Foto: Horst Ziegenfusz), 82, 253
aus: G. Ille/G. Köhler, Der Wandervogel, Stopp, Berlin 1987: 235
Imperial War Museum London: 175/M4;
Kalender des DHM, 1992: 231/M18
Prof. Dr. Peter Kaupp: 60
aus: G. Kerschensteiner, Bericht für das Jahr 1905: 131
Landesarchiv Berlin: 214 u.
Langewiesche/Brandt, Ebenhausen: 199/M3, M4, M5, 219
aus: Leben und Arbeiten im Industriezeitalter, Theiss/Germanisches Nationalmuseum Nürnberg, 1985: 100
Mairie de Paris: 22
Mary Evans Picture Library, London: 171
Musée Carnavalet, Paris: 28
Musée de la Revolution francaise – Vizille: 188/M1;
© Nach der Faksimile-Edition des Faksimile Verlags Luzern/www.faksimile.ch: 248
Photothèque de Musèes de la Ville de Paris: 21, 147 (Patrick Prenain)
Prestel Verlag, München: 179
Rheinisches Bildarchiv, Köln: 121
Foto: RIA „Nowosti": 180
Eric Rouvre, Pradines: 236
Sächsische Landesbibliothek – Staats- und Universitätsbibliothek Dresden, Abt. Deutsche Fotothek: 122
Sammlung Annette Beyer, Zürich: 9/M5
Schirmer & Moser, München: 105/M5
Schneider/CCC, www.c5.net: 11/M10
Siemens AG, München: 225/M10 o.
Staatliche Museen zu Berlin – Preußischer Kulturbesitz – Kunstbibliothek: 144
Stadtarchiv Butzbach, Sammlung A. W. Heil: 140/M1
Stadtarchiv Dessau: 229/M14
Stadtarchiv Mannheim: 133
Stadtarchiv Würzburg: 202
Stadt- und Universitätsbibliothek Frankfurt am Main, Foto: Frank Plate: 65
© Städtisches Museum, Braunschweig, Foto: Monika Heidemann: 62
Karl Stehle, München: 166
Stiftung Archiv der Akademie der Künste: 227/M4
Wilhelm Stöckle, Filderstadt: 89 o., 134, 142/143, 143 o., 156, 239, 256
SV-Bilderdienst: 99/M2, 127 (Scherl), 143 u., 151, 170, 175/M3, 196 o., 201/M2, 223, 225/M8
ullstein/Archiv Gerstenberg: 4, 70, 74
ullstein bild: 103, 105/M6, 132, 153, 176, 194, 227/M7
ullstein – Granger Collection: 149
Universitäts- und Landesbibliothek Düsseldorf: 41/M9
© VG Bild-Kunst, Bonn 2006: 146, 184, 212, 227/M4, 231/M20, 232, 245/M2, M4
Wilhelm-Busch-Gesellschaft, Hannover: 162

Nicht in allen Fällen war es uns möglich, die Rechteinhaber der Abbildungen ausfindig zu machen. Für eventuell entstandene Fehler oder Auslassungen bitten wir um Verständnis. Berechtigte Ansprüche werden selbstverständlich im Rahmen der üblichen Vereinbarungen abgegolten.

Besitzungen und Kolonien 1914